LETTRES

SUR

L'HISTOIRE

DE FRANCE

IMPRIMERIE DE H. FOURNIER ET Cⁱᵉ
7 RUE SAINT-BENOÎT.

LETTRES
SUR
L'HISTOIRE
DE FRANCE

POUR SERVIR

D'INTRODUCTION A L'ÉTUDE DE CETTE HISTOIRE

PAR

AUGUSTIN THIERRY

MEMBRE DE L'INSTITUT

Septième Édition

PARIS
JUST TESSIER, LIBRAIRE-ÉDITEUR

QUAI DES AUGUSTINS, 37

1842

AVERTISSEMENT.

Des vingt-cinq Lettres qui forment ce recueil, dix ont été publiées dans *le Courrier français*, vers la fin de 1829 ; les autres paraissent pour la première fois. Les nombreuses questions historiques traitées dans ces dernières se rapportent toutes, d'une manière directe, à deux chefs principaux, la formation de la nation française, et la révolution communale. J'ai cherché à déterminer le point précis où l'histoire de France succède à l'histoire des rois franks, et à marquer de ses véritables traits le plus grand mouvement social qui ait eu lieu depuis l'établissement du christianisme jusqu'à la révolution française. Quant aux dix Lettres anciennement publiées, elles ont, en général, pour objet, de soumettre à un examen sévère plusieurs ouvrages sur l'histoire de France regardés alors comme classiques. J'ai besoin d'exposer en peu de mots les motifs qui m'ont décidé à reproduire presque textuellement ces morceaux de critique, malgré l'espèce d'anachronisme que présentent des jugements portés il y a sept ans sur notre manière d'écrire et d'envisager l'histoire.

En 1817, préoccupé d'un vif désir de contribuer pour ma part au triomphe des opinions constitutionnelles, je me mis à chercher dans les livres d'histoire des preuves et des arguments à l'appui de mes croyances politiques. En me livrant à ce travail avec toute l'ardeur de la jeunesse, je m'aperçus bientôt que l'histoire me plaisait pour elle-même, comme tableau du temps passé, et indépendamment des inductions que j'en tirais pour le présent. Sans cesser de subordonner les faits à l'usage que je voulais en faire, je les observais avec curiosité, même lorsqu'ils ne prouvaient rien pour la cause que j'espérais servir, et toutes les fois qu'un personnage ou un événement du moyen âge me présentait un peu de vie ou de couleur locale, je ressentais une émotion involontaire. Cette épreuve, souvent répétée, ne tarda pas à bouleverser mes idées en littérature. Insensiblement je quittai les livres modernes pour les vieux livres, les histoires pour les chroniques, et je crus entrevoir la vérité étouffée sous les formules de convention et le style pompeux de nos écrivains. Je tâchai d'effacer de mon esprit tout ce qu'ils m'avaient enseigné, et j'entrai, pour ainsi dire, en rébellion contre mes maîtres. Plus le renom et le crédit d'un auteur étaient grands, plus je m'indignais de l'avoir cru sur parole et de voir qu'une foule de personnes croyaient et étaient trompées comme moi. C'est dans cette disposition que, durant les derniers mois de 1820, j'adressai au rédacteur du *Courrier français* les dix Lettres dont j'ai parlé plus haut.

Les histoires de Velly et d'Anquetil passaient alors pour

très-instructives; et lorsqu'on voulait parler d'un ouvrage fort, on citait les *Observations* de Mably ou l'*Abrégé* de Thouret. L'*Histoire des Français* par M. de Sismondi, les *Essais sur l'Histoire de France* par M. Guizot, l'*Histoire des ducs de Bourgogne* par M. de Barante n'avaient point encore paru. J'étais donc fondé à dire que nos historiens modernes présentaient sous le jour le plus faux les événements du moyen âge. C'est ce que je fis avec un zèle dont quelques personnes m'ont su gré, et qui a sauvé d'un entier oubli des essais de critique et d'histoire perdus, en quelque sorte, dans les colonnes d'un journal. Ces détails m'étaient nécessaires pour expliquer mon silence sur des ouvrages qui marquent une véritable révolution dans la manière d'écrire l'histoire de France. M. de Sismondi pour la science des faits, M. Guizot pour l'étendue et la finesse des aperçus, M. de Barante pour la vérité du récit, ont ouvert une nouvelle route[1] : ce qu'il y a de mieux à faire, c'est d'y marcher à leur suite. Mais, comme les idées neuves ont à vaincre, pour se faire jour, la ténacité des habitudes, et qu'en librairie, comme en tout autre commerce, les objets d'ancienne fabrique ont pour longtemps un débit assuré, il n'est peut-

---

[1] Dans l'énumération des travaux qui ont marqué le commencement de la réforme historique, il serait injuste de ne pas citer deux Mémoires de M. Naudet, de l'Académie des Inscriptions et Belles-Lettres, sur l'état social de la Gaule dans les siècles qui suivirent la conquête. Ces morceaux, très-étendus, se distinguent par une critique à la fois plus ferme et plus large que celle des savants du siècle dernier, par une rare intelligence de l'époque et par l'absence de toute préoccupation politique.

être pas inutile d'attaquer de front la fausse science, même lorsque la véritable s'élève et commence à rallier autour d'elle les penseurs et les esprits droits.

Il ne faut pas se dissimuler que, pour ce qui regarde la partie de l'histoire de France antérieure au xviie siècle, la conviction publique, si je puis m'exprimer ainsi, a besoin d'être renouvelée à fond. Les différentes opinions dont elle se compose sont ou radicalement fausses ou entachées de quelques faussetés. Par exemple, est-il un axiome géométrique plus généralement admis que ces deux propositions : *Clovis a fondé la monarchie française ; Louis-le-Gros a affranchi les communes ?* Pourtant ni l'une ni l'autre ne peuvent se soutenir en présence des faits tels qu'ils ressortent des témoignages contemporains. Mais ce qui est imprimé dans tant de livres, ce que tant de professeurs enseignent, ce que tant de disciples répètent, obtient force de loi et prévaut contre les faits eux-mêmes. Instruit de ce qu'il m'en a coûté de peine pour refaire, seul et sans guide, mon éducation historique, je me propose de faciliter ce travail à ceux qui voudront l'entreprendre et remplacer par un peu de vrai les niaiseries du collége [1] et les préjugés du monde. A ces préjugés, nés du défaut d'études fortes et consciencieuses,

---

[1] Cette expression, malheureusement juste pour le temps où les hommes de mon âge ont fait leurs premières études, ne s'applique point à l'enseignement actuel des colléges de Paris. Grâce aux lumières et au talent de professeurs tels que MM. Desmichels, Poirson, Caïx et Michelet, les découvertes et les réformes de la nouvelle critique pénètrent aujourd'hui dans les classes. (Note écrite en 1828.)

j'oppose les textes originaux et cette expérience de la vie politique qui est un des priviléges de notre époque si remplie de grands événements. Que tout homme de sens, au lieu de se payer des abstractions monarchiques ou républicaines des écrivains de l'ancien régime, recueille ses propres souvenirs et s'en serve pour contrôler ce qu'il a lu ou entendu dire sur les événements d'autrefois, il ne tardera pas à sentir quelque chose de vivant sous la poussière du temps passé. Car il n'est personne parmi nous, hommes du XIXe siècle, qui n'en sache plus que Velly ou Mably, plus que Voltaire lui-même, sur les rébellions et les conquêtes, le démembrement des empires, la chute et la restauration des dynasties, les révolutions démocratiques et les réactions en sens contraire.

Il me reste à parler de la méthode que j'ai suivie dans la composition de ces Lettres. La plupart sont des dissertations entremêlées de récits et de fragments des historiens originaux. Tel événement particulier dont le caractère fut longtemps méconnu, présenté sous son véritable aspect, peut éclairer d'un jour nouveau l'histoire de plusieurs siècles. Aussi ai-je préféré ce genre de preuve à tout autre, lorsqu'il m'a été possible d'y recourir. Dans les matières historiques la méthode d'exposition est toujours la plus sûre, et ce n'est pas sans danger pour la vérité qu'on y introduit les subtilités de l'argumentation logique. C'est pour me conformer à ce principe que j'ai insisté avec tant de détails sur l'histoire politique de quelques villes de France. Je voulais mettre en évidence le caractère démocratique de l'établissement des communes, et j'ai pensé que j'y réussirais mieux en quittant la dissertation pour le récit, en m'effaçant moi-même et en laissant parler les faits. L'insurrection de Laon et les guerres civiles de Reims, naïvement racontées, en diront plus qu'une théorie savante sur l'origine de ce tiers-état, que bien des gens croient sorti de dessous terre en 1789. Si, durant deux siècles, préférant la paix à tout autre bien, il a semblé dormir et s'est fait oublier, son entrée sur le théâtre des événements politiques rappelle les scènes d'énergie, de patriotisme et de violence où il s'est signalé de nos jours. Peut-être l'histoire n'a-t-elle rien à faire dans le débat des opinions et la lutte des intérêts modernes; mais si l'on persiste à l'y introduire, comme on le fait journellement, on peut en tirer une grande leçon : c'est qu'en France personne n'est l'affranchi de personne, qu'il n'y a point chez nous de droits de fraîche date, et que la génération présente doit tous les siens au courage des générations qui l'ont précédée.

NOTE

POUR LA DEUXIÈME ÉDITION.

Les nombreux changements faits à cette seconde édition rendent inexact sur plusieurs points l'avertissement qui précède. Les dix Lettres de 1820 ont été en partie remplacées, en partie retravaillées pour le fond et pour la forme. Si j'ai conservé ici l'avant-propos de la première édition, c'est afin qu'il puisse servir d'apologie pour ce qu'on trouvera de décousu dans un ouvrage tant de fois remanié, et aussi pour ne point effacer tout vestige de mes travaux de jeunesse, tout souvenir d'un temps qui me devient plus cher à mesure que les années et la maladie m'en éloignent. Je ne détaillerai point les corrections et additions qui distinguent cette édition de la précédente; je laisse à mes lecteurs le soin d'en juger l'à-propos. Je m'étendrai seulement sur un point qui, tantôt par de bonnes raisons, tantôt par des raisons que je ne puis admettre, a été fort controversé : c'est la rectification des noms franks, d'après l'orthographe teutonique.

L'idée de rendre aux noms d'hommes qui remplissent les premières époques de notre histoire leur véritable physionomie, n'est pas nouvelle. Lorsqu'au xvi siècle des savants laborieux s'appliquèrent à débrouiller le chaos de nos anciennes annales, la distinction entre ce qu'il y a de germanique et ce qu'il y a de romain dans l'histoire de France les frappa d'abord. Il reconnurent que Clovis, Clotaire, Louis,

Charles, etc., n'étaient pas des noms français, et ils les restituèrent, mais avec peu de bonheur, en se servant de la langue allemande, telle qu'on la parlait de leur temps. C'est ce que fit entre autres le greffier Du Tillet, critique habile, esprit juste et consciencieux. Cette réforme toute savante pénétra peu dans le public; mais il se trouva d'honnêtes écrivains qui se révoltèrent contre elle au nom de l'honneur français. Ils soutinrent avec indignation que jamais roi de France n'avait parlé allemand, ni porté un nom allemand; que tous, depuis Pharamond, étaient Français, vraiment Français, de langage comme de cœur. On ne saurait cependant attribuer à ce vigoureux élan de nationalité le peu de crédit qu'obtinrent les germanismes de Du Tillet. Ils ne passèrent point dans l'histoire écrite sous une forme narrative, parce que ce genre de littérature, abandonné des savants, tomba entre les mains d'hommes sans études spéciales, qui ne comprenaient de l'histoire de France que ce qui ressemblait à leur temps. Ne se rendant point compte de la différence des époques, ils n'ont rien fait pour la marquer; et faute de précautions à cet égard, ils laissent croire au lecteur que les rois des deux premières races parlaient, à peu de chose près, la langue du sire de Joinville.

Lorsqu'il y a dix ans je me livrai, pour la première fois, au travail de collationner la version moderne de notre histoire avec les monuments et les récits originaux, la pensée de rendre à la Germanie ce qui lui appartenait s'empara de moi sur-le-champ, et je me mis à suivre ce projet avec zèle et ténacité, feuilletant les glossaires, comparant ensemble les différentes orthographes, tâchant de retrouver le son primitif et la véritable signification des noms franks. J'avoue que mes tentatives, à cet égard, eurent quelque chose d'outré, et se ressentirent un peu de l'ardeur révolutionnaire qui marque les premiers pas de toute réforme, en quelque genre que ce soit. J'eus la prétention de restituer tous les noms originairement tudesques, d'après une règle commune, et de faire concorder ensemble le son et l'orthographe : c'était une chose impossible ; et après beaucoup d'essais, faits avec intrépidité, je reculai, non devant la crainte de dérouter le public, car toute nouveauté le déroute pour un moment, mais devant celle de falsifier les noms mêmes que je prétendais rétablir.

En effet, dans tous ces noms, les voyelles intermédiaires, qui successivement ont disparu ou se sont résolues en *e* muets, devaient être prononcées d'une manière distincte, à l'époque de la conquête. Le plus sûr est donc de se conformer à l'orthographe latine des contemporains, mais avec discernement et non comme l'ont fait les anciens traducteurs français des chroniques du vi^e, du viie et du viiie siècle. Il faut surtout que les lettres qui, dans notre langage actuel, ont un son étranger à celui des langues germaniques, soient remplacées, ou jointes à d'autres lettres qui en corrigent le défaut. Je vais énoncer quelques règles d'orthographe auxquelles je me suis conformé dans cette nouvelle édition, et qui, appliquées aux noms d'hommes et de femmes de la période franke, leur rendraient, autant qu'il est possible, leur aspect original.

1° La lettre *c*, à cause de son double son, doit être remplacée par un *k*. A la fin des mots, quoique cela ne soit plus nécessaire, on la remplacera de même, pour ne point changer l'orthographe, et retrouver dans tous les noms les syllabes composantes : *Kikimer*, *Rekeswind*, *Rekkared*, *Théoderik*, *Alarik*, etc.

2° *Ch*, à cause du son qu'on lui donne en français, doit être remplacé par *h*, lorsqu'il se trouve devant une voyelle. *Hilderik*, *Hildebert*, *Harivert*. Quelquefois cependant on devra lui substituer le *kh* : *Rikhild*, *Rikhard*, *Burkhart* ; ou le *k* simple : *Kunibert*, *Godeskalk*, *Erkinoald*, *Arkinbald*. On pourra le conserver, comme signe d'aspiration, devant les consonnes *l* et *r* au commencement des mots : *Chlodowig, Chlodomir, Chlotilde, Chramn ;* à moins qu'on n'ait la hardiesse d'écrire comme les Franks : *Hlodowig, Hlodomir, Hlotilde, Hram.*

3° Le *g* devant l'*e* et l'*i* doit, pour retrouver son ancienne consonnance, être remplacé par *gh* : *Sighebert, Sighiwald, Sighismond, Maghinard, Raghenfred, Enghilbert, Ghisele, Ansberghe.*

4° L'*u*, voyelle ou consonne, suivi d'un *i*, d'un *e* ou d'un *a*, doit être remplacé par le *w* : *Chlodowig, Merowig, Heriwig, Drotowig, Folkwin, Rikwin, Galeswinthe, Chlotswinde.* L'*o* devant l'*e* et l'*i* doit quelquefois subir la même permutation : *Audwin, Théodwin.*

5° On doit conserver la syllabe *bald* et ne pas la remplacer par *baud* : *Theodebald, Gondebald, Baldrik, Baldwin*, etc.

6° Afin de maintenir l'analogie de composition dans tous les noms terminés par *ild*, on placera un *h* devant l'*i*, quand bien même cette lettre serait omise dans le texte latin : *Chlothilde, Nanthilde, Bathilde,* etc. A la rigueur on pourrait se dispenser de cette règle ; mais, de même qu'on ne dit plus *Mahaut* pour *Mathilde*, il faut renoncer à écrire *Brunehaut* pour *Brunehilde.*

7° Enfin l'on doit supprimer la terminaison *aire*, qui est anti-germanique, et la remplacer par *her* : *Chlother, Lother, Raghenher, Fredegher.*

En réformant d'après ces règles tous les noms tudesques d'origine qui se présentent dans notre histoire jusqu'à l'avénement de la troisième race, on est sûr de conserver à ces noms leur véritable physionomie, sans trop s'écarter de l'usage reçu. Dans presque tous les cas, malgré le changement de quelques lettres, la prononciation demeure la même, et l'impression d'étrangeté a lieu simplement pour la vue. Parmi les noms des rois il n'y en a guère que deux qui éprouvent une altération sensible; mais quelle raison y a-t-il de tenir à Clovis et à Mérovée, et de donner à des noms propres, terminés par le même composant, des désinences si différentes? Plus conséquents, les vieux auteurs des chroniques de Saint-Denis ont écrit *Clodovée* et *Mérovée*. De bonne foi, quel est le lecteur du xixe siècle qui se croira dépaysé en lisant, sur la liste des rois de France, *Merowig* et *Chlodowig*, et quelle oreille est assez difficile pour trouver que ces deux noms ne sonnent pas bien, même en poésie?

LETTRES
SUR
L'HISTOIRE DE FRANCE.

LETTRE PREMIÈRE.

Sur le besoin d'une Histoire de France, et le principal défaut de celles qui existent.

Dans ce temps de passions politiques, où il est si difficile, lorsqu'on se sent quelque activité d'esprit, de se dérober à l'agitation générale, je crois avoir trouvé un moyen de repos dans l'étude sérieuse de l'histoire. Ce n'est pas que la vue du passé et l'expérience des siècles me fassent renoncer à mes premiers désirs de liberté, comme à des illusions de jeunesse; au contraire, je m'y attache de plus en plus : j'aime toujours la liberté, mais d'une affection moins impatiente. Je me dis qu'à toutes les époques et dans tous les pays il s'est rencontré beaucoup d'hommes qui, dans une situation et avec des opinions différentes des miennes, ont ressenti le même besoin que moi, mais que la plupart sont morts avant d'avoir vu se réaliser ce qu'ils anticipaient en idée. Le travail de ce monde s'accomplit lentement; et chaque génération qui passe ne fait guère que laisser une pierre pour la construction de l'édifice que rêvent les esprits ardents. Cette conviction, plutôt grave que triste, n'affaiblit point pour les individus le devoir de marcher droit à travers les séductions de l'intérêt et de la vanité, ni pour les peuples celui de maintenir leur dignité nationale; car s'il n'y a que du malheur à être opprimé par la force des circonstances, il y a de la honte à se montrer servile.

Je ne sais si je me trompe, mais je crois que notre patriotisme gagnerait beaucoup en pureté et en fermeté, si la connaissance de l'histoire et surtout de l'histoire de France se répandait plus généralement chez nous, et devenait en quelque sorte populaire. En promenant nos regards sur cette longue carrière ouverte depuis tant de siècles, où nous suivons nos pères, où nous précédons nos enfants, nous nous détacherions des querelles du moment, des regrets d'ambition ou de parti, des petites craintes et des petites espérances. Nous aurions plus de sécurité, plus de confiance dans l'avenir, si nous savions tous que, dans les temps les plus difficiles, jamais la justice, la liberté même, n'ont manqué de défenseurs dans ce pays. L'esprit d'indépendance est empreint dans notre histoire aussi fortement que dans celle d'aucun autre peuple ancien ou moderne. Nos aïeux l'ont comprise, ils l'ont voulue, non moins fermement que nous; et, s'ils ne nous l'ont pas léguée pleine et entière, ce fut la faute des choses humaines et non la leur, car ils ont surmonté plus d'obstacles que nous n'en rencontrerons jamais.

Mais existe-t-il une histoire de France qui reproduise avec fidélité les idées, les sentiments, les mœurs des hommes qui nous ont transmis le nom que nous portons, et dont la destinée a préparé la nôtre? Je ne le pense pas. L'étude de nos antiquités m'a prouvé tout le contraire, et ce défaut d'une histoire nationale a contribué peut-être à prolonger l'incertitude des opinions et l'irritation des esprits. La vraie histoire nationale, celle qui mériterait de devenir populaire, est encore ensevelie dans la poussière des chroniques contemporaines : personne ne songe à l'en tirer; et l'on réimprime encore les compilations inexactes, sans vérité et sans couleur, que, faute de mieux, nous décorons du titre d'Histoire de France. Dans ces récits vaguement pompeux, où un petit nombre de personnages privilégiés occupent seuls la scène historique, et où la masse entière de la nation disparaît derrière les manteaux de cour, nous ne trouvons ni une instruction grave, ni des leçons qui s'adressent à nous, ni cet intérêt de sympathie qui attache en général les hommes au sort de qui leur ressemble. Nos provinces, nos villes, tout ce que chacun de nous comprend dans ses affections sous le nom de patrie, devrait nous être représenté à chaque siècle de son existence; et, au lieu de cela, nous ne rencontrons que les annales domestiques de la famille régnante, des naissances, des mariages, des décès, des intrigues de palais, des guerres qui se ressemblent toutes, et dont le détail, toujours mal circonstancié, est dépourvu de mouvement et de caractère pittoresque.

Je ne doute pas que beaucoup de personnes ne commencent à sentir les vices de la méthode suivie par nos historiens modernes, qui, s'imaginant que l'histoire était toute trouvée, s'en sont tenus, pour le fond, à ce qu'avait dit leur prédécesseur immédiat, cherchant seulement à le surpasser, comme écrivains, par l'éclat et la pureté du style. Je crois que les premiers qui oseront changer de route et remonter, pour devenir historiens, aux sources mêmes de l'histoire, trouveront le public disposé à les encourager et à les suivre. Mais le travail de rassembler en un seul corps de récit tous les détails épars ou inconnus de notre histoire originale, sera long et difficile; il exigera de grandes forces, une sagacité rare; et je dois me hâter de dire que je n'ai point la présomption de l'entreprendre. Entraîné vers les études historiques par un attrait irrésistible, je me garderai de prendre l'ardeur de mes goûts pour un signe de talent. Je sens en moi la conviction profonde que nous ne possédons pas encore une véritable histoire de France, et j'aspire seulement à faire partager ma conviction au public, persuadé que de cette vaste réunion d'esprits justes et actifs il sortira bientôt quelqu'un digne de remplir la haute tâche d'historien de notre pays. Mais quiconque y voudra parvenir devra bien s'éprouver d'avance. Ce ne serait point assez d'être capable de cette admiration commune pour ce qu'on appelle les héros; il faudrait une plus large manière de sentir et de juger; l'amour des hommes comme hommes, abstraction faite de leur renommée ou de leur situation sociale; une sensibilité assez vive pour s'attacher à la destinée de toute une nation et la suivre à travers les siècles, comme on suit les pas d'un ami dans un voyage périlleux.

Ce sentiment, qui est l'âme de l'histoire, a manqué aux écrivains qui, jusqu'à ce jour, ont essayé de traiter la nôtre; ils n'ont rien eu de cette vive sympathie qui s'adresse aux masses d'hommes, qui embrasse en quelque sorte des populations tout entières. Leur prédilection marquée pour certains personnages historiques, pour certaines existences, certaines classes, ôte à leurs récits la vraie teinte nationale : nous n'y retrouvons point nos ancêtres, sans distinction de rang ou d'origine. Et à Dieu ne plaise que je demande à l'histoire de France de dresser la généalogie de chaque famille : ce que je lui demande, c'est de rechercher la racine des intérêts, des passions, des opinions qui nous agitent, nous rapprochent ou nous divisent, d'épier et de suivre dans le passé la trace de ces émotions irrésistibles, qui entraînent chacun de nous dans nos divers partis politiques, élèvent nos esprits ou les égarent. Dans tout ce que nous voyons depuis un demi-siècle, il n'y a rien d'entièrement nouveau; et, de même que nous pouvons nous rattacher, par les noms et la descendance, aux Français qui ont vécu avant le xviiie siècle, nous nous rattacherions également à eux par nos idées, nos espérances, nos désirs, si leurs pensées et leurs actions nous étaient fidèlement reproduites.

Nous avons été précédés de loin, dans la recherche des libertés publiques, par ces bourgeois du moyen âge qui relevèrent, il y a six cents ans, les murs et la civilisation des antiques cités municipales. Croyons qu'ils ont valu quelque chose, et que la partie la plus nombreuse et la plus oubliée de la nation mérite de revivre dans l'histoire. Il ne faut pas s'imaginer que la classe moyenne ou les classes populaires soient nées d'hier pour le patriotisme et l'énergie. Si l'on n'ose avouer ce qu'il y eut de grand et de généreux dans les insurrections qui, du xie au xiiie siècle, couvrirent la France de communes, dans les émeutes bourgeoises et même dans les jacqueries du xive siècle, qu'on choisisse une époque, non plus de guerre intestine, mais d'invasion étrangère, et l'on verra qu'en fait de dévouement et d'enthousiasme, le dernier ordre de l'État n'est jamais resté en arrière. D'où vint le secours qui chassa les Anglais et releva le trône de Charles VII, lorsque tout paraissait perdu et que la bravoure et le talent militaire des Dunois et des Lahire ne servaient plus qu'à faire des retraites en bon ordre et sans trop de dommage? n'est-ce pas d'un élan de fanatisme patriotique dans les rangs des pauvres soudoyés et de la milice des villes et des villages? L'aspect religieux que revêtit cette glorieuse révolution n'en est que la forme : c'était le signe le plus énergique de l'inspiration populaire. Il faut lire, non dans les histoires classiques, mais dans les mémoires du temps, les traits naïfs, quoique bizarres, sous lesquels se présentait alors cette inspiration de la masse, toujours soudaine, rarement sage en apparence, mais à laquelle rien ne résiste [1].

Le même concours de toutes les volontés nationales eut lieu, sans qu'on l'ait assez remarqué, sous le règne de Philippe-Auguste, lorsque la France se vit attaquée par la ligue formidable de l'empereur d'Allemagne, du roi d'Angleterre et du puissant comte de Flandre. Les chroniqueurs du XIIIe siècle n'oublient pas de dire que la fameuse bataille de Bouvines fut engagée par cent cinquante sergents à cheval de la vallée de Soissons, tous roturiers [2], et de montrer les légions des communes, la bannière de Saint-Denis en tête, allant se placer au premier rang : « Cependant retourna l'oriflamme « Saint-Denis, et les légions des communes vinrent « après, et spécialement les communes de Corbie, « d'Amiens, d'Arras, de Beauvais, de Compiègne,

---

[1] Voyez l'Histoire des ducs de Bourgogne par M. de Barante.

[2] Guillelmus Armoricus, De Gestis Philippi Augusti, apud script. rer. gallic. et francic., t. XVII, p. 96.

. . . . . . Cum sit pudor ultimus alto
Sanguine productum superari a plebis alumno.
(Ejusd. Philippidos, lib. XI, v. 84 ; ibid., p. 258.)

« et accoururent à la bataille du roi, là où elles
« voyaient l'enseigne royal au champ d'azur et aux
« fleurs de lys d'or. Les communes outrepassèrent
« toutes les batailles des chevaliers, et se mirent
« devant encontre Othon et sa bataille; quand Othon
« vit tels gens, si n'en fut pas moult joyeux[1]... »

Ces simples phrases, qui n'ont été transcrites ni par Mézeray, ni par Velly, ni par Anquetil, en disent plus à la louange de la bourgeoisie du moyen âge, que de longues pages où seraient pompeusement et stérilement répétés les mots de peuple et de nation. Des écrivains ont retrouvé la nation française et même la nation souveraine jusque sous les règnes de Clovis et de Charlemagne; mais il manque à ces histoires si bien intentionnées, la vie, la couleur, la vérité locale. La noblesse, la royauté même, en dépit de la place d'honneur qu'elles occupent généralement dans nos annales, n'ont pas été à cet égard plus heureuses que le tiers-état. A la peinture individuelle des personnages, à la représentation variée des caractères et des époques, on a substitué, pour les princes et les grands du temps passé, je ne sais quel type abstrait de dignité et d'héroïsme. Depuis Clovis jusqu'à Louis XVI, aucune figure de rois, dessinée dans nos histoires modernes, n'a ce qu'on peut appeler l'air de vie. Ce sont des ombres sans couleur, qu'on a peine à distinguer l'une de

---

[1] Chronique de Saint-Denys; Recueil des historiens des Gaules et de la France, t. XVII, p. 409.

l'autre. Les *grands princes*, et surtout les *bons princes*, à quelque dynastie qu'ils appartiennent, sont loués dans des termes semblables. Quatre ou cinq à peine, qu'on sacrifie, et que le blâme dont on les charge sert du moins à caractériser, rompent seuls cette ennuyeuse monotonie. On dirait que c'est toujours le même homme, et que, par une sorte de métempsycose, la même âme, à chaque changement de règne, a passé d'un corps dans l'autre. Non-seulement on ne retrouve point cette diversité de naturels qui, sous mille formes et mille nuances, distinguent si nettement l'homme de l'homme ; mais les caractères politiques ne sont pas même classés d'après la différence des temps et les mœurs de chaque époque. Le roi purement germanique et le roi gallo-frank de la première race, le césar franco-tudesque de la seconde, le roi de l'Ile-de-France au temps de la grande féodalité, et tous les nombreux types qu'a revêtus l'autorité royale depuis la féodalité jusqu'à nos jours, sont confondus ensemble et altérés également par cette confusion.

Il n'est qu'une seule voie pour sortir de ce chaos, le retour aux sources originales, dont les historiens en faveur depuis le xviie siècle se sont de plus en plus écartés : un changement total est indispensable dans la manière de présenter les moindres faits historiques. Il faut que la réforme descende des ouvrages scientifiques dans les écrits purement littéraires, des histoires dans les abrégés, des abrégés dans ces espèces de catéchismes qui servent à la première instruction. En fait d'ouvrages de ce dernier genre, ce qui a maintenant cours dans le public réunit d'ordinaire à la plus grande vérité chronologique la plus grande fausseté historique qu'il soit possible d'imaginer. Là se trouvent énoncées d'une manière brève et péremptoire, comme des axiomes mathématiques, toutes les erreurs contenues dans les gros livres; et pour que le faux puisse, en quelque sorte, pénétrer par tous les sens, souvent de nombreuses gravures travestissent pour les yeux, sous le costume le plus bizarre, les principales scènes de l'histoire. Feuilletez le plus en vogue de ces petits ouvrages, si chers aux mères de famille, vous y verrez les Franks et les Gaulois se donnant la main en signe d'alliance pour l'expulsion des Romains, le sacre de Clovis à Reims, Charlemagne couvert de fleurs de lys, et Philippe-Auguste en armure d'acier, à la mode du xvie siècle, posant sa couronne sur un autel, le jour de la bataille de Bouvines.

Je ne puis m'empêcher d'insister sur ce dernier trait, dont la popularité chez nous est une sorte de scandale historique. C'est sans doute une action très-édifiante, que celle d'un roi qui offre publiquement sa couronne et son sceptre au plus digne; mais il est extravagant de croire que de pareilles scènes aient jamais été jouées ailleurs que sur le théâtre. Et comme le moment est bien choisi pour cette exhibition en plein air de tous les ornements royaux! c'est l'instant où l'armée française est attaquée à l'improviste; et que cela est bien d'accord avec le caractère du roi Philippe, si habile, si positif et si prompt en affaires! La première mention de cette bizarre anecdote se trouve dans une chronique contemporaine, il est vrai, mais écrite par un moine qui vivait hors du royaume de France, au fond des Vosges, sans communication directe ou indirecte avec les grands personnages de son temps. C'était un homme d'une imagination fantasque, ami du merveilleux, écoutant volontiers les récits extraordinaires et les transcrivant sans examen. Entre autres circonstances de la bataille de Bouvines, il raconte sérieusement que le porteur de l'oriflamme transperça le comte Férand d'outre en outre, de manière que l'étendard ressortit tout sanglant par derrière. Le reste du récit est à l'avenant : il est impossible d'y trouver un seul fait vrai ou probable ; et, pour en revenir à la fameuse scène de la couronne, voici les paroles du chroniqueur :

« Le roi de France, Philippe, ayant assemblé les
« barons et les chevaliers de son armée, debout sur
« une éminence, leur parla ainsi : « O vous! braves
« chevaliers, fleur de la France, vous me voyez por-
« tant la couronne du royaume ; mais je suis un
« homme comme vous ; et si vous ne souteniez cette
« couronne, je ne saurais la porter. Je suis roi. »
« Et alors, ôtant la couronne de sa tête, il la leur
« présenta, en disant : « Or, je veux que vous soyez
« tous rois, et vraiment vous l'êtes ; car roi vient de
« régir, et, sans votre concours, seul je ne pourrais

« régir le royaume.... Soyez donc gens de cœur, et
« combattez bien contre ces méchants. J'ordonne à
« tous vassaux et sergents, et cela sous peine de
« la corde (il avait fait d'avance élever plusieurs
« gibets), qu'aucun de vous ne se laisse tenter de
« prendre quoi que ce soit aux ennemis avant la
« fin de la bataille, si ce n'est des armes et des che-
« vaux... » Et tous crièrent d'une seule voix et assu-
« rèrent qu'ils obéiraient de bon cœur à l'exhorta-
« tion et à l'ordonnance du roi [1]. »

On a peine à s'expliquer comment de ce fond
burlesque ont pu sortir, sous la plume de nos historiens, les paroles héroïques que nous avons tous
apprises par cœur, et, qui pis est, retenues, sans
concevoir la moindre défiance de leur authenticité.
« Valeureux soldats (c'est le récit d'Anquetil), qui
« êtes près d'exposer votre vie pour la défense de
« cette couronne, si vous jugez qu'il y ait quel-
« qu'un parmi vous qui en soit plus digne que moi,
« je la lui cède volontiers, pourvu que vous vous
« disposiez à la conserver entière et à ne la pas
« laisser démembrer. — Vive Philippe! vive le roi
« Auguste! s'écrie toute l'armée; qu'il règne, et que
« la couronne lui reste à jamais [2]!... » La version

---

[1] . . . . « Ego sum rex, » et ita ablatam coronam de capite suo porrexit eis dicens : « Ecce volo vos omnes reges esse, et verè estis, cum
« rex dicatur à regendo; nisi per vos, regnum solus regere non valerem... »
(Richerii Semoniensis abbatiæ in Vosago chron., apud script. rer. gallic.
et francic., t. XVIII, p. 690.)

[2] Anquetil, Hist. de France, t. II, p. 130.

de l'abbé Velly est d'un style encore plus tragique :
« On dit que quelques heures avant l'action, il mit
« une couronne d'or sur l'autel, où l'on célébrait
« la messe pour l'armée, et que, la montrant à ses
« troupes, il leur dit : « Généreux Français, s'il est
« quelqu'un parmi vous que vous jugiez plus capa-
« ble que moi de porter ce premier diadème du
« monde, je suis prêt à lui obéir; mais, si vous ne
« m'en croyez pas indigne, songez que vous avez à
« défendre aujourd'hui votre roi, vos familles, vos
« biens, votre honneur. » On ne lui répondit que
« par des acclamations et des cris de *vive Philippe!*
« qu'il demeure notre roi; nous mourrons pour sa
« défense et pour celle de l'État [1] ! »

Interrogez maintenant le récit d'un témoin ocu-
laire, chapelain du roi Philippe, homme du
XIIIe siècle, qui n'avait pas, comme nos historiens
modernes, traversé trois siècles de science et un
siècle de philosophie, vous n'y trouverez rien de ce
désintéressement de parade, ni de ces exclamations
de loyauté niaise : tout est en action, comme dans
une grande journée, où personne n'a de temps à
perdre. Le roi et l'armée sont à leur devoir; ils
prient et se battent : ce sont des hommes du moyen
âge, mais ce sont des figures vivantes, et non des
masques de théâtre.

« On avança jusqu'à un pont, nommé le pont
« de Bovines, qui se trouve entre le lieu appelé

---

[1] Velly, Hist. de France, t. III.

« Sanghin et la ville de Cisoing. Déjà la plus grande
« partie des troupes avait passé le pont, et le roi
« s'était désarmé ; mais il n'avait pas encore passé,
« comme le croyait l'ennemi, dont l'intention était
« d'attaquer aussitôt et de détruire tout ce qui res-
« terait de l'autre côté du pont. Le roi, fatigué de
« la marche et du poids de ses armes, se reposait
« un peu, à l'ombre d'un frêne, près d'une église
« bâtie en l'honneur de saint Pierre, lorsque des
« gens, venus des derrières de l'armée, arrivèrent
« à grande course, et, criant de toutes leurs forces,
« annoncèrent que l'ennemi venait, que les arbalé-
« triers et les sergents à pied et à cheval, qui étaient
« aux derniers rangs, ne pourraient soutenir l'at-
« taque et se trouvaient en grand péril. Aussitôt le
« roi se leva, entra dans l'église, et, après une
« courte prière, il sortit, se fit armer, et monta à
« cheval d'un air tout joyeux, comme s'il eût été
« convié à une noce ou à quelque fête. On criait
« de toutes parts dans la plaine, *aux armes, barons,*
« *aux armes!* Les trompettes sonnaient, et les corps
« de bataille qui avaient déjà passé le pont retour-
« naient en arrière; on rappela l'oriflamme de Saint-
« Denis, qui devait marcher en avant de toutes les
« autres bannières; mais comme elle ne revenait
« pas assez vite, on ne l'attendit point. Le roi re-
« tourna des premiers à grande course de cheval,
« et se plaça au front de bataille, de sorte qu'il n'y
« avait personne entre lui et les ennemis.

« Ceux-ci, voyant le roi revenu, ce à quoi ils ne

« s'attendaient pas, parurent surpris et effrayés; ils
« firent un mouvement, et, se portant à droite du
« chemin où ils marchaient dans la direction de
« l'occident, ils s'étendirent sur la partie la plus
« élevée de la plaine, au nord de l'armée du roi,
« ayant ainsi devant les yeux le soleil qui, ce jour-là,
« était chaud et ardent. Le roi forma ses lignes de
« bataille directement au midi de celles de l'ennemi,
« front à front, de manière que les Français avaient
« le soleil à dos. Les deux armées s'étendaient à
« droite et à gauche en égale dimension, et à peu
« de distance l'une de l'autre. Au centre et au pre-
« mier front se tenait le roi Philippe, près duquel
« étaient rangés côte à côte Guillaume des Barres, la
« fleur des chevaliers; Barthélemi de Roie, homme
« d'âge et d'expérience; Gauthier-le-Jeune, sage,
« brave et de bon conseil; Pierre Mauvoisin; Gérard
« Latruie; Étienne de Long-Champ; Guillaume de
« Mortemar; Jean de Rouvrai; Guillaume de Gar-
« lande; Henri, comte de Bar, jeune d'âge et vieux
« de courage, renommé pour sa prouesse et sa
« beauté; enfin plusieurs autres qu'il serait trop
« long d'énumérer, tous gens de cœur et exercés
« au métier des armes : pour cette raison ils avaient
« été spécialement commis à la garde du roi durant
« le combat. L'empereur Othon était de même
« placé au centre de son armée, où il avait élevé
« pour enseigne une haute perche dressée sur qua-
« tre roues et surmontée d'une aigle dorée au-dessus
« d'une bande d'étoffe taillée en pointe. Au moment

« d'en venir aux mains, le roi adressa à ses barons
« et à toute l'armée ce bref et simple discours :

« En Dieu est placé tout notre espoir et notre
« confiance. Le roi Othon et tous ses gens sont
« excommuniés de la bouche de notre seigneur le
« pape; ils sont les ennemis de la sainte Église et
« les destructeurs de ses biens; les deniers dont se
« paie leur solde sont le fruit des larmes des pau-
« vres, du pillage des clercs et des églises. Mais nous,
« nous sommes chrétiens, nous sommes en paix
« avec la sainte Église, et en jouissance de sa com-
« munion : tout pécheurs que nous sommes, nous
« sommes unis à l'Église de Dieu, et défendons,
« selon notre pouvoir, les libertés du clergé. Ayons
« donc courage et confiance en la miséricorde de
« Dieu, qui, malgré nos péchés, nous donnera la
« victoire sur nos ennemis et les siens. »

« Quand le roi eut fini de parler, les chevaliers
« lui demandèrent sa bénédiction; et, élevant la
« main, il pria Dieu de les bénir tous. Aussitôt les
« trompettes sonnèrent, et les Français commen-
« cèrent l'attaque vivement et hardiment. Alors se
« trouvaient derrière le roi, et assez près de lui, le
« chapelain qui a écrit ces choses, et un autre clerc.
« Au premier bruit des trompettes, ils entonnèrent
« ensemble le psaume : *Béni soit le Seigneur mon*
« *Dieu, qui instruit mes mains au combat*, et con-
« tinuèrent jusqu'à la fin; puis ils chantèrent : *Que*
« *Dieu se lève*, jusqu'à la fin; puis : *Seigneur,*
« *en ta vertu le roi se réjouira*, jusqu'à la fin,

« aussi bien qu'ils purent, car les larmes leur cou-
« laient des yeux, et leur chant était coupé de san-
« glots... [1] »

[1] Guillelmus Armoricus, De Gestis Philippi Augusti, apud script. rer. gallic. et francic., t. XVII, p. 94 et 95.

LETTRE II.

Sur la fausse couleur donnée aux premiers temps de l'histoire de France, et la fausseté de la méthode suivie par les historiens modernes.

Une grande cause d'erreur, pour les écrivains et pour les lecteurs de notre histoire, est son titre même, le nom d'histoire de France, dont il conviendrait avant tout de bien se rendre compte. L'histoire de France du ve siècle au xviiie est-elle l'histoire d'un même peuple, ayant une origine commune, les mêmes mœurs, le même langage, les mêmes intérêts civils et politiques? Il n'en est rien; et la simple dénomination de Français, reportée, je ne dis pas au delà du Rhin, mais seulement au temps de la première race, produit un véritable anachronisme.

On peut pardonner au célèbre bénédictin Dom Bouquet d'écrire par négligence, dans ses *Tables chronologiques*, des phrases telles que celles-ci : « *Les Français pillent les Gaules; ils sont repoussés par l'empereur Julien.* » Son livre ne s'adresse qu'à des savants, et le texte latin, placé en regard, corrige à l'instant l'erreur. Mais cette erreur est d'une bien autre conséquence dans un ouvrage écrit pour le public et destiné à ceux qui veulent apprendre les premiers éléments de l'histoire nationale. Quel moyen un pauvre étudiant a-t-il de ne pas se créer les idées les plus fausses, quand il lit : « *Clodion-le-Chevelu, roi de France; conversion de Clovis et des Français*, etc. » Le Germain Chlodio[1] n'a pas régné sur un seul département de la France actuelle, et, au temps de Chlodowig, que nous appelons Clovis, tous les habitants de notre territoire, moins quelques milliers de nouveaux venus, étaient chrétiens et bons chrétiens.

Si notre histoire se termine par l'unité la plus complète de nation et de gouvernement, elle est loin de commencer de même. Il ne s'agit pas de réduire nos ancêtres à une seule race, ni même à deux, les Franks et les Gaulois : il y a bien d'autres choses à distinguer. Le nom de Gaulois est vague; il comprenait plusieurs populations différentes d'origine et de langage; et quant aux Franks, ils ne sont pas la seule tribu germanique qui soit venue joindre à ces éléments divers un élément étranger. Avant qu'ils eussent conquis le nord de la Gaule, les Visigoths et les Burgondes en occupaient le sud et l'est. L'envahissement progressif des conquérants

---

[1] Ce nom, qu'on pourrait aussi écrire Chlodi, n'est autre chose que le diminutif familier d'un nom composé de deux syllabes, et commençant par le mot germanique *hlod*, qui signifiait *illustre*. L'*n* finale n'appartient point au nom originaire, mais à la déclinaison latine, dont elle marque les cas obliques.

septentrionaux renversa le gouvernement romain et les autres gouvernements qui se partageaient le pays au ve siècle ; mais il ne détruisit pas les races d'hommes, et ne les fondit pas en une seule. Cette fusion fut lente ; elle fut l'œuvre des siècles ; elle commença, non à l'établissement, mais à la chute de la domination franke.

Ainsi, il est absurde de donner pour base à une histoire de France la seule histoire du peuple frank. C'est mettre en oubli la mémoire du plus grand nombre de nos ancêtres, de ceux qui mériteraient peut-être à un plus juste titre notre vénération filiale. Le premier mérite d'une histoire nationale écrite pour un grand peuple serait de n'oublier personne, de ne sacrifier personne, de présenter sur chaque portion du territoire les hommes et les faits qui lui appartiennent. L'histoire de la contrée, de la province, de la ville natale, est la seule où notre âme s'attache par un intérêt patriotique ; les autres peuvent nous sembler curieuses, instructives, dignes d'admiration ; mais elles ne touchent point de cette manière. Or, comment veut-on qu'un Languedocien ou qu'un Provençal aime l'histoire des Franks et l'accepte comme histoire de son pays. Les Franks n'eurent d'établissements fixes qu'au nord de la Loire ; et lorsqu'ils passaient leurs limites et descendaient vers le sud, ce n'était guère que pour piller et rançonner les habitants, auxquels ils donnaient le nom de *Romains*. Est-ce de l'histoire nationale pour un Breton que la biographie des descendants de Clovis ou de Charlemagne, lui dont les ancêtres, à l'époque de la première et de la seconde race, traitaient avec les Franks de peuple à peuple? Du vi^e au xe siècle, et même dans des temps postérieurs, les héros du nord de la France furent des fléaux pour le midi.

Le Charles-Martel de nos histoires, Karle-le-Marteau, comme l'appelaient les siens, d'un surnom emprunté au culte aboli du dieu Thor[1], fut le dévastateur, non le sauveur de l'Aquitaine et de la Provence. La manière dont les chroniques originales détaillent et circonstancient les exploits de ce chef de la seconde race, contraste singulièrement avec l'enthousiasme patriotique de nos historiens et de nos poëtes modernes. Voici quelques fragments de leur récit (731) : « Eudes, duc des Aqui-
« tains, s'étant écarté de la teneur des traités, le
« prince des Franks, Karle, en fut informé. Il fit
« marcher son armée, passa la Loire, mit en fuite
« le duc Eudes, et, enlevant un grand butin de ce
« pays, deux fois ravagé par ses troupes dans la
« même année, il retourna dans son propre pays... »
— (735) « Le duc Eudes mourut : le prince Karle,
« en ayant reçu la nouvelle, prit conseil de ses
« chefs, et, passant encore une fois la Loire, il

---

[1] Au rapport d'un historien du ixe siècle, les Normands, qui étaient alors païens, donnaient le même surnom à Charlemagne. « Nam comperto Nordmanni quòd ibidem esset, ut ipsi cum nuncupare solebant, Martellus Carolus... » (Monachi Sangallensis, De Reb. bellic. Caroli magni, apud script. rer. gallic. et francic., t. V, p. 130.) Ce nom, dans l'ancienne langue germanique, équivalait à celui de *foudre de guerre*.

« arriva jusqu'à la Garonne et se rendit maître de
« la ville de Bordeaux et du fort de Blaye ; il prit et
« subjugua tout ce pays, tant les villes que les cam-
« pagnes et les lieux fortifiés... » — (736) « L'habile
« duc Karle ayant fait marcher son armée, la diri-
« gea vers le pays de Bourgogne. Il réduisit sous
« l'empire des Franks Lyon, cité de la Gaule, les
« principaux habitants et les magistrats de cette
« province. Il y établit des juges à lui, et de même
« jusqu'à Marseille et Arles. Emportant de grands
« trésors et beaucoup de butin, il retourna dans le
« royaume des Franks, siége de son autorité... [1] »
— (737) « Karle renversa de fond en comble, murs
« et murailles, les fameuses villes de Nîmes, d'Agde
« et de Béziers ; il y fit mettre le feu et les incen-
« dia, ravagea les campagnes et les châteaux de ce
« pays... [2] » Je m'arrête à ce dernier trait, qu'aucune histoire de France n'a relevé, et dont l'admirable cirque de Nîmes atteste la vérité. Sous les arcades de ses immenses corridors, on peut suivre de l'œil, le long des voûtes, les sillons noirs qu'a tracés la flamme en glissant sur les pierres de taille qu'elle n'a pu ni ébranler ni dissoudre.

Le grand précepte qu'il faut donner aux histo-

---

[1] Fredegarii chron. continuat., pars II, apud script. rer. gallic. et francic., t. II, p. 454 et 455.

[2] Urbes famosissimas Nemausum, Agatem ac Biterris, funditus muros et mœnia Carolus destruens, igne supposito concremavit, suburbana et castra illius regionis vastavit. (Fredegarii chron. continuat., pars III, apud script. rer. gallic. et francic., t. II, p. 457.)

riens, c'est de distinguer au lieu de confondre; car, à moins d'être varié, l'on n'est point vrai. Malheureusement les esprits médiocres ont le goût de l'uniformité; l'uniformité est si commode! Si elle fausse tout, du moins elle tranche tout, et avec elle aucun chemin n'est rude. De là vient que nos annalistes visent à l'unité historique; il leur en faut une à tout prix; ils s'attachent à un seul nom de peuple; ils le suivent à travers les temps, et voilà pour eux le fil d'Ariane. *Francia*, ce mot, dans les cartes géographiques de l'Europe, au IVe siècle, est inscrit au nord des embouchures du Rhin [1]; et l'on s'autorise de cela pour placer en premier lieu tous les Français au delà du Rhin. Cette France d'outre-Rhin se remue, elle avance; on marche avec elle. En 460, elle parvient au bord de la Somme; en 493, elle touche à la Seine; en 507, le chef de cette France germanique pénètre dans la Gaule méridionale jusqu'au pied des Pyrénées, non pour y fixer sa nation, mais pour enlever beaucoup de butin et installer quelques évêques. Après cette expédition, l'on a soin d'appliquer le nom de France à toute l'étendue de la Gaule, et ainsi se trouvent construites d'un seul coup la France actuelle et la monarchie française. Établie sur cette base, notre histoire se continue avec une simplicité parfaite, par un catalogue biographique de rois ingénieusement nu-

---

[1] Voyez l'ancien itinéraire désigné vulgairement par le nom de Table de Peutinger.

mérotés, lorsqu'ils portent des noms semblables.

Croiriez-vous qu'une si belle unité n'ait point paru assez complète? Les Franks étaient un peuple mixte; c'était une confédération d'hommes parlant tous à peu près la même langue, mais ayant des mœurs, des lois, des chefs à part. Nos historiens s'épouvantent à la vue de cette faible vérité; ils la nomment barbare et indéchiffrable. Tant qu'elle est devant eux, ils n'osent entrer en matière; ils tournent autour des faits et ne se hasardent à les aborder franchement qu'à l'instant où un seul chef parvient à détruire ou à supplanter les autres. Mais ce n'est pas tout : l'unité d'empire semble encore vague et douteuse; il faut l'unité absolue, la monarchie administrative; et quand on ne la rencontre pas (ce qui est fort commun), on la suppose; car en elle se trouve le dernier degré de la commodité historique. Ainsi, par une fausse assimilation des conquêtes des rois franks au gouvernement des rois de France, dès qu'on rencontre la même limite géographique, on croit voir la même existence nationale et la même forme de régime. Et cependant, entre l'époque de la fameuse cession de la Provence, confirmée par Justinien, et celle où les galères de Marseille arborèrent pour la première fois le pavillon aux trois fleurs de lis et prirent le nom de galères du roi, que de révolutions territoriales entre la Meuse et les deux mers! Combien de fois la conquête n'a-t-elle pas rétrogradé du sud au nord et de l'ouest à l'est! Combien de dominations locales se sont élevées et ont grandi, pour retomber ensuite dans le néant !

Ce serait une grave erreur de croire que tout le secret de ce grand mouvement fût dans les simples variations du système social et de la politique intérieure, et que, pour le bien décrire, il suffit d'avoir des notions justes sur les éléments constitutifs de la société civile et de l'administration des états. Dans la même enceinte territoriale, où une seule société vit aujourd'hui, s'agitaient, durant les siècles du moyen âge, plusieurs sociétés rivales ou ennemies l'une de l'autre. De tout autres lois que celles de nos révolutions modernes ont régi les révolutions qui changèrent l'état de la Gaule, du vi^e au xve siècle. Durant cette longue période où la division par provinces fut une séparation politique plus ou moins complète, il s'est agi pour le territoire, qu'aujourd'hui nous appelons français, de ce dont il s'agit pour l'Europe entière, d'équilibre et de conquêtes, de guerre et de diplomatie. L'administration intérieure du royaume de France proprement dit n'est qu'un coin de ce vaste tableau.

Ces accessions territoriales, ces réunions à la couronne, comme on les appelle ordinairement, qui, depuis le xiie siècle jusqu'au xvie, sont les grands événements de notre histoire, il faut leur rendre leur véritable caractère, celui de conquête plus ou moins violente, plus ou moins habile, plus ou moins masquée par des prétextes diplomatiques. Il ne faut pas que l'idée d'un droit universel préexistant, puisée dans des époques postérieures, leur donne un faux air de légalité; on ne doit pas laisser croire que les habitants des provinces de l'ouest et du sud, comme Français de vieille date, soupiraient au xiie siècle après le gouvernement du roi de France, ou simplement reconnaissaient dans leurs gouvernements seigneuriaux la tache de l'usurpation. Ces gouvernements étaient nationaux pour eux; et tout étranger qui s'avançait pour les renverser leur faisait violence à eux-mêmes; quel que fût le succès de son entreprise, il se constituait leur ennemi.

Le temps a d'abord adouci, puis effacé les traces de cette hostilité primitive; mais il faut la saisir au moment où elle existe, sous peine d'anéantir tout ce qu'il y a de vivant et de pittoresque dans l'histoire. Il faut que les bourgeois de Rouen, après la conquête, ou, si l'on veut, la confiscation de la Normandie par Philippe-Auguste, témoignent pour le roi de France cette haine implacable dont se plaignent les auteurs du temps[1], et que les Provençaux du xiiie siècle soient joyeux de la captivité de saint Louis et de son frère, le duc d'Anjou; car c'est un fait qu'à cette nouvelle, si accablante pour les vieux sujets du royaume, les Marseillais chantaient des *Te Deum* et remerciaient Dieu de les

---

[1] Rotomagensis item Communia, corde superbo,
Immortale gerens odium cum principe nostro...
(Guillelmi Britonis Philippidos, lib. viii, apud script. rer. gallic. et francic., t. XVII, p. 213.)

avoir délivrés du gouvernement des *sires*. Ils employaient comme un terme de dérision contre les princes français ce mot étranger à leur langue [1].

Si l'on veut que les habitants de la France entière, et non pas seulement ceux de l'Ile-de-France, retrouvent dans le passé leur histoire domestique, il faut que nos annales perdent leur unité factice et qu'elles embrassent dans leur variété les souvenirs de toutes les provinces de ce vaste pays, réuni seulement depuis deux siècles en un tout compact et homogène. Bien avant la conquête germanique, plusieurs populations de races différentes habitaient le territoire des Gaules. Les Romains, quand ils l'envahirent, y trouvèrent trois peuples et trois langues [2]. Quels étaient ces peuples, et dans quelle relation d'origine et de parenté se trouvaient-ils à l'égard des habitants des autres contrées de l'Europe? Y avait-il une race indigène, et dans quel ordre les autres races, émigrées d'ailleurs, étaient-elles venues se presser contre la première? Quel a été, dans la succession des temps, le mouvement de dégradation des différences primitives de mœurs, de caractère et de langage? En retrouve-t-on quelques vestiges dans les habitudes locales qui distinguent nos provinces, malgré la teinte

---

[1] Provinciales Francos habent odio inexorabili. (Math. Paris. Historia Angliæ, t. II, p. 654.) — Raynouard, Choix des Poésies des troubadours, t. V, p. 277. — Gaufridi, Histoire de Provence, t. I, p. 140.

[2] Voyez, dans les Commentaires de César, la distinction qu'il établit entre les Belges, les Celtes et les Aquitains.

d'uniformité répandue par la civilisation? Les dialectes et les patois provinciaux, par les divers accidents de leur vocabulaire et de leur prononciation, ne semblent-ils pas révéler une antique diversité d'idiomes? Enfin, cette inaptitude à prendre l'accent français, si opiniâtre chez nos compatriotes du midi, ne pourrait-elle pas servir à marquer la limite commune de deux races d'hommes anciennement distinctes? Voilà des questions dont la portée est immense, et qui, introduites dans notre histoire à ses diverses périodes, en changeraient complétement l'aspect [1].

[1] Je ne sais si l'amitié m'abuse, mais je crois que la plupart de ces questions viennent d'être résolues par mon frère Amédée Thierry, dans son Histoire des Gaulois.

LETTRE III.

Sur l'Histoire de France de Velly.

Vous avez prononcé le nom de l'abbé Velly, célèbre dans le siècle dernier, comme le restaurateur de l'histoire de France, et dont l'ouvrage est loin d'avoir perdu son ancienne popularité. Je vous avoue qu'à l'idée de cette popularité j'ai peine à me défendre d'une sorte de colère, et pourtant je devrais me calmer là-dessus; car, faute de bons livres, le public est bien obligé de se contenter des mauvais. Dans son temps, c'est-à-dire en l'année 1755, l'abbé Velly crut de bonne foi travailler à une histoire nationale, raconter non-seulement la vie des rois, mais celle de toutes les classes du peuple, et présenter sous leur véritable jour l'état politique et social, les mœurs et les idées de chaque siècle. Il est curieux de vérifier la manière dont ce louable projet se trouva réalisé, à la grande satisfaction de tous les gens de goût, tant en France qu'à l'étranger; car l'ouvrage de Velly fut traduit ou du moins abrégé en plusieurs langues, et il n'était bruit dans les journaux que de sa nouvelle manière d'écrire l'histoire.

J'ouvre le premier volume, et je tombe sur un fait peu important en lui-même, mais empreint, dans les écrits originaux, d'une forte couleur locale, la déposition de Childéric ou Hilderik I. « Hilderik, « dit Grégoire de Tours, régnant sur la nation des « Franks et se livrant à une extrême dissolution, se « prit à abuser de leurs filles; et eux indignés de « cela le destituèrent de la royauté. Informé, en « outre, qu'ils voulaient le mettre à mort, il partit « et s'en alla en Thuringe [1]... » Ce récit est d'un écrivain qui vivait un siècle après l'événement. Voici maintenant les paroles de l'abbé Velly, qui se vante, dans sa préface, de puiser aux sources anciennes et de peindre exactement les mœurs, les usages et les coutumes : « Childéric fut un prince à grandes « aventures... c'était l'homme le mieux fait de son « royaume. Il avait de l'esprit, du courage; mais, « né avec un cœur tendre, il s'abandonnait trop à « l'amour : ce fut la cause de sa perte. Les seigneurs « français, aussi sensibles à l'outrage que leurs « femmes l'avaient été aux charmes de ce prince, se « liguèrent pour le détrôner. Contraint de céder à « leur fureur, il se retira en Allemagne [2]... »

Je passe sur le séjour de huit ans, que, selon l'heureuse expression de notre auteur, Childéric fit

---

[1] Childericus, cum esset nimia in luxuria dissolutus, et regnaret super Francorum gentem, cœpit filias eorum stuprose detrahere. (Gregorii Turonensis Hist. Franc., lib. II, cap. XII, apud script. rer. gallic. et francic., t. II, p. 168.)

[2] Velly, Histoire de France, t. I, p. 41.

en Allemagne ; et, suivant encore Grégoire de Tours, j'arrive à son rappel par les Franks et à son mariage avec Basine, femme du roi des Thuringiens : « Revenu de Thuringe, il fut remis en possession de « la royauté ; et pendant qu'il régnait, cette Basine, « dont nous avons parlé ci-dessus, ayant quitté son « mari, vint trouver Hilderik. Celui-ci, lui deman- « dant avec curiosité pourquoi elle était venue vers « lui d'un pays si éloigné, on rapporte qu'elle répon- « dit : « J'ai reconnu tes mérites et ton grand cou- « rage, et c'est pour cela que je suis venue, afin « d'habiter avec toi ; car il faut que tu saches que, « si dans les pays d'outre-mer j'avais connu quel- « qu'un plus capable et plus brave que toi, j'aurais « été de même le chercher et cohabiter avec lui [1]. » « Le roi, tout joyeux, s'unit à elle en mariage. »

Voyons maintenant comment l'historien moderne a conservé, ainsi qu'il le devait, cet accent de naïveté grossière, indice de l'état de barbarie. « Le « prince légitime se remit en possession du trône, « d'où ses galanteries l'avaient précipité. Cet événe- « ment merveilleux est suivi d'un autre aussi remar- « quable par sa singularité. La reine de Thuringe, « comme une autre Hélène, quitte le roi son mari, « pour suivre ce nouveau Pâris. « Si je connaissais, « lui dit-elle, un plus grand héros, ou un plus « galant homme que toi, j'irais le chercher jus-

---

[1] Nam noveris, si in transmarinis partibus aliquem cognovissem utiliorem te, expetissem utique cohabitationem ejus. (Greg. Turon. Hist. Franc., apud script. rer. gallic. et francic., t. II, p. 168.)

« qu'aux extrémités de la terre. » Basine était belle,
« elle avait de l'esprit : Childéric, trop sensible à ce
« double avantage de la nature, l'épousa, au grand
« scandale des gens de bien, qui réclamèrent en
« vain les droits sacrés de l'hyménée et les lois invio-
« lables de l'amitié [1]. »

Cette simple comparaison peut donner la mesure de l'intelligence historique du célèbre abbé Velly. Son continuateur Villaret, parlant de lui dans une préface, dit qu'il a su rendre *fort agréable le chaos de nos premières dynasties*. Villaret a raison : l'abbé Velly est surtout agréable. On peut l'appeler historien plaisant, galant, de bon ton; mais lui donner de nos jours le titre d'historien national, cela est tout à fait impossible. Son plus grand soin est d'effacer partout la couleur populaire pour y substituer l'air de cour, c'est d'étendre avec art le vernis des grâces modernes sur la rudesse du vieux temps. S'agit-il d'exprimer la distinction que la conquête des Barbares établissait entre eux et les vaincus, distinction grave et triste par laquelle la vie d'un indigène n'était estimée, d'après le taux des amendes, qu'à la moitié du prix mis à celle de l'étranger [2], ce

---

[1] Velly, Histoire de France, t. I, p. 42.

[2] Si quis ingenuus Francum aut barbarum, aut hominem qui salicâ lege vivit, occiderit, viiim den. qui faciunt sol. cc, culpabilis judicetur... Si quis Romanus homo possessor, id est, qui res in pago ubi remanet proprias possidet, occisus fuerit, is qui eum occidisse convincitur, iiiim den. qui faciunt sol c, culpabilis dicetur. (Lex salica, tit. xliv, apud script. rer. gallic. et francic., t. IV, p. 147 et 148.) — D'après la nouvelle évaluation donnée par M. Guérard, dans son Mémoire sur le Système monétaire des Francs

sont de pures préférences de cour ; *les faveurs de nos rois* s'adressent surtout aux vainqueurs. S'agit-il de présenter le tableau de ces grandes assemblées, où tous les hommes de race germanique se rendaient en armes, où chacun était consulté depuis le premier jusqu'au dernier, l'abbé Velly nous parle d'une espèce de *parlement ambulatoire* et des *cours plénières*, qui étaient (après la chasse) *une partie des amusements de nos rois.* « Nos rois, ajoute l'aimable
« abbé, ne se trouvèrent bientôt plus en état de
« donner ces superbes fêtes. On peut dire que le
« règne des Carlovingiens fut celui des cours plé-
« nières... Il y eut cependant toujours des fêtes à la
« cour ; mais, avec plus de galanterie, plus de poli-
« tesse, plus de goût, on n'y retrouva ni cette
« grandeur, ni cette richesse [1]... »

De bonne foi, est-il possible d'entasser plus d'extravagances? Ne croirait-on pas lire une page du roman de Cyrus ou quelqu'un de ces contes de rois et de reines dont on amuse les petits enfants? Et

---

sous les deux premières races (Revue de la numismatique française, n° de novembre et décembre 1837) le sol d'or, dont la valeur réelle était de 9 fr. 28 cent., équivalait à 99 fr. 33 cent. de notre monnaie actuelle. A tous les degrés de condition sociale, l'homme de race barbare était toujours estimé au double du Gaulois. Le meurtre d'un Frank au service du roi coûtait 600 sols d'or (valeur intrinsèque : 3,768 fr., valeur relative : 59,718 fr. d'amende); celui d'un Gaulois dans la même position, 300 (valeur intrinsèque : 1,884 fr., valeur relative : 29,859 fr.) ; celui d'un Gaulois, tributaire ou fermier, se payait 45 sols (valeur intrinsèque : 417 fr. 60 cent., valeur relative : 4,478 fr. 85 c.), amende égale à celle que la loi des Franks exigeait pour le vol d'un taureau.

[1] Velly, Histoire de France, t. I, p. 381 et 382.

quelle histoire est ainsi déguisée sous des formes faussement frivoles? C'est celle des plus fougueux ennemis qu'ait eus la domination romaine, de ceux qui, dans leurs invasions multipliées, mêlaient à l'ardeur du pillage une sorte de haine fanatique; qui, jusque dans les préambules de leurs lois, plaçaient des chants de triomphe pour eux et des injures pour les vaincus; qui, lorsque leur roi hésitait à se mettre en marche pour une expédition qu'ils avaient résolue, le menaçaient de le déposer, l'injuriaient et le maltraitaient [1]. Voilà le peuple que Velly nous travestit en seigneurs français, en cour aussi galante que loyale.

A ces gracieusetés qui sont le propre de l'abbé Velly viennent se joindre toutes les bévues d'ignorance qui se sont propagées dans notre histoire depuis du Haillan jusqu'à Mézeray, et depuis Mézeray jusqu'à ce jour; des discussions sérieuses sur les apanages des enfants de France, l'état des princesses filles, et la garde-noble des reines au vi[e] siècle, sur les fiefs des Saliens et sur la manière dont Clovis remplissait les siéges épiscopaux qui venaient à vaquer en régale : morceau précieux en ce qu'il prouve que l'historien connaissait à fond le style des arrêts et le vocabulaire de la grand'chambre. Si j'avais pu connaître et rencontrer l'abbé Velly,

---

[1] Super eum inruunt, et scindentes tentorium ejus, ipsum quoque conviciis exasperantes ac vi detrahentes interficere voluerunt, si cum illis abire differret. (Greg. Turon. Hist. Franc., lib. IV, cap. xiv, apud. script. rer. gallic. et francic., t. II, p. 210.)

je lui aurais conseillé, aussi respectueusement que possible, d'échanger toutes ces belles connaissances contre l'intelligence d'une douzaine de mots germaniques. « Mais, m'aurait vivement répliqué quelque
« dame spirituelle du temps, est-ce que, pour écrire
« notre histoire, il ne suffit pas de savoir notre
« langue? »

Sans doute notre langue suffit pleinement pour écrire notre histoire d'aujourd'hui, mais non pour écrire avec intelligence notre histoire d'autrefois. Si l'on remonte jusqu'au règne de saint Louis, il faut connaître la langue de saint Louis, qui n'était pas tout à fait la nôtre; si l'on remonte jusqu'au temps de Charlemagne, il faut connaître la langue de Charlemagne et de ses fils. Or quelle était cette langue? Voici ce que répondent les auteurs contemporains : « Il donna des noms aux mois dans
« son propre idiome; car jusqu'à son temps les
« Franks les avaient désignés par des mots en partie
« latins, en partie barbares. Pareillement il inventa
« pour chacun des douze vents une dénomination
« particulière, tandis qu'auparavant on n'en distin-
« guait pas plus de quatre. Les mois eurent les
« noms suivants : janvier *wintarmanoth*, février
« *hornung*, mars *lenizinmanoht*, avril *ostarmanoht*,
« mai *winnemanohi*, juin *brachmanoht*, juillet
« *hewimanoht*, août *aranmanoth*, septembre *win-
« tumanoth*, octobre *windumemanoth*, novembre
« *herbistmanoth*, décembre *heilagmanoth*. Quant
« aux vents, il nomma celui d'est *ostroniwint*,

« celui du sud *sundroni*, celui de sud-est *sund-
« osni*[1], etc... » — « L'empereur (Louis-le-Débon-
« naire) sentant sa fin approcher, demanda qu'on
« le bénît, et qu'on fît sur lui toutes les cérémonies
« ordonnées pour le moment où l'âme sort du
« corps. Tandis que les évêques s'acquittaient de ce
« devoir, ainsi que plusieurs me l'ont rapporté,
« l'empereur ayant tourné la tête du côté gauche
« comme par un mouvement de colère, dit par
« deux fois avec autant de force qu'il le put, *huz!*
« *huz!* ce qui signifie *dehors! dehors!* d'où il est
« clair qu'il avait aperçu l'esprit malin...[2] »

Louis-le-Débonnaire n'est pas le dernier de *nos
rois* qui ait parlé un langage entièrement étranger
au nôtre. Dans la seconde moitié du IX° siècle, la
langue de la cour de France, sinon celle du pays,
était purement tudesque. Enfin, une des singularités
de ce temps, c'est qu'alors *parler français*, signifiait parler la langue qu'aujourd'hui l'on parle en
Allemagne, et que, pour désigner l'idiome dont
notre langue actuelle est née, il fallait dire *parler*

---

[1] Einhardi vita Karoli magni, cap. XXIX, apud Monumenta Germaniæ historiæ, ed. Pertz, t. II, p. 458. Les noms des mois, que, selon la remarque de M. Guizot, on trouve en usage chez différents peuples germains avant le temps de Charlemagne, signifient : *mois d'hiver, mois des cornes à boire* (des festins), *mois du printemps, mois de Pâques, mois d'amour, mois brillant, mois des foins, mois des moissons, mois des vents, mois des vendanges, mois d'automne, mois saint* (à cause de la naissance du Sauveur).

[2] Vita Ludovici Pii imp., apud script. rer. gallic. et francic., t. VI, p. 125. Au lieu de *huz* ou *usz*, comme orthographiaient les Franks, les Allemands écrivent aujourd'hui *aus*.

roman. Mais vainement chercherait-on quelques traces de ces révolutions dans le récit de l'abbé Velly. Pour lui, depuis le v⁰ siècle jusqu'au xviii⁰, ce sont toujours des Français, aimant la gloire et le plaisir, toujours des rois d'une piété éclairée et d'une bravoure chevaleresque. Il fabrique pour les Franks une langue politique, tantôt avec des termes empruntés au droit romain, tantôt avec les formules féodales, et toujours sans s'aviser du moindre doute. Il n'est pas vaincu par la difficulté; il ne la soupçonne point, et marche d'un pas toujours ferme, à l'aide des compilateurs du xvi⁰ siècle [1], et de la constitution de la monarchie française, extraite de l'*Almanach royal*.

Un esprit capable de sentir la dignité de l'histoire de France ne l'eût pas défigurée de cette manière. Il eût peint nos aïeux tels qu'ils furent, et non tels que nous sommes; il eût présenté, sur ce vaste sol que nous foulons, toutes les races d'hommes qui s'y sont mêlées pour produire un jour la nôtre; il eût signalé la diversité primitive de leurs mœurs et de leurs idées; il l'eût suivie dans ses dégradations, et il en eût montré des vestiges au sein de l'uniformité moderne. Il eût empreint ses récits de la couleur particulière de chaque population et de chaque époque; il eût été Frank en parlant des Franks, Romain en parlant des Romains [2]; il eût campé en

---

[1] Les ouvrages de Pasquier, Fauchet, Du Tillet, Loysel, etc.

[2] C'est le nom par lequel les conquérants de l'empire romain désignaient les habitants de leur province respective. Les Franks s'en servaient en Gaule,

idée avec les conquérants au milieu des villes ruinées et des campagnes livrées au pillage; il eût assisté au tirage des lots d'argent, de meubles, de vêtements, de terres, qui avait lieu partout où se portait le flot de l'invasion; il eût vu les premières amitiés entre les vainqueurs et les vaincus se former au milieu de la licence de la vie barbare et de la ruine de tout frein social, par une émulation de rapine et de désordre; il eût décrit la décadence graduelle de l'ancienne civilisation, l'oubli croissant des traditions légales, la perte des lumières, l'oppression des pauvres et des faibles, sans distinction de races, par les riches et les puissants. Ensuite, quand l'histoire aura pris d'autres formes, il en aurait changé comme elle, dédaignant le parti commode d'arranger le passé comme le présent s'arrange, et de présenter les mêmes figures et les mêmes mœurs quatorze fois dans quatorze siècles.

les Goths en Espagne, les Vandales en Afrique. On lui donnait pour corrélatif le nom de *Barbares*, qui, employé à désigner les vainqueurs et les maîtres du pays, perdait toute acception défavorable. Les lois de Théodorik, roi des Ostrogoths, portent qu'elles sont faites également pour les *Barbares* et les *Romains*. Dans l'histoire de Grégoire de Tours, liv. IV, des moines s'adressent ainsi à une troupe de Franks, qui voulaient piller un couvent : « N'entrez pas, n'entrez pas ici, Barbares, car c'est le monastère du bien-« heureux Martin. »

LETTRE IV.

Sur les Histoires de France de Mézeray, Daniel et Anquetil.

J'ai passé un peu brusquement de la critique des bases mêmes de notre histoire à des remarques particulières sur l'un de nos historiens modernes. Jetées comme en passant et sous une forme peut-être trop polémique, ces observations ont besoin d'être confirmées par un jugement plus calme. Je me propose en outre de les éclaircir par la comparaison de l'ouvrage qui en a fourni le sujet avec ceux du même genre que le public a également bien accueillis, et dont la réputation dure encore. Vous voyez que je veux parler des histoires de Mézeray, de Daniel et d'Anquetil.

Quand Mézeray publia son histoire, c'est-à-dire entre les années 1643 et 1650, il y avait dans le public français peu de science, mais une certaine force morale, résultat des guerres civiles qui remplirent la dernière moitié du xvie siècle et les premières années du xviie. Ce public, élevé dans des situations graves, ne pouvait plus se contenter de la lecture des grandes chroniques de France abrégées par maître Nicole Gilles, ou de pareilles compilations, demi-historiques, demi-romanesques[1] : il lui fallait, non plus de saints miracles ou des aventures chevaleresques, mais des événements nationaux, et la peinture de cette antique et fatale discorde de la puissance et du bon droit. Mézeray voulut répondre à ce nouveau besoin; il fit de l'histoire une tribune pour plaider la cause du parti politique, toujours le meilleur et le plus malheureux. Il entreprit, comme il le dit lui-même, de *faire souvenir aux hommes des droits anciens et naturels, contre lesquels il n'y a point de prescription....* Il se piqua d'aimer les vérités qui déplaisent aux grands, et d'avoir la force de les dire : il ne visa point à la profondeur ni même à l'exactitude historique; son siècle n'exigeait pas de lui ces qualités dont il était mauvais juge. Aussi notre historien confesse-t-il naïvement que l'étude des sources lui aurait donné trop de fatigue pour peu de gloire[2]. Le goût du public fut sa seule règle, et il ne chercha point à dépasser la portée commune des esprits pour les-

---

[1] Voyez la lettre suivante.

[2] Il n'a fait souvent que copier nos auteurs modernes; et, si l'on examine les sources où il a puisé, on y reconnaîtra jusqu'aux fautes des auteurs qu'il a suivis; c'est ce qui l'a mis hors d'état de citer en marge les garants de ce qu'il avance, et de suivre en cela l'exemple de Vignier et de Dupleix. S'il se rencontre avec les anciens, ce n'est pas qu'il les ait consultés ; car il s'est vanté devant M. Ducange qu'il ne les avait jamais lus. (Vie de Mézeray, par le père Lelong, Biblioth. historiq. de la France, t. III; Mémoires de plusieurs historiens de France, p. LXXXV.)

quels il travaillait. Plutôt moraliste qu'historien, il parsema de réflexions énergiques des récits légers et souvent faux. La masse du public, malgré la cour qui le détestait, malgré le ministre Colbert qui lui ôta sa pension, fit à Mézeray une renommée qui n'a point encore péri.

Après les travaux des Valois, des Ducange, des Mabillon et des autres savants qui s'élevèrent en foule dans la dernière moitié du xvii° siècle, le crédit d'un historien, qui regardait comme un soin superflu la précaution de citer les textes [1], dut sensiblement décroître. La science avait fait des progrès, et avec elle le goût du vrai et du solide. La franchise des maximes de Mézeray ne fut plus une excuse pour la frivolité de ses narrations; on commençait à exiger d'un historien autre chose que de la probité et du courage. Mézeray conserva sa réputation d'honnête homme aux yeux de ceux qui avaient résisté aux séductions du grand règne; mais auprès de quiconque s'est éclairé par les recherches nouvelles, il perdit sa réputation d'historien.

En l'année 1713, le P. Gabriel Daniel, jésuite, fit paraître une nouvelle Histoire de France, précédée de deux dissertations sur les premiers temps de cette histoire [2], et d'une préface sur la manière de la traiter. Daniel prononça d'un seul mot la condamnation de son prédécesseur : « Mézeray, dit-il,

---

[1] Voyez la préface de la grande Histoire de France de Mézeray.

[2] Dissertations sur les rois de France avant Clovis, et sur le mode de succession des trois races.

« ignorait ou négligeait les sources. » Pour lui, sa prétention fut d'écrire d'après elles, de suivre les témoignages et de revêtir la couleur des historiens originaux. Le but principal de Daniel était l'exactitude historique, non pas cette exactitude vulgaire qui se borne à ne point déplacer les faits de leur vrai temps ou de leur vrai lieu, mais cette exactitude d'un ordre plus élevé, par laquelle l'aspect et le langage de chaque époque sont scrupuleusement reproduits. Il est le premier en France qui ait fait de ce talent de peindre la principale qualité de l'historien, et qui ait soupçonné les erreurs sans nombre où entraîne l'usage irréfléchi de la phraséologie des temps modernes [1].

Les convenances historiques étaient aux yeux de Daniel les seules qu'il dût rigoureusement observer. Aucune convenance sociale ne lui semblait digne de l'emporter sur elles. On peut voir la réponse dédaigneuse qu'il fit à une accusation de lèse-majesté, intentée contre lui dans un journal du temps, pour avoir, disait-on, retranché quatre rois à la première race, et soixante-neuf ans d'antiquité à la monarchie française [2]. Sans s'inquiéter s'il déplairait, et aussi sans affecter de déplaire, Daniel prouva que

---

[1] Il se moque des auteurs qui, comme Varillas, donnent à Louis IX le titre de *Majesté*, lequel ne fut de mode que sous Louis XII; qui parlent de colonels avant François Ier et de régiments avant Charles IX; qui attribuent des armoiries aux rois de la première et de la seconde race.

[2] Voyez deux dissertations de l'abbé de Camps, dans le Journal des Savants. Septembre et octobre 1720.

la royauté s'était transmise par élection durant un long espace de temps; il attaqua les fausses généalogies qu'on avait forgées en faveur du chef de la troisième race [1]. Mais cet écrivain, qui avait assez de science pour éclaircir quelques points de notre histoire, n'en avait pas assez pour l'embrasser tout entière. Sa fermeté d'esprit ne se soutint pas; elle s'affaiblit de plus en plus à mesure qu'il s'éloignait des époques anciennes, les seules sur lesquelles il eût véritablement travaillé. En présence de ce qu'il savait nettement, il était inaccessible aux influences de son siècle et de son état; mais quand il vint à traiter les temps modernes, qu'il n'avait point étudiés avec le même intérêt scientifique, il se laissa surprendre par l'esprit de son ordre et les mœurs de son époque. Il prit parti dans ses narrations, et s'y montra fanatique et servile. Son premier succès avait révélé dans ses lecteurs la naissance de ce qu'on pourrait appeler le vrai sentiment de l'histoire; sa chute, au bout d'un quart de siècle, prouva que la moralité du public l'emportait sur son goût pour la science.

Le P. Daniel a le premier enseigné la vraie méthode de l'histoire de France, bien qu'il ait manqué de force et de talent pour la mettre en pratique ; c'est une gloire qui lui appartient, et que néan-

---

[1] Suivant ces fausses généalogies, la seconde race descendrait de la première par saint Arnulf, évêque de Metz, prétendu arrière-petit-fils de Clotaire Ier, et la troisième serait issue de la seconde par Childebrand, frère de Charles-Martel.

moins peu de personnes lui accordent. Entre ceux qui ont écrit après lui, bien peu se sont efforcés, je ne dis pas seulement d'acquérir une science égale à la sienne, mais même de profiter de l'exemple et des leçons que présente son livre. L'abbé Velly, qui a transcrit au sérieux quelques traits ironiquement cavaliers de sa préface, les mots de *nouveau Pâris*, *nouvelle Hélène*, appliqués à Childéric et à Basine, commet des fautes qu'avait signalées expressément cette même préface. Par exemple, il conduit Clovis en *Allemagne* et en *Bourgogne*, et fait de Paris, au temps de Clodion, *la capitale de l'empire français*. La première qualité de l'historien, ce n'est pas la fidélité à tel ou tel principe moral, à telle ou telle opinion politique, c'est la fidélité à l'histoire elle-même. Or, si l'on peut refuser au P. Daniel l'âme et la dignité d'un citoyen, il faut reconnaître en lui le goût et le sentiment du vrai en matière de récit. Il faut surtout exiger qu'à son exemple on bannisse les anachronismes de mœurs, et cette couleur de convention dont chaque auteur revêt ses récits au gré des habitudes contemporaines.

L'on a peine à s'expliquer, au milieu de la France du xviiie siècle, le succès de l'ouvrage de Velly. Il fallait qu'à cette époque la partie la plus frivole du public eût le pouvoir de donner à ses jugements le caractère et l'autorité d'une opinion nationale; car tout se tut et fut obligé de se taire devant la renommée du nouvel historien. Les savants mêmes n'osaient le reprendre qu'avec respect de ses mé-

prises géographiques, de ses erreurs de faits et de la manière dont il travestit les noms propres. Velly n'a ni la science qui manquait à Mézeray, ni cette haute moralité qui manquait au jésuite Daniel. Il se mit à composer son histoire (Garnier, son continuateur, en fait l'aveu) sans préparation et sans études, sans autre talent qu'une déplorable facilité à faire des phrases vagues et sonores. Lui-même eut des scrupules de conscience sur le succès de ses premiers volumes; il lut, pour s'aider à rédiger les suivants, les Mémoires de l'académie des Inscriptions, et transcrivit au hasard, pour rendre son ouvrage plus substantiel, de longs passages de dissertations inexactes sur les usages et les mœurs antiques. Son plus grand soin fut de mettre en lumière, à chaque siècle, ce qu'il appelle les *fêtes galantes des cours*. Ce ne sont que banquets, festins, dorures et pierres précieuses. Les magnificences de toutes les époques sont confondues et pour ainsi dire brouillées ensemble, afin d'éblouir le lecteur. Par exemple, on rencontre sous la seconde race, dès le règne de Pepin, des *hérauts d'armes* criant *largesse*. Le passage mérite d'être cité : « Chaque service était relevé au son des flûtes
« et des hautbois. Lorsqu'on servait l'entremets,
« vingt hérauts d'armes, tenant chacun à la main
« une riche coupe, criaient trois fois : *Largesse du*
« *plus puissant des rois*, et semaient l'or et l'ar-
« gent, que le peuple ramassait avec de grandes
« acclamations. Mille fanfares annonçaient et célé-

« braient cette distribution [1]... » Les deux continuateurs de Velly, surtout Garnier, eurent plus de gravité et d'instruction; mais leur travail, manquant de base, perdit son prix; car, sans une vue ferme des premiers temps de notre histoire, il est impossible de bien comprendre le sens des événements postérieurs.

J'arrive à l'Histoire de France d'Anquetil, publiée pour la génération contemporaine des premières années du XIXe siècle, et accueillie par cette génération, sinon avec enthousiasme, du moins avec estime et reconnaissance. Cet ouvrage, froid et sans couleur, n'a ni l'âcreté politique de Mézeray, ni l'exactitude de Daniel, ni la légèreté de bon ton qu'affecte Velly. Tout ce qu'on y remarque pour la forme, c'est de la simplicité et de la clarté, et quant au fond, il est pris au hasard de l'histoire de Mézeray et de celle de Velly, que le nouvel historien extrait et cite, pour ainsi dire, à tour de rôles : pourtant c'était un homme d'un grand sens et capable de s'élever plus haut. On dit qu'il avait eu le projet de composer une histoire générale de la monarchie française, non d'après les histoires déjà faites, mais d'après les monuments et les historiens originaux. Peut-être doit-on regretter qu'Anquetil n'ait point exécuté ce dessein; car, en présence des sources, son esprit juste avait la faculté de comprendre et d'exprimer avec franchise les mœurs et

---

[1] Velly, Histoire de France, t. I, p. 380.

les passions d'autrefois. Il en avait donné la preuve dans son Histoire de la ville de Reims, histoire peu lue, comme toutes celles du même genre, mais où la destinée orageuse d'une commune du moyen âge est peinte avec intelligence et souvent même avec énergie.

Un autre ouvrage d'Anquetil, l'*Esprit de la Ligue*, offre des qualités analogues; on y trouve l'empreinte du temps, sa couleur et son langage. Contre l'habitude de ses contemporains du XVIIIe siècle, l'auteur a aimé son sujet; il n'a point méprisé une époque de fanatisme et de désordre; et de là vient l'intérêt de son livre. C'est le premier ouvrage, écrit dans notre langue, où l'on ait reproduit le XVIe siècle sans le dénaturer par une couleur étrangère. Mais, je le répète, l'histoire de France n'offre rien de cette exactitude et de ce mérite pittoresque. On y retrouve l'abbé Velly, moins son emphase de collége et le ton relâché qui plaisait à la société de son temps; car il faut avouer que l'écrivain de 1804 n'entend pas raillerie sur les *tendres faiblesses* et les *galanteries* des princes. Voici en quels termes il commence le récit du règne de Hilderik I : « La première année de Chil-« déric sur le trône fut celle d'un libertin auda-« cieux qui, se jouant avec une égale impudence et « de l'honneur du sexe et du mécontentement des « grands, souleva contre lui l'indignation générale « et se fit chasser du trône [1]... » En rapprochant

---

[1] Anquetil, Histoire de France, t. I, p. 268.

cette manière de raconter de celle qui était en vogue vers l'année 1755, l'on voit clairement qu'entre ces deux époques il s'est fait une révolution dans les mœurs publiques; mais l'histoire a-t-elle fait un pas?

LETTRE V.

Sur les différentes manières d'écrire l'histoire, en usage depuis le xve siècle.

Ce fut en l'année 1476 que parut, avec le titre de *Grandes Chroniques*, la première histoire de France publiée par la voie de l'impression. C'était un vieux corps d'annales compilées en français, par les religieux de l'abbaye de Saint-Denis, et depuis longtemps célèbre sous le nom de *Chroniques de Saint-Denis*. Le roi Charles V l'avait fait transcrire pour sa riche bibliothèque, un peu rajeuni de langage, et fait continuer jusqu'à son règne; il parut avec une nouvelle continuation poussée jusqu'au règne de Louis XI. Sa publication fonda par tout le royaume, qui venait d'atteindre ses dernières limites, une opinion commune sur les premiers temps de l'histoire de France, opinion malheureusement absurde et qui ne put être déracinée qu'après beaucoup de temps et d'efforts. Selon les *Grandes Chroniques de France*, les Gaulois et les Franks étaient issus des fugitifs de Troie, les uns par Brutus, prétendu fils d'Ascanius, fils d'Énée, les autres par Francus ou

Francion, fils d'Hector. Voici de quelle manière la narration commençait :

« Quatre cent et quatre ans avant que Rome fût
« fondée, régnait Priam en Troie la grande. Il
« envoya Pâris, l'aîné de ses fils, en Grèce pour
« ravir la reine Hélène, la femme au roi Ménélas,
« pour se venger d'une honte que les Grecs lui
« avaient faite. Les Gréjois, qui moult furent cour-
« roucés de cette chose, s'émurent pour aller et
« vinrent assiéger Troie. A ce siége, qui dix ans
« dura, furent occis tous les fils du roi Priam, lui
« et la reine Hécube, sa femme; la cité fut arse et
« détruite, le peuple et les barons occis. Mais aucuns
« échappèrent et plusieurs des princes de la cité
« s'espandirent ès diverses parties du monde pour
« quérir nouvelles habitations, comme Hélénus,
« Élyas et Anthénor, et maints autres... Énéas, qui
« était un des plus grands princes de Troie, se mit
« en mer avec trois mille et quatre cents Troyens...
« Turcus et Francion, qui étaient cousins germains
« (car Francion était fils d'Hector, et ce Turcus
« fils de Troylus, qui était frère et fils du roi Priam),
« se départirent de leur contrée, et allèrent habiter
« tout auprès une terre qui est appelée Thrace...
« Quand ensemble eurent habité un grand temps,
« Turcus se départit de Francion, son cousin, lui
« et une partie du peuple qu'il emmena avec lui;
« en une contrée s'en alla, qui est nommée la petite
« Scythie... Francus demeura, après que son cousin
« se fut de lui départi, et fonda une cité qu'il appela

« Sicambrie, et longtemps ses gens furent appelés
« Sicambriens pour le nom de cette cité. Ils étaient
« tributaires aux Romains, comme les autres na-
« tions; mille cinq cent sept ans demeurèrent en
« cette cité, depuis qu'ils l'eurent fondée [1]. »

Après ce début singulier viennent les chapitres suivants : *De diverses opinions pourquoi les Troyens de Sicambrie furent appelés Français. — Comment ils conquirent Allemagne et Germanie, et comment ils déconfirent les Romains. — Comment et quand la cité de Paris fut fondée, et du premier roi de France. — Du second roi qui eut nom Clodio. — Du tiers roi qui eut nom Mérovez. — Du quart roi qui eut nom Ghildéris... — Comment le fort roi Klodovées fut couronné après la mort de son père* [2]. Jusqu'au règne de Charlemagne la narration suit en général un seul auteur, Aimoin, religieux de Fleury ou de Saint-Benoît-sur-Loire, au x⁰ siècle; puis vient une traduction fort inexacte de la vie de Charlemagne, par son secrétaire Eghinhard [3]; puis un fragment de la fausse chronique de l'archevêque Tilpin ou Turpin, morceau qui n'est pas le plus historique du livre, mais sans contredit le plus capable de saisir l'imagination par cette verve de

---

[1] Chroniques de Saint-Denis, Recueil des Historiens des Gaules et de la France, t. III, p. 155.

[2] Ibid., p. 156, 159 et 166.

[3] Einhardi vita Karoli magni, apud Monumenta Germaniæ historiæ, ed. Pertz, t. II, p. 426 et seq. — Les annales du même Éghinhard, ainsi que d'autres écrits, qu'il serait trop long d'énumérer, fournissent aussi quelques fragments aux Chroniques de Saint-Denis.

récit, dont brillent à un si haut degré les romans du moyen âge. C'est là que le roi Marsile et le géant Ferragus, qui ne font plus que nous divertir dans la poésie de l'Arioste, jouent un rôle sérieux et authentique. Là, enfin, ce Roland ou Rotland, comte des Marches de Bretagne, que l'histoire nomme une seule fois, et qui périt dans une embuscade dressée par les Basques [1], au passage des Pyrénées, figure comme le brave des braves et la terreur des Sarrasins. L'obscure escarmouche des gorges de Roncevaux est transformée en bataille générale, où combattent d'un côté les Franks, de l'autre les Maures et les Espagnols; et Roland, demeuré seul entre tous ses compagnons, épuisé par ses blessures, meurt après avoir fait entendre à plus de sept milles du champ de bataille, le bruit de son cor d'ivoire :

« Lors demeura, tout seul, Roland, parmi le
« champ de bataille, las et travaillé des grands
« coups qu'il avait donnés et reçus, et dolent de la
« mort de tant de nobles barons qu'il voyait devant
« lui occis et détranchés. Menant grande douleur,

---

[1] Nam cum agmine longo, ut loci et angustiarum situs permittebat, porrectus iret exercitus, Wascones, in summi montis vertice positis insidiis... extremam impedimentorum partem, et eos, qui novissimi agminis incedentes subsidio, praecedentes tuebantur, desuper incursantes, in subjectam vallem dijiciunt : consertoque cum eis praelio, usque ad unum omnes interficiunt : ac direptis impedimentis, noctis beneficio, quæ jam instabat, protecti, summa cum celeritate in diversa disperguntur... In quo praelio Egginhardus regiae mensae praepositus, Anselmus comes palatii, et Hruotllandus britannici limitis praefectus, cum aliis compluribus interficiuntur. (Einhard vita Karoli magni, apud Monumenta Germaniæ historiæ, ed. Pertz, t. II, p. 448.)

« il s'en vint parmi le bois jusqu'au pied de la mon-
« tagne de Cisaire, et descendit de son cheval des-
« sous un arbre, auprès d'un grand perron de mar-
« bre, qui était là dressé en un moult beau pré, au
« dessus de la vallée de Roncevaux. Il tenait encore
« Durandal, son épée; cette épée était éprouvée
« sur toutes autres, claire et resplendissante et de
« belle façon, tranchante et affilée si fort qu'elle ne
« pouvait ni casser, ni briser. Quand il l'eut long-
« temps tenue et regardée, il la commença à regret-
« ter quasi pleurant, et dit en telle manière : « O
« épée très-belle, claire et resplendissante, qu'il
« n'est pas besoin de fourbir comme toute autre, de
« belle grandeur et large à l'avenant, forte et ferme,
« blanche comme une ivoire, entresignée de croix
« d'or, sacrée et bénie par les lettres du saint nom
« de notre seigneur Jésus-Christ, et environnée de
« sa force, qui usera désormais de ta bonté, qui
« t'aura, qui te portera?... J'ai grand deuil si mau-
« vais chevalier ou paresseux t'a après moi. J'ai
« trop grande douleur si Sarrasin ou autre mé-
« créant te tient et te manie après ma mort. » Quand
« il eut ainsi regretté son épée, il la leva tout haut
« et en frappa trois merveilleux coups au perron
« de marbre qui était devant lui, car il la pensait
« briser, parce qu'il avait peur qu'elle ne vînt
« aux mains des Sarrasins. Que vous conterait-on
« de plus? Le perron fut coupé du haut jusqu'en
« terre, et l'épée demeura saine et sans nulle bri-
« sure; et quand il vit qu'il ne la pourrait dépecer

« en nulle manière, si fut trop dolent. Il mit à sa
« bouche son cor d'ivoire, et commença à corner
« de toute sa force, afin que, si aucuns des chré-
« tiens s'étaient cachés au bois pour la peur des
« Sarrasins, ils vinssent à lui, ou que ceux qui jà
« avaient passé les ports retournassent et fussent à
« son trépassement, et prissent son épée et son che-
« val. Lors il sonna l'olifant par si grande vertu
« qu'il le fendit par le milieu et se rompit les veines
« et les nerfs du cou. Le son et la voix du cor allè-
« rent jusqu'aux oreilles de Charlemagne, qui jà
« s'était logé en une vallée qui aujourd'hui est
« appelée Val-Karlemagne : ainsi il était loin de
« Roland environ huit milles vers Gascogne [1]. »

Au portrait de Karle-le-Grand, tracé par Eghinhard, les *Grandes Chroniques* ajoutent quelques circonstances empruntées à la tradition populaire : « Il étendait, disent-elles, trois fers de chevaux
« tous ensemble légèrement, et levait un chevalier
« armé sur la paume de sa main, de terre jusque
« tout en haut. Avec Joyeuse, son épée, il coupait
« un chevalier tout armé [2]... » Mais cette partie de l'ouvrage est la seule où se trouvent entremêlés des détails empruntés aux romans. Le reste se compose de fragments historiques placés bout à bout sans trop de liaison, jusqu'au règne de Louis VI, dont la vie, écrite par l'abbé Suger, ouvre une série de

---

[1] Chroniques de Saint-Denis; Recueil des historiens des Gaules et de la France, t. V, p. 303.

[2] Ibid., p. 266.

biographies des rois de France, jusqu'à Charles VII, composées par des contemporains.

Les *Grandes Chroniques de France*, sous leur forme native, n'étaient point un ouvrage capable de se faire lire par beaucoup de monde, ni de circuler rapidement : aussi, moins de vingt ans après leur publication, pour répondre au désir du public, furent-elles abrégées par un homme qui était à la fois un savant et un bel-esprit. Maître Nicole, ou Nicolas Gilles, secrétaire du roi Louis XII, compila en un seul volume et publia, en 1492, les *Annales et Croniques de France, de l'origine des Français et de leur venue ès Gaules, avec la suite des rois et princes des Gaules, jusqu'au roi Charles VIII*. Cet ouvrage, qui, dès son apparition, eut un succès immense, respectait le fond des *Chroniques de Saint-Denis*, mais en changeait le style pour l'accommoder aux idées et au goût du temps. Le peu de couleur originale conservée à l'histoire des deux premières races par les compilateurs du XIIe siècle et les traducteurs du XIIIe, disparut sous une phraséologie toute moderne. On y trouve un grand luxe de remarques sur le peu de durée de la faveur des cours et le dévouement des rois de France au Saint-Siége. L'auteur va jusqu'à falsifier la prière de Clovis à la bataille de Tolbiac. Il lui fait dire : « Seigneur Jésus-Christ, je croi-
« rai en votre nom, et tous ceux de mon royaume qui
« n'y voudront croire seront exilés ou occis [1]. » Ni

---

[1] Annales et Croniques de France, par Nicole Gilles, Paris, 1553, folio XIV, recto.

ces mots, ni rien d'approchant, ne se trouvent dans les *Chroniques de Saint-Denis.*

En parlant des exactions des rois des Franks, Nicole Gilles emploie toujours les mots de *tailles, emprunts* et *maltôtes,* si célèbres de son temps. Il ajoute aux *Grandes Chroniques* beaucoup de fables et de miracles, qui, au XIIe siècle, n'étaient pas encore de l'histoire, comme les fleurs de lis apportées par un ange, la dédicace de l'église de Saint-Denis par Jésus-Christ en personne, l'érection du royaume d'Yvetot, en expiation d'un meurtre commis dans l'église, le vendredi saint, par le roi Clotaire I. Un des passages les plus originaux du livre est le portrait de Charlemagne, présenté comme une espèce de Gargantua, haut de huit pieds, et mangeant à lui seul le repas de plusieurs personnes. « Il était de belle et grande stature, bien formé de « corps, et avait huit pieds de haut, la face d'un « espan et demi de long, et le front d'un pied de « large, le chef gros, le nez petit et plat, les yeux « gros, verts et étincelants comme escarboucles..... « Il mangeait peu de pain et usait volontiers de la « chair de venaison. Il mangeait bien à son dîner « un quartier de mouton, ou un paon, ou une grue, « ou deux poulailles, ou une oye, ou un lièvre, « sans les autres services d'entrée et issue de table[1]. » Ces détails bizarres provenaient sans doute de traditions populaires d'un ordre inférieur à celles qui

---

[1] Annales et Croniques de France, par Nicole Gilles, fol. XLIV, recto, et XLV, recto.

avaient donné lieu aux romans du XIIe siècle et à la fausse chronique de Turpin.

On peut dire aujourd'hui, sans trop de hardiesse, que l'ouvrage du secrétaire de Louis XII est également dépourvu d'érudition et de talent; et pourtant aucune histoire de France n'a joui d'une aussi longue popularité. Il en a paru successivement seize éditions, dont la dernière est de 1617, cent quatorze ans après la mort de l'auteur. Mais pendant que la réputation de Nicole Gilles se prolongeait ainsi fort au delà du terme de sa vie, un grand mouvement littéraire, dirigé spécialement contre les écrits et les idées du moyen âge, s'accomplissait dans toute l'Europe. La renaissance des lettres, qui, pour l'Italie, date du XVe siècle, avait élevé dans ce pays une école de nouveaux historiens, dont les ouvrages, calqués sur ceux de l'antiquité, étaient lus avec enthousiasme par les savants et changeaient peu à peu le goût du public. Cette école, celle de Machiavel et de Guicciardin, avait pour caractère essentiel le soin de présenter les faits non plus isolés ou juxtaposés, comme ils le sont dans les chroniques, mais par groupes, d'après leur degré d'affinité dans la série des causes et des effets. On appelait ce nouveau genre d'histoire l'histoire politique, l'histoire à la manière des anciens; et comme, en fait de littérature, l'imitation sait rarement s'arrêter, on empruntait aux écrivains grecs et romains, non-seulement leur méthode, mais leur style, et jusqu'à leurs harangues, qu'on intercalait à plaisir partout où se présentait le moindre prétexte, une ombre de délibération, soit dans les cours, soit aux armées. Personne n'était choqué du contraste de ces formes factices avec les institutions, les mœurs, la politique des temps modernes, ni de l'étrange figure que faisaient les rois, les ducs, les princes du xvie siècle sous le costume classique de consuls, de tribuns, d'orateurs de Rome ou d'Athènes. Dans chaque pays de l'Europe, les hommes éclairés, les esprits ardents, aspiraient à revêtir l'histoire nationale de ces nouvelles formes, et à la débarrasser entièrement de sa vieille enveloppe du moyen âge.

Le premier écrivain français qui entreprit de rédiger une histoire de France d'après la méthode et les principes de l'école italienne, fut Bernard Girard, seigneur du Haillan, né à Bordeaux en 1537. Avant de se livrer à ce travail, dont il était extrêmement fier, l'auteur, âgé de vingt-quatre ans, en avait publié le projet et une sorte d'esquisse, sous le titre de *Promesse et Dessein de l'Histoire de France*. En l'année 1576, il présenta au roi Henri III son premier volume in-folio, et fut récompensé par une pension et le titre d'historiographe, titre nouveau, qui remplaça dès lors celui de chroniqueur du roi. Le sentiment et l'orgueil d'une grande innovation éclatent, d'une manière assez naïve, dans les passages suivants de la préface où du Haillan parle de lui-même. « Je « puis bien dire sans vanterie que je suis le premier « qui ait encore mis en lumière l'histoire entière de « France en discours et fil continu d'histoire ; car ce

« que nous avons ci-devant, tant des histoires mar-
« tiniennes et dionysiennes, que des Chroniques de
« Nicole Gilles, sont seulement chroniques qui ne
« s'amusent pas à dire les causes et les conseils des
« entreprises, ni les succès des affaires, ains seule-
« ment l'événement et fin d'iceux par les années,
« sans narration du discours, qui est nécessaire et
« requis à l'histoire [1]. »

Le premier historiographe de France, chef d'une sorte d'insurrection contre les chroniqueurs ses devanciers, témoigne pour eux un mépris qui ne fait grâce ni à Grégoire de Tours, qu'il confond avec Fredegher, Aimoin et le faux Hunibald, ni à Ville-Hardouin, ni à Joinville, ni à Froissard lui-même. Cette couleur locale et pittoresque qui nous les fait aimer aujourd'hui, cette richesse de détails, ces dialogues si vrais et si naïfs dont ils entrecoupent leurs récits, tout cela ne paraît au classique du Haillan qu'une friperie indigne de l'histoire. « Ils
« s'amusent, dit-il, à décrire les dialogismes d'eux-
« mêmes avec quelques autres, les dialogues d'un
« gentilhomme à un autre gentilhomme, d'un capi-
« taine à un soldat, de celui-ci, de celui-là, les appa-
« rats des festins, leur ordre, leurs cérémonies,
« leurs confitures, leurs sauces, les habillements
« des princes et des seigneurs, le rang comme ils
« étaient assis, leurs embrassements et autres telles

---

[1] Bernard de Girard, seigneur du Haillan, Histoire générale des Roys de France, Paris, 1615, préface aux lecteurs.

« ...ses et particularités, plaisantes à racon-
« ter en commun devis, mais qui n'appartiennent
« en rien à l'histoire, laquelle ne doit traiter qu'af-
« faires d'état, comme les conseils et les entreprises
« des princes, et les causes, les effets et les événe-
« ments d'icelles, et parmi cela mêler quelques belles
« sentences qui montrent au lecteur le profit qu'il
« peut tirer de ce qu'il lit [1]. »

Cette énergie de critique semblait promettre quelque chose; mais du Haillan, comme presque tous ceux qui, après lui, ont écrit notre histoire, avait plus de volonté que de talent. Dès les premières pages, sa passion d'imiter les Italiens et de faire des harangues lui fait violer, de la manière la plus bizarre, la vérité historique. A propos de l'élection de Faramond, roi dont l'existence est à peine authentique, il suppose une assemblée d'état, où deux orateurs imaginaires, Charamond et Quadrek, dissertent l'un après l'autre sur les avantages de la monarchie et sur ceux de l'aristocratie. C'est lorsqu'il s'agit de grandes affaires politiques et de négociations, que du Haillan se pique surtout de bien raconter et de bien juger. Il traite avec négligence les parties de l'histoire qui n'offrent point de grandes intrigues. En général, pour les premiers temps, il est d'une faiblesse extrême, et fort au-dessous de l'érudition de beaucoup de ses contemporains. Il attribue au roi Clodion une prétendue loi des che-

---

[1] Histoire générale des Roys de France, préface aux lecteurs.

velures, par laquelle, dit notre historien, il fut ordonné que « de là en avant nul ne pourrait porter « longue chevelure qui ne fût du sang des rois [1]. » Dans le portrait de Charlemagne, probablement par complaisance pour les préjugés en crédit, du Haillan reproduit en partie les extravagances de Nicole Gilles, et les joint aussi bien qu'il peut aux détails fournis par Eginhard. Malgré son mépris pour les chroniqueurs, il emprunte à celui de 1492 des phrases fort peu historiques, comme celle-ci : « Il « s'habillait *à la française*, et toujours portait une « épée ou poignard à la garde d'or ou d'argent [2]. » Comme lui, dans l'énumération des langues que parlait Karle-le-Grand, il compte le français, *sa langue naturelle*, le flamand et l'allemand. A ces absurdités j'en pourrais joindre beaucoup d'autres, qui prouvent qu'au fond notre histoire avait peu gagné à cesser d'être chronique.

Après du Haillan vint Scipion Dupleix, qui, malgré des études estimables, fut peu goûté à cause de son fanatisme catholique; puis Mézeray, dont le règne, au XVIIe et au XVIIIe siècles, fut aussi long que l'avait été celui de Nicole Gilles au XVIe. Mézeray, élève de du Haillan, entreprit de le surpasser en intelligence des affaires. Comme lui, il inséra dans son récit des harangues délibératives, et se permit, pour leur faire une place, de supposer des

---

[1] Histoire générale des Roys de France, p. 13.
[2] Ibid., p. 200.

assemblées ou des négociations imaginaires. La déposition de Hilderik I, dont du Haillan n'avait tiré aucun parti, est saisie par l'historien du XVIIe siècle comme un excellent texte pour un discours politique à la manière des anciens. Childéric, selon Mézeray, est un jeune prince oisif et voluptueux, qui écrase son peuple d'impôts et vit entouré de ministres de ses galanteries. Les *seigneurs français*, indignés contre lui, s'assemblent, et l'un d'eux prend la parole en ces termes :

« Seigneur, le seul ressentiment que vous avez
« des outrages que Childéric vous a faits, vous dit
« assez le sujet de cette assemblée, devant laquelle
« je n'aurais pas osé faire mes plaintes, si je n'avais
« ouï celles que vous et toute la France en avez
« faites au Ciel; car à qui saurions-nous les adresser
« si celui qui les doit recevoir est celui même qui
« les cause?... Puisque c'est de nous qu'il tient le
« sceptre, il est bien raisonnable que, sans nous
« violenter en notre personne, ni en celle de nos
« femmes, il nous considère comme ses sujets et non
« comme ses esclaves. Nous ne sommes pas tels,
« seigneurs français. Il y a trois cents ans et plus
« que nos ancêtres combattent pour leur liberté;
« s'ils ont fait des rois, ç'a été pour la maintenir et
« non pas pour l'opprimer. Autrement, si nous vou-
« lions des maîtres, les Romains nous étaient bien
« plus doux que ce dernier; et nous n'eussions
« jamais souffert d'un étranger ce que nous endu-
« rons d'un des nôtres. Voyez, tandis que nous ne

« sommes pas du tout dans les fers, si vous voulez
« renoncer au titre de Francs : vous avez de quoi
« démettre Childéric, comme vous avez eu de quoi
« l'établir. Ne permettez pas qu'il se serve plus
« longtemps de notre bienfait à nous faire du mal...
« Que, s'il est question de réparer la faute que j'ai
« faite quand je lui ai donné ma voix en son élec-
« tion, me voilà prêt à révoquer ma parole. Je la
« révoque en effet, m'en dût-il coûter la vie, et me
« dégage du serment que je lui ai prêté. Comme il
« a changé de vie, je veux changer de résolution,
« et ne plus le reconnaître pour roi, puisque lui-
« même ne se reconnaît plus pour tel, et qu'il dé-
« daigne d'en faire les actions [1]. »

Ce curieux morceau disparut avec plusieurs autres du même genre dans l'abrégé chronologique
publié par l'auteur en l'année 1668. Extrèmement
faible d'érudition, mais écrit avec bon sens, d'un
style populaire et sans aucune affectation classique,
cet abrégé fit en peu de temps oublier le grand
ouvrage. C'est la véritable histoire de Mézeray connue et aimée du public; car l'autre n'eut pas plus
de deux éditions. L'abrégé en eut jusqu'à seize,
dont la dernière parut en 1755, année de la publication de l'Histoire de France de Velly.

La popularité de Mézeray s'était maintenue en
face de l'ouvrage exact, mais terne et peu franc, du
père Daniel. L'abbé Velly porta les premières at-

---

[1] Mézeray, Histoire de France, t. I, p. 21 et 22.

teintes à ce crédit si bien établi. Chose peu croyable pour quiconque n'a pas lu la préface de son histoire, Velly se croyait novateur. Il croyait appartenir, comme historien, à une école toute nouvelle, l'école philosophique; voici ses propres paroles : « Il semble, « en lisant quelques-uns de nos historiens, qu'ils « aient moins envisagé l'ordre chronologique des « rois comme leur guide, que comme l'objet prin- « cipal de leur travail. Bornés à nous apprendre les « victoires ou les défaites du souverain, ils ne nous « disent rien ou presque rien des peuples qu'il a « rendus heureux ou malheureux. On ne trouve « dans leurs écrits que de longues descriptions de « siéges et de batailles. Nulle mention des mœurs « et de l'esprit de la nation. Elle y est presque tou- « jours sacrifiée à un seul homme... C'est le défaut « qu'on a tâché d'éviter dans cette nouvelle histoire « de France. L'idée qu'on s'y propose est de donner, « avec les annales des princes qui ont régné, celles « de la nation qu'ils ont bien ou mal gouvernée, de « joindre aux noms des héros qui ont reculé nos « frontières, ceux des génies qui ont étendu nos « lumières, en un mot d'entremêler le récit de nos « victoires et de nos conquêtes de recherches « curieuses sur nos mœurs, nos lois et nos cou- « tumes [1]. »

Vous savez de quelle manière l'abbé Velly a tenu cette grande promesse. Mais quelle que fût sa nullité

---

[1] Velly, Histoire de France, p. 10 et 11 de la préface.

comme historien, c'est une chose réelle qu'en insérant dans son récit, par une sorte de placage, des lambeaux de dissertations sur les mœurs et l'esprit des Français, il avait rencontré le goût du siècle. En effet, les narrations épiques, les portraits et les harangues avaient passé de mode ; et ce qu'on demandait, en fait d'histoire, c'était du raisonnement, des conclusions, des résultats généraux. Les écrivains ne tardèrent pas à faire abus de cette méthode, comme ils avaient abusé du style antique. Alors parurent, dans l'histoire, les longues réflexions insérées dans le texte, et les commentaires sous forme de notes, les appendices et les digressions sur le gouvernement, les lois, les arts, les habillements, les armes, etc. Au lieu d'une narration suivie, continue, se développant avec largeur et d'une manière progressive, on eut des récits courts, morcelés, tronqués, entrecoupés de remarques sérieuses ou satiriques; et l'histoire fut divisée, subdivisée, étiquetée par petits chapitres, comme un ouvrage didactique. C'est l'exemple que donna Voltaire, avec son originalité et sa verve de style accoutumée, exemple qui fut suivi d'une manière plus méthodique par les historiens anglais de la fin du xviiie siècle.

Ainsi, depuis l'invention de l'imprimerie jusqu'à nos jours, trois écoles historiques ont fleuri successivement : l'école populaire du moyen âge, l'école classique ou italienne, et l'école philosophique, dont les chefs jouissent aujourd'hui d'une réputation européenne. De même qu'il y a deux cents ans l'on désirait pour la France des Guicciardin et des Davila, on lui souhaite en ce moment des Robertson et des Hume. Est-il donc vrai que les livres de ces auteurs présentent le type réel et définitif de l'histoire? Est-il vrai que le modèle où ils l'ont réduite soit aussi complétement satisfaisant pour nous que l'était pour les anciens, par exemple, le plan des historiens de l'antiquité? Je ne le pense pas; je crois, au contraire, que cette forme toute philosophique a les mêmes défauts pour l'histoire que la forme toute littéraire de l'avant-dernier siècle. Je crois que l'histoire ne doit pas plus se servir de dissertations hors d'œuvre, pour peindre les différentes époques, que de portraits hors d'œuvre, pour représenter fidèlement les différents personnages. Les hommes et même les siècles passés doivent entrer en scène dans le récit : ils doivent s'y montrer, en quelque sorte, tous vivants; et il ne faut pas que le lecteur ait besoin de tourner cent pages, pour apprendre après coup quel était leur véritable caractère. C'est une fausse méthode que celle qui tend à isoler les faits de ce qui constitue leur couleur et leur physionomie individuelles; et il n'est pas possible qu'un historien puisse d'abord bien raconter sans peindre, et ensuite bien peindre sans raconter. Ceux qui ont adopté cette manière d'écrire ont presque toujours négligé le récit, qui est la partie essentielle de l'histoire, pour les commentaires ultérieurs qui doivent donner la clef du récit. Le commentaire arrive et n'éclaircit rien, parce que le lecteur ne le rattache point à la narration dont l'écrivain l'a séparé. Dans cet état, la composition manque entièrement d'unité; c'est la réunion incohérente de deux ouvrages, l'un d'histoire, l'autre de philosophie. Le premier n'est ordinairement qu'une simple réimpression de la moins mauvaise des histoires précédemment publiées : c'est pour l'ouvrage philosophique que l'on réserve toute la vigueur de son talent. L'Histoire d'Angleterre de Hume n'est au fond que celle de Rapin-Thoyras, à laquelle se trouvent joints, pour la première fois, plusieurs traités complets de politique, d'économie publique, de législation, d'archéologie, et une assez nombreuse collection de maximes, soit théoriques, soit usuelles. Toutes ces pièces de rapport seraient de la plus grande nouveauté, que l'histoire elle-même n'en serait pas plus neuve.

Mais y a-t-il lieu de faire encore du neuf en ce genre? le fond de l'histoire n'est-il pas trouvé depuis longtemps? Non, sans doute. On sait bien assigner à chaque événement sa date précise; l'art de vérifier les dates est à peu près découvert; mais cette découverte n'a pas été capable de bannir entièrement le faux de l'histoire. Il y a, en fait d'histoire, plus d'un genre d'inexactitude; et si le travail des chronologistes nous garantit désormais de la fausseté matérielle, il faut un nouveau travail, un nouvel art, pour écarter également la fausseté de ouleur et de caractère. Ne croyons pas qu'il ne reste plus qu'à porter des jugements moraux sur les personnages et les événements historiques : il s'agit de savoir si les hommes et les choses ont été réellement tels qu'on nous les représente; si la physionomie qu'on leur prête leur appartient véritablement, et n'est point transportée mal à propos du présent au passé, ou d'un degré récent du passé à un autre degré plus ancien. C'est là qu'est la difficulté et le travail; là sont les abîmes de l'histoire, abîmes inaperçus des écrivains superficiels, et comblés quelquefois, sans profit pour eux, par les travaux obscurs d'une érudition qu'ils dédaignent.

LETTRE VI.

Sur le caractère des Franks, des Burgondes et des Visigoths.

Je crois le moment venu où le public va prendre plus de goût à l'histoire qu'à toute autre lecture sérieuse. Peut-être est-il dans l'ordre de la civilisation qu'après un siècle qui a remué fortement les idées, il en vienne un qui remue les faits; peut-être sommes-nous las d'entendre médire du passé, comme d'une personne inconnue; peut-être, enfin, n'est-ce qu'un goût littéraire. La lecture des romans de Walter Scott a tourné beaucoup d'imaginations vers ce moyen âge dont naguère on s'éloignait avec dédain; et s'il s'opère de nos jours une révolution dans la manière de lire et d'écrire l'histoire, ces compositions, en apparence frivoles, y auront singulièrement contribué. C'est au sentiment de curiosité qu'elles ont inspiré à toutes les classes de lecteurs pour des siècles et des hommes décriés comme barbares, que des publications plus graves doivent un succès inespéré.

Sans doute il est impossible d'attribuer aux écrits

de Walter Scott l'autorité d'ouvrages historiques ; mais on ne peut refuser à leur auteur le mérite d'avoir mis, le premier, en scène les différentes races d'hommes dont la fusion graduelle a formé les grandes nations de l'Europe. Quel historien de l'Angleterre avait parlé de Saxons et de Normands, en racontant l'époque de Richard-Cœur-de-Lion? Quel est celui qui, dans les rébellions de l'Écosse, en 1715 et en 1745, avait entrevu la moindre trace de l'inimitié nationale des montagnards enfants des Gaels, contre les Anglais, fils des Saxons? Ces faits, et beaucoup d'autres d'une égale importance, étaient demeurés inaperçus : tout ce qu'avait aplani le niveau de la civilisation avait passé sous le niveau des historiens modernes. L'un des événements les plus importants du moyen âge, un événement qui a changé de fond en comble l'état social de l'Angleterre, je veux dire la conquête de ce pays par les Normands, ne joue pas, dans l'histoire de Hume, un plus grand rôle que ne le ferait une conquête achevée par un prince de nos jours. Au lieu de s'empreindre de la forte couleur des anciennes invasions germaniques, la lutte du dernier roi anglo-saxon contre le duc de Normandie ne prend, dans son récit, d'autre caractère que celui d'une querelle ordinaire entre deux prétendants au trône. Les conséquences de la victoire semblent se borner, pour la nation vaincue, à un simple changement de gouvernement ; et pourtant il ne s'agissait de rien moins que de l'asservissement et de la dépossession de tout un peuple par des étrangers. Le territoire, les richesses, les personnes mêmes des indigènes étaient un objet de saisie aussi bien que la royauté.

Ce défaut d'une histoire étrangère se retrouve complétement dans la nôtre, où l'invasion, la conquête, l'asservissement, la lutte prolongée des nations et des races, prennent, comme chez David Hume, une sorte de couleur administrative. Les véritables questions historiques y disparaissent sous un amas de questions frivoles ou absurdes, comme celle de savoir si Clovis était un mauvais roi, ou si sa politique était d'accord avec les intérêts de la France. Sous les noms de France et de Français, nous étouffons la vieille nation tudesque, dont ces noms rappellent seuls l'existence, mais qui a jadis imprimé bien d'autres traces de son passage sur le sol que nous habitons.

Quand je dis nation, ne prenez pas ce mot à la lettre; car les Franks n'étaient point un peuple, mais une confédération de peuplades anciennement distinctes, différant même d'origine, bien que toutes appartinssent à la race tudesque ou germanique. En effet, les unes se rattachaient à la branche occidentale et septentrionale de cette grande race, à celle dont l'idiome originel a produit les dialectes et les patois du bas-allemand; les autres étaient issues de la branche centrale, dont l'idiome primitif, adouci et un peu mélangé, est aujourd'hui langue littéraire. Formée, comme les ligues germaniques les plus anciennement connues, de tribus dominantes et de tribus vassales ou sujettes, la ligue des Franks, au moment où elle entra en lutte avec la puissance romaine, étendait son empire sur les côtes de la mer du Nord, depuis l'embouchure de l'Elbe jusqu'à celle du Rhin, et sur la rive droite de ce dernier fleuve à peu près jusqu'à l'endroit où le Mein s'y jette. A l'est et au sud, l'association franke confinait avec les associations rivales des Saxons et des Alamans [1]. Mais il est impossible de fixer la limite de leur territoire respectif. D'ailleurs, ces limites variaient souvent au gré des chances de la guerre ou de l'inconstance naturelle au Barbare; et des populations entières, soit de bon gré, soit par contrainte, passaient alternativement d'une confédération dans l'autre.

Les écrivains modernes s'accordent à donner au nom des *Franks* la signification d'*hommes libres;* mais aucun témoignage ancien, aucune preuve tirée des racines de l'idiome germanique ne les y autorisent. Cette opinion, née du défaut de critique, et propagée par la vanité nationale, tombe dès qu'on examine historiquement les différentes significations du nom dont le nôtre est dérivé, et qui, dans notre langue actuelle, exprime tant de qualités diverses. C'est depuis la conquête de la Gaule, et par suite de la haute position sociale acquise dans ce pays

---

[1] Le nom de Saxons, *Saxen*, dérivé de leur arme nationale, signifie *long couteau. Ala-mans* veut dire *entièrement hommes.* Voyez dans le Catholique, numéro de janvier 1828, une savante dissertation de M. le baron d'Eckstein, sur les confédérations germaniques.

par les hommes de race franke, que leur vieille dénomination prit un sens correspondant à toutes les qualités que possédait ou prétendait posséder la noblesse du moyen âge, comme la liberté, la résolution, la loyauté, la véracité, etc. Au XIIIe siècle, le mot *frank* exprimait tout ensemble la richesse, le pouvoir et l'importance politique ; on l'opposait à *chétif*, c'est-à-dire pauvre et de basse condition [1]. Mais cette idée de supériorité, non plus que celle d'indépendance, transportée de la langue française dans les autres langues de l'Europe, n'a rien de commun avec la signification primitive du mot tudesque.

Soit qu'on l'écrivît avec ou sans l'*n* euphonique, *frak* ou *frank*, comme le mot latin *ferox*, voulait dire *fier*, *intrépide*, *féroce* [2]. L'on sait que la férocité n'était point regardée comme une tache dans le caractère des guerriers germains ; et cette remarque peut s'appliquer aux Franks d'une manière spéciale ; car il paraît que, dès la formation de leur ligue, affiliés au culte d'Odin, ils partageaient la frénésie belliqueuse des sectateurs de cette religion. Dans son principe, leur confédération dérivait, non de l'affranchissement d'un grand nombre de tribus, mais de la prépondérance, et probablement de la

---

[1] De franc ne de chétif n'ot mercy ne pitié.
(Ancien vers sur Thibaut-le-Tricheur, comte de Chartres.)

[2] On trouve dans de très-anciens glossaires *Franci a feritate dicti*. *Frech*, en allemand moderne, signifie *hardi*, *téméraire* ; *vrang*, en hollandais, veut dire, *âpre*, *rude*.

tyrannie de quelques-unes. Il n'y avait donc pas lieu pour la communauté de se proclamer indépendante; mais elle pouvait annoncer, et c'est ce qu'à mon avis elle se proposa en adoptant un nom collectif, qu'elle était une société de braves résolus à se montrer devant l'ennemi sans peur et sans miséricorde.

Les guerres des Franks contre les Romains, depuis le milieu du IIIe siècle, ne furent point des guerres défensives. Dans ses entreprises militaires, la confédération avait un double but, celui de gagner du terrain aux dépens de l'empire, et celui de s'enrichir par le pillage des provinces limitrophes. Sa première conquête fut celle de la grande île du Rhin qu'on nommait l'île des Bataves. Il est évident qu'elle nourrissait le projet de s'emparer de la rive gauche du fleuve, et de conquérir le nord de la Gaule. Animés par de petits succès et par les relations de leurs espions et de leurs coureurs, à la poursuite de ce dessein gigantesque, les Franks suppléaient à la faiblesse de leur moyen d'attaque par une activité infatigable. Chaque année ils lançaient de l'autre côté du Rhin des bandes de jeunes fanatiques dont l'imagination s'était enflammée au récit des exploits d'Odin et des plaisirs qui attendaient les braves dans les salles du palais des morts. Peu de ces enfants perdus repassaient le fleuve. Souvent leurs incursions, qu'elles fussent avouées ou désavouées par les chefs de leurs tribus, étaient cruellement punies, et les légions romaines venaient mettre à feu et à sang la rive germanique du Rhin : mais, dès que le fleuve était gelé, les passages et l'agression recommençaient. S'il arrivait que les postes militaires fussent dégarnis par les mouvements de troupes qui avaient lieu d'une frontière de l'empire à l'autre, toute la confédération, chefs, hommes faits, jeunes gens, se levaient en armes pour faire une trouée et détruire les forteresses qui protégeaient la rive romaine [1]. C'est à l'aide de pareilles tentatives, bien des fois réitérées, que s'accomplit enfin, dans la dernière moitié du ve siècle, la conquête du nord de la Gaule par une portion de la ligue des Franks.

Parmi les tribus dont se composait la confédération franke, un certain nombre se trouvaient placées plus avantageusement que les autres pour l'invasion du territoire gaulois. C'étaient les plus occidentales, celles qui habitaient les dunes voisines de l'embouchure du Rhin. De ce côté, la frontière romaine n'était garantie par aucun obstacle naturel ; les forteresses étaient bien moins nombreuses que vers le cours du haut Rhin ; et le pays, coupé de marécages et de vastes forêts, offrait un terrain aussi peu propre aux manœuvres des troupes régulières qu'il était favorable aux courses aventureuses des bandes germaniques. C'est en effet près

---

[1] . . . . . . Rhenumque, ferox Alamanne, bibebas
Romanis ripis. . . . . . .
(Sidonii Apollinaris paneg. Aviti Augusti, apud script. rer. gallic. et francic., t. I, p. 307.)

de l'embouchure du Rhin que sa rive gauche fut pour la première fois envahie d'une manière durable, et que les incursions des Franks eurent un résultat fixe, celui d'un établissement territorial, qui s'agrandit ensuite de proche en proche. Le nouveau rôle que jouèrent dès lors, comme conquérants territoriaux, les Franks de la contrée maritime, leur fit prendre un ascendant marqué sur le reste de la confédération. Soit par influence, soit par force, ils devinrent population dominante, et leur principale tribu, celle qui habitait, vers les bouches de l'Yssel, le territoire appelé *Saliland*, ou pays de Sale, devint la tête de toutes les autres. Les *Saliskes*, ou Saliens, furent regardés comme les plus nobles d'entre les Franks; et ce fut dans une famille salienne, celle des *Merowings*, ou enfants de Merowig, que la confédération prit ses rois, lorsqu'elle eut besoin d'en créer [1].

Le premier de ces rois, dont l'histoire constate l'existence par des faits positifs, est Chlodio; car Faramond, fils de Markomir, quoique son nom soit bien germanique et son règne possible, ne figure pas dans les histoires les plus dignes de foi. C'est au nom de Chlodio que se rattachèrent, dans les temps postérieurs, tous les souvenirs de la con-

---

[1] Il est probable que le nom de *Merowings* ou Mérovingiens est d'une date antérieure à l'existence de *Merowig* ou Mérovée, successeur de Clodion. Ce nom paraît avoir appartenu à une ancienne famille extrêmement nombreuse, et dont les membres étaient répandus sur tout le territoire des Franks saliens. On trouve même dans les documents du vi[e] siècle des passages où il paraît désigner la masse entière des tribus saliennes.

quête. On lui attribuait à la fois l'honneur d'être entré le premier sur le territoire des Gaules et celui d'avoir porté jusqu'au bord de la Somme la domination des Franks. Ainsi l'on personnifiait en quelque sorte les victoires obtenues par une succession de chefs dont les noms demeuraient dans l'oubli, et l'on concentrait sur quelques années les progrès qui avaient dû être fort lents, et mêlés de beaucoup de traverses. Voici de quelle manière ces événements sont présentés par un historien rempli de fables, mais qui paraît être l'écho fidèle des traditions populaires :

« Les éclaireurs revinrent et rapportèrent que la
« Gaule était la plus noble des régions, remplie de
« toute espèce de biens, plantée de forêts d'arbres
« fruitiers; que c'était une terre fertile, propre à tout
« ce qui peut subvenir aux besoins des hommes.
« Animés par un tel récit, les Franks prennent les
« armes et s'encouragent, et, pour se venger des
« injures qu'ils avaient eu à souffrir des Romains,
« ils aiguisent leurs épées et leurs cœurs; ils s'exci-
« tent les uns les autres par des défis et des moque-
« ries à ne plus fuir devant les Romains, mais à les
« exterminer. En ces jours-là les Romains habitaient
« depuis le fleuve du Rhin jusqu'au fleuve de la
« Loire; et depuis le fleuve de la Loire jusque vers
« l'Espagne dominaient les Goths; les Burgondes,
« qui étaient ariens comme eux, habitaient de l'au-
« tre côté du Rhône. Le roi Chlodio ayant donc
« envoyé ses coureurs jusqu'à la ville de Cambrai,

« lui-même passa bientôt après le Rhin avec une
« grande armée. Entré dans la forêt Charbonnière,
« il prit la cité de Tournai et de là s'avança jusqu'à
« Cambrai. Il y résida quelque temps et donna
« ordre que tous les Romains qui y furent trouvés
« fussent mis à mort par l'épée. Gardant cette ville,
« il s'avança plus loin et s'empara du pays jusqu'à
« la rivière de Somme [1]... »

Ce qu'il y a de plus curieux dans cette narration, c'est qu'elle retrace d'une manière assez vive le caractère de barbarie empreint dans cette guerre, où les envahisseurs joignaient à l'ardeur du pillage la haine nationale et une sorte de haine religieuse. Tout ne se passa pas d'une manière si régulière; et le terrain de la seconde province belgique fut plus d'une fois pris et repris avant de rester au pouvoir des Franks. Clodion lui-même fut battu par les légions romaines et obligé de ramener ses troupes en désordre vers le Rhin ou au delà du Rhin. Le souvenir de ce combat nous a été conservé par un poëte latin du ve siècle [2]. Les Franks étaient arrivés jusqu'à un bourg appelé Helena, qu'on croit être la ville de Lens. Ils avaient placé leur camp, fermé par des chariots, sur des collines près d'une petite rivière, et se gardaient négligemment à la manière des Barbares, lorsqu'ils furent surpris par les Romains sous les ordres d'Aétius. Au moment de l'at-

---

[1] Gesta Francorum per Roriconem, apud script. rer. gallic. et francic., t. III, p. 4.

[2] Sidon. Apollinar. carm. in paneg. Majoriani; ibid., t. I, p. 802.

taque ils étaient en fêtes et en danses pour le mariage d'un de leurs chefs. On entendait au loin le bruit de leurs chants, et l'on voyait la fumée du feu où cuisaient les viandes du banquet. Tout à coup les légions débouchèrent, en files serrées et au pas de course, par une chaussée étroite et un pont de bois qui traversait la rivière. Les Barbares eurent à peine le temps de prendre leurs armes et de former leurs lignes. Enfoncés et obligés à la retraite, ils entassèrent pêle-mêle, sur leurs chariots, tous les apprêts de leur festin, des mets de toute espèce, de grandes marmites parées de guirlandes. Mais les voitures, avec ce qu'elles contenaient, dit le poëte, et l'épousée elle-même, *blonde comme son mari*, tombèrent entre les mains des vainqueurs [1].

La peinture que les écrivains du temps tracent des guerriers franks à cette époque, et jusque dans le vi[e] siècle, a quelque chose de singulièrement sauvage. Ils relevaient et rattachaient sur le sommet du front leurs cheveux d'un blond roux, qui for-

---

[1]
       . . . . . . Fors ripæ colle propinquo,
Barbaricus resonabat hymen, scythicisque choreis
Nubebat flavo similis nova nupta marito.
. . . .
Hostis terga dedit. Plaustris rutilare videres
Barbarici vaga festa tori, convictaque passim
Fercula, captivasque dapes, cirroque madente,
Ferre coronatos redolentia serta lebetas.

(Sidon. Apollinar. carm. in paneg. Majoriani, apud script. rer. gallic. et francic., t I, p. 802.)

maient une espèce d'aigrette et retombaient par derrière en queue de cheval. Leur visage était entièrement rasé, à l'exception de deux longues moustaches qui leur tombaient de chaque côté de la bouche. Ils portaient des habits de toile serrés au corps et sur les membres avec un large ceinturon auquel pendait l'épée [1]. Leur arme favorite était une hache à un ou à deux tranchants, dont le fer était épais et acéré et le manche très-court. Ils commençaient le combat en lançant de loin cette hache, soit au visage, soit contre le bouclier de l'ennemi. Rarement ils manquaient d'atteindre l'endroit précis où ils voulaient frapper.

Outre la hache, qui, de leur nom, s'appelait *frankiske*, ils avaient une arme de trait qui leur était particulière, et que, dans leur langue, ils nommaient *hang*, c'est-à-dire hameçon. C'était une pique de médiocre longueur et capable de servir également de près et de loin. La pointe, longue et forte, était armée de plusieurs barbes ou crochets tranchants et recourbés comme des hameçons. Le bois était recouvert de lames de fer dans presque toute sa longueur, de manière à ne pouvoir être brisé ni entamé à coups d'épée. Lorsque le hang

---

[1]   Hic quoque monstra domat, rutili quibus arce cerebri
Ad frontem coma tracta jacet, nudataque cervix
Setarum per damna nitet. . . . .
. . . . Ac vultibus undique rasis,
Pro barbâ tenues perarantur pectine cristæ.
(Sidon. Apollinar. carm. in paneg. Majoriani, apud script. rer. gallic. et francic., t. I, p. 802.)

s'était fiché au travers d'un bouclier, les crocs dont il était garni en rendant l'extraction impossible, il restait suspendu, balayant la terre par son extrémité : alors le Frank qui l'avait jeté s'élançait, et, posant un pied sur le javelot, appuyait de tout le poids de son corps et forçait l'adversaire à baisser le bras et à se dégarnir ainsi la tête et la poitrine [1]. Quelquefois le hang attaché au bout d'une corde servait en guise de harpon à amener tout ce qu'il atteignait. Pendant qu'un des Franks lançait le trait, son compagnon tenait la corde, puis tous deux joignaient leurs efforts, soit pour désarmer leur ennemi, soit pour l'attirer lui-même par son vêtement ou son armure [2].

Les soldats franks conservaient encore cette physionomie et cette manière de combattre un demi-siècle après la conquête, lorsque le roi Theodebert passa les Alpes et alla faire la guerre en Italie. La garde du roi avait seule des chevaux et portait des lances du modèle romain : le reste des troupes était à pied, et leur armure paraissait misérable. Ils n'avaient ni cuirasses, ni bottines garnies de fer : un

---

[1] Agathiæ hist. de Franc., lib. II, apud script. rer. gallic. et francic., t. II, p. 65 et 66.

[2]   Insertum triplici gestabat fune tridentem,
    Quem post terga quidem stantes socii tenuerunt;
    Consiliumque fuit, dum cuspes missa sederet
    In clypeo, cuncti pariter traxisse tuderent.

(De prima Exped. Attilæ in Gallias, ac de Reb. gest. Waltharii, Aquit. princ., carmen illustratum et adauctum, a F. Ch. J. Fischer. Lipsia, 1780, in-4°, p. 54, vers 979.)

petit nombre portait des casques; les autres combattaient nu-tête. Pour être moins incommodés de la chaleur, ils avaient quitté leurs justaucorps de toile grossière et gardaient seulement des culottes d'étoffe ou de cuir, qui leur descendaient jusqu'au bas des jambes. Ils n'avaient ni arc, ni fronde, ni autres armes de traits, si ce n'est le hang et la frankiske. C'est dans cet état qu'ils se mesurèrent avec peu de succès contre les troupes de l'empereur Justinien [1].

Quant au caractère moral qui distinguait les Franks, à leur entrée en Gaule, c'était, comme je l'ai dit plus haut, celui de tous les croyants à la divinité d'Odin et aux joies sensuelles du Walhalla. Ils aimaient la guerre avec passion, comme le moyen de devenir riches dans ce monde, et, dans l'autre, convives des dieux. Les plus jeunes et les plus violents d'entre eux éprouvaient quelquefois dans le combat des accès d'extase frénétique, pendant lesquels ils paraissaient insensibles à la douleur et doués d'une puissance de vie tout à fait extraordinaire. Ils restaient debout et combattaient encore, atteints de plusieurs blessures dont la moindre eût suffi pour terrasser d'autres hommes [2]. Une conquête, exécu-

---

[1] Agathiæ hist. de Franc., lib. ii, apud script. rer. gallic. et francic., t. II, p. 65.

[2]
. . . . . . Invicti perstant, animoque supersunt
Jam propè post animam. . . . .
(Sidon. Apollinar. carm. in paneg. Majoriani, apud script. rer. gallic. et francic., t. I, p. 803.)

La langue des Scandinaves avait un mot particulier pour désigner les

tée par de pareilles gens, dut être sanglante et accompagnée de cruautés gratuites : malheureusement les détails manquent pour en marquer les circonstances et les progrès. Cette pauvreté de documents est due en partie à la conversion des Franks au catholicisme : conversion populaire dans toute la Gaule, et qui effaça la trace du sang versé par les nouveaux orthodoxes. Leur nom fut rayé des légendes destinées à maudire la mémoire des meurtriers des serviteurs de Dieu; et les martyrs qu'ils avaient faits dans leur invasion furent attribués à d'autres peuples, comme les Huns ou les Vandales : mais quelques traits épars, rapprochés par la critique et complétés par l'imagination, peuvent mettre en évidence ce qu'ont voilé soit la flatterie, soit la sympathie religieuse.

La conquête des provinces méridionales et orientales de la Gaule, par les Visigoths et les Burgondes, fut loin d'être aussi violente que celle du nord par les Franks. Étrangers à la religion que les Scandinaves propageaient autour d'eux, ces peuples avaient émigré par nécessité, avec femmes et enfants, sur le territoire romain. C'était par des négociations réitérées, plutôt que par la force des armes, qu'ils avaient obtenu leurs nouvelles demeures. A leur entrée en Gaule, ils étaient chrétiens comme les Gaulois, quoique de la secte arienne, et se montraient

---

guerriers sujets à cette extase : on les appelait *Berserkars*. (Voyez l'Histoire des expéditions maritimes des Normands, par M. Depping, tom. I, p. 46.)

en général tolérants, surtout les Burgondes. Il paraît que cette bonhomie, qui est l'un des caractères actuels de la race germanique, se montra de bonne heure chez ce peuple. Avant leur établissement à l'ouest du Jura, presque tous les Burgondes étaient gens de métiers, ouvriers en charpente ou en menuiserie. Ils gagnaient leur vie à ce travail dans les intervalles de paix, et étaient ainsi étrangers à ce double orgueil du guerrier et du propriétaire oisif, qui nourrissait l'insolence des autres conquérants barbares [1].

Impatronisés sur les domaines des propriétaires gaulois, ayant reçu ou pris à titre d'hospitalité les deux tiers des terres et le tiers des esclaves, ce qui probablement équivalait à la moitié du tout, ils se faisaient scrupule de rien usurper au delà. Ils ne regardaient point le Romain comme leur colon, comme leur lite, selon l'expression germanique [2], mais comme leur égal en droits dans l'enceinte de ce qui lui restait. Ils éprouvaient même devant les riches sénateurs, leurs copropriétaires, une sorte d'embarras de parvenus. Cantonnés militairement dans une grande maison, pouvant y jouer le rôle de maîtres, ils faisaient ce qu'ils voyaient faire aux

---

[1] Quippe omnes fere sunt fabri lignarii, et ex hac arte mercedem capientes, semetipsos alunt. (Socratis Hist. eccles., lib. vii, cap. xxx, apud script. rer. gallic. et francic., t. I, p. 604.)

[2] *Lide, lete, late, latze*, dans les anciennes langues teutoniques, signifiait *petit* et *dernier*. Les Germains donnaient ce nom aux gens de la classe inférieure, qui, chez eux, étaient colons ou fermiers attachés à la glèbe. C'était, selon toute probabilité, les restes d'anciens peuples vaincus.

clients romains de leur noble hôte, et se réunissaient de grand matin pour aller le saluer par les noms de *père* ou d'*oncle*, titre de respect fort usité alors dans l'idiome des Germains. Ensuite, en nettoyant leurs armes ou en graissant leur longue chevelure, ils chantaient à tue-tête leurs chansons nationales, et, avec une bonne humeur naïve, demandaient aux Romains comment ils trouvaient cela [1].

La loi des Burgondes, impartiale entre les vainqueurs et les vaincus, interdisait aux premiers l'abus de la force. Elle offrait même à cet égard des précautions qu'on pourrait appeler délicates. Par exemple, elle défendait aux Barbares de s'immiscer, sous aucun prétexte, dans les procès entre Romains [2]. L'un de ses articles mérite d'être cité textuellement : « Quiconque aura dénié le couvert et « le feu à un étranger en voyage, sera puni d'une « amende de trois sous... Si le voyageur vient à la « maison d'un Burgonde et y demande l'hospitalité, « et que celui-ci indique la maison d'un Romain, et

---

[1] Laudantem tetrico subinde vultu
Quod Burgundio cantat esculentus
Infundens acido comam butyro.
. . . .
Quem non ut vetulum patris parentem,
Nutricisque virum, die nec orto,
Tot tantique petunt simul gigantes.
(Sidon. Apollinar. carm. ad Catullinum, apud script. rer. gallic. et francic., t. I, p. 311.)

[2] Lex Burgundionum, tit. LV, apud script. rer. gallic. et francic., t. IV, p. 270.

« que cela puisse être prouvé, il paiera trois sous
« d'amende, et trois sous pour dédommagement à
« celui dont il aura montré la maison [1]. »

A part quelque peu de fanatisme arien, les Visigoths, maîtres de tout le pays situé entre le Rhône, la Loire et les deux mers, joignaient à un égal esprit de justice plus d'intelligence et de goût pour la civilisation. De longues promenades militaires à travers la Grèce et l'Italie avaient inspiré à leurs chefs l'ambition de surpasser, ou tout au moins de continuer, dans leurs établissements, l'administration romaine. Le successeur du fameux Alarik, Ataülf, qui transporta sa nation d'Italie dans la province narbonnaise, exprimait d'une manière naïve et forte ses sentiments à cet égard. « Je me souviens, dit un
« écrivain du ve siècle, d'avoir entendu à Bethléem
« le bienheureux Jérôme raconter qu'il avait vu un
« certain habitant de Narbonne, élevé à de hautes
« fonctions sous l'empereur Théodose, et d'ailleurs
« religieux, sage et grave, qui avait joui dans sa
« ville natale de la familiarité d'Ataülf. Il répétait
« souvent que le roi des Goths, homme de grand
« cœur et de grand esprit, avait coutume de dire
« que son ambition la plus ardente avait d'abord
« été d'anéantir le nom romain, et de faire, de
« toute l'étendue des terres romaines, un nouvel
« empire appelé Gothique ; de sorte que, pour

---

[1] Lex Burgundionum, tit. LV, apud script. rer. gallic. et francic., t. IV, p. 266.

« parler vulgairement, tout ce qui était *Romanie*
« devint *Gothie*, et qu'Ataülf jouât le même rôle
« qu'autrefois César-Auguste; mais, qu'après s'être
« assuré par l'expérience que les Goths étaient inca-
« pables d'obéissance aux lois, à cause de leur bar-
« barie indisciplinable, jugeant qu'il ne fallait point
« toucher aux lois sans lesquelles la république
« cesserait d'être république, il avait pris le parti
« de chercher la gloire en consacrant les forces des
« Goths à rétablir dans son intégrité, à augmenter
« même la puissance du nom romain, afin qu'au
« moins la postérité le regardât comme le restaura-
« teur de l'empire, qu'il ne pouvait transporter.
« Dans cette vue, il s'abstenait de la guerre et cher-
« chait soigneusement la paix[1]... »

Ces idées élevées de gouvernement par les lois, cet amour de la civilisation, dont l'empire romain était alors l'unique modèle, furent conservés, mais avec plus d'indépendance, par les successeurs d'Ataülf. Leur cour de Toulouse, centre de la politique de tout l'Occident, intermédiaire entre la cour impériale et les royaumes germaniques, égalait en politesse et surpassait peut-être en dignité celle de Constantinople. C'étaient les Gaulois de distinction qui entouraient le roi des Visigoths, quand il ne marchait pas en guerre; car alors les Germains reprenaient le dessus. Le roi Eurik avait pour con-

---

[1] Pauli Orosii Hist. lib. VII, cap. XLIII, apud script. rer. gallic. et francic. t. I, p. 598.

seiller et pour secrétaire l'un des rhéteurs les plus estimés dans ce temps, et se plaisait à voir les dépêches, écrites sous son nom, admirées jusqu'en Italie pour la pureté et les grâces du style [1]. Ce roi, l'avant-dernier de ceux de la même race qui régnèrent en Gaule, inspirait aux esprits les plus éclairés et les plus délicats une vénération véritable, non cette crainte servile qu'excitaient les rois franks, ou cette admiration fanatique dont ils furent l'objet après leur conversion à la foi orthodoxe. Voici des vers confidentiels écrits par le plus grand poëte du Ve siècle, Sidonius Apollinaris, exilé de l'Auvergne, son pays, par le roi des Visigoths, comme suspect de regretter l'empire, et qui était venu à Bordeaux solliciter la fin de son exil. Ce petit morceau, malgré sa tournure classique, rend d'une manière assez vive l'impression qu'avait faite sur l'exilé la vue des gens de toute race que l'intérêt de leur patrie respective rassemblait auprès du roi des Goths.

« J'ai presque vu deux fois la lune achever son
« cours, et n'ai obtenu qu'une seule audience : le
« maître de ces lieux trouve peu de loisirs pour
« moi ; car l'univers entier demande aussi réponse
« et l'attend avec soumission. Ici, nous voyons le
« Saxon aux yeux bleus, intrépide sur les flots,

---

[1] Sepone pauxillulum conclamatissimas declamationes, quas oris regii vice conficis, quibus ipse rex inclytus... per promotæ limitem sortis, ut populos sub armis, sic frænat arma sub legibus. (Sidon. Apollinar., Epist. ad Leonem Eurici conciliarium, apud script. rer. gallic. et francic., t. I, p. 800.)

« mal à l'aise sur la terre. Ici, le vieux Sicambre,
« tondu après une défaite, laisse croître de nouveau
« ses cheveux. Ici, se promène l'Hérule aux joues
« verdâtres, presque de la teinte de l'Océan, dont
« il habite les derniers golfes. Ici, le Burgonde,
« haut de sept pieds, fléchit le genou et implore la
« paix. Ici, l'Ostrogoth réclame le patronage qui
« fait sa force et à l'aide duquel il fait trembler les
« Huns, humble d'un côté, fier de l'autre. Ici, toi-
« même, ô Romain, tu viens prier pour ta vie; et
« quand le Nord menace de quelques troubles, tu
« sollicites le bras d'Eurik contre les hordes de la
« Scythie; tu demandes à la puissante Garonne de
« protéger le Tibre affaibli [1]. »

Si, de ce tableau ou de celui de la cour du roi goth Theoderik II, tracé en prose par le même écrivain [2], on passe aux récits originaux du règne de Clovis, il semble que l'on s'enfonce dans les forêts de la Germanie : et cependant, parmi les rois franks de la première race, Clovis est l'homme politique. C'est lui qui, dans la vue de fonder un empire, mit sous ses pieds le culte des dieux du Nord, et s'associa aux évêques orthodoxes pour la destruction des deux royaumes ariens. Mais, instrument plutôt que moteur de cette ligue, malgré son amitié pour les prélats, malgré l'emploi qu'il fit, dans ses diverses négociations, de Romains, auxquels la tradition

---

[1] Sidon. Apollinar., Epist. ad Lampridium, apud script. rer. gallic. et francic., t. I, p. 800.

[2] Sidon. Apollinar., Epist. ad Agricolam, ibid.

attribuait une finesse à toute épreuve [1], il resta sous l'influence des mœurs et des idées de son peuple. L'impulsion donnée à ces mœurs par l'habitude de la vie barbare et une religion sanguinaire, ne fut point arrêtée par la conversion des Franks au christianisme. L'évêque de Reims eut beau dire à ses néophytes : « Sicambre adouci, courbe la tête, adore ce que tu as brûlé, » l'incendie et le pillage n'épargnèrent pas les églises dans les expéditions entreprises vers la Saône et au midi de la Loire.

Il ne faut pas d'ailleurs s'imaginer que cette fameuse conversion ait été soudaine et complète. D'abord il y eut scission politique entre les partisans du nouveau culte et ceux de l'ancien; la plupart de ces derniers quittèrent le royaume de Chlodowig pour se retirer au-delà de la Somme dans celui de Raghenaher, dont la ville principale était Cambray [2]. De plus, il resta auprès du roi beaucoup de gens qui gardèrent leur croyance, sans renoncer à leur vasselage. Les légendes attestent que non-seulement le premier roi chrétien, mais encore ses successeurs, furent souvent obligés de s'asseoir à table avec des païens obstinés, et qu'il y en avait un grand nombre parmi les Franks de la plus haute

---

[1] Voyez, dans les Gestes des rois Franks, ouvrage du VIIe siècle, composé en partie sur des traditions populaires, le détail des ambassades d'Aurélien auprès du roi Gondebald, et de Paternus auprès du roi Alarik. (Script. rer. gallic. et francic., t. II, p. 548 et 463.)

[2] Multi... de Francorum exercitu necdum ad fidem conversi, cum regis parente, Raganario, ultra Sumnam fluvium aliquandiu degerunt. (Vita S. Remigii, apud script. rer. gallic. et francic., t. III, p. 377.)

classe. Voici, à ce propos, deux anecdotes qui n'ont été racontées par aucun historien moderne, et qui cependant méritaient de l'être : car il ne faut pas que la crainte de paraître dupe des miracles du moyen âge fasse négliger des détails de mœurs, sans lesquels l'histoire est vague et presque inintelligible.

« En retournant vers Paris, où il avait résolu de
« fixer sa résidence, le roi Chlodowig passa par
« Orléans, où il s'arrêta quelques jours avec une
« partie de son armée. Pendant son séjour dans cette
« ville, l'évêque de Poitiers Adelphius lui amena un
« abbé nommé Fridolin, qu'on regardait comme
« saint, et que le roi souhaitait beaucoup de con-
« naître. Les deux voyageurs arrivèrent au quartier
« des Franks, le solitaire à pied et l'évêque à cheval,
« comme il convenait. Le roi vint lui-même au-de-
« vant d'eux, entouré de beaucoup de monde, leur
« fit un accueil respectueux et amical ; et après
« s'être entretenu familièrement quelques heures
« avec eux, il ordonna qu'on servît un grand repas.
« Pendant le dîner, le roi se fit apporter un vase de
« jaspe, transparent comme du verre, décoré d'or
« et de pierres précieuses : l'ayant rempli et vidé, il
« le passa à l'abbé, qui le prit, quoiqu'il s'en fût ex-
« cusé, disant qu'il ne buvait pas de vin ; mais au
« moment où Fridolin prenait la coupe, il la laissa
« échapper par accident, et le vase tomba sur la
« table, puis de la table à terre, où il se brisa en
« quatre. Un des échansons ramassa les morceaux,
« et les plaça devant le roi, qui paraissait chagrin,

« moins à cause de la perte du vase, que pour le
« mauvais effet que cet accident pourrait avoir sur
« les assistants, parmi lesquels beaucoup étaient
« encore païens. Toutefois il reprit son air gai, et
« dit à l'abbé : « Seigneur, c'est pour l'amour de toi
« que j'ai perdu ce vase; car s'il fût tombé de mes
« mains, il ne se serait pas brisé. Vois donc ce que
« Dieu voudra faire pour toi en faveur de son saint
« nom, afin que ceux d'entre nous qui sont encore
« adonnés à l'idolâtrie ne diffèrent plus de croire au
« Dieu tout-puissant. » Alors Fridolin prit les quatre
« morceaux du vase, les réunit, et les tenant serrés
« dans ses mains, la tête inclinée vers la table, il se
« mit à prier Dieu en pleurant et en poussant de pro-
« fonds soupirs. Quand sa prière fut achevée, il
« rendit le vase au roi, qui le trouva parfaitement
« restauré, n'y pouvant reconnaître aucune trace
« de brisure. Ce miracle ravit les chrétiens, mais
« plus encore les infidèles, qui se trouvaient là en
« grand nombre. Au même moment le roi et tout
« le monde se levant de table et rendant grâces à
« Dieu, tous ceux des assistants qui partageaient
« encore les erreurs du paganisme confessèrent leur
« foi en la Sainte Trinité, et reçurent de la main de
« l'évêque les eaux du baptême [1]. »

« Après la mort du roi Chlodowig, son fils

---

[1] Qualis laus a cunctis hoc videntibus, non solum a christianis, sed etiam ab ipsis paganis (quorum magna cohors inibi aderat) Deo persolveretur, non est necesse loquendum. (Vita S. Fridolini, apud script. rer. gallic. et francic., t. III, p. 388.)

« Chlother s'étant établi dans la ville de Soissons,
« il arriva qu'un certain Frank, nommé Hozin,
« l'invita à un banquet, conviant aussi parmi les
« courtisans de sa suite le vénérable Védaste (saint
« Vaast) évêque d'Arras. Le saint homme accepta
« cette invitation, dans le seul but de donner quel-
« que enseignement salutaire à la foule de conviés,
« et de profiter de l'autorité du roi pour les attirer
« au saint baptême. Étant donc entré dans la mai-
« son, il aperçut un grand nombre de tonneaux
« rangés par ordre, tous remplis de bière. Ayant
« demandé ce que c'était que ces tonneaux, il lui
« fut répondu que les uns étaient destinés aux chré-
« tiens, tandis que les autres avaient été consacrés,
« suivant les rites des gentils, à l'usage de ceux des
« conviés qui professaient le culte des idoles. Ayant
« reçu cette explication, le vénérable Védaste se
« mit à bénir chacun des vases indistinctement au
« nom du Christ et par le signe de la croix. Au
« moment où il fit sa bénédiction sur les tonneaux
« consacrés à la manière des païens, tout à coup
« les cercles et les liens se brisèrent, donnant pas-
« sage à la liqueur dont le pavé fut inondé. Cet
« événement ne fut pas inutile au salut de ceux qui
« étaient présents; car un grand nombre furent
« amenés par là à demander la grâce du saint bap-
« tême, et à se soumettre au joug de la religion [1]. »

---

[1] Quæ causa multis qui aderant profuit ad salutem. Nam multi ex hoc ad gratiam baptismi confugerunt, ac sanctæ religioni colla submiserunt. (Vita S. Vedasti, apud script. rer. gallic. et francic., t. III, p. 373.)

Si vous parcourez les documents relatifs à l'histoire du vie et du viie siècle, vous y trouverez une foule de traits qui prouvent que le paganisme durait toujours parmi les Franks, quoiqu'il s'éteignît par degrés. L'historien byzantin Procope raconte avec horreur qu'en l'année 539 les soldats de Theodebert, roi des Franks orientaux, à leur entrée en Italie, où ils marchaient contre les Goths, tuèrent des femmes et des enfants de cette nation, et jetèrent leurs cadavres dans le Pô, comme prémices de la guerre qui s'ouvrait [1]. Un siècle après, sur les bords de la Somme et même sur ceux de l'Aisne, le paganisme régnait encore dans les campagnes, séjour favori de la population franke. Ce n'était pas sans de grands dangers que les évêques des villes du Nord faisaient leurs visites pastorales; et il fallait tout le zèle d'un martyr pour oser prêcher la foi du Christ à Tournai, à Courtrai, à Gand et le long des rives de la Meuse ou de l'Escaut [2]. En l'année 656, un prêtre irlandais perdit la vie dans cette mission périlleuse; et vers la même époque, d'autres personnages que l'église vénère, les Romains Lupus et

---

[1] Procopii hist. de Bello Gothico, lib. ii, cap. xxv, apud script. rer. gallic. et francic., t. II, p. 37. — Il ajoute la réflexion suivante : Nam ita christiani sunt isti barbari, ut multos priscæ superstitionis ritus observent, humanas hostias aliaque impia sacrificia divinationibus adhibentes. (Ibid.)

[2] Vita S. Eligii, ibid., t. III, p. 557. Audivit pagum esse quemdam præter fluenta Scaldi fluvii, cui vocabulum est Gandavum, cujus loci habitatores iniquitas diaboli... irretivit, ut... relicto Deo... fana vel idola adorarent. Propter ferocitatem enim gentis illius, omnes sacerdotes a prædicatione se subtraxerant, et nemo audebat... verbum annuntiare Domini. (Vita S. Amandi, ibid., p. 533.)

Amandus (saint Loup et saint Amand), les Franks Odomer et Bertewin (saint Omer et saint Bertin) y gagnèrent leur renom de sainteté [1].

Lorsque les nobles efforts du clergé chrétien eurent déraciné les pratiques féroces et les superstitions apportées au nord de la Gaule par la nation conquérante, il resta dans les mœurs de cette race d'hommes un fond de rudesse sauvage qui se montrait, en paix comme en guerre, soit dans les actions, soit dans les paroles. Cet accent de barbarie, si frappant dans les récits de Grégoire de Tours, paraît d'une manière aussi naïve dans les documents officiels du temps des derniers Mérovingiens. Je prends pour exemple le plus important de tous, la loi des Franks saliens ou *loi salique*, dont la rédaction en langue latine appartient au règne de Dagobert. Le prologue dont elle est précédée, ouvrage de quelque clerc d'origine franke, montre à nu tout ce qu'il y avait de violent, de rude, d'informe, si l'on peut s'exprimer ainsi, dans l'esprit des hommes de cette nation qui s'étaient adonnés aux lettres. Les premières lignes de ce prologue semblent être la traduction littérale d'une ancienne chanson germanique :

« La nation des Franks, illustre, ayant Dieu pour
« fondateur [2], forte sous les armes, ferme dans les

---

[1] Fleury, Histoire ecclésiastique, t. VIII, p. 290, 292 et 425.

[2] *Auctore Deo condita.* Cette idée paraît étrangère à la religion chrétienne, qui n'accorde à aucune nation, si ce n'est au peuple juif, l'honneur d'avoir eu des relations spéciales avec la Divinité. Peut-être, pour être exact

« traités de paix, profonde en conseil, noble et
« saine de corps, d'une blancheur et d'une beauté
« singulières, hardie, agile et rude au combat, de-
« puis peu convertie à la foi catholique, libre d'hé-
« résie; lorsqu'elle était encore sous une croyance
« barbare, avec l'inspiration de Dieu, recherchant
« la clef de la science; selon la nature de ses qua-
« lités, désirant la justice, gardant la piété; la *loi*
« *salique* fut dictée par les chefs de cette nation,
« qui en ce temps commandaient chez elle.

« On choisit, entre plusieurs, quatre hommes,
« savoir : le Gast de Wise, le Gast de Bode, le Gast
« de Sale, et le Gast de Winde, dans les lieux appe-
« lés canton de Wise, canton de Sale, canton de
« Bode et canton de Winde [1]. Ces hommes se réu-
« nirent dans trois Mâls [2], discutèrent avec soin
« toutes les causes de procès, traitèrent de chacune
« en particulier, et décrétèrent leur jugement en
« la manière qui suit. Puis lorsque, avec l'aide de
« Dieu, Chlodowig-le-Chevelu, le beau, l'illustre

et malgré la contradiction apparente, devrait-on traduire *ayant un Dieu pour fondateur*.

[1] *Gast*, dans les dialectes actuels de la langue germanique, signifie *hôte*. Il paraît que, dans l'ancienne langue, il servait à exprimer la dignité patriarcale des chefs de tribu ou de canton. On trouve encore dans la province d'Over-Yssel, antique demeure des Salicus, un canton nommé *Salland*, et un autre appelé *Twente*, peut-être plus correctement *t'Wente*, ce qui répond au *Winde* de la loi salique. Le canton de *Wise* tirait probablement son nom de sa situation occidentale, et celui de *Bode* rappelle l'ancien nom de l'île des Bataves.

[2] Hi per tres mallos convenientes... *Mâl*, dans l'ancienne langue teutonique, voulait dire *signe*, *parole*, et, par extension, *conseil*, *assemblée*.

« roi des Franks, eut reçu, le premier, le baptême
« catholique, tout ce qui dans ce pacte était jugé
« peu convenable fut amendé avec clarté par les
« illustres rois Chlodowig, Hildebert et Chlother;
« et ainsi fut dressé le décret suivant :

« Vive le Christ qui aime les Franks; qu'il garde
« leur royaume, et remplisse leurs chefs de la lu-
« mière de sa grâce ; qu'il protége l'armée ; qu'il
« leur accorde des signes qui attestent leur foi, les
« joies de la paix et la félicité; que le Seigneur Christ
« Jésus dirige dans les voies de la piété les règnes
« de ceux qui gouvernent; car cette nation est celle
« qui, brave et forte, secoua de sa tête le dur joug
« des Romains, et qui, après avoir reconnu la sain-
« teté du baptême, orna somptueusement d'or et
« de pierres précieuses les corps des saints martyrs,
« que les Romains avaient brûlés par le feu, mas-
« sacrés, mutilés par le fer, ou fait déchirer par les
« bêtes [1]. »

[1] Legis salicæ prologus, apud script. rer. gallic. et francic., t. IV, p. 122 et 123.

LETTRE VII.

Sur l'état des Gaulois après la conquête.

« Si quelque homme libre a tué un Frank ou un
« Barbare, vivant sous la loi salique, il sera jugé
« coupable au taux de deux cents sous. — Si un
« Romain possesseur, c'est-à-dire ayant des biens
« en propre dans le canton où il habite, a été tué,
« celui qui sera convaincu de l'avoir tué sera jugé
« coupable à cent sous [1]. »

« Celui qui aura tué un Frank ou un Barbare,
« dans la *truste* (service de confiance) du roi, sera
« jugé coupable à six cents sous. — Si un Romain,
« convive du roi, a été tué, la composition sera de
« trois cents sous [2]. »

---

[1] Lex salica, tit. xliv, §§ 1 et 15, apud script. rer. gallic. et francic., t. IV, p. 147. D'après la valeur du sol d'or fixée par M. Guérard (Voyez plus haut, note 2 de la page 44), le taux de ces deux compositions s'élevait, pour la première, à 1,856 fr., valeur intrinsèque, et 19,906 fr., valeur relative; et, pour la seconde, à 928 fr., valeur intrinsèque, et 9,953 fr., valeur relative.

[2] Ibid., tit. xliv, §§ 4 et 6. Ibid., 3,768 et 1,884 fr., valeur intrinsèque ; 59,718 et 29,859 fr., valeur relative.

« Si quelqu'un, ayant rassemblé une troupe,
« attaque dans sa maison un homme libre (Frank
« ou Barbare), et l'y tue, il sera jugé coupable à
« six cents sous. — Mais si un Lite ou un Romain a
« été tué par un semblable attroupement, il ne sera
« payé que la moitié de cette composition [1]. »

« Si quelque Romain charge de liens un Frank,
« sans motif légitime, il sera jugé coupable à trente
« sous. — Mais si un Frank lie un Romain pareil-
« lement sans motif, il sera jugé coupable à quinze
« sous [2]. »

« Si un Romain dépouille un Frank, il sera jugé
« coupable à soixante-deux sous. — Si un Frank
« dépouille un Romain, il sera jugé coupable à
« trente sous [3]. »

Voilà comment la loi salique répond à la question tant débattue de la différence originelle de condition entre les Franks et les Gaulois. Tout ce que fournissent à cet égard les documents législatifs, c'est que le *wergheld*, ou *prix de l'homme*, était, dans tous les cas, pour le Barbare, double de ce qu'il était pour le Romain. Le Romain libre et propriétaire était assimilé au *lite*, Germain de la der-

---

[1] Lex salica, tit. xrv, §§ 1 et 3, apud script. rer. gallic. et francic., t. IV, p. 148. (Voyez l'évaluation de la note précédente.)

[2] Ibid., tit. xxxv, §§ 3 et 4 ; ibid., p. 144. (278 fr. 40 c. et 139 fr. 20 c., valeur intrinsèque; 2,985 fr. 90 c. et 1,492 fr. 95 c., valeur relative.)

[3] Lex salica ex MS. codice regio, a Joanne Schiltero edita, tit. xv, apud script. rer. gallic. et francic., t. IV, p. 188. (575 fr. 36 c. et 278 fr. 40 c., valeur intrinsèque; 6,170 fr. 86 c. et 2,985 fr. 90 c., valeur relative.)

nière condition, cultivateur forcé des domaines de la classe guerrière, et probablement issu d'une race anciennement subjuguée par la race teutonique. Je doute que cette solution, bien qu'elle soit inattaquable, vous satisfasse pleinement, et vous paraisse contenir tout le secret de l'ordre social établi en Gaule par la conquête des Franks. Le texte des lois est une lettre morte; et c'est la vie de l'époque, dans sa variété, avec ses nuances toujours rebelles aux classifications légales, qu'il est curieux et utile d'observer. Or, rien ne facilite mieux, sous ce rapport, l'intelligence du passé, que la recherche et la comparaison de ce que l'état actuel du monde peut offrir d'analogue ou d'approchant.

Rappelez-vous la Grèce sous l'empire des Turks, rassemblez dans votre esprit ce que vous avez lu ou entendu raconter des *Raïas* et des *Phanariotes*, de la masse du peuple grec et de cette minorité que les Turks anoblissaient en lui conférant des emplois : ou je me trompe fort, ou, après avoir contemplé ce tableau d'oppression brutale, de terreur universelle, d'efforts constants pour sortir, à tout prix et par toutes les voies, de la classe commune des vaincus, quelque chose de vivant et de réel vous apparaîtra sous les simples mots de *Romain possesseur, Romain tributaire, Romain convive du roi*. Vous comprendrez combien de formes diverses pouvait revêtir la servitude gallo-romaine sous la domination des Barbares. Il y a plus, malgré la distance des temps et les différences de race et de position, non-seulement la destinée physique des vaincus dans l'ancienne Gaule et dans la Grèce moderne, mais leur attitude morale, présentent de frappantes analogies. On retrouve dans les récits de Grégoire de Tours non-seulement les souffrances journalières des pauvres Raïas, vexés, pillés, déportés à plaisir, mais l'astucieux esprit d'intrigue du noble voué au service des conquérants, cette immoralité du Phanariote, si effrénée qu'on la prendrait pour une sorte de désespoir.

« Aux approches du mois de septembre (584), il
« arriva au roi Hilperik une grande ambassade des
« Goths (chargée d'emmener sa fille Rigonthe, pro-
« mise au roi Rekkared). De retour à Paris, le roi
« ordonna qu'on prît un grand nombre de familles
« dans les maisons qui appartenaient au fisc, et
« qu'on les mît dans des chariots. Beaucoup pleu-
« raient et ne voulaient point s'en aller; il les fit
« retenir en prison afin de les contraindre plus faci-
« lement à partir avec sa fille. On rapporte que,
« dans l'amertume de cette douleur et de crainte
« d'être arrachés à leurs parents, plusieurs s'ôtèrent
« la vie au moyen d'un lacet. Le fils était séparé de
« son père, et la mère de sa fille ; ils partaient en
« sanglotant et en prononçant de grandes malé-
« dictions : tant de personnes étaient en larmes dans
« Paris, que cela pouvait se comparer à la désolation
« de l'Égypte. Beaucoup de gens des meilleures
« familles, contraints à partir de force, firent leur
« testament, donnèrent leurs biens aux églises, et

« demandèrent qu'au moment où la fiancée en-
« trerait en Espagne, on ouvrît ces testaments,
« comme si déjà eux-mêmes eussent été mis en
« terre [1]... »

« Le roi Gonthramn ayant obtenu, comme ses
« frères, une partie du royaume, destitua Agricola
« de la dignité de patrice, et la donna à Celsus,
« homme d'une grande taille, fort des épaules,
« robuste des bras, haut en paroles, prompt à
« répondre, habile dans la pratique des lois. Cet
« homme fut dès lors saisi d'une si grande avidité
« de s'enrichir, que souvent il enlevait les biens
« des églises pour les réunir à son domaine. On
« raconte qu'un jour, entendant lire, dans l'église,
« cette leçon du prophète Isaïe, dans laquelle il dit:
« Malheur à ceux qui joignent maison à maison, et
« ajoutent champ à champ jusqu'à ce que la terre
« leur manque! il cria : C'est bien insolent de chan-
« ter ici, malheur à moi et à mes fils [2]... »

« Eonius, qui avait le surnom de Mummolus,
« reçut le patriciat du roi Gonthramn; je crois
« qu'il sera bon de dire ici quelque chose sur l'ori-
« gine de sa fortune. Il naquit dans la ville d'Auxerre,
« et son père était Péonius. Ce Péonius gouvernait
« la ville en qualité de comte. Voulant faire renou-
« veler le brevet de son office, il envoya au roi son

---

[1] Greg. Turon. Hist. Franc., lib. VI, cap. XLV, apud script. rer. gallic. et francic., t. II, p. 289.

[2] Ibid., lib. IV, cap. XXIV, apud script. rer. gallic. et francic., t. II, p. 214.

« fils avec des présents [1]. Celui-ci donna l'argent en
« son propre nom, brigua le comté, et supplanta
« son père qu'il avait mission de servir. C'est de là
« que, s'élevant par degrés, il parvint à la plus
« haute des dignités [2]... »

« La dixième année du règne de Theoderik, à
« l'instigation de Brunehilde, et par l'ordre de
« Theoderik, Protadius fut créé Majeur (maire) de
« la maison royale. Il était d'une extrême finesse
« et d'une grande habileté ; mais il exerça contre
« beaucoup de gens de cruelles iniquités ; accor-
« dant trop aux droits du fisc, et s'efforçant, par
« toutes sortes d'artifices, de le remplir et de s'en-
« richir lui-même du bien d'autrui. Tout ce qu'il
« voyait d'hommes de naissance noble, il travaillait
« à les abaisser, afin qu'il ne se trouvât personne
« capable de s'emparer de la place qu'il occu-
« pait [3]... »

Je pourrais multiplier les citations de détail; j'aime
mieux prendre un long morceau d'histoire, qui se
présente à peu près tout fait, et dans lequel figu-
reront successivement un noble Gaulois intriguant

---

[1] *Ad renovandam actionem...* Des modèles du protocole usité pour les brevets de duc, de comte et de patrice, sous les rois de la première race, se trouvent parmi les formules connues sous le nom de Formules de Markulf. Voyez, dans le Recueil des historiens de la France et des Gaules, t. IV, p. 471, une formule intitulée : Charta de ducatu, patritiatu, vel comitatu.

[2] Greg. Turon. Hist. Franc., lib. IV, cap. XLII, apud script. rer. gallic. et francic., t. II, p. 224.

[3] Fredegarii Chron., cap. XXVII, apud script. rer. gallic. et francic., t. II, p. 422.

pour le service des Barbares, des fils de grande famille vendus comme esclaves, et tout un pays dévasté par des exécutions militaires.

Caïus Sollius Apollinaris Sidonius, sénateur arvernien, gendre de l'empereur Avitus et le plus grand écrivain de son temps, fut, en Gaule, le dernier représentant du patriotisme romain. Lorsqu'en l'année 475 l'Arvernie, ou, comme nous disons, l'Auvergne eut été cédée aux Goths par l'empereur Julius Nepos, Sidonius fut exilé du pays; et tant qu'il vécut, il conserva un profond dégoût pour le gouvernement des Barbares. Son fils, du même nom que lui, s'accommoda mieux aux circonstances : il s'attacha aux Visigoths, et en 507 combattit pour eux contre les Franks, à la fameuse journée de Vouglé [1]. Les Franks, vainqueurs, occupèrent bientôt l'Auvergne; et alors Arcadius, petit-fils de Sidonius Apollinaris, mettant dans un égal oubli la patrie gothique et la patrie romaine, ne songea qu'à profiter de son nom, de son habileté et des biens qui lui restaient, pour faire une grande fortune sous le patronage des nouveaux maîtres. Chlodowig I venait de mourir, et, dans le partage de ses conquêtes entre ses quatre fils, l'Auvergne était échue à Theoderik, roi des Franks orientaux, qui l'avait conquise en personne. Il paraît que l'héritier du nom des Apollinaires réussit mal auprès de ce

---

[1] Maximus ibi tunc Arvernorum populus, qui cum Apollinare venerat, et primi qui erant ex senatoribus conruerunt. (Greg. Turon. Hist. Franc., lib. II, cap. xxxvii, apud script. rer. gallic. et francic., t. II, p. 183.)

roi et fut mieux accueilli de son frère Hildebert, qui, maître de tout le Berry, ambitionnait la possession de l'Auvergne.

Arcadius n'eut pas de peine à flatter les espérances du roi barbare, à lui persuader que les habitants de l'Arvernie le désiraient vivement pour seigneur, au lieu de son frère Theoderik. Peut-être y avait-il au fond de cela quelque chose de vrai : au milieu des souffrances dont le gouvernement de la conquête accablait les indigènes, l'idée de changer de maître pouvait s'offrir à leur esprit comme une perspective de soulagement. Quoi qu'il en soit, en l'année 530, lorsque le roi Theoderik était occupé au delà du Rhin, dans une guerre contre les Thuringiens, le bruit de sa mort, répandu en Auvergne, y fut reçu avec une grande joie. Arcadius se hâta d'envoyer à Paris, résidence du roi Hildebert, des messagers qui l'invitèrent à venir prendre possession du pays. Hildebert assembla son armée et partit aussitôt. Il arriva au pied de la hauteur sur laquelle était bâtie la cité des Arvernes, aujourd'hui Clermont, par un temps de brouillard très-épais; en montant la colline, le roi disait d'un ton de contentement : « Je voudrais bien reconnaître par mes « yeux cette Limagne d'Auvergne que l'on dit si « agréable. » Mais il avait beau regarder, il ne pouvait rien découvrir au delà de quelques centaines de pas [1].

---

[1] Greg. Turon. Hist. Franc., lib. III, cap. IX, apud script. rer. gallic. et francic., t. II, p. 191.

Parvenu au pied des murs de la ville, Hildebert, contre son attente et malgré les promesses d'Arcadius, trouva les portes fermées; il paraît que les habitants avaient craint de se compromettre, si la mort de Theoderik était un faux bruit, ou qu'ils cherchaient dans tous les cas à se délivrer de la présence des Franks. Le roi fut obligé d'arrêter ses troupes, et de camper jusqu'à la nuit, ne sachant s'il devait forcer le passage ou retourner sur ses pas. Son ami le tira d'incertitude en brisant, avec l'aide de ses clients, la serrure d'une des portes de la ville par laquelle les Franks entrèrent [1]. La capitale prise, le reste du pays ne tarda pas à se soumettre au roi Hildebert, mais de cette soumission vague dont se contentaient les rois de la première race et qui consistait à promettre fidélité et à livrer quelques otages.

Pendant que ces arrangements se faisaient, l'on apprit que Theoderik était revenu vainqueur de la guerre contre les Thuringiens. A cette nouvelle, Hildebert, comme s'il eût craint d'être pris sur le fait ou de voir ses possessions attaquées, partit en grande hâte et se rendit à Paris, laissant une faible garnison dans la capitale de l'Auvergne. Deux ans se passèrent, durant lesquels le roi des Franks orientaux ne fit aucune tentative pour reprendre les villes qui avaient cessé de le reconnaître pour sei-

---

[1] Incisa Arcadius sera unius portæ, eum civitati intromisit. (Greg. Turon. Hist. Franc., lib. III, cap. IX, apud script. rer. gallic. et francic., t. II, p. 191.)

gneur. Le pays était nominalement soumis au roi Hildebert, mais gouverné sous son nom par des indigènes, par la faction d'Arcadius, qui jouit probablement alors des honneurs dont l'acquisition était le but de ses intrigues. Mais l'orage qu'il avait imprudemment amassé sur son pays ne tarda pas à éclater; et cet orage fut terrible.

Le royaume des Burgondes, rendu tributaire par Chlodowig, avait continué, après sa mort, d'exciter l'ambition des rois franks. Une première expédition, entreprise, en 523, par les rois Hildebert, Chlodomir et Chlother, fut d'abord heureuse; mais bientôt les Burgondes reprirent l'avantage : Chlodomir fut tué dans un combat, et les Franks évacuèrent le pays. Neuf ans après cette défaite, en l'année 532, l'ambition des rois se réveilla, excitée, à ce qu'il paraît, par la haine nationale des Franks contre les conquérants des bords du Rhône. Une seconde invasion fut résolue entre Chlother et Hildebert : ils firent inviter leur frère Theoderik à se joindre à eux, lui promettant de tout partager en commun. Dans son message, le roi Hildebert ne disait rien de l'occupation de l'Auvergne; Theoderik n'en parla pas non plus, et s'excusa simplement de prendre part à la guerre entreprise par ses deux frères, ne laissant rien voir de son mécontentement, ni de ses projets. Les deux rois partirent; et, dès que la nouvelle de leur entrée sur le territoire des Burgondes fut connue des Franks orientaux, ils commencèrent à murmurer contre leur roi, de ce qu'il les privait des immenses profits que promettait cette guerre. Ils se rassemblèrent en tumulte autour de la demeure royale, et dirent à Theoderik : « Si tu ne veux pas aller en Burgondie avec « tes frères, nous te quittons et les suivons au lieu « de toi [1]. »

Le roi, sachant que la cause de la révolte était le regret de n'avoir point part au butin qui allait se faire, ne s'en émut pas, et dit aux Franks : « Suivez-« moi vers la cité des Arvernes, et je vous ferai « entrer dans un pays où vous prendrez de l'or et « de l'argent autant que vous en pourrez désirer, « où vous enlèverez des troupeaux, des esclaves, « des vêtements en abondance : seulement ne suivez « pas ceux-là [2]. » Cette proposition eut un plein succès, et les Franks promirent de faire en tout point la volonté du roi Theoderik. Pour mieux s'assurer de leur foi, il leur répéta encore qu'il serait permis à chacun d'emporter avec lui tout ce qu'il pourrait, et de faire esclave qui il voudrait parmi les gens du pays. L'armée, toute joyeuse, courut aux armes; et, pendant que les Franks occidentaux passaient la Saône, les Franks orientaux

---

[1] « Si cum fratribus tuis in Burgundiam ire despexeris, te relinquimus, « et illos satius sequi præoptamus. » (Greg. Turon., Hist. Franc., lib. III, cap. XI, apud script. rer. gallic. et francic., t. II, p. 191.)

[2] « Ad Arvernos, inquit, me sequimini, et ego vos inducam in patriam « ubi aurum et argentum accipiatis, quantum vestra potest desiderare cupi-« ditas, de qua pecora, de qua mancipia, de qua vestimenta in abundantiam « absumatis; tantum hos ne sequamini. » (Id. ibid.)

partirent de Metz, résidence de leur roi, pour le long voyage qui devait les conduire en Auvergne.

Dès que les soldats du roi Theoderik eurent mis le pied sur les riches plaines de la Basse-Auvergne, ils commencèrent à ravager et à détruire, sans épargner ni les églises, ni les autres lieux saints [1]. Les arbres à fruits étaient coupés et les maisons dépouillées de fond en comble. Ceux des habitants que leur âge et leur force rendaient propres à être vendus comme esclaves, attachés deux à deux par le cou, suivaient à pied les chariots de bagages, où leurs meubles étaient amoncelés. Les Franks mirent le siége devant Clermont, dont la population, voyant du haut de ses murs le pillage et l'incendie des campagnes, résista aussi longtemps qu'elle put. L'évêque de la ville, Quintianus, partageait les fatigues et soutenait le courage des citoyens. « Pendant toute la durée du siége, dit un ancien « auteur, on le vit de nuit faire le tour des mu- « railles, chantant des psaumes et implorant par « le jeûne et les veilles l'aide et la protection du « Seigneur [2]. »

Malgré leurs prières et leurs efforts, les habitants de Clermont ne purent tenir longtemps contre

---

[1] Arvernis ingressus, monasteria et ecclesias solo tenus, ut jam prælibavimus, coæquans... (Vita S. Austremonii, Arvern. episc., apud script. rer. gallic. et francic., t. III, p. 427.)

[2] Sanctus Dei muros ejus per noctem psallendo circuiret... in jejuniis atque vigiliis instanter orabat. (Vita S. Quintiani, episc. Arvern., auct. Greg. Turon., apud script. rer. gallic. et francic., t. III, p. 408.)

une armée nombreuse et animée par la soif du pillage : la ville fut prise et saccagée. Le roi, dans sa colère, voulait en raser les murailles; mais les hommes qu'il chargea de l'exécution de cet ordre furent arrêtés par des terreurs religieuses, seule garantie qu'eussent les indigènes de la Gaule contre la furie des Barbares. Sur les remparts de Clermont s'élevaient de distance en distance un grand nombre d'églises et de chapelles qu'il était impossible d'épargner en démolissant les murs. La vue de ces édifices effraya les chefs des Franks, qui reculèrent devant un sacrilége commis de sang-froid et sans profit. L'un d'eux, nommé Hilping, vint dire à Theoderik : « Écoute, glorieux roi, les conseils de « ma petitesse : les murailles de cette ville sont « très-fortes, elles sont flanquées de redoutables « défenses; je veux parler des basiliques des saints « qui en garnissent le pourtour; et en outre l'évê- « que de ce lieu passe pour grand devant le Sei- « gneur. N'exécute pas ce que tu médites : ne dé- « truis pas la ville et ne maltraite pas l'évêque [1]. » La nuit suivante, le roi eut dans son sommeil une attaque de somnambulisme : il se leva de son lit, et courant sans savoir où, fut arrêté par ses gardes, qui l'exhortèrent à se munir du signe de la croix. Il ne fallut pas moins que cet accident pour le disposer à la clémence : il épargna la ville et interdit même le pillage dans un rayon de huit mille pas; mais

[1] Vita S. Quintiani, episc. Arvern., auct. Greg. Turon., apud script. rer. gallic. et francic., t. III, p. 408.

lorsque cette défense fut prononcée, il ne restait plus rien à piller.

Maître de la capitale de l'Arvernie, Theoderik attaqua l'un après l'autre tous les lieux fortifiés, où les gens du pays s'étaient renfermés avec ce qu'ils avaient de plus précieux. Il brûla le château de Tigernum, aujourd'hui Tiern, où se trouvait une église construite en bois, qui fut consumée par l'incendie [1]. A Lovolotrum (Volorre), où les Franks entrèrent par la trahison d'un esclave, ils mirent en pièces au pied de l'autel un prêtre nommé Proculus [2]. La ville de Brivate (Brioude) fut saccagée, et la basilique de Saint-Julien dévastée, malgré plusieurs miracles, dont le bruit détermina Theoderik à faire rendre une partie du butin et à punir quelques-uns des soldats qui avaient violé le sanctuaire. A Iciodorum (Issoire), un monastère célèbre fut réduit en solitude, selon l'expression des contemporains [3]. Le château de Meroliacum (Merliac) résista longtemps : c'était un lieu naturellement fort, entouré de rochers à pic, et renfermant dans ses murs plusieurs sources dont l'eau s'échappait en ruisseau par l'une

---

[1] Greg. Turon., Gloria Martyrum, lib. I, apud script. rer. gallic. et francic., t. II, p. 465.

[2] Proculus... presbyter, inruptis Lovolautrensis castri muris, ab ingredientibus hostibus ante ipsum ecclesiæ altare gladiorum ictibus in frusta discerptus est. (Vita S. Quintiani, loc. sup. cit. — Greg. Turon. Hist. Franc., lib. III, cap II.)

[3] Iciodorense adit cœnobium, et eum pristina gloria spoliavit, et ad solitudinem redegit. (Vita S. Austremonii, apud script. rer. gallic. et francic., t. III, p. 407.)

des portes. Les Franks désespéraient de prendre cette place, lorsque le hasard fit tomber entre leurs mains cinquante hommes de la garnison, qui étaient sortis pour fourrager. Ils les amenèrent aux pieds des remparts, les mains liées derrière le dos, et firent signe qu'on les mettrait à mort sur l'heure si le château n'était rendu. La pitié pour des compatriotes et des parents détermina les défenseurs de Merliac à ouvrir leurs portes et à payer rançon [1].

C'est avec des paroles touchantes que les historiens de l'époque décrivent la désolation de l'Auvergne : « Tout ce qu'il y avait d'hommes illustres « par leur rang ou leurs richesses se trouvaient ré- « duits au pain de l'aumône, obligés d'aller hors « du pays mendier ou vivre de salaire. Rien ne fut « laissé aux habitants, si ce n'est la terre que les « Barbares ne pouvaient emporter [2]. » Après la réduction de toutes les places fortes, et la distribution du butin, de longues files de chariots et de prisonniers escortées par les soldats franks, prirent la route du Nord. Des gens de tout état, clercs et laïcs, étaient ainsi emmenés à la suite des bagages; et l'on remarquait surtout un grand nombre d'enfants et de jeunes gens des deux sexes, que les Franks met-

---

[1] Greg. Turon. Hist. Franc., lib. III, cap. XIII, apud script. rer. gallic. et francic., t. II, p. 192.

[2] Ut neque minoribus natu, neque majoribus, quidquam proprii relictum sit, præter terram solam, quam Barbari secum ferre non poterant. (Hugonis, abbat. Flaviniac. cron. virdun., apud script. rer. gallic. et francic., t. III, p. 356.) — Vita S. Fidoli, ibid., p. 407.

taient à l'enchère dans tous les lieux où ils passaient [1].

La plupart de ces captifs suivirent l'armée jusqu'aux bords de la Moselle et du Rhin. Beaucoup de prêtres et de clercs, emmenés comme les autres, furent répartis entre les églises de ce pays ; car le roi, qui venait d'incendier les basiliques et les monastères de l'Auvergne, voulait que chez lui le service divin se fît de la manière la plus convenable. Parmi ces clercs déportés se trouvait un nommé Gallus, d'une famille sénatoriale. Il fut attaché de force à la chapelle royale, et convertit beaucoup de païens parmi les Franks des bords du Rhin [2]. Un autre fils de sénateur, nommé Fidolus, n'alla pas plus loin que la ville de Troyes [3]. Là, un saint abbé, nommé Aventin, averti, disent les légendaires, par une révélation d'en haut, et probablement touché de la figure et de la résignation du jeune esclave, paya aux Barbares tout ce qu'ils demandaient pour

---

[1] Pueros... quosque atque adolescentes venustioris formæ, scitisque vultibus puellas exercitus adventitius, vinctis post terga manibus, secum ducens, per diversa loca pretio accepto distrahebat. (Hugonis, abbat. Flaviniac. cron. virdun., apud script. rer. gallic. et francic., t. III, p. 356.)

[2] L'Église le vénère sous le nom de saint Gal. — Vita S. Galli, episc., auct. Greg. Turon., apud script. rer. gallic. et francic., t. III, p. 409.

[3] Le titre de *sénateur*, d'abord réservé exclusivement à ceux des Gaulois qui avaient entrée au sénat de Rome, était devenu, dans l'usage, un titre commun de noblesse. Les premiers de chaque ville, les chefs des grandes familles, surtout depuis la chute de l'empire, prenaient et recevaient le nom de sénateur. Le mot *archonte* a subi en Grèce des vicissitudes analogues : Ἀρχοντας, en grec moderne, signifie *un noble, un grand propriétaire*.

sa rançon et le prit dans son couvent. Ayant ainsi embrassé la vie monastique, Fidolus s'y distingua tellement qu'il fut mis au nombre des saints [1]. Ce sont des Vies de Saints qui ont fourni la plupart des détails qui précèdent. Les hommes qui les composèrent, il y a treize siècles, dans le seul but d'exalter les vertus religieuses, ne se doutaient pas qu'un jour leurs pieuses légendes seraient les seuls documents capables de constater, aux yeux de la science, l'état du monde romain, tourmenté et désolé par ses conquérants.

[1] Vita S. Fidoli, apud script. rer. gallic. et francic., t. III, p. 407.

LETTRE VIII.

SUITE DE LA PRÉCÉDENTE.

Mission d'Arcadius. — Aventures d'Attale. (533-534.)

Le petit-fils de Sidonius Apollinaris n'avait pas attendu à Clermont l'arrivée du roi Theoderik. Au bruit de la marche des Franks il avait quitté la ville en grande hâte et s'était réfugié à Bourges, sur les terres de son patron Hildebert. Obligé par crainte des habitants à tenir sa fuite secrète, Arcadius partit seul, abandonnant à la merci des événements Placidina, sa mère, et Alcyma, sœur de son père : toutes deux, après l'occupation du pays, furent dépouillées de leurs biens et condamnées à l'exil [1]. Depuis lors Arcadius devint l'agent de confiance de Hildebert. Instrument passif des volontés du roi barbare, il les exécutait sans discussion et sans scrupule. L'une de ses ambassades eut pour résultat un crime fameux

---

[1] Placidina vero mater ejus, et Alchima, soror patris ejus, comprehensæ, apud Cadurcum urbem rebus ablatis exsilio condemnatæ sunt.(Greg. Turon, Hist. Franc., lib. III, cap. XII, apud script. rer. gallic. et francic., t. II, p. 192.)

dans notre histoire, mais dont le récit, vague et mal détaillé chez les écrivains modernes, a besoin, si l'on peut parler ainsi, d'être restitué d'après les textes : c'est le meurtre des enfants de Chlodomir.

Depuis la mort de ce roi, qui avait péri dans une guerre contre les Burgondes, son héritage était demeuré vacant et paraissait réservé à ses trois fils, Theodewald, Gonther et Chlodoald. La reine Chlothilde, leur aïeule, les faisait élever auprès d'elle, et attendait que l'un d'entre eux parvînt à l'âge d'homme pour le présenter aux Franks du royaume de Chlodomir, et le faire élever sur un bouclier, suivant la coutume nationale. Chlothilde, qui avait aimé autrefois Chlodomir plus que ses autres fils, conservait pour ses enfants l'affection la plus tendre, ne les quittant jamais et les menant avec elle dans les voyages qu'elle faisait. Un jour qu'elle était venue à Paris pour y demeurer quelque temps, Hildebert, voyant ses neveux en sa puissance, envoya secrètement à Chlother, qui résidait à Soissons, un message conçu en ces termes : « Notre mère « garde auprès d'elle les enfants de notre frère et « veut qu'ils aient son royaume ; viens donc promp« tement à Paris, afin que nous prenions ensemble « conseil sur ce qu'il faut faire d'eux ; savoir s'ils « auront les cheveux coupés pour être comme le « reste du peuple, ou si nous les tuerons, et par« tagerons entre nous le royaume de notre frère [1]. »

Chlother ne se fit pas attendre et vint trouver

---

[1] Utrum incisa cæsarie ut reliqua plebs habeantur, an certe, his inter-

Hildebert dans l'ancien palais romain qu'il habitait sur la rive méridionale de la Seine. Des agents affidés répandirent dans la ville que le but de l'entrevue des deux rois était de mettre les trois enfants en possession de l'héritage de leur père. Après avoir conféré ensemble et pris leur parti, les rois députèrent vers Chlothilde un messager chargé de dire en leur nom ces paroles : « Envoie-nous les enfants « pour que nous les élevions à la royauté. » La reine, ne se doutant point qu'il y eût là-dessous quelque artifice, fut toute joyeuse; et après avoir donné aux trois enfants à boire et à manger, elle les fit partir en leur disant : « Je croirai n'avoir pas « perdu mon fils, si je vous vois régner à sa place. » Theodewald, Gonther et Chlodoald, le premier âgé de dix ans, et les deux autres plus jeunes que lui, arrivèrent au palais de leur oncle, accompagnés de leurs gouverneurs, qu'on appelait alors nourriciers, et de quelques esclaves. Ils furent aussitôt saisis et enlevés aux gens de leur suite, qu'on enferma séparément [1].

Alors le roi Hildebert, appelant son confident Arcadius, lui dit d'aller trouver la reine afin d'apprendre d'elle ce qu'on devait faire des enfants : et pour joindre à cette demande l'éloquence des signes, que les Barbares aimaient à employer, il lui

---

fectis, regnum germani nostri inter nosmetipsos æqualitate habita dividatur. (Greg. Turon., Hist. Franc., lib. III, cap. XVIII, apud script. rer. gallic. et francic., t. II, p. 196.)

[1] Ibid.

ordonna de prendre avec lui une paire de ciseaux et une épée. Le Romain obéit; et dès qu'il fut en présence de la veuve de Chlodowig, il lui présenta les ciseaux et l'épée nue en disant : « Très-glorieuse « reine, nos seigneurs tes fils te font demander « conseil sur ce qu'on doit faire de ces enfants : « veux-tu qu'ils vivent la chevelure coupée, ou veux-« tu qu'ils soient égorgés? » Stupéfaite de ces paroles et de l'envoi qui donnait au message quelque chose de plus sinistre, Chlothilde hors d'elle-même, sans trop savoir ce qu'elle disait, répondit : « Si « l'on ne veut pas qu'ils deviennent rois, j'aime « mieux les voir morts que tondus. » L'ambassadeur intelligent se retira aussitôt, sans attendre d'autres paroles, et porta cette réponse aux deux rois, leur disant : « Vous avez l'aveu de la reine « pour achever l'œuvre commencée [1]. »

Les deux rois entrèrent dans le lieu où les enfants étaient gardés, et aussitôt Chlother, saisissant l'aîné par le bras, le jeta par terre et lui enfonça un couteau sous l'aisselle. Aux cris de douleur qu'il jetait, son frère Gonther courut à Hildebert, et s'attachant à lui de toutes ses forces : « Mon père, dit-il, mon « bon père, viens à mon secours : fais que je ne « sois pas tué comme mon frère. » En dépit de ses résolutions, le roi Hildebert fut ému, les larmes lui vinrent aux yeux; il dit à son complice : « Mon

---

[1] Favente regina, opus cœptum perficite..... (Greg. Turon. Hist. Franc., lib. III, cap. XVIII, apud script. rer. gallic. et francic., t. II, p. 196.)

« cher frère, je t'en prie, accorde-moi la vie de cet
« enfant : je te donnerai tout ce que tu voudras ; je
« te demande seulement de ne pas le tuer. » Mais
Chlother, saisi d'une espèce de rage à la vue du
sang, accabla son frère d'injures : « Repousse-le
« loin de toi, cria-t-il, ou tu vas mourir à sa place :
« c'est toi qui m'a mis dans cette affaire, et voilà
« que tu manques de parole ¹. » Hildebert eut peur :
il se débarrassa de l'enfant, et le poussa vers Chlother, qui l'atteignit d'un coup de couteau entre les
côtes. Il paraît qu'au moment où se terminait cette
horrible scène, des seigneurs franks, suivis d'une
troupe de braves, forcèrent les portes, et, sans
tenir compte, comme il arrivait souvent, de ce que
diraient ou feraient les rois, enlevèrent le plus jeune
des enfants, Chlodoald, et le mirent en sûreté hors
du palais ². Les nourriciers et les esclaves, qui n'excitaient pas le même intérêt, furent tous mis à mort,
de crainte que l'envie ne leur prît de se dévouer
pour venger leurs jeunes maîtres. Après ces meurtres, le roi Chlother, sans paraître aucunement
troublé, monta à cheval et s'en alla vers Soissons ;
Hildebert sortit aussi de Paris et se retira dans un
de ses domaines voisin de la ville.

Soit par prudence, soit par une sorte de justice

---

¹ Tu, inquit, es incestator hujus causæ, et tam velociter de fide resilis. (Greg. Turon. Hist. Franc., lib. III, cap. XVIII, apud script. rer. gallic. et francic. t. II, p. 196 et 197.)

² Tertium vero Chlodovaldum comprehendere non potuerunt, quia per auxilium virorum fortium liberatus est. (Ibid.)

barbare, les deux meurtriers appelèrent leur frère aîné Theoderik au partage du royaume de Chlodomir. Il reçut le Maine et l'Anjou, à condition d'oublier l'injure que Hildebert lui avait faite en s'emparant de l'Auvergne. Les deux rois se jurèrent amitié, et, pour garantie de leurs serments, se donnèrent mutuellement des otages. Ils les prirent non dans les familles des Franks, trop fiers pour subir de bonne grâce cette espèce de captivité, mais parmi les fils des nobles gaulois. Beaucoup de jeunes gens de race sénatoriale furent ainsi déportés d'un royaume dans l'autre, et donnés en garde par chacun des deux rois à ceux des capitaines franks dans lesquels il avait le plus de confiance. Ce ne fut qu'un exil tant que la paix dura; mais, à la première mésintelligence, tous les otages, sans exception, furent réduits en servitude; les uns, devenant la propriété du fisc, les autres celle des chefs qui les avaient reçus en garde. Assujettis soit aux travaux publics, soit à un service domestique dans la maison de leurs maîtres, ils employèrent pour sortir d'esclavage toutes les ruses d'un esprit plus adroit et plus inventif que celui des Franks. Beaucoup réussirent à s'évader : c'était probablement ceux qui étaient retenus à peu de distance du centre de la Gaule. Mais les otages du roi Theoderik, disséminés dans les environs de Trèves et de Metz, furent moins heureux [1].

Au nombre de ces derniers se trouvait un jeune

---

[1] Multi tamen ex eis per fugam elapsi, in patriam redierunt, nonnulli in

homme appelé Attale, neveu de Grégoire, alors évêque de Langres et anciennement comte d'Autun. Issu d'une des premières familles sénatoriales de la Gaule, il était devenu l'esclave d'un Frank qui habitait le voisinage de Trèves; et son emploi était de garder au champ les nombreux chevaux de son maître. Dès que la discorde eut éclaté entre les rois Hildebert et Theoderik, l'évêque de Langres se hâta d'envoyer dans le Nord à la recherche de son neveu, afin de savoir exactement en quel état il se trouvait. Au retour des gens chargés de cette commission, l'évêque les envoya de nouveau avec des présents pour le Barbare dont Attale gardait les chevaux; mais celui-ci refusa tout en disant : « Un « homme de si grande famille ne peut se racheter à « moins de dix livres d'or [1] » On rapporta cette réponse à l'évêque, et en un moment toute sa maison en fut instruite. Les esclaves s'apitoyaient sur le sort du jeune homme. L'un d'eux, nommé Léon, qui avait l'office de cuisinier, dans un élan de dévouement, courut vers son maître, et lui dit : « Si « tu voulais me permettre d'y aller, je suis sûr que « je parviendrais à le tirer de sa captivité. » L'évêque répondit qu'il le voulait bien; et Léon, tout joyeux, partit en diligence pour le lieu qu'on lui avait indiqué [2].

servitio sunt retenti. (Greg. Turon. Hist. Franc., lib. III, cap. xv, apud script. rer. gallic. et francic., t. II, p. 194.)

[1] Hic de tali generatione decem auri libris redimi debet. (Ibid.)
[2] Ibid.

A son arrivée, il épia d'abord l'occasion d'enlever le jeune homme; mais la chose était trop difficile, et il fut contraint d'y renoncer. Alors il confia son projet à un homme probablement romain de naissance, et lui dit : « Viens avec moi à la maison de ce Barbare, et là, « vends-moi comme esclave; l'argent sera pour toi « tout ce que je demande, c'est que tu me facilites « les moyens d'accomplir ce que j'ai résolu [1]. » Cet arrangement fait, tous deux entrèrent dans la maison du Frank, et le cuisinier fut vendu par son compagnon pour la somme de douze pièces d'or. Avant de payer, le maître demanda à l'esclave quel genre d'ouvrage il savait faire. « Moi, répondit Léon, je « suis en état de préparer tout ce qui se mange à « la table des maîtres; et je ne crains pas que pour « ce talent on trouve mon pareil. Je te le dis en « vérité, quand tu voudrais donner un festin au roi, « je me ferais fort de tout apprêter de la manière « la plus convenable. — Eh bien! reprit le Frank, « voici le jour du soleil qui approche; ce jour-là, « j'inviterai chez moi mes voisins et mes parents : « il faut que tu me fasses un dîner qui les étonne et « dont ils disent : Nous n'avons rien vu de mieux « dans la maison du roi. — Que mon maître donne « l'ordre de me fournir un bon nombre de volailles, « et j'exécuterai ce qu'il me commande [2]. » Le

---

[1] Veni mecum et venunda me in domo Barbari illius, sitque tibi lucrum pretium meum... (Greg. Turon. Hist. Franc., lib. III, cap. xv, apud script. rer. gallic. et francic., t. II, p. 194.)

[2] Ecce enim dies solis adest (sic enim barbaries vocitare diem dominicum

dimanche venu, le repas fut servi à la grande satisfaction des convives, qui ne cessèrent de complimenter leur hôte jusqu'au moment de se séparer.

Depuis ce jour, l'habile cuisinier devint le favori de son maître ; il avait l'intendance de la maison et le commandement sur les autres esclaves, auxquels il distribuait à son gré les rations de potage et de viande. Il employa un an à s'assurer les bonnes grâces de son maître et à lui inspirer une entière confiance. Puis, croyant le moment venu, il songea à se mettre en relation avec Attale, auquel il avait affecté jusque-là de paraître absolument étranger. Il se rendit, comme par passe-temps, dans le pré où le jeune homme gardait ses chevaux, et s'assit par terre à quelques pas de lui, pour qu'on ne les vît point causer ensemble. Dans cette position, il lui dit : « Voici le temps de songer au pays : cette
« nuit, quand tu auras ramené les chevaux à leur
« étable, je t'avertis que tu ne dois point céder au
« sommeil, mais te tenir prêt au premier appel ;
« car nous nous mettrons en route [1]. » Le jour où cet entretien eut lieu, le Frank avait chez lui à dîner plusieurs de ses parents, parmi lesquels se trouvait le mari de sa fille. C'était un homme d'un carac-

---

consueta est), in hac die vicini atque parentes mei invitabuntur in domo mea ; rogo ut facias mihi prandium quod admirentur, et dicant : Quia in domo regis melius non adspeximus. (Greg. Turon. Hist. Franc., lib. III, cap. xv, apud script. rer. gallic. et francic., t. II p. 194.)

[1] Decubans in terra cum eo a longe, aversis dorsis, ut non cognosceretur quod loquerentur simul, dicit puero : « Tempus est enim ut jam cogitare de « patria debeamus... » (Ibid.)

tère jovial et qui ne dédaignait pas de plaisanter avec les esclaves de son beau-père. Vers minuit, tous les convives ayant quitté la table pour aller se coucher, le gendre, qui craignait d'avoir soif, se fit suivre à son lit par Léon portant une cruche de bierre ou d'hydromel. Pendant que l'esclave posait le vase, le Frank se mit à le regarder entre les yeux, et lui parla ainsi d'un ton railleur : « Dis-
« moi donc, toi l'homme de confiance, est-ce que
« bientôt l'envie ne te prendra pas de voler les che-
« vaux de mon beau-père pour retourner dans ton
« pays? — Cette nuit même je compte le faire, s'il
« plaît à Dieu, répondit le Romain sur le même
« ton. — S'il en est ainsi, repartit le Frank, je
« ferai faire bonne garde autour de moi, afin que
« tu ne m'emportes rien. » Là-dessus il rit aux éclats d'avoir trouvé cette bonne plaisanterie, et Léon le quitta en riant [1].

Quand tout le monde fut endormi, le cuisinier sortit de sa chambre, courut à l'étable des chevaux et appela Attale. Le jeune homme fut debout en un instant, et sella deux chevaux. Quand ils furent prêts, son compagnon lui demanda s'il avait une épée. « Je n'ai, répondit-il, d'autre arme qu'une
« petite lance. » Alors Léon, entrant hardiment dans le corps de logis qu'habitait le maître, lui

---

[1] « Dic tu, o creditor soceri mei, si valeas, quando voluntatem adhibe-
« bis, ut, adsumptis equitibus ejus, eas in patriam tuam? » Hoc quasi joco delectans dixit.... et ridentes discesserunt. (Greg. Turon. Hist. Franc., lib. III, cap. xv, apud script. rer. gallic. et francic., t. II, p. 194.)

prit son bouclier et sa framée ¹. Au bruit qu'il fit, le Frank s'éveilla et demanda qui c'était, ce qu'on voulait. L'esclave répondit : « C'est moi, Léon ton « serviteur; je viens de réveiller Attale pour qu'il « se lève en diligence et mène les chevaux au pré : « il a le sommeil aussi dur qu'un ivrogne. — Fais « comme il te plaira, répondit le maître; » et aussitôt il se rendormit. Léon donna les armes au jeune homme; et tous deux, prenant sur leurs chevaux un paquet d'habits, passèrent la porte extérieure sans être vus de personne. Ils suivirent la grande route de Reims depuis Trèves jusqu'à la Meuse; mais quand il fallut traverser la rivière, ils trouvèrent sur le pont des gardes qui ne voulurent point les laisser passer outre, à moins de savoir qui ils étaient, et s'ils ne prenaient pas de faux noms. Obligés de passer le fleuve à la nage, ils attendirent la chute du jour, et, abandonnant leurs chevaux, ils nagèrent en s'aidant avec des planches jusqu'à l'autre bord. A la faveur de l'obscurité, ils gagnèrent un bois et y passèrent la nuit ².

Cette nuit était la seconde depuis celle de leur évasion, et ils n'avaient encore pris aucune nourriture; par bonheur ils trouvèrent un prunier cou-

---

[1] Apprehendit scutum ejus ac frameam. (Greg. Turon. Hist. Franc., lib. III, cap. xv, apud script. rer. gallic. et francic., t. II, p. 194. — *Fram*, dans l'ancienne langue germanique, voulait dire *en avant*, et *frumea*, *lancer*; ainsi la framée devait être une arme de jet: cependant ce mot a ici, et dans plusieurs autres passages des écrivains latins, le sens d'épée.

[2] Ibid., p. 194 et 195.

vert de fruits dont ils mangèrent, et qui soutinrent un peu leurs forces. Ils continuèrent de se diriger sur Reims à travers les plaines de la Champagne, observant soigneusement si quelqu'un ne venait pas derrière eux. Pendant qu'ils marchaient ainsi avec précaution, ils entendirent le trot de plusieurs chevaux. Aussitôt ils quittèrent la route, et trouvant près de là un buisson, ils se mirent derrière, couchés par terre, avec leurs épées nues devant eux. Le hasard fit que les cavaliers s'arrêtèrent près de ce buisson. L'un d'eux, pendant que les chevaux urinaient, se mit à dire : « Quel malheur que ces « maudits coquins aient pris la fuite sans que j'aie « pu encore les retrouver; mais, je le dis par mon « salut, si je mets la main sur eux, je ferai pendre « l'un et hacher l'autre par morceaux [1]. » Les fugitifs entendirent ces paroles, et aussitôt après le pas des chevaux qui s'éloignaient. La nuit même ils arrivèrent à Reims, sains et saufs, mais accablés de fatigue. Ils demandèrent à la première personne qu'ils virent dans les rues la demeure d'un prêtre de la ville, nommé Paul. Ayant trouvé la maison de leur ami, ils frappèrent à sa porte au moment où l'on sonnait matines. Léon nomma son jeune maître et conta en peu de mots leurs aventures.

---

[1] Dixitque unus, dum equi urinam projicerent : « Væ mihi, quia fugiunt « hi detestabiles, nec reperiri possunt; verum dico per salutem meam, quia « si invenirentur, unum patibulo condemnari, et alium gladiorum ictibus in « frusta discerpi juberem. » (Greg. Turon. Hist. Franc., lib. III, cap. xv, apud script. rer. gallic. et francic. t. II, p. 195.)

sur quoi le prêtre s'écria : « Voilà mon songe véri-
« fié : cette nuit j'ai vu deux pigeons, l'un blanc et
« l'autre noir, qui sont venus en volant se poser
« sur ma main [1]. »

C'était le dimanche; et, ce jour-là, l'église, dans sa rigidité primitive, ne permettait aux fidèles de prendre aucune nourriture avant la messe. Mais les voyageurs, qui mouraient de faim, dirent à leur hôte : « Dieu nous pardonne, et sauf le respect dû
« à son saint jour, il faut que nous mangions quel-
« que chose; car voici le quatrième jour que nous
« n'avons touché ni pain ni viande. » Le prêtre, faisant cacher les deux jeunes gens, leur donna du pain et du vin, et sortit pour aller à matines. Le maître des fugitifs était arrivé avant eux à Reims : il y cherchait des informations et donnait partout le signalement et les noms de ses deux esclaves. On lui dit que le prêtre Paul était un ancien ami de l'évêque de Langres; et afin de voir s'il ne pourrait pas tirer de lui quelques renseignements, il se rendit de grand matin à son église. Mais il eut beau questionner; malgré la sévérité des lois portées contre les recéleurs d'esclaves, le prêtre fut imperturbable [2]. Léon et Attale passèrent deux jours dans sa maison. Ensuite, en meilleur équipage qu'à leur

---

[1] Vera est enim visio mea : nam videbam duas in hac nocte columbas advolare, et consedere in manu mea, ex quibus una alba, alia autem nigra erat. (Greg. Turon. Hist. Franc., lib. III, cap. XV, apud script. rer. gallic. et francic., t. II, p. 295.)

[2] Secutus est Barbarus inquirens pueros; sed inlusus a presbytero regressus est. (Ibid.)

arrivée, ils prirent la route de Langres. L'évêque, en les revoyant, éprouva une grande joie, et, selon l'expression de l'historien auquel nous devons ce récit, pleura sur le cou de son neveu [1].

L'esclave, qui, à force d'adresse, de persévérance et de courage, était parvenu à délivrer son jeune maître, reçut en récompense la liberté dans les formes prescrites par la loi romaine. Il fut conduit en cérémonie à l'église; et là, toutes les portes étant ouvertes en signe du droit que devait avoir l'affranchi d'aller partout où il voudrait, l'évêque Grégoire déclara devant l'archidiacre, gardien des rôles d'affranchissement, qu'eu égard aux bons services de son serviteur Léon, il lui plaisait de le rendre libre et de le faire citoyen romain. L'archidiacre dressa l'acte de manumission, suivant le protocole usité, avec les clauses suivantes : « Que ce
« qui a été fait selon la loi romaine soit à jamais
« irrévocable. Aux termes de la constitution de
« l'empereur Constantin, de bonne mémoire, et de
« la loi dans laquelle il est dit que quiconque sera
« affranchi dans l'église sous les yeux des évêques,
« des prêtres ou des diacres, appartiendra dès lors
« à la cité romaine et sera protégé par l'église,
« dès ce jour le nommé Léon sera membre de la
« cité; il ira partout où il voudra et du côté qu'il
« lui plaira d'aller, comme s'il était né et procréé

---

[1] Gavisus autem pontifex visis pueris, flevit super collum Attali, nepotis sui. (Greg. Turon. Hist. Franc., lib. III, cap. xv, apud script. rer. gallic. et francic., t. II, p. 195.)

LETTRE VIII.

« de parents libres. Dès ce jour, il est exempt de
« toute sujétion de servitude, de tout devoir d'af-
« franchi, de tout lien de patronage ; il est et de-
« meurera libre, d'une liberté pleine et entière, et
« ne cessera en aucun temps d'appartenir au corps
« des citoyens romains [1]. » L'évêque donna au nouveau citoyen des terres, sans la possession desquelles ce titre n'eût été qu'un vain nom. L'affranchi, ainsi élevé au rang de ceux que les lois
barbares désignaient par le nom de *Romains possesseurs*, vécut libre avec sa famille, de cette liberté
dont une famille gauloise pouvait jouir sous le
régime de la conquête et dans le voisinage des
Franks [2].

---

[1] Marculfi formula LVI, apud script. rer. gallic. et francic. t. IV, p. 521.

[2] Greg. Turon. Hist. Franc., lib. III, cap. xv, apud script. rer. gallic. et francic. t. II, p. 195.

LETTRE IX.

Sur la véritable époque de l'établissement de la monarchie.

L'un des mots répétés le plus souvent et avec le plus d'emphase, dans les écrits et les discours politiques, c'est que la monarchie française avait, en 1789, quatorze siècles d'existence. Voilà encore une de ces formules qui, avec un air de vérité, faussent de tout point notre histoire. Si l'on veut simplement dire que la série des rois de France, jointe à celle des rois des Franks, depuis l'établissement de ces derniers en Gaule, remonte à près de quatorze siècles en arrière de nous, rien de plus vrai; mais si, confondant les époques de ces différents règnes, on reporte de siècle en siècle jusqu'au vi^e tout ce que l'idée de monarchie renfermait pour nous vers 1789, on se trompe grossièrement. Il faut se garantir du prestige qu'exerce, par la vue du présent, non-seulement le mot de *France*, mais encore celui de *royauté*. Il faut que l'imagination dépouille les anciens rois des attributs de puissance dont se sont entourés leurs successeurs; et quand on écrit, comme l'abbé Dubos, sur l'établissement de la monarchie française, ne pas laisser croire qu'il s'agit d'un gouvernement semblable à celui qui portait ce nom au xviie et au xviiie siècles.

Nos historiens ont coutume de distinguer trois périodes principales dans la longue durée qu'ils accordent à l'existence de la nation française. D'abord ils posent la monarchie qui, étendue, selon eux, jusqu'aux limites de la France actuelle, est dissoute, vers le xe siècle, par la révolte des gouverneurs des provinces, qu'ils appellent grands feudataires; ensuite ils montrent la féodalité produite par cette révolte que le temps a légitimée; enfin ils présentent la monarchie renaissant, comme ils le disent, reprenant tous ses anciens droits, et devenant aussi absolue qu'au premier jour de son établissement. Le petit nombre de faits épars dans les Lettres précédentes suffit pour renverser l'absurde hypothèse qui attribue à Chlodowig, ou même à Karle-le-Grand, la royauté de Louis XIV; et quant à la féodalité, loin qu'elle soit venue morceler un empire embrassant régulièrement toute la Gaule, c'est le système féodal qui a fourni le principe sur lequel s'est établie l'unité de territoire, élément essentiel de la monarchie dans le sens moderne de ce mot.

Il est certain que ni la conquête des Franks, ni même cette seconde conquête, opérée sous une couleur politique par les fondateurs de la dynastie

Carolingienne[1] ne purent opérer, entre les différentes parties de la Gaule, surtout entre le nord et le midi, une véritable réunion. Elles n'eurent d'autre effet que celui de rapprocher, malgré elles, des populations étrangères l'une à l'autre, et qui bientôt se séparèrent violemment. Avant le XIIe siècle, les rois établis au nord de la Loire ne parvinrent jamais à faire reconnaître, seulement pour cinquante années, leur autorité au sud de ce fleuve[2]. Ainsi, quand bien même on supposerait que, dès la première invasion des Franks, une monarchie à la façon moderne s'établit dans la partie de la Gaule où ils fixèrent leur habitation, ce serait encore une chose absurde que d'étendre cette monarchie à tous les pays qu'elle embrassa dans les siècles postérieurs, et à la suite d'une nouvelle conquête, plus lente et plus durable que les autres.

Cette conquête, à laquelle on pourrait donner le nom d'administrative, s'effectua dans l'intervalle du XIIe siècle au XVIIe, époque où elle parut accomplie, où il n'y eut plus, dans toute l'étendue de la Gaule, qu'un roi et des magistrats révocables à sa volonté. Au temps des rois franks de la race de Clovis ou de celle de Charlemagne, lorsque ces rois envoyaient

---

[1] Le mot de *Carlovingien*, inventé pour plus de conformité avec celui de *Mérovingien*, est un barbarisme absurde qu'on doit faire disparaître.

[2] Dans le XIe siècle, l'abbé d'un monastère français, voyageant dans le comté de Toulouse, disait en plaisantant « Maintenant je suis aussi puissant « que mon seigneur le roi de France; car personne ici ne fait plus de cas de « ses ordres que des miens. »

des gouverneurs de leur nation dans les provinces, surtout dans les provinces méridionales, il n'était pas rare de voir ces chefs étrangers aider, contre leur propre gouvernement, la rébellion des indigènes. La présence d'un intérêt national, toujours hostile envers l'autorité qu'ils avaient juré de servir, excitait leur ambition, et quelquefois exerçait sur eux un entraînement irrésistible. Ils entraient dans le parti des *serfs romains* contre la noble race des Franks, *Edil Frankono liudi*, comme elle se qualifiait dans sa langue; et, devenant le chef de ce parti, ils lui prêtaient l'autorité de leur nom et de leur expérience militaire. Ces révoltes, qui offraient le double caractère d'une insurrection nationale et d'une trahison de vassaux, se terminèrent, après bien des fluctuations, par le complet affranchissement de la Gaule méridionale. De là naquit cette foule d'états indépendants qu'on vit s'élever, dans l'intervalle du ixe au xie siècle, entre la Loire, les Pyrénées, les Alpes et les deux mers.

Mais, lorsque ces petits états se formèrent du démembrement de la conquête franke, une opinion contraire à la plénitude et à la durée de leur indépendance, celle du vasselage territorial, régnait d'un bout à l'autre de la Gaule. Fille des anciennes mœurs germaniques appliquées à un état nouveau, à la possession, par droit de conquête, d'une immense quantité de domaines, de villages, de villes entières, cette opinion avait, par une fiction bizarre, transporté à la terre elle-même toutes les obligations du guerrier qui l'avait reçue en partage. Les terres étaient en quelque sorte, suivant la condition de leur possesseur primitif, vassales et sujettes les unes des autres. Ce système, étendu aux provinces régies souverainement, comme aux simples domaines privés, établissait, entre toutes les parties du territoire, un lien d'une nature indécise, il est vrai, mais capable d'acquérir une grande force, quand la prépondérance politique viendrait s'ajouter pour un suzerain à la suprématie féodale. Or, dans la hiérarchie des souverainetés, celle qui avait le titre de royaume, quelque faible qu'elle fût, devait prendre rang avant toutes les autres, et se trouvait la mieux placée pour faire valoir, dans la suite, à leur détriment, un droit effectif de supériorité. Telle fut la source de la fortune des petits souverains de l'Ile-de-France, que nous appelons rois de la troisième race. L'opinion qui, au temps de leur plus grande faiblesse, les faisait regarder comme supérieurs à leurs puissants voisins, les ducs et les comtes de Bretagne, d'Aquitaine, de Provence, de Bourgogne, conduisait également à l'idée d'une subordination universelle de tous les royaumes à l'empire d'Allemagne, comme décoré d'un titre anciennement supérieur au titre de roi. Cette idée, il est vrai, ne fut point réalisée politiquement par les empereurs; mais les rois de France s'en prévalurent avec succès : pour eux, les prétentions de suzeraineté préparèrent les voies à la conquête, favorisées qu'elles étaient d'ailleurs par tous les avantages d'une position centrale et par le caractère belliqueux des habitants du nord de la Gaule.

C'est ainsi que le royaume de France, considéré comme supérieur aux autres états gaulois, comme seul régi en toute puissance et en pleine liberté, devint le centre d'un système politique embrassant toutes les fractions de l'ancienne Gaule. Les conquêtes réitérées de la nation franke n'avaient pu opérer, à l'égard de ces fractions diverses, qu'un rapprochement passager : elles furent ralliées alors d'une manière uniforme et stable. La terre romaine s'unit à la terre franke par les liens de l'obligation féodale : les ducs ou comtes, d'abord indépendants, s'avouèrent successivement vassaux et hommes-liges des successeurs des rois franks. Aussitôt qu'ils se reconnurent astreints d'une manière générale, quoiqu'en termes vagues et mal définis, aux devoirs de la *féauté*, de ce moment naquit le germe encore informe de la France moderne et de la monarchie française.

Le lien d'obligation personnelle entre le vassal et le seigneur, entre le duc ou le comte et le roi, fut d'abord considéré comme réciproque. Les rois avaient envers leurs *hommes-liges* des devoirs stricts et déterminés. Mais peu à peu ils s'en affranchirent et exigèrent gratuitement la fidélité et la sujétion féodale. C'était de leur part une véritable usurpation : ils y réussirent cependant, parce que l'habitude du vasselage, enracinée de plus en plus, effaça par dégrés l'ancien esprit d'indépendance locale ou pour mieux dire, nationale, qui durant cinq siècles avait maintenu les deux tiers méridionaux de la Gaule isolés de la domination franke. De cette rupture du contrat féodal résulta, dans tout son complément, la monarchie absolue.

Si l'unité monarchique en France dérive de la féodalité, de ce même système provient la succession héréditaire par droit de primogéniture. C'est la féodalité qui, transformant toutes les existences en des modes de possession territoriale, tous les offices en des *tenures*, introduisit d'une manière fixe, dans l'ordre politique, l'hérédité, règle naturelle des successions privées, à la place de l'élection, règle naturelle de la transmission des offices publics. Le chef suprême des anciens Franks, *Koning* (en latin *Rex*), était un magistrat; comme magistrat il était élu, quoique toujours dans la même famille. Les chefs inférieurs, *Heri-Zoghe, Graven, Rakhen-Burgh*[1] (en latin *Duces, Comites, Judices*) étaient aussi élus. Mais quand la féodalité fut complète, quand ce ne furent plus les hommes qui régirent les hommes, mais les terres qui régirent les terres, et par celles-ci les hommes eux-mêmes, chaque terre exerçant toujours ses droits par son représentant

---

[1] *Heri-Zoghe* signifie proprement *conducteur d'armée*, du mot *Here*, armée, et du verbe *Ziehen*, conduire. *Grave, Graf, Gheref*, expriment, dans tous les dialectes germaniques, l'autorité d'un magistrat secondaire. *Rakken-Burghe* signifie *gens importants* ou *notables :* la communauté les choisissait pour faire l'office de juges et veiller à l'ordre public.

légitime, c'est-à-dire par le successeur légitime de son propriétaire antérieur, il n'y eut plus rien d'électif. Un domaine fit le roi, comme un autre faisait le duc, le comte, le vicomte ; et ainsi, fils de comte fut comte, fils de duc fut duc, fils de roi fut roi.

Et ce titre de roi, dont la signification actuelle est tellement fixe, tellement absolue, il est, dans le sens que nous lui donnons, entièrement étranger à la langue comme aux mœurs des Franks et des anciens peuples germaniques. *Roi*, dans le dialecte usité par les conquérants du nord de la Gaule, se disait *Koning*, mot qui subsiste encore intact dans l'idiome des Pays-Bas. Il n'est pas sans importance historique de savoir ce que signifie proprement ce mot, s'il a plusieurs sens, et quelle en est l'étendue, non pas selon les dictionnaires actuels de la langue hollandaise, mais selon la force de l'ancien langage.

Outre quelques fragments de poésie nationale, il nous reste dans l'idiome franco-tudesque plusieurs versions et imitations des Écritures, où ce mot est souvent employé. En rapprochant dans ces traductions le mot *Koning* du mot que l'écrivain germanique a voulu lui faire rendre, nous pourrons facilement démêler quelles idées les Franks eux-mêmes attachaient au titre dont ils décoraient leurs chefs. D'abord, à l'un des chapitres de l'Évangile où il est question d'Hérode, que le texte latin appelle *Rex Judæorum*, les traducteurs le nomment *Iudeono Koning*; puis, dans d'autres endroits, au lieu du titre de *Koning*, ils lui donnent celui de *Heri-Zog*, chef d'armée. Ces deux qualifications sont accordées indifféremment à Hérode, que le latin nomme toujours *Rex*. De là peut se conclure la synonymie primitive des deux mots franks *Koning* et *Heri-Zog*, synonymie précieuse, puisque le second de ces mots a un sens d'une clarté incontestable. De plus, quand le texte vient à parler de ce centurion célèbre par la naïveté de sa foi, la version franke l'appelle de ce même titre de *Koning* qu'elle avait donné à Hérode [1]. *Koning* renferme donc plus de sens que n'en renferme le mot *Rex*.

La pauvreté des débris de la littérature des Franks établis en Gaule n'offre pas de quoi multiplier beaucoup les exemples pris exactement dans le dialecte qui leur était propre; mais le dialecte anglo-saxon, frère du leur, peut suppléer à ce défaut. Dans la langue saxonne, *Kyning*, le *Koning* des Franks, et *Heretogh*, le *Herizog* des Franks, sont aussi des mots synonymes. *Kyning*, qui s'orthographie *Cyning*, est le titre que le roi Alfred, dans ses écrits, donne à la fois à César comme dictateur, à Brutus comme général, à Antoine comme consul. C'est, chez lui, le titre commun de tout homme qui exerce, sous quelque forme que ce soit, une autorité supérieure [2]. Les mots latins *Imperator*, *Dux*, *Consul*,

---

[1] Voici le passage : *Ein Koning gieiscot iz in war*, c'est-à-dire en latin, mot pour mot : *Quidam centurio rescivit id certe*. (Otfrid., Evangelium theotice.)

[2] Il se sert quelquefois, pour désigner plus précisément la dignité consu

Præfectus, se rendent tous également par *Cyning* [1].
Si du saxon nous passons maintenant au dialecte danois, nous retrouvons, avec une légère variation d'orthographe, le même mot employé dans les mêmes sens. Un chef de pirates, en langue danoise, s'appelait, du mot *Konong* et d'un autre mot qui signifie la mer, *Sie-Konong*; le conducteur d'une troupe de guerriers s'appelait *Her-Konong*; le chef d'une peuplade établie à demeure fixe s'appelait *Fylkes-Konong* [2]. Si nous remontons plus haut vers le nord, sur les côtes de la Baltique et dans l'Islande, la langue de ces contrées, plus brève que les autres dialectes teutoniques, nous offrira le mot de *Kongr* ou *Kyngr*, toujours employé dans le sens vague de *Koning* et *Konong*. Aujourd'hui même, en langue suédoise, un commandant de pêche est appelé *Not-Kong*. Un Français traduisant ce mot littéralement le rendrait par ceux de roi des filets, et croirait qu'il y a là quelque peu d'emphase poétique; cela se dit pourtant sans figure et doit être pris à la lettre. L'expression n'est poétique que dans notre langue, à cause du sens magnifique et absolu du mot roi, qui ne peut plus rendre celui de *Kong*.

Si l'on voulait porter dans le langage de l'histoire la rigueur des nomenclatures scientifiques, on pourrait dire que le mot *Roi*, mot spécial et défini pour

---

laire, du mot composé *Gear-Cyning*, qui, traduit littéralement dans notre langue, voudrait dire, *roi pour l'année*.

[1] Hickesii Thesaurus linguarum septentrionalium.

[2] Ihre glossarium Suio-Gothicum.

avoir appartenu, au moment où s'est fixée notre langue, à une autorité souveraine et absolue, est incapable de rendre le sens indéfiniment large de l'ancien titre germanique. En effet, ce titre était susceptible d'extension et de restriction; on disait dans la langue des Saxons, et probablement aussi dans celle des Franks, *Ober-Cyning, Under-Cyning, Half-Cyning;* ce qui voudrait dire *Roi en chef, Sous-Roi, Demi-Roi,* si une pareille gradation pouvait s'accommoder à la force actuelle du mot français. Mais de même qu'il n'y a qu'un soleil au monde, de même, selon notre langue, il n'y a qu'un roi dans l'état; et son existence, unique de sa nature, ne connaît point de degrés.

Cette idée moderne de la royauté, source de tous les pouvoirs sociaux, placée dans une sphère à part, n'étant jamais déléguée, et se perpétuant sans le concours même indirect de la volonté publique, est une création lente du temps et des circonstances. Il a fallu que le moyen âge passât tout entier, pour qu'elle naquît de la fusion de mœurs hétérogènes, de la réunion de souverainetés distinctes, de la formation d'un grand peuple ayant des souvenirs communs, un même nom, une même patrie. Si l'on veut assigner une époque fixe à l'établissement de la monarchie française, ce qui est fort difficile et peu nécessaire, car les classifications factices faussent l'histoire plutôt qu'elles ne l'éclairent, il faut reporter cette époque, non en avant, mais en arrière de la grande féodalité. La royauté regardée comme un droit personnel et non comme une fonction publique, le roi propriétaire par-dessus tous les propriétaires, le roi tenant de Dieu seul, ces maximes fondamentales de notre ancienne monarchie dérivent toutes de l'ordre de choses qui modelait la condition de chaque homme sur celle de son domaine, et sanctionnait l'asservissement de tous les domaines hors un seul. Une preuve que la royauté française, au xive siècle, se croyait fille de ce système de hiérarchie territoriale, c'est que l'article de la succession aux biens ruraux, dans la vieille loi des Franks saliens, fut invoqué alors comme une autorité capable de vider les querelles de succession. De là vint le préjugé vulgaire que la loi salique avait exclu à perpétuité les femmes de l'exercice du pouvoir royal. La loi des Franks excluait, il est vrai, les femmes de la succession au domaine paternel[1]; mais cette loi n'assimilait aucune magistrature à la propriété d'une terre; elle ne traitait en aucun article de la succession aux magistratures.

Ainsi, au moyen de la féodalité qu'ils trouvèrent établie d'un bout à l'autre de la Gaule, les rois de la troisième race, enveloppant, comme dans un vaste réseau, leurs acquisitions territoriales, se garantirent de ces démembrements qui avaient ruiné autrefois

---

[1] De terra..... salica, in mulierem nulla portio hæreditatis transit; sed hoc virilis sexus acquirit, hoc est, filii in ipsa hæreditate succedunt. (Lex salica, tit. LXII, apud script. rer. gallic. et francic., t. IV, p. 156.) La loi des Franks Ripewares (Ripuarii), en beaucoup de points conforme à celle des Franks Saliens, remplace les mots de *terra salica* par ceux de *hæreditas aviatica*.

l'œuvre de la force brutale dans les conquêtes de Chlodowig, et l'œuvre de la puissance éclairée dans celle de Karle-le-Grand. Ce prince, qui ne gagne rien à échanger son vrai nom germanique contre le nom bizarre que nous lui donnons, d'après les romans du moyen âge, croyait avoir assuré la durée de son empire à force de soins et d'habileté administrative; mais cet empire, tout régulier qu'il paraissait, n'était que la domination militaire d'une race d'hommes sur d'autres races, étrangères d'origine, de mœurs et de langage. La ruine de l'édifice suivit de près la mort du fondateur. Alors tous les pays réunis de force à l'empire des Franks, et sur lesquels, par suite de cette réunion, s'était étendu le nom de *France*, firent des efforts inouïs pour reconquérir l'indépendance politique et jusqu'à leurs anciens noms. De toutes les provinces gauloises, il n'y eut que celles du midi qui réussirent dans cette grande entreprise; et, après les guerres d'insurrections qui, sous les fils de Charlemagne, succédèrent aux guerres de conquêtes, on vit l'Aquitaine et la Provence devenir des états distincts; on vit même reparaître, dans les provinces du sud-est, le vieux nom de *Gaule*, qui avait péri pour jamais au nord de la Loire. Les chefs du nouveau royaume d'Arles, qui s'étendait jusqu'au Jura et aux Alpes, prirent le titre de roi de la Gaule, par opposition aux rois de la France.

Le territoire dont la population conserva le nom de française, avouant ainsi ou sa descendance des conquérants du ve siècle, ou sa sujétion à l'égard de leurs fils, ne s'étendait, au commencement du xiiie siècle, que jusqu'à la Vienne et à l'Isère. Là, se trouvaient les dernières limites de la suzeraineté des rois de France, ainsi que celles du dialecte roman septentrional. Au sud de ces rivières, le pays s'appelait Aquitaine et Provence, et l'on y parlait le dialecte, plus sonore et plus accentué, où l'on disait *oc* et *no,* au lieu de *ouy* et *nenny.* Les habitants de ce vaste et riche territoire se glorifiaient de leur indépendance politique et nourrissaient contre les Français, bien moins civilisés qu'eux, une antipathie qui rappelait celle des Romains et des Franks sous la première et la seconde races [1]. De leur côté, les nobles français, suivant l'instinct de leurs ancêtres, regardaient d'un œil de convoitise les grandes villes et les belles campagnes du midi. Leurs rois ne renonçaient point à la prétention de devenir maîtres de toute la Gaule comme l'avait été Karle-le-Grand, et de planter la bannière aux fleurs de lis sur le sommet des Pyrénées [2]. La croisade, prêchée par l'église contre les hérétiques albigeois, fournit à ces rois l'occasion de s'immiscer dans les affaires du Midi : ils la saisirent avidement et surent la mettre à profit. Cette guerre, dont les suites politiques furent immenses, rattacha pour jamais au royaume

---

[1] Voyez plus haut, note 1 de la page 39.

[2]   In Pyrenæo figes tentoria monte.
(Guillelm. Britonis Philippæis, apud script. rer. gallic. et francic., t. XVII.)

de France les rivages de la Méditerranée, où Philippe-Auguste s'embarquant pour la Terre-Sainte n'avait pu trouver un seul port qui le reçût en ami.

Mais, sans l'opinion de la suzeraineté royale et du vasselage seigneurial, opinion qui donnait à la conquête un caractère moins âpre et une couleur moins tranchée, peut-être les acquisitions de Louis VIII et de ses successeurs dans le Midi eussent-elles été perdues, après un peu de temps. Peut-être aussi la civilisation de ces contrées, dernier reflet de la civilisation romaine, se fût-elle mieux conservée, au milieu de guerres inévitables, que sous une paix et des lois imposées d'une manière violente par des voisins moins éclairés. A l'époque des invasions germaniques, la Gaule méridionale était le modèle de la prospérité et des lumières; rien, dans tout le monde romain, ne surpassait alors ses villes, ses monuments, son industrie. Cinq siècles après la conquête, cette patrie de la civilisation gauloise n'avait point encore entièrement perdu sa richesse et son goût pour les arts ; ses flottes croisaient dans tous les sens sur la Méditerranée et trafiquaient avec les Orientaux, chez qui les Français d'outre-Loire ne savaient porter que le pillage. Les Gaulois méridionaux avaient créé une seconde langue romaine aussi polie et peut-être plus poétique que la première. Enfin, des opinions religieuses, plus hardies que celles des réformateurs du xvie siècle, circulaient, avant le xiie, des Alpes à l'Océan. Mais le vent du Nord se leva sur ce pays, du moment que la Gaule entière fut réunie sous un même pouvoir et sous un régime commun. Les ténèbres qui enveloppaient la Gaule franke descendirent sur la Gaule romaine; et ce Midi, qui, durant le moyen âge, était le pays de l'industrie et de la raison, est maintenant en arrière de ceux où régnait alors l'ignorance.

LETTRE X.

Sur les prétendus partages de la monarchie.

Nos historiens, en général assez louangeurs envers les rois des Franks, s'accordent cependant à leur faire un reproche, selon eux, extrêmement grave : c'est celui d'avoir manqué aux règles de la politique, en instituant plusieurs héritiers du royaume, en partageant, comme on dit, une couronne, de sa nature indivisible. Quelques écrivains ont essayé de décharger de ce blâme la mémoire de Clovis et de Charlemagne : pour y parvenir, ils établissent que, malgré les apparences, la dignité royale demeurait sans partage; que l'aîné des frères jouissait toujours de la prééminence sur les autres; qu'en un mot, alors, comme depuis, il n'y avait qu'un seul *roi de France*. Une supposition aussi peu fondée n'était point nécessaire pour excuser les Chlodowig et les Karle de n'avoir point agi comme Louis XV. On pouvait, sans aucun danger pour l'honneur de ces rois d'un temps tout différent du nôtre, avouer qu'ils avaient méconnu les maximes de notre politique.

LETTRE X.

Et d'abord, qu'y a-t-il de moins conforme à l'idée d'un roi selon nos mœurs, que ces enfants de Merowig, à la longue chevelure bien graissée, non point avec du beurre rance, comme celle des simples soldats germains, mais avec de l'huile parfumée[1]? Véritables chefs de nomades dans un pays civilisé, ils campaient ou se promenaient à travers les villes de la Gaule, pillant partout, sans autre idée que celle d'amasser beaucoup de richesses en monnaie, en joyaux et en meubles; d'avoir de beaux habits, de beaux chevaux, de belles femmes; et, enfin, ce qui procurait tout cela, des compagnons d'armes bien déterminés, gens de cœur et de ressource, comme s'expriment les anciennes chroniques[2]. Par droit de conquête, et comme les premiers de la nation conquérante, ils s'étaient approprié, dans toutes les parties de la Gaule, un très-grand nombre de maisons et de terres qui formaient leur domaine patrimonial; leur *al-od*, comme on disait en langue franke [3]. Les villes mêmes étaient regardées par eux comme des portions de cet *al-od*,

---

[1] Infundens acido comam butyro.
(Sidon. Apollinar. carmina, apud script. rer. gallic. et francic., t. I.)

[2] Viri fortes, viri *utiles*, Franci *utiliores*... (Greg. Turon. Hist. Franc., passim.)—Novi *utilitatem* tuam quod sis valde strenuus. (Ibid, apud script. rer. gallic. et francic., t. II, p. 168.) — Les mots *utilis* et *utilitas* paraissent être ici des germanismes, et la traduction des mots *nit* ou *nut* et *nutze*, que les Franks prenaient dans le sens de *brave* et de *propre à tout*. Le nom d'homme, *Nithard*, signifie *utile et brave*.

[3] *Od* ou *ot*, dans les anciennes langues teutoniques, signifie *richesse* et *propriété*; *al od* veut dire littéralement *toute propriété*.

comme matière de possession et d'héritage. Acquérir de nouvelles richesses, accroître le nombre de ces braves qui garantissaient à leur chef la possession de ses trésors, et lui en gagnaient de nouveaux, tel était l'unique but de leur politique. Toujours occupés d'intérêts matériels, ils n'exerçaient leur habileté qu'à reprendre ce qu'ils avaient aliéné, et à dépouiller leurs compagnons des *Feh-ods*[1], ou soldes en terres, dont ils avaient payé d'anciens services. Il n'y avait trêve pour eux à cette passion d'amasser et de jouir, que dans les jours de maladie et aux approches de la mort. Alors les terreurs de la religion chrétienne se présentaient à leur esprit, redoublées par un souvenir confus des anciennes superstitions de leurs pères. Afin d'apaiser Dieu, ils le traitaient comme ils avaient voulu être traités eux-mêmes, et donnaient aux églises leur vaisselle d'or, leurs tuniques de pourpre, leurs chevaux, les terres de leur fisc. Enfin, avant d'expirer, ils divisaient paternellement entre tous leurs fils l'*al-od* qu'ils avaient reçu de leurs ancêtres, et tout ce qu'ils y avaient ajouté[2]. Ces fils vivaient et mouraient comme eux; et à chaque génération se renouvelait une semblable distribution de meubles, de champs

---

[1] *Feh* ou *Feo*, en langue franke, signifiait toute espèce de propriété mobilière, comme les troupeaux et l'argent, et, par extension, le revenu, la solde militaire; *feh-od* veut dire littéralement *propriété-solde*. De là viennent les mots latins *feodum* et *feudum*, ainsi que notre mot de *fief*, qui a donné matière à tant de dissertations inutiles.

[2] Tam de alode parentum quam de comparato. (Formulæ veteres, apud script. rer. gallic. et francic. passim.)

et de villes, sans qu'il y eût là-dessous autre chose que le soin du père de famille occupé à concilier d'avance les intérêts et les prétentions de ses fils.

Soit qu'on désapprouve ou non les partages que les rois franks, avant de mourir, faisaient entre leurs enfants, c'est donc à tort qu'on les regarde comme de véritables démembrements du corps social et de la puissance publique. Il est impossible de saisir en Gaule, aux vi^e, viie et viiie siècles, rien de ce que nous entendons par ces mots d'une langue toute moderne. Les partages de ce qu'on appelle la monarchie n'avaient point, dans le principe, le caractère d'actes politiques; ce caractère ne s'y est introduit qu'à la longue et indirectement. Comme les terres du domaine royal, distribuées sur toute la surface du pays conquis, se trouvaient en plus grand nombre dans les lieux où les tribus frankes s'étaient établies de préférence, les fils des rois, quand ils avaient reçu leur part d'héritage, étaient, par le fait, investis d'une prééminence naturelle sur les petits propriétaires et les guerriers cantonnés autour de leurs domaines [1].

Ainsi, l'exercice du commandement était la conséquence mais non l'objet du partage, qui n'avait réellement lieu qu'à l'égard des propriétés person-

[1] On a compté jusqu'à cent vingt-trois grandes terres possédées par les rois de la seconde race, en Belgique et sur les bords du Rhin. M. Guizot, dans ses Essais sur l'Histoire de France (p. 123-127), donne des détails curieux sur la nature, la source et l'étendue des domaines royaux. Je cite avec plaisir cet ouvrage remarquable, qu'on regrette de voir joint comme un simple commentaire à celui de l'abbé de Mably.

nelles, soit mobilières, soit immobilières. Rien ne le prouve mieux que le tirage au sort qui avait souvent lieu entre les enfants des rois. Aujourd'hui encore, dans certains cas, on tire au sort les différentes portions d'un héritage; jamais il n'est tombé dans l'esprit des hommes de diviser en lots l'administration sociale et les dignités politiques. La conduite des fils des rois franks vient à l'appui de cette manière de voir. Ils semblaient attacher moins d'importance aux domaines territoriaux qu'à l'argent et aux meubles précieux, dont ils s'emparaient premièrement, et qu'ils se disputaient avec fureur. Ils jugeaient qu'une ample distribution d'or et de bijoux aux capitaines et aux braves était, pour eux, le plus sûr moyen de devenir rois comme leur père, c'est-à-dire d'être reconnus par un nombre suffisant de soldats bien déterminés à soutenir le chef qu'ils auraient proclamé. Quelquefois, au moment même où le père venait de fermer les yeux, les fils, sans se conformer à ses dernières volontés, pillaient ses trésors, enlevaient la plus grosse part qu'ils pouvaient, et l'emportaient sur les domaines qui leur étaient échus, pour acquérir de nouveaux compagnons et s'assurer de la fidélité des anciens. Ce qui eut lieu après les funérailles de Chlother, Ier du nom, en 561, et à la mort de Dagobert, en 638, mérite d'être cité comme exemple. Voici les faits tels qu'ils sont rapportés par deux historiens contemporains :

« Le roi Chlother étant à chasser dans la forêt de
« Cuise, fut pris de la fièvre et transporté à Com-

« piègne. Là, cruellement tourmenté de la mala-
« die, il disait souvent dans son langage : « Wah!
« que pensez-vous que soit ce roi du ciel qui fait
« mourir ainsi de puissants rois[1]? » Il rendit l'âme,
« plein de tristesse. Ses quatre fils, Haribert, Gon-
« thramn, Hilperik et Sighebert, le portèrent à
« Soissons avec de grands honneurs, et l'enseve-
« lirent dans la basilique de Saint-Médard. Après les
« obsèques de son père, Hilperik s'empara des tré-
« sors gardés au domaine de Braine; et, s'adressant
« à ceux des Franks qui pouvaient le plus, il les
« amena, à force de présents, à se ranger sous son
« commandement[2]. Aussitôt il se rendit à Paris, et
« s'empara de cette ville; mais il ne put la posséder
« longtemps, car ses frères se réunirent pour l'en
« chasser. Ensuite ils partagèrent régulièrement et
« au sort les terres et les villes. Haribert obtint le
« royaume de son oncle Hildebert, et Paris pour
« résidence; Gonthramn, le royaume de son oncle
« Chlodomir, dont le siége était Orléans; Hilperik
« eut le royaume de son père, et Soissons fut sa
« ville principale; enfin Sighebert reçut pour son
« lot le royaume de son oncle Theoderik, et Reims
« devint sa résidence. Peu de temps après, Sighebert
« étant allé en guerre contre les Huns, qui faisaient

[1] Wa! quid putatis qualis est ille rex cœlestis qui sic tam magnos reges interficit? (Greg. Turon. Hist. Franc., lib. IV, cap. XXI, apud script. rer. gallic. et francic., t. II, p. 214.) Wah! ou Whe! dans tous les dialectes germaniques, est une exclamation de douleur.

[2] Et ad Francos utiliores petiit ipsosque muneribus mollitos sibi subdidit. (Ibid.)

« des invasions dans la Gaule, Hilperik profita de
« son absence pour s'emparer de Reims et des autres
« villes qui lui appartenaient; il s'ensuivit entre eux
« une guerre civile. Revenu vainqueur des Huns,
« Sighebert s'empara de la ville de Soissons, et y
« ayant trouvé Theodebert, fils du roi Hilperik, il
« le fit prisonnier; puis il marcha contre Hilperik,
« lui livra bataille, fut victorieux, et rentra en pos-
« session de ses villes... »

« Après la mort de Dagobert, Pepin, majeur de
« la maison royale, et les autres chefs des Franks
« orientaux voulurent et prirent pour roi Sighebert,
« l'aîné de ses fils. Le plus jeune, appelé Chlodo-
« wig, devint roi des Franks occidentaux, sous la
« tutelle de sa mère Nanthilde. Sighebert ne tarda
« pas à envoyer des messagers demander à la reine
« Nanthilde et au roi Chlodowig la part qui lui reve-
« nait des trésors de son père. Kunibert, évêque de
« Cologne, Pepin et quelques autres des principaux
« chefs de l'*Oster*, se rendirent à Compiègne, où,
« par l'ordre de Chlodowig et d'après l'avis d'Ega,
« majeur de sa maison, on apporta le trésor de
« Dagobert qui fut partagé également [1]. On fit
« transporter à Metz la part de Sighebert; on la lui
« présenta, et on en dressa l'inventaire... »

---

[1] Chunibertus... cum alibuibus primatibus Auster... (Fredegarii chron., apud script. rer. gallic. et francic., t. II, p. 445.) *Auster* ou *Oster*, en langue franke, signifie orient. Ce mot est quelquefois latinisé par ceux d'*Austria* et d'*Austrasia*. Il est difficile de deviner quelle espèce de corruption de langage a donné naissance au dernier.

Quelquefois il arrivait que, de leur vivant, les rois franks envoyaient leurs fils résider dans les parties du territoire où ils possédaient de grands domaines, soit pour en diriger l'exploitation et en percevoir les revenus, soit pour surveiller la conduite des propriétaires voisins, soit enfin pour consolider et étendre leurs établissements dans les pays où ils avaient fait des expéditions. Cette mission, plus domestique que politique, mais donnée quelquefois avec grand appareil, d'après le consentement des chefs du territoire où le fils du roi devait s'établir, est toujours présentée par nos historiens comme une véritable association à la royauté, et un partage formel de l'état. C'est encore une illusion causée peut-être par l'abus que font les anciens chroniqueurs des formules politiques de la langue latine. Dans le fond, il ne s'agissait, pour les fils, que d'être associés avant l'âge à la jouissance des biens paternels; mais cette transaction toute privée entraînait ordinairement des conséquences d'une autre nature. Le fils, établi sur les domaines royaux dans telle ou telle grande province, se faisait connaître des propriétaires voisins, gagnait facilement leurs bonnes grâces, et devenait leur chef de préférence à tout autre, au moment où la royauté était vacante : tous, selon l'expression des chroniques, le désiraient d'un commun accord[1]. Cela se faisait naturellement, par le simple cours des choses, et

---

[1] Cùm omnes cum unanimi conspiratione appetissent. (Fredegarii chron., apud script. rer. gallic. et francic., t. II, p. 435.)

sans qu'il se passât rien de ce qui aurait eu lieu, par exemple, après un partage politique de la monarchie de Louis XIV.

Quand les faits sont ainsi éclaircis, la question de savoir si les partages étaient réglés par les rois franks, de leur propre autorité, ou si le consentement de l'assemblée nationale était nécessaire, devient claire à son tour. En tant qu'il distribuait entre ses enfants ses trésors ou ses terres, le roi n'avait besoin du consentement de personne : il ne faisait qu'un acte de propriétaire ou de père de famille. Mais, pour faire accepter comme chef, par les guerriers, le fils auquel il avait donné ses biens, dans telle ou telle portion du territoire, il lui devenait indispensable d'obtenir le consentement de ceux-ci; et l'usage était de le demander. De là le mélange apparent de pouvoir absolu et de délibération libre qui se présente dans les chroniques.

On se trompe beaucoup, lorsque, attribuant au titre de roi une signification ou trop ancienne ou trop moderne, on s'imagine que la conquête des Franks créa pour toute la Gaule un centre d'administration uniforme. Même dans le temps où les fils de Chlodowig assistaient à des jeux publics dans l'amphithéâtre d'Arles, et faisaient battre à Marseille de la monnaie d'or[1], leur gouvernement, à

---

[1] Germanorum reges Massiliam... ac maritima loca omnia... obtinuerunt. Jamque Arelate ludis circensibus præsident et nummos cudunt ex auro gallico, non imperatoris, ut fieri solet, sed sua impressos effigie. (Procopii Histor. de Francis, apud script. rer. gallic. et francic., t. II, p. 41.)

proprement parler, n'existait qu'au nord de la Loire, où habitaient les tribus frankes. Hors de ces limites, toute l'administration consistait dans une occupation militaire. Des bandes de soldats parcouraient le pays comme des espèces de colonnes mobiles, afin d'entretenir la terreur, ou se cantonnaient dans les châteaux des villes, rançonnant les citoyens, mais ne les gouvernant point, et les abandonnant soit à leur régime municipal, soit à une sorte de despotisme exercé paternellement par les évêques [1]. Aussi, lorsqu'il y avait plusieurs rois ensemble, les voyait-on, au lieu de choisir des provinces distinctes, résider à quelques lieues l'un de l'autre. A l'exception du territoire colonisé par la race conquérante, ils ne voyaient dans toute l'étendue de la Gaule qu'un objet de propriété et non de gouvernement. De là viennent ces quatre capitales dans un espace de soixante lieues [2], ces partages dans lesquels on trouve réunis en un même lot le Vermandois et l'Albigeois, et qui s'étendent en longues bandes de terre, depuis le cours de la Meuse jusqu'aux Alpes et à la Méditerranée. De là enfin la division d'une même ville en plusieurs parts, et d'autres bizarreries, qui, si on les examine de près, montrent que, dans ces arrangements politiques,

[1] Les lois des derniers empereurs accordaient aux évêques un pouvoir absolu sur les municipalités. Ce pouvoir, accru de plus en plus depuis la ruine de l'empire, dégénéra presque partout en seigneurie féodale.

[2] Paris, Orléans, Soissons et Reims.

l'intérêt de propriété prévalait sur toute idée d'administration.

Les villes du Midi étaient alors bien plus grandes que celles du Nord, bien plus propres à devenir des capitales, selon le sens actuel de ce mot; et pourtant les rois à qui elles appartenaient n'allaient point s'y établir. Ils les estimaient comme de riches possessions, mais comme des possessions étrangères, où ils eussent été dépaysés. Un seul roi de la première race, Haribert, frère de Dagobert I, s'établit au midi de la Loire; mais ce fut après avoir tenté vainement d'obtenir la royauté au nord; et les termes mêmes du traité qu'il conclut avec son frère prouvent qu'alors, selon l'opinion des Franks, la possession du plus vaste territoire hors des frontières de leurs colonies ne donnait à celui qui en jouissait aucun caractère public [1]. Voici le récit des historiens: « Chlother (IIe du nom) étant mort, « Dagobert, son fils aîné, ordonna à tous les *leudes* « de l'*Oster* dont il avait le commandement, de « s'assembler en armée [2]. Il envoya des députés

---

[1] Quoique, depuis le règne des fils de Clovis, la Gaule entière ait été appelée France, *Francia*, par les étrangers méridionaux, tels que les Grecs et les Italiens, et *Frank-land*, ou terre des Franks, par les Anglo-Saxons et les Scandinaves, ce dernier nom, dans la langue franke, ne s'appliquait spécialement qu'à la portion du territoire divisée en Austrie et Neustrie.

[2] Universos Leudes quos regebat in Auster jubet in exercitu promovere. (Fredegarii chron., apud script. rer. gallic. et francic., t. II, p. 435.) *Leude, leute, liude*, dans les anciennes langues teutoniques, signifiaient proprement *peuple, gens*. Quelquefois ce mot s'appliquait d'une manière spéciale aux

« dans le *Neoster* et dans le pays des Burgondes,
« pour s'y faire élire comme roi[1]. Étant venu à
« Reims, et s'étant approché de Soissons, tous les
« évêques et tous les *leudes* du royaume des Bur-
« gondes se soumirent à lui. Le plus grand nombre
« des évêques et des chefs du *Neoster* manifestèrent
« aussi leur désir de le voir régner. Dans le même
« temps, Haribert son frère faisait tous ses efforts
« pour parvenir à la royauté; mais il obtint peu de
« succès à cause de son manque d'habileté. Dago-
« bert prit possession de tout le royaume de Chlo-
« ther, tant le *Neosterrike* que le pays des Bur-
« gondes, et s'empara de tous ses trésors[2]. A la
« fin, touché de compassion pour son frère Hari-
« bert, et suivant l'avis des sages, il transigea avec
« lui, et lui céda, pour y vivre dans une condition
« privée, le pays situé au-delà de la Loire jusqu'aux
« monts Pyrénées, comprenant les cantons de Tou-
« louse, de Cahors, d'Agen, de Saintes et de Péri-

compagnons des rois. Il paraît pris ici dans un sens plus étendu. Nos historiens en ont fait mal à propos un titre de dignité; et ils écrivent au singulier un *leude*, ce qui est aussi absurde que si l'on donnait un singulier au mot *gens*, en supprimant l'*s*.

[1] Missos in Furgundia et Neuster direxit. (Fredegarii chron., apud script. rer. gallic. et francic., t. II, p. 435.) *Neuster*, qui, selon la prononciation romaine, avait le son de *Neouster*, paraît être un mot composé de la négation franke *ni* ou *ne*, et d'*oster*, *orient*. Ainsi les Franks du temps de la conquête, pour *est* et *ouest*, disaient *est* et *non-est*.

[2] Clotarii regnum tam Neptrico quam Burgundiæ. (Ibid.) *Neptrico* paraît être ici une faute de copie pour *Neustrico*. Ce mot ainsi rétabli donne le mot frank *Neoster-rike*, qui signifie *royaume d'Occident*. Son corrélatif *Oster-rike* se trouve dans plusieurs passages écrits sur la seconde race.

« gueux. Il confirma cette cession par un traité,
« sous la condition que jamais Haribert ne lui
« redemanderait rien du royaume de leur père.
« Haribert donc, choisissant Toulouse pour rési-
« dence, régna dans la province d'Aquitaine... »

Parmi les nombreux partages du territoire gaulois, opérés dans tous les sens sous la dynastie des *Mérowings*[1], il n'y en a pas un qui dure ou se reproduise d'une manière fixe, excepté celui du pays au nord de la Loire en Oster et Neoster, ou Oster-rike et Neoster-rike. Cette division est aussi la seule qui, pendant cette période, offre le caractère d'une séparation politique, et paraisse véritablement créer deux états distincts. Mais ce fait ne provient point de ce que, à tort ou à raison, les premiers rois des Franks auraient eu la fantaisie de couper le royaume en deux; il tient à des causes bien supérieures. Les simples dénominations de pays oriental et occidental, qui semblent ne marquer que des différences de positions géographiques, répondaient, pour les hommes de race franke, à des distinctions plus profondes. Le pays à l'est de la forêt des Ardennes et du cours de l'Escaut, formant la région orientale, était, sinon habité entièrement, du moins dominé par une tribu distincte de celle qui dominait à l'ouest et au sud, depuis la forêt des Ardennes jusqu'aux frontières des Bretons. Quoique membres de la même confédération, les Franks établis entre

---

[1] *Enfants de Merowig.* Selon la rigueur du langage, il aurait fallu prononcer *Merowig-ings*, mais l'on contractait ce mot par euphonie.

le Rhin et la Meuse, et qui s'intitulaient *Ripewares*, c'est-à-dire hommes de la rive, nom composé, selon toute apparence, d un mot latin et d'un mot germanique[1], ne se confondaient point avec les Franks saliens, fixés entre la Meuse et la Loire. Ces derniers ayant formé l'avant-garde dans la grande invasion, étaient devenus, dès le commencement, la tribu prépondérante, celle qui imposait aux autres ses chefs et sa politique.

Après avoir porté ses conquêtes jusqu'au sud de la Gaule, Chlodowig, réagissant contre ses propres compagnons d'armes, détruisit l'un après l'autre les rois des Franks orientaux[2]. Sous ce chef redoutable et sous ses fils, toute la confédération franke parut ne former qu'un même peuple; mais, malgré les apparences d'union, un vieil esprit de nationalité, et même de rivalité, divisait les deux principales tribus des conquérants de la Gaule, séparées d'ailleurs par quelques différences de loi, de mœurs et peut-être de langage; car le haut allemand (si l'on peut employer cette locution moderne) devait dominer dans le dialecte des Franks orientaux, et le bas

---

[1] *Ripa* semble avoir été le nom proprement affecté, durant le IVᵉ et le Vᵉ siècles, à la rive romaine du Rhin. Quant à la liaison de cette dénomination géographique au mot tudesque *ware*, qui signifie *homme*, elle n'a rien qui doive surprendre ici, car il s'en trouve d'autres exemples. Les Suèves, qui occupent l'ancien pays des Boïes, près des sources du Danube, prirent dès lors le nom de *Boiowares*, hommes de Boïes, aujourd'hui *Bavarois*. Les Saxons, établis dans le pays de Kent, en Angleterre, abandonnèrent leur nom national pour celui de *Cantwares*.

[2] Sighebert, roi à Cologne, et Raghenaher ou Raghenher, roi à Cambray.

allemannd dans celui des Neustriens. Les premiers, placés à l'extrême limite de l'empire gallo-frank, servant de barrière à cet empire, contre les agressions réitérées des peuples païens de la Germanie, nourrissaient, au milieu d'occupations guerrières, le désir de l'indépendance, et même de la domination politique à l'égard de leurs frères du sud. Ils tendaient non-seulement à s'affranchir, mais à former à leur tour la tête de la confédération. Pour parvenir à ce but, le premier moyen était d'avoir des rois à part; et de là vint l'empressement avec lequel les *leudes de l'Oster*, comme parlaient les Franks, se groupaient autour des fils des rois envoyés parmi eux, et leur décernaient une royauté effective, soit du consentement, soit contre le gré de leur père. Ils allaient même jusqu'à exciter ces fils à des révoltes qui flattaient leur vanité nationale et leur espérance de s'ériger en état indépendant[1]. Cette rivalité produisit des guerres civiles qui se prolongèrent durant tout le viie siècle, et enfin, au commencement du viiie, la réaction s'accomplit par un changement de dynastie, qui transporta la domination des Saliskes aux Ripewares, et la royauté des Merowings aux Karlings.

Dans cette lutte des tribus frankes de l'orient et du nord contre celles de l'occident et du sud, il était impossible que les premières ne prévalussent pas à la longue, et que le siége du gouvernement ne fût

---

[1] Gesta Dagoberti regis, apud script. rer. gallic. et francic., t. II.

pas transporté, un jour, des bords de la Seine ou de l'Aisne sur ceux de la Meuse ou du Rhin. En effet, la population orientale n'était point clair-semée, comme l'autre, au milieu des Gallo-Romains : incessamment grossie par des émigrés de la Germanie, par tous ceux que l'envie de chercher fortune ou l'attrait d'une religion nouvelle déterminaient à se ranger sous l'empire des rois chrétiens, elle formait une masse plus compacte, moins énervée par l'oisiveté, la richesse et l'exemple des mœurs romaines. L'énergie belliqueuse des anciens envahisseurs se changea bientôt, chez les Neustriens, en esprit de guerres privées, en fureur de se piller les uns les autres, de se disputer un à un tous les lambeaux de la conquête. Les familles riches, surtout la famille royale, s'abandonnèrent à un goût effréné pour les jouissances et les plaisirs sensuels. On peut dire, il est vrai, que ceux des Mérovingiens que nos histoires nomment rois *fainéants* furent corrompus à dessein, et avec une sorte d'art, par les chefs qui s'étaient emparés de leur tutelle; mais si cette disposition à la mollesse n'eût pas existé chez les Franks occidentaux, la race des Pepin aurait fait d'inutiles efforts pour s'élever au rang de dynastie royale.

Le premier roi de cette seconde race partagea la Gaule entre ses deux fils, à la manière des anciens rois, par coupe longitudinale. Dans ce partage, les royaumes d'Oster et de Neoster furent seuls considérés comme des états, et l'immense territoire qui se trouvait en dehors leur fut ajouté comme annexe.

Le royaume occidental, donné à Karle, s'étendait jusqu'aux Pyrénées, à travers l'Aquitaine dont il ne renfermait qu'une partie. L'autre royaume, donné à Karloman, avait pour limites extrêmes le Rhin et la Méditerranée. Mais, après que la mort de ce dernier eut réuni sous un même sceptre les deux royaumes, ce mode de division de l'empire frank ne se reproduisit plus d'une manière fixe. La Neustrie, en perdant sa prépondérance, perdit son caractère national ; tandis qu'une autre province gauloise, l'Aquitaine, qui, sous la première race, avait toujours figuré comme domaine, prit, dans les nouveaux partages, le rang d'un état distinct. Un si grand changement ne vint pas du hasard, mais d'une réaction énergique de l'esprit national des indigènes du midi contre le gouvernement fondé par la conquête. Ce pays, affranchi, mais non d'une manière absolue, malgré plusieurs insurrections, jouit alors du singulier privilège de communiquer aux fils des rois la royauté effective, et une puissance quelquefois dirigée d'une manière hostile contre leurs pères. Le fils de l'empereur Karle-le-Grand fut roi en Aquitaine tout autrement que ne l'avait été le frère de Dagobert I ; et après que lui-même eut hérité de l'empire, les Aquitains élurent celui de ses fils qu'il ne voulait pas leur donner. Tel fut le commencement d'une révolution qui, après des guerres longues et sanglantes, s'accomplit par le démembrement définitif de l'empire des Franks ; mais ce démembrement sous la seconde race ne doit pas plus être imputé aux fautes des rois que le partage du royaume en deux états sous la première. Tout fut l'œuvre de l'esprit national et de cette impulsion des grandes masses d'hommes à laquelle nulle puissance ne résiste.

LETTRE XI.

Sur le démembrement de l'empire de Karle-le-Grand.

Si vous voulez comprendre le véritable sens des troubles qui suivirent la mort du premier empereur de race franke, oubliez un instant vos lectures et reportez votre attention sur un événement récent, la chute de l'empire français. Lorsque vous avez vu la moitié de l'Europe gouvernée par les membres d'une seule famille, et les villes de Rome, d'Amsterdam et de Hambourg devenir des chefs-lieux de départements, avez-vous cru que cela pût durer? Quand ensuite la guerre a détruit ce que la guerre avait créé, quand les Italiens, les Illyriens, les Suisses, les Allemands, les Hollandais, ont cessé d'être sujets du même empereur, cette séparation vous a-t-elle frappé comme un bouleversement de la société? Enfin, n'est-ce pas dans la nature même de la puissance impériale que vous avez reconnu les causes de sa ruine? Cette catastrophe, arrivée sous nos yeux, du vivant même du fondateur de l'empire, fait un singulier contraste avec nos conjectures historiques sur la durée de la domination franke, si Charlemagne eût vécu plus longtemps, ou si son fils lui eût ressemblé.

Peut-être, avant la grande et triste expérience que nous avons faite, il y a treize ans, et à l'aide des seules idées fournies par la vue de l'ancien régime, était-il impossible de discerner la véritable raison des mouvements politiques où fut entraînée la famille de Charlemagne. Le maintien de l'empire frank ne dépendait pas, comme tant d'historiens l'ont dit, en copiant Montesquieu, *du sage tempérament mis entre les ordres de l'état, de l'occupation donnée à la noblesse pour l'empêcher de former des desseins, et de la soumission filiale des enfants du prince*. Il ne s'agissait ni d'ordres de l'état, ni de noblesse, ni des autres classifications sociales de la monarchie moderne; il s'agissait de retenir sous une sujétion forcée plusieurs peuples étrangers l'un à l'autre, et dont la plupart surpassaient le peuple conquérant en civilisation et en habileté pour les affaires. Nous savons aujourd'hui quels phénomènes moraux résultent nécessairement de toute domination établie par conquête. A l'enivrement de gloire militaire qu'éprouve, sous les drapeaux du conquérant, une armée composée d'hommes de races diverses, se joint une haine profonde de la domination étrangère, passion plus durable que l'autre, qui s'accroît en silence et finit par tout entraîner. Le moment fatal pour les grands empires n'arrive, le plus ordinairement, qu'à la mort de leur fondateur, parce que, en général, les peuples hésitent à s'aventurer, et attendent qu'un dérangement quelconque leur fournisse soit une occasion, soit un prétexte de révolte. Cette loi, source de tant de jugements défavorables prononcés contre les fils de ceux que l'histoire qualifie de grands princes, n'est cependant point absolue. Nous en avons eu la preuve dans la destinée d'un homme à qui le titre d'empereur fut enlevé dans l'âge de la force, lorsqu'il n'avait encore rien perdu de ses talents militaires et de son énergie politique. Sans doute, il ne suit pas de cet exemple que les enfants de Charlemagne doivent être regardés comme de grands génies; mais c'est un avertissement pour les historiens d'aller chercher les causes des révolutions de ce monde ailleurs que dans le plus ou le moins de mérite des têtes couronnées.

C'est aussi une erreur de croire que toujours la chute d'une grande puissance produise l'anarchie sociale. Souvent le renversement du pouvoir n'est autre chose que la restauration de l'ordre et de l'indépendance naturelle des peuples, restauration laborieuse, à laquelle on n'arrive qu'après de longs essais, et lorsque plusieurs générations ont péri au milieu des troubles. Si, dans la réaction des puissances européennes contre la domination française, tout s'est terminé en peu de temps, si une paix générale a promptement suivi l'explosion, c'est que les nations détachées de l'empire n'ont fait que rentrer, pour ainsi dire, dans leurs anciens cadres et sous un régime auquel, pour la plupart, elles s'étaient habituées de longue main. Or, l'état des choses n'était pas le même, lorsque, vers le milieu du IXe siècle, la Gaule et l'Italie commencèrent à réagir comme puissances politiques contre l'empire des *Teutskes* [1] ou Teutons. Les indigènes de ces deux pays démembrés depuis quatre siècles de l'empire romain, et depuis ce temps exploités plutôt que gouvernés par des conquérants de race étrangère, avaient perdu leurs traditions nationales. Ils ne voyaient dans le passé aucune situation politique à laquelle ils pussent revenir; ils avaient tout à créer : et voilà pourquoi la lutte fut longue, pourquoi il fallut plus de cinquante ans de guerre avant que s'accomplît le démembrement définitif du nouvel empire en neuf états, séparés l'un de l'autre, soit par des limites naturelles et le souvenir non encore éteint d'une antique nationalité, soit par des différences de race, de langue ou de dialecte [2].

---

[1] Ce nom différemment orthographié, à cause du changement arbitraire du *d* en *t*, est un adjectif dérivé du mot *Teut*, *Threod* ou *Thiod*, qui signifie *peuple* dans les anciens dialectes germaniques. Toutes les populations de cette race, quel que fût leur nom, *Franks*, *Alamans*, *Goths*, *Longobards*, etc., donnaient à leur idiome originel le nom de *Teutske*, c'est-à-dire *national*, par opposition aux langues étrangères. Cette désignation, d'abord appliquée à la langue seule, fut adoptée ensuite comme nom de nation par toutes les tribus réunies au royaume des Franks. Le mot latin *Teutones* prouve qu'anciennement une partie au moins de la population germanique employait dans le même sens le substantif *teut*.

[2] La Germanie, la Lorraine, la France, la Bretagne, l'Italie, la Bourgogne transjurane, la Bourgogne cisjurane, l'Aquitaine, et la Marche d'Espagne.

Une chose digne de remarque, c'est l'espèce d'ordre avec lequel, au milieu d'une confusion apparente, les événements marchèrent vers ce grand but, comme s'il eût été aperçu d'avance. Il semble qu'à travers toutes les fluctuations causées par les chances de la guerre, un instinct de bon sens ramenait toujours les peuples au mode de démembrement le plus conforme à leur division naturelle. Dès le commencement des guerres civiles entre l'empereur Lodewig ou Louis I[1] et ses enfants, guerres où le père et les fils étaient poussés à leur insu par des mouvements nationaux, une grande divergence d'opinion politique se laisse apercevoir entre les Franks vivant au milieu de la population gauloise, et ceux qui sont demeurés sur l'ancien territoire germanique. Les premiers ralliés, malgré leur descendance, à l'intérêt du peuple vaincu par leurs ancêtres, prirent en général parti contre l'empereur, c'est-à-dire contre l'empire, qui était, pour les Gaulois indigènes, un gouvernement de conquête. Les autres s'unirent, dans le parti contraire, avec toutes les peuplades tudesques, même anciennement ennemies des Franks. Ainsi tous les peuples

---

[1] Il y a quelques fondements dans l'usage introduit par les premiers historiens en langue française, de faire succéder, à cette époque, le nom de *Louis* à celui de *Clovis*. Sous la seconde race, l'aspiration, que les anciens Franks plaçaient devant les lettres *l* et *r*, tomba en désuétude : ainsi les noms de *Hlodowig*, *Hloter*, *Hrodebert*, etc., se changèrent en *Lodewig*, *Lother*, *Rodebert*, etc. On peut faire dater de la même époque la substitution de l'*e* muet aux autres voyelles dans les syllabes non accentuées.

teutons, ligués en apparence pour les droits d'un seul homme, défendaient leur cause nationale en soutenant, contre les Gallo - Franks et les *Welskes* [1], une puissance qui était le résultat des victoires germaniques. Selon le témoignage d'un contemporain, l'empereur Lodewig se défiait des Gallo-Franks, et n'avait de confiance que dans les Germains. Lorsqu'en l'année 83), les partisans de la réconciliation entre le père et le fils proposèrent, comme moyen d'y parvenir, une assemblée générale, les malintentionnés travaillèrent pour que cette assemblée eût lieu dans une ville de la France romane. « Mais l'empereur, dit le même historien,
« n'était pas de cet avis ; et il obtint, selon ses
« désirs, que le peuple fût convoqué à Nimègue :
« toute la Germanie s'y rendit en grande affluence,
« afin de lui prêter secours [2]. »

Peu de temps après, la Germanie elle-même, jusqu'alors si fidèle à l'empire, sépara sa cause nationale de celle des nouveaux Césars. Lorsque Lodewig I, en mourant, eut laissé la domination franke

---

[1] *Welske* ou *Welsche* était le nom que les peuples germains donnaient à tous les Occidentaux, Bretons, Gaulois ou Italiens. Ils appelaient langue *welsche* la langue latine, et population *welsche*, les indigènes de la Gaule, au milieu desquels vivaient les Franks. On a tort d'employer aujourd'hui ce mot dans le sens de *barbare;* car, dans la langue d'où il provient, il servait à désigner des peuples dont la civilisation était fort avancée.

[2] Diffidens quidem Francis, magisque se credens Germanis... Omnisque Germania eo confluxit, imperatori auxilio futura. (Vita Ludovici Pii, apud script. rer. gallic. et francic., t. VI, p. 111.)

partagée entre ses trois fils, Lother, Lodewig et Karle, quoique le premier eût le titre d'empereur, les nations teutoniques s'attachèrent davantage au second, qui n'était que roi. Bientôt la question de la prééminence de l'empire sur les royaumes se débattit à main armée entre les frères; et dès le commencement de la guerre, les Franks orientaux, les Alamans, les Saxons et les Thuringiens, prirent parti contre le *Keisar* [1].

Réduit en fait au gouvernement de l'Italie, de l'Helvétie, de la Provence et d'une petite portion de la Gaule-Belgique, l'empereur Lother eut aussi peu de partisans sur les bords du Rhin et de l'Elbe que sur ceux de la Seine et de la Loire. « Sachez, « mandait-il à ses frères qui le priaient de les laisser « en paix chacun dans son royaume, sachez que le « titre d'empereur m'a été donné par une autorité « supérieure, et considérez quelle étendue de pou- « voir et quelle magnificence doivent accompagner « un pareil titre [2]. » Cette réponse altière était, à proprement parler, un manifeste contre l'indépendance nationale dont les peuples sentaient le besoin; ils y répondirent d'une manière terrible par cette fameuse bataille de Fontanet, près d'Auxerre, où les fils des *Welskes* et des *Teutskes* combattirent

---

[1] C'est ainsi que les Franks orthographiaient le nom de *César*, qu'ils employaient pour *empereur*. En allemand moderne on écrit *keiser*.

[2] Mandat fratribus suis quoniam scirent illi imperatoris nomen magna auctoritate fuisse impositum. (Nithardi Hist., lib. II, cap. IX, apud script. rer. gallic. et francic., t. VII, p. 22.)

sous les mêmes drapeaux, pour le renversement du système politique fondé par Karle-le-Grand. L'espèce de recueillement religieux avec lequel l'armée des confédérés se prépara à ce combat, comme au jugement de Dieu, prouve que, dans la conviction des contemporains, il devait s'y décider autre chose qu'une querelle domestique.

« Tout espoir de justice et de paix paraissant
« enlevé, Lodewig et Karle firent dire à Lother que,
« s'il ne trouvait rien de mieux, il eût à recevoir
« leurs propositions, sinon qu'il sût que le lende-
« main même, à la deuxième heure du jour, ils en
« viendraient au jugement de Dieu tout-puissant.
« Lother, selon sa coutume, traita insolemment les
« envoyés et répondit qu'on verrait bien ce qu'il
« savait faire. Au point du jour, Lodewig et Karle
« levèrent leur camp, et occupèrent, avec le tiers
« de leur armée, le sommet d'une hauteur voisine
« du camp de Lother : ils attendirent son arrivée et
« la deuxième heure du jour, comme les envoyés
« l'avaient juré. A cette heure, en effet, un grand
« et rude combat s'engagea sur les bords d'une
« petite rivière... Lother vaincu tourna le dos avec
« tous les siens... Après l'action, Lodewig et Karle
« délibérèrent, sur le champ de bataille même, sur
« ce qu'on devait faire des fuyards. Les uns, remplis
« de colère, conseillaient de poursuivre l'ennemi ;
« les autres, et en particulier les deux rois, prenant
« pitié de leur frère et de son peuple..... étaient
« d'avis de leur témoigner en cette occasion la mi-

« séricorde de Dieu. Le reste de l'armée y ayant
« consenti, tous cessèrent de combattre et de faire
« du butin, et rentrèrent dans leur camp vers le
« milieu du jour. Ils résolurent de passer le lende-
« main, qui était un dimanche, en cet endroit. Et
« ce jour-là, après la célébration de la messe, ils
« enterrèrent également amis et ennemis, fidèles et
« traîtres, et soignèrent également tous les blessés,
« selon leur pouvoir. Ils envoyèrent après ceux qui
« s'étaient enfuis leur dire que, s'ils voulaient
« retourner à leur foi, toute offense leur serait par-
« donnée. Ensuite les rois et l'armée, affligés d'en
« être venus aux mains avec un frère et avec des
« chrétiens, interrogèrent les évêques sur ce qu'ils
« devaient faire à cause de cela. Tous les évêques se
« réunirent en concile ; et il fut déclaré dans cette
« assemblée qu'on avait combattu pour la seule
« justice, que le jugement de Dieu l'avait prouvé
« manifestement, et qu'ainsi quiconque avait pris
« part à l'affaire, soit par conseil, soit en actions,
« comme instrument de la volonté de Dieu, était
« exempt de tout reproche ; mais que si quelqu'un,
« au témoignage de sa propre conscience, avait
« conseillé ou agi dans cette guerre par colère, ou
« haine, ou vaine gloire, ou quelque autre vice, il
« devait avouer sa faute en confession, et faire la
« pénitence qui lui serait imposée [1]... »

Cette alliance formée entre deux grandes masses

---

[1] Nithardi Hist., lib. II et III, apud script. rer. gallic. et francic., t. VII, p. 22 et 23.

d'hommes, qui, par une circonstance bizarre, ne s'unissaient momentanément qu'afin d'être à l'avenir séparées d'une manière plus complète, fut confirmée l'année suivante (842) par des serments publics. Louis et Charles se réunirent à Strasbourg avec leurs armées, dont l'une était composée d'hommes de toutes les tribus teutoniques, l'autre de Gaulois septentrionaux, commandés par des seigneurs franks, et de méridionaux, sous des chefs indigènes. Afin de prouver au peuple que la guerre où ils étaient engagés ne serait pas un jeu politique, les deux rois se jurèrent mutuellement de maintenir, contre l'empereur, la séparation nationale, et de ne point faire de paix avec lui, au détriment l'un de l'autre. Louis, comme l'aîné, prit le premier la parole en présence des deux armées, et prononça en langue tudesque[1] le discours suivant :

« Vous savez combien de fois, depuis la mort de
« notre père, Lother s'est efforcé de poursuivre et
« de faire périr moi et mon frère ici présent. Puis-
« que ni la fraternité, ni la chrétienté, ni aucun
« moyen, n'ont pu faire qu'il y eût paix entre nous
« sans blesser la justice, contraints enfin, nous
« avons remis la chose au jugement de Dieu tout-
« puissant, afin que chacun de nous se contentât
« de ce que sa volonté lui attribuerait. Dans ce
« combat, comme vous le savez, et par la miséri-
« corde de Dieu, nous avons été vainqueurs. Lui,

---

[1] Teudisca lingua. (Nithardi Hist., lib. III, apud script. rer. gallic. et francic., t. VII, p. 26.)

« vaincu, s'est réfugié avec les siens où il a pu.
« Alors, émus d'amitié fraternelle et compatissant
« aux maux du peuple chrétien, nous n'avons pas
« voulu les poursuivre et les détruire ; mais, de
« même qu'auparavant, nous avons demandé que
« chacun fût assuré dans ses justes droits. Néan-
« moins, n'acceptant point l'arrêt de Dieu, il ne
« cesse de poursuivre à main armée mon frère et
« moi ; il désole notre peuple par des incendies,
« des rapines et des meurtres. C'est pourquoi,
« forcés par la nécessité, nous nous réunissons au-
« jourd'hui ; et parce que nous craignons que vous
« ne doutiez de la sincérité de notre foi et de la
« solidité de notre union fraternelle, nous avons
« résolu de nous prêter serment l'un à l'autre en
« votre présence. Ce n'est point une ambition
« injuste qui nous fait agir ainsi ; mais nous vou-
« lons, si Dieu, par votre aide, nous donne enfin
« le repos, que l'avantage commun soit garanti. Si
« jamais, ce qu'à Dieu ne plaise, je violais le ser-
« ment que j'aurais prêté à mon frère, je délie
« chacun de vous de toute soumission envers moi,
« et de la foi que vous m'avez jurée [1]. »

Après que Louis, tourné du côté de ceux dont la langue teutonique était l'idiome maternel, eut achevé cette harangue, Charles, se tournant vers l'armée gauloise, la répéta en langue romane [2].

---

[1] Nithardi Hist., lib. III, apud script. rer. gallic. et francic., t. VII, p. 26.

[2] Romana lingua. (Ibid.)

Entre les différents dialectes qu'on désignait alors par ce nom, et qui, en Gaule, variaient, surtout du sud au nord, il choisit celui qu'on parlait au midi, parce que, dans ces contrées éloignées du centre de la domination franke, les plus grands seigneurs ignoraient l'idiome des conquérants et employaient celui du peuple. Il n'en était pas de même au nord de la Loire; et il s'écoula encore près d'un siècle avant que le roman usité dans ce pays et d'où provient notre langue actuelle fût élevé au rang de langue politique. Lorsque le roi des Gallo-Franks eut cessé de parler, celui des Teutons, élevant la voix, prononça le serment d'union contre Lother, non dans l'idiome des peuples qu'il gouvernait, mais dans celui des Gaulois, qui avaient besoin de prendre confiance dans la bonne foi de leurs nouveaux alliés. Voici la formule de ce serment, dont le langage, pour ne pas être tout à fait barbare, doit être accentué à la manière des dialectes méridionaux :

« *Pro Deo amur et pro christian poblo et nostro
« commun salvament, d'ist di en avant, in quant
« Deus savir et podir me dunat, si salvarai eo cist
« meon fradre Karlo, et in ajuda et in cadhuna
« cosa, si cum om per dreit son fradra salvar dist,
« in o quid il mi altresi fazet; et ab Ludher nul
« plaid nunquam prindrai, qui, meon vol, cist
« meon fradre Karle, in damno sit* [1]. — Pour

[1] En lisant ce serment dans l'auteur qui le rapporte, il faut se rappeler que cet auteur était Frank de naissance, et qu'il a appliqué à la langue ro-

« l'amour de Dieu et pour le peuple chrétien, et
« notre commun salut, de ce jour en avant, en tant
« que Dieu me donnera de savoir et de pouvoir, je
« soutiendrai mon frère Karle ici présent, par aide
« et en toute chose, comme il est juste qu'on sou-
« tienne son frère, tant qu'il fera de même pour
« moi. Et jamais avec Lother je ne ferai aucun
« accord qui de ma volonté soit au détriment de
« mon frère. » Ensuite Charles, parlant aux hommes
d'origine teutonique, répéta la même formule traduite littéralement dans leur langue : « *In godes*
« *minna ind um tes christianes, folches ind unser*
« *beidero gehaltnissi, fon thesemo dage framwor-*
« *des, so fram so mir got gewissen inde mahd*
« *furgibit, so halde ih tesan minan bruoder, soso*
« *man mit rehtu sinan bruoder scal*[1]... »

mane, qu'on n'écrivait guère alors, l'orthographe de sa propre langue. De là vient le grand nombre de terminaisons en *o* et en *us* qui donnent à cet échantillon du langage parlé en Gaule au ixe siècle une physionomie anti-grammaticale, celle d'un latin rempli de barbarismes et de solécismes. A l'époque de la seconde race, le son des voyelles germaniques, par une es-pèce d'adoucissement de la langue, avait cessé d'être aussi fort, aussi nette-ment distinct que dans l'idiome primitif. Il y avait entre elles cette espèce d'affinité qui, dans l'anglais moderne, rend la prononciation si différente de l'orthographe. En général, l'*u* avait le son de l'*o* fermé; l'*u* et l'*o* sans accent se prononçaient *eu* ; l'*i* avait le son d'*e* fermé, et l'*a* s'écrivait pour l'*e* dans les syllabes non accentuées. C'est pour cette raison qu'on trouve dans le texte roman les variantes *Deo* et *Deu*, *amor* et *amur*, *in avant* et *en avant*, *io* et *eo*, *Karlo* et *Karle*, *ciste* et *cest*, *non* et *nun*. Je crois que la prononciation probable répond à la manière suivante d'orthographier : *pro Deu amor et pro christian poble et nostre commun salvament, d'est di en avant, en quant Deus saver et poder me donet, si salvarai-ieu, c'est meon fradre Karle, etc.*

[1] La preuve de l'irrégularité d'orthographe que j'ai remarquée dans le

Les deux rois s'étant ainsi engagés solennellement l'un envers l'autre, les chefs dont l'idiome roman était la langue maternelle, ou l'un d'entre eux en leur nom, prononcèrent les paroles suivantes : « *Si* « *Loduuigs sagrament que son fradre Karlo jurat,* « *conservat, et Karlus, meos sendra, de suo part* « *non lo stanit, si io returnar non l'int pois, ne io,* « *ne neuls cui eo returnar int pois, in nulla ajuda* « *contra Loduwig nun li fuer*[1]..... — Si Lodewig « garde le serment qu'il a prêté à son frère Karle, « et si Karle, mon seigneur, de son côté, ne le tient « pas, si je ne puis l'y ramener, ni moi ni aucun « autre, je ne lui donnerai nulle aide contre Lode-

---

texte roman se trouve dans celui-ci, car il offre des permutations de voyelles et des variantes complétement analogues, *indi* et *inde*, *fur* et *for*, *Lodhwig* et *Lodhuwig*, *dage* et *rehtu*, *oba* et *ob*. Je pense que, quel qu'ait pu être le son de la langue teutonique à une époque antérieure, la prononciation de ce passage, dans la bouche de l'écrivain du ixe siècle, devait répondre à l'orthographe suivante : *in godes minne end um tes christianes falches end unser beidere gehaltnisse, fon theseme dage framwerdes, so fram so mir got gewissen ende mahd fergibet, so halde ih tesen minen brueder*, etc.

[1] M. Raynouard, dans sa Grammaire romane, a fort bien expliqué pourquoi le nominatif, à l'exclusion de tous les autres cas du singulier, se terminait par une *s* dans les anciennes langues provençale et française. C'est pour cette raison qu'on trouve ici *Lodewigs* et *Karlus* ou *Karles* au nominatif, *Lodewig* et *Karle* au datif. Quant au mot *sendra*, le seul moyen de se rendre compte d'une pareille altération, est de supposer que l'auteur frank, manquant de lettres dans son alphabet national pour rendre le son que les Français ont représenté par *gn*, et les Provençaux par *nh*, s'est servi par approximation de l'*n* suivi d'un *d*, et au lieu de *segnier*, a écrit *sendra*, mot que tout lecteur frank devait prononcer *sendere*. (Voyez Mémoires de l'Acad. des inscriptions et belles-lettres, t. XXVI, p. 638.)

« wig. » Les Teutons répétèrent la même formule, en changeant seulement l'ordre des noms : « *Oba « Karl then eid, then er sinemo bruoder Ludhu- « wige geswor, geleistit, ind Ludhuwig min herro « then er imo geswor forbrichit*[1]... »

Après la conclusion de ce traité d'alliance, il y eut des réjouissances et des fêtes militaires. On se plut surtout à mettre aux prises, dans un combat simulé, des guerriers qui appartenaient aux différentes nations que Charlemagne avait le plus souvent fait combattre les unes contre les autres, comme les Franks orientaux et les Bretons, les habitants des bords du Weser et ceux du pied des Pyrénées. En dépit des ressentiments nationaux, produits d'un côté par les invasions et de l'autre par les révoltes, la volonté de maintenir ce bon accord, qui devait leur procurer l'indépendance, était si forte dans l'esprit des peuples qu'on n'apercevait plus la moindre trace de leur ancienne hostilité. Ils paraissaient bien mieux unis par leur intérêt mutuel qu'ils ne l'avaient été durant leur soumission au même pouvoir. « C'était un spectacle digne d'être vu, dit « un contemporain, à cause de sa magnificence, et « du bon ordre qui y régnait. Car, dans une si « grande foule et parmi tant de gens de diverse « origine, il n'y eut personne de blessé ou d'insulté,

---

[1] Nithardi Hist., lib. III, apud script. rer. gallic. et francic., t. VII, p. 27.

« comme il arrive si souvent dans des réunions de
« gens de guerre peu nombreux et qui se con-
« naissent[1]. »

Pendant ce temps, l'empereur Lother était à Aix-
la-Chapelle où il tenait sa cour en grande pompe,
à la manière de Karle-le-Grand, pour essayer si
l'appareil et l'ancien prestige de cette puissance ne
lui gagneraient pas des partisans en Gaule et en Germanie. Il avait posté des corps de troupes pour
arrêter les confédérés au passage de la Moselle;
mais à l'approche de l'armée ennemie, tous ses soldats prirent la fuite; et lui-même, apprenant que
ses deux frères marchaient sur la capitale de l'empire, il l'abandonna en grande hâte, après avoir
enlevé le tresor et les ornements impériaux[2]. Suivi
de peu de monde, il se rendit à Troyes, et de là à
Lyon, pour se mettre en sûreté derrière le Rhône,
et faire de nouvelles recrues d'Italiens et de Provençaux. Il ne tarda pas à sentir qu'aucune nation n'était
disposée à se dévouer pour la cause de la prééminence
nence impériale; et, résolu de ne point courir les
chances d'une nouvelle bataille, il envoya vers ses
deux frères des messagers pour traiter de la paix.

Les envoyés dirent : « Que le roi Lother, recon-

---

[1] Primum pari numero Saxonorum, Wasconorum, Austrasiorum, Bri-
tannorum... alter in alterum veloci cursu ruebat... Non enim quispiam in
tanta multitudine ac diversitate generis... alicui aut læsionis aut vituperii
quippiam inferre audebat. (Nithardi Hist., lib. III, apud script. rer. gallic.
et francic., t. VII, p. 27.)

[2] Annales Bertiniani, apud script. rer. gallic. et francic., t. VII, p. 61.

« naissant son offense envers Dieu et envers ses
« frères, ne voulait pas qu'il y eût de plus longues
« discordes entre les peuples chrétiens ; qu'il se con-
« tenterait à l'avenir du tiers du royaume, si les
« rois Lodewig et Karle accordaient seulement quel-
« que chose en sus, à cause du nom d'empereur
« que lui avait donné leur père, et de la dignité
« impériale que leur aïeul avait ajoutée à la cou-
« ronne des Franks[1] ; qu'autrement, ils lui laissas-
« sent au moins le tiers du royaume, en exceptant
« du partage le nord de l'Italie qui devait lui rester,
« l'Aquitaine pour Karle, et la Bavière pour Lode-
« wig; qu'alors, avec l'aide de Dieu, chacun d'eux
« gouvernerait de son mieux sa part; qu'ils se por-
« teraient mutuellement secours et amitié, qu'ils
« maintiendraient leurs lois, chacun dans ses états,
« et qu'une paix éternelle serait conclue entre
« eux [2]. »

La réserve de la haute Italie, le seul pays où l'empereur eût des partisans liés à sa cause par une sorte d'esprit national, donna lieu, dans le traité définitif, à un partage assez bizarre sous le rapport géographique, mais qui remplit l'objet de la guerre, en séparant, d'une manière invariable, l'intérêt de la Gaule, comme puissance, de celui de la Ger-

---

[1] Si vel'ent aliquid illi supra tertiam partem regni, propter nomen impe-ratoris quod illi pater illorum concesserat et propter dignitatem imperii quam avus regno Francorum adjecerat, augere facerent. (Nithardi Hist., lib. IV, apud script. rer. gallic et francic., t. VII, p. 30.)

[2] Ibid.

manie. Cent dix commissaires furent employés au démembrement de l'empire. Toute la partie de la Gaule située à l'ouest de l'Escaut, de la Meuse, de la Saône et du Rhône, avec le nord de l'Espagne jusqu'à l'Ebre, fut laissée au roi Charles surnommé le Chauve. Les pays de langue teutonique jusqu'au Rhin et aux Alpes furent donnés en partage à Louis. Lother réunit à l'Italie toute la partie orientale de la Gaule, comprise, au sud, entre le Rhône et les Alpes, au nord, entre le Rhin et la Meuse, et entre la Meuse et l'Escaut jusqu'à l'embouchure de ces fleuves. Cette longue bande de territoire comprenant quatre populations et quatre langues différentes, formait une division entièrement factice et de nature à ne pouvoir se perpétuer ; tandis que les deux autres divisions, fondées sur la distinction réelle des races et des existences nationales, devaient se prononcer de plus en plus. Il est probable que c'est alors que s'introduisirent dans le langage les dénominations de nouvelle France, pour désigner le royaume de Karle, et d'ancienne France, pour désigner celui de Lodewig[1]. Quant au royaume de Lother, trop morcelé pour prendre le titre d'aucune ancienne division politique, on le désigna simplement par le nom de famille de ses chefs. Ce nom

---

[1] Francia nova... Francia quæ dicitur antiqua... (Monachus Sangallensis, apud script. rer. gallic. et francic., t. V, p. 115 et 116.) — Les Saxons établis en Angleterre donnaient pareillement le nom d'ancienne Saxe, *Eld-Saxne*, au pays dont leurs aïeux avaient émigré. Il est probable qu'en langue franke, le mot *Alt-Franken* remplaça dès lors celui d'*Ost-Franken*, ou Franks orientaux.

resta dans la suite attaché à une partie des provinces septentrionales de l'ancienne Gaule, qu'on appelait en langue tudesque *Lotheringhe-rike*, royaume des enfants de Lother, et en latin *Lotharingia*, dont nous avons fait Lorraine.

Cette révolution, dont les historiens modernes ne parlent qu'avec le ton du regret, fut une cause de joie pour les peuples qui s'applaudissaient de leur ouvrage, mais affligea, comme il arrive toujours, ceux qui, par intérêt ou par système, tenaient au gouvernement établi. Qelques esprits assez éclairés pour l'époque, mais incapables de concevoir la nécessité des réactions politiques, et qui croyaient que les nations ne pouvaient survivre à la monarchie, furent saisis d'une profonde tristesse, et désespérèrent de tout, parce qu'il y avait trois royaumes au lieu d'un. Un diacre de l'église métropolitaine de Lyon écrivit alors, sur le démembrement de l'empire, une complainte en vers latins, dont quelques passages offrent l'expression naïve des sentiments de ceux qui avaient rêvé l'éternité du système de Karle et de la soumission des peuples méridionaux au gouvernement tudesque :

« Un bel empire florissait sous un brillant dia-
« dème; il n'y avait qu'un prince et qu'un peuple;
« toutes les villes avaient des juges et des lois. Le
« zèle des prêtres était entretenu par des conciles
« fréquents; les jeunes gens relisaient sans cesse
« les livres saints, et l'esprit des enfants se for-
« mait à l'étude des lettres. L'amour d'un côté, de

« l'autre la crainte, maintenaient partout le bon
« accord : aussi la nation franke brillait-elle aux
« yeux du monde entier. Les royaumes étrangers,
« les Grecs, les Barbares et le sénat du Latium lui
« adressaient des ambassades. La race de Romulus,
« Rome elle-même, la mère des royaumes, s'était
« soumise à cette nation : c'était là que son chef,
« soutenu de l'appui du Christ, avait reçu le diadème
« par le don apostolique. Heureux s'il eût connu son
« bonheur, l'empire qui avait Rome pour citadelle
« et le porte-clef du Ciel pour fondateur [1] ! Déchue
« maintenant, cette grande puissance a perdu à la
« fois son éclat et le nom d'empire; le royaume
« naguère si bien uni est divisé en trois lots; il n'y
« a plus personne qu'on puisse regarder comme
« empereur; au lieu de roi on voit un roitelet, et
« au lieu de royaume, un morceau de royaume. Le
« bien général est annulé; chacun s'occupe de ses
« intérêts : on songe à tout; Dieu seul est oublié.
« Les pasteurs du Seigneur, habitués à se réunir,
« ne peuvent plus tenir leurs synodes au milieu
« d'une telle division. Il n'y a plus d'assemblée du
« peuple, plus de loi; c'est en vain qu'une ambas-
« sade arriverait là où il n'y a point de cour. Que
« vont devenir les peuples voisins du Danube, du
« Rhin, du Rhône, de la Loire et du Pô? Tous, an-

---

[1] O fortunatum, nosset sua si bona, regnum,
Cujus Roma arx est, et cœli claviger auctor!
(Flori diac. Lugdun., Querela de divisione imper., apud script. rer. gallic. et francic., t. VII, p. 302.)

« ciennement unis par les liens de la concorde,
« maintenant que l'alliance est rompue, seront
« tourmentés par de tristes dissensions. De quelle
« fin la colère de Dieu fera-t-elle suivre tous ces
« maux? A peine est-il quelqu'un qui y songe avec
« effroi, qui médite sur ce qui se passe, et s'en afflige :
« on se réjouit au milieu du déchirement de l'em-
« pire, et l'on appelle paix un ordre de choses qui
« n'offre aucun des biens de la paix [1]. »

L'impulsion une fois donnée pour la séparation des différents intérêts nationaux, le mouvement des masses ne s'arrêta pas; et quand il n'y eut plus d'empire, commença le démembrement des royaumes où se trouvaient associées ensemble des populations diverses d'origine et de langage. La nouvelle France était dans ce cas : elle comprenait trois grandes divisions, la France proprement dite, la Bretagne et l'Aquitaine, qui avaient pu se réunir ensemble pour secouer le joug de l'empire, mais qui n'en demeuraient pas moins séparées par d'anciennes distinctions nationales. Les Bretons, ennemis naturels des Gallo-Franks, et ne voulant pas plus être gouvernés par eux que par les Franko-Teutons, reprirent aussitôt leurs hostilités. Ils envahirent tout le pays voisin du leur jusqu'à la Loire et à la Vilaine, battirent en plusieurs rencontres les armées de Charles-le-

---

[1] Gaudetur fessi sæva inter vulnera regni,
Et pacem vocitant, nulla est ubi gratia pacis.
(Flori diac. Lugdun., Querela de divisione imper., apud script. rer. gallic. et francic., t. VII, p. 303 et seq.)

Chauve, et ne firent de paix avec lui que lorsqu'il leur eut garanti leurs conquêtes et reconnu leur chef comme roi, en leur envoyant de son trésor le sceptre et la couronne[1]. Après les Bretons, ce furent les Aquitains, ou gens de la langue romane méridionale, qui s'insurgèrent et travaillèrent à se détacher de la nouvelle France aussi complétement qu'ils l'étaient de l'ancienne. D'un autre côté, les Provençaux, distingués aussi, par leur dialecte, des nations qui habitaient au-delà des Alpes, se révoltèrent dans le même but contre le roi Lother et ses enfants. Les villes de Toulouse et de Vienne, qui étaient le principal foyer de ce nouveau mouvement national, furent plus d'une fois assiégées, prises et reprises tour à tour par les armées des rois et par les partisans de l'insurrection[2]. Enfin, en l'année 888, après quarante-cinq ans de nouvelles guerres, qui, dans leurs scènes variées et confuses, présentèrent plus d'une fois les Gaulois méridionaux ligués avec la puissance des Germains contre celle des Gaulois du nord, arriva le démembrement final auquel tout avait tendu depuis la mort de Karle-le-Grand.

Si le principe le plus actif de cette révolution fut la répugnance mutuelle des races d'hommes associées mais non fondues ensemble par la conquête, son résultat ne pouvait être une division absolue d'après la descendance ou l'idiome, une sorte de

---

[1] Voyez le tome VII du Recueil des Historiens de la France, aux années 851 et suivantes.

[2] Ibid., aux années 860-880.

triage à part de toutes les familles humaines que le flot des invasions avait jetées çà et là au milieu de familles étrangères ; tout devait se dénouer et se dénoua en effet d'une manière plus large et moins complexe. La race dominante, quant au nombre, dans chaque grande portion de territoire, forma comme un centre de gravitation dont les différentes minorités n'eurent pas le pouvoir de se détacher. Ainsi le système des lois personnelles, loin d'être rétabli dans son ancienne force, reçut au contraire le premier coup par la fondation de nouveaux états où la nationalité résultait, non d'une complète unité d'origine, mais de l'unité territoriale et des convenances géographiques.

L'Italie, séparée de ses anciens annexes, et bornée par la chaîne des Alpes, devint un royaume à part que se disputèrent des prétendants de race germanique, mais naturalisés italiens depuis plusieurs générations[1]. Tout le pays compris entre les Alpes, le Jura et les sources du Rhin, forma, sous le nom de *Burgondie* ou Bourgogne supérieure, un nouveau royaume, dont la capitale était Genève, et dont les chefs se faisaient couronner au couvent de Saint-Maurice en Valais. Un troisième royaume, sous le nom de Bourgogne inférieure ou cisjurane, eut pour limites le Jura, la Méditerranée et le Rhône. Un roi d'Aquitaine, dont le pouvoir ou les prétentions

---

[1] Le duc de Spolète et le duc de Frioul, que les hommes de langue teutonique appelaient *Wido* et *Berengher*, mais qu'on nommait en Italie *Guido* et *Beringhiero*.

s'étendaient de la Loire aux Pyrénées, fut inauguré à Poitiers. Entre le Rhin, la Meuse et la Saône, on vit s'élever le petit royaume des *Lotheringhe* ou de Lorraine. Enfin, entre les frontières de ces différents états et celles de la Basse-Bretagne, se trouva resserrée, d'une manière fixe, la puissance dont le territoire conserva depuis lors le nom de France, à l'exclusion de tous ceux auxquels ce nom avait appartenu autrefois [1].

De ce dernier démembrement de l'empire des Franks date, à proprement parler, l'existence de la nation française; et tous les faits qui s'y rapportent, loin d'être envisagés avec dégoût comme des événements funestes, devraient être recherchés soigneusement et détaillés avec intérêt; car c'est sur eux que reposent véritablement les bases de notre histoire. Nos anciennes institutions, nos mœurs et notre langue sont un produit des deux révolutions politiques par lesquelles ont été séparés l'un de l'autre, d'abord les pays de langue romane et de langue tudesque, ensuite ceux de la langue d'*ouy* et de la langue d'*oc*. Le berceau du peuple français n'est ni la patrie des Franks au-delà du Rhin, ni la Gaule dans toute son étendue, mais le pays d'entre Meuse et Loire. La position centrale du royaume compris entre ces limites devait lui fournir à la longue les moyens d'envahir et de s'assimiler en quelque sorte les états formés autour de lui sur

---

[1] Recueil des Historiens de la France, t. VII et VIII.

l'ancien territoire gaulois. Tous les gouvernements qui se succédèrent en France depuis le xe siècle, quelque différents qu'ils aient été par leur constitution et le degré de leur puissance extérieure, tendirent également à ce but. Il ne fut atteint complétement qu'après bien des siècles; et de toutes les réunions territoriales opérées soit par la guerre, soit par la politique et les alliances, sortit enfin la nation actuelle, diverse d'origine, non-seulement pour ce qui regarde le mélange des Franks et des Gaulois, mais à cause de la différence primitive des souverainetés, des langues et des traditions provinciales.

LETTRE XII.

Sur l'expulsion de la seconde dynastie franke.

Un fait extrêmement remarquable, c'est que dès l'époque où, à parler rigoureusement, commence la nation française, il se prononce dans cette nation nouvelle un vif sentiment de répugnance pour la dynastie qui, depuis un siècle et demi, régnait sur le nord de la Gaule. A la révolution territoriale de 888 correspond, de la manière la plus précise, un mouvement d'un autre genre, qui élève sur le trône un homme entièrement étranger à la famille des *Karolings*. Ce roi, le premier auquel notre histoire devrait donner le titre de roi de France, par opposition aux rois des Franks, est Ode, ou, selon la prononciation romane qui commençait à prévaloir, Eudes [1], fils du comte d'Anjou Rodbert-le-Fort. Élu au détriment d'un héritier qui se qualifiait de légitime, Eudes fut le candidat national de la population

---

[1] *Ode*, *ote* ou *othe* signifiait *riche* dans tous les anciens dialectes de la langue tudesque. On disait, dans la langue romane, *Odes* ou *Eudes* pour le nominatif, et *Odon* ou *Eudon* pour les autres cas.

mixte qui avait combattu cinquante ans pour former un état par elle-même; et son règne marque l'ouverture d'une seconde série de guerres civiles terminées, après un siècle, par l'exclusion définitive de la race de Karle-le-Grand. En effet, cette race toute germanique, se rattachant, par le lien des souvenirs et les affections de parenté, aux pays de langue tudesque, ne pouvait être regardée par les Français que comme un obstacle à la séparation sur laquelle venait de se fonder leur existence indépendante. L'idiome de la conquête, tombé en désuétude dans les châteaux des seigneurs, s'était conservé dans la maison royale. Les descendants des empereurs franks se faisaient honneur de comprendre cette langue de leurs ancêtres, et accueillaient des pièces de vers composées par les poëtes d'outre-Rhin[1]. Mais loin d'augmenter le respect pour l'ancienne dynastie, cette particularité de mœurs ne servait plus qu'à lui donner une physionomie étrangère qui blessait le peuple, et l'inquiétait, non sans raison, sur la durée de son indépendance.

---

[1] Tel est le chant triomphal composé en l'honneur du roi Louis, fils de Louis-le-Bègue, après une victoire remportée sur les Normands, près de Seulcour en Vimeu. En voici les quatre premiers vers :

> Einen Kuning weiz ich
> Heisset herr Ludwig,
> Der Gerne Gott dienet,
> Weil er ihms lohnet.

« Je connais un roi, son nom est le seigneur Ludwig, qui sert Dieu volontiers, parce qu'il l'en récompense, etc. » (Voyez le tome IX du Recueil des Historiens de la France, p. 99 et suiv.)

La suprématie des Germains sur tout l'Occident n'existait plus; mais elle était remplacée par des prétentions politiques fondées sur le droit de conquête, qui pouvaient aisément servir de prétexte à de nouvelles invasions, et menaçaient surtout la France, d'abord comme voisine, et ensuite comme seconde patrie des Franks. L'instinct de la conservation devait donc porter ce nouvel état à rompre entièrement avec les puissances teutoniques, et à leur ôter pour jamais tout moyen de s'immiscer dans ses affaires. Ce ne fut point par caprice, mais par politique, que les seigneurs du nord de la Gaule, Franks d'origine, mais attachés à l'intérêt du pays, violèrent le serment prêté par leurs aïeux à la famille de Pepin, et firent sacrer roi, à Compiègne, un homme de descendance saxonne [1]. L'héritier dépossédé par cette élection, Karle, surnommé le Simple ou le Sot [2], ne tarda pas à justifier son exclusion du trône, en se mettant sous le patronage d'Arnulf, roi de Germanie. « Ne pouvant tenir, dit un
« ancien historien, contre la puissance d'Eudes, il
« alla réclamer, en suppliant, la protection du roi
« Arnulf. Une assemblée publique fut convoquée
« dans la ville de Worms; Karle s'y rendit, et, après
« avoir offert de grands présents à Arnulf, il fut
« investi par lui de la royauté dont il avait pris le
« titre. L'ordre fut donné aux comtes et aux évêques

---

[1] Saxonici generis vir... (Script. rer. gallic. et francic., t. IX, p. 136.)

[2] On trouve dans les historiens originaux *simplex*, *stultus*, et quelquefois *sottus*.

« qui résidaient aux environs de la Moselle, de lui
« prêter secours, et de le faire rentrer dans son
« royaume, pour qu'il y fût couronné; mais rien
« de tout cela ne lui profita[1]. »

Le parti des *Carolingiens*, soutenu par l'intervention germanique, ne réussit point à l'emporter sur le parti qu'on peut nommer français. Il fut plusieurs fois battu avec son chef, qui, après chaque défaite, se mettait en sûreté derrière la Meuse, hors des limites du royaume. Charles-le-Simple parvint cependant, à force d'intrigues, et grâce au voisinage de l'Allemagne, à obtenir quelque puissance entre la Meuse et la Seine : ce qui fait dire à plusieurs historiens que le royaume fut divisé en deux par le cours de la Seine, et que Charles devint roi au nord, tandis qu'Eudes l'était au midi [2]. Un reste de la vieille opinion germanique, qui regardait les Welskes ou Wallons comme les sujets naturels des fils des Franks, contribuait à rendre cette guerre de dynastie populaire dans tous les pays voisins du Rhin. Sous prétexte de soutenir les droits de la royauté légitime, Swintibold, fils naturel d'Arnulf, et roi de Lorraine, envahit le territoire français en l'année 895. Il parvint jusqu'à Laon avec une armée composée de Lorrains, d'Alsaciens et de Flamands,

---

[1] Carolus vires Odonis ferre non valens, patrocinia Arnulphi supplex exposcit. Sed neutrum horum illi quicquam profuit. (Annal. Mett., apud script. rer. gallic. et francic., t. VIII, p. 73.)

[2] Tunc divisum est regnum in duas partes. A Rheno usque ad Sequanam fuit regnum Caroli ; et a Sequana usque ad Hispaniam fuit regnum Odonis. (Brev. chron., ibid., p. 253.)

tous gens de langue tudesque; mais bientôt il se vit forcé de battre en retraite devant l'armée du roi Eudes [1]. Cette grande tentative ayant ainsi échoué, il se fit à la cour de Germanie une sorte de réaction politique en faveur de celui qu'on avait jusque-là qualifié d'usurpateur. Eudes fut reconnu roi, et l'on promit de ne plus donner à l'avenir aucun secours au prétendant [2]. En effet, Karle n'obtint rien, tant que son adversaire vécut; mais, à la mort du roi Eudes, lorsque le changement de dynastie fut remis en question, le *keisar* prit de nouveau parti pour le descendant des rois franks. La puissance impériale, pesant sans contre-poids sur le petit royaume de France, contribua fortement, quoique d'une manière indirecte, à amener une restauration.

Charles-le-Simple, proclamé roi, en 898, par une grande partie de ceux qui avaient travaillé à l'exclure, régna d'abord vingt-deux ans sans aucune opposition. C'est durant cet espace de temps que, pour se ménager un nouvel appui contre le parti qu'il redoutait toujours, il abandonna au chef normand Rolf ou Roll [3] tous ses droits sur le territoire

---

[1] Qui cum Carolo erant conferunt se ad Zuendebolchum... uti... juvet Carolo. (Annal. Vedast., apud script. rer. gallic. et francic., t. VIII, p. 91.) — Collecto immenso exercitu Lugdunum venit..... (Annal. Mett., ibid., p. 74.)

[2] Arnolfus rex cum Odone, Galliarum rege, pacem firmat, Caroloque filio regis Ludovici Balbi... munera offerenti auxilium denegat. (Hermanni Contracti chron., ibid., p. 249.)

[3] Ce nom paraît être une contraction de celui de *Rodulf*. En langue romane, on disait *Roul* ou *Rou*.

voisin de l'embouchure de la Seine, et lui conféra le titre de duc : mais cette fondation d'un nouvel état sur le territoire gaulois eut, à la longue, des résultats tout différents de ceux que le roi Charles s'était promis. Le duché de Normandie servit, pour ainsi dire, à flanquer le royaume de France contre les attaques de l'empire germanique et de ses vassaux lorrains ou flamands. Les nouveaux ducs, politiques habiles et guerriers infatigables, ne tardèrent pas à intervenir aussi dans la querelle de dynastie. Indifférents à l'avantage personnel de la postérité de Charlemagne ou de ses compétiteurs, en s'immisçant dans des disputes qui leur étaient étrangères, ils ne cherchaient qu'une occasion soit de reculer leurs frontières aux dépens de la France, soit de devenir plus indépendants à l'égard de cette couronne dont ils s'étaient reconnus vassaux. Aucun motif national ne les entraînait, comme les rois de la Germanie, vers l'un des deux partis rivaux; ils balancèrent donc quelque temps avant de se décider. Roll, premier duc de Normandie, fut fidèle au traité d'alliance qu'il avait fait avec Charles-le-Simple, et le soutint, quoique assez faiblement, contre Rodbert ou Robert [1], frère du roi Eudes, élu roi en 922 par le parti de l'exclusion. Son fils Wilhialm [2] ou Guillaume I suivit d'abord la même

---

[1] Le nominatif roman était *Roberz*, et *Robert* ne s'écrivait que pour les autres cas.

[2] Cette forme appartient à l'idiome scandinave; dans la langue tudesque on disait Wilhelm, *protégeant volontiers*.

politique; et lorsque le roi héréditaire eut été déposé et emprisonné à Laon, il se déclara pour lui contre Radulf ou Raoul [1], beau-frère de Robert, élu et couronné roi en haine de la dynastie franke. Mais peu d'années après, changeant de parti, il abandonna la cause de Charles-le-Simple et fit alliance avec le roi Raoul. En 936, espérant qu'un retour à ses premiers errements lui procurerait plus d'avantages, il appuya d'une manière énergique la restauration du fils de Karle, Lodewig surnommé d'Outre-Mer.

Le nouveau roi, auquel le parti français, soit par fatigue, soit par prudence, n'opposa aucun compétiteur, poussé par un penchant héréditaire à chercher des amis au-delà du Rhin, contracta une alliance étroite avec Otho, premier du nom [2], roi de Germanie, le prince le plus puissant et le plus ambitieux de l'époque. Cette alliance mécontenta vivement les seigneurs, qui avaient une grande aversion pour l'influence teutonique. Le représentant de cette opinion nationale, et l'homme le plus puissant entre la Seine et la Loire, était Hug ou Hugues, comte de Paris, auquel on donnait le sur-

---

[1] Dans l'ancienne langue française, on écrivait au nominatif *Raouls* ou *Raoulz*, et *Raoul* aux autres cas.

[2] *Otho*, *othe*, dans le dialecte saxon, comme *odo*, *ode*, dans le dialecte franko-tudesque, signifiait *riche*. La terminaison en *o* appartient à la forme la plus ancienne. L'*n* dont on fait suivre ce nom est étrangère à la langue germanique. Autrefois on écrivait *Othes* pour le nominatif et *Othon* pour les autres cas.

nom de Grand, à cause de ses immenses domaines [1]. Dès que les défiances mutuelles se furent accrues au point d'amener, en 940, une nouvelle guerre entre les deux partis qui depuis cinquante ans étaient en présence, Hugues-le-Grand, quoiqu'il ne prît point le titre de roi, joua, contre Louis d'Outre-Mer, le même rôle qu'Eudes, Robert et Raoul avaient joué contre Charles-le-Simple. Son premier soin fut d'enlever à la faction opposée l'appui du duc de Normandie; il y réussit, et, grâce à l'intervention normande, il parvint à neutraliser les effets de l'influence germanique. Toutes les forces du roi Lodewig et du parti frank se brisèrent, en 945, contre le petit duché de Normandie. Le roi, vaincu en bataille rangée, fut pris avec seize de ses comtes et enfermé dans la tour de Rouen, d'où il ne sortit que pour être livré aux chefs du parti national qui l'emprisonnèrent à Laon [2].

Pour rendre plus durable la nouvelle alliance de ce parti avec les Normands, Hugues-le-Grand promit de donner sa fille en mariage à leur duc. Mais cette confédération des deux puissances gauloises

---

[1] *Hug* signifie *prévoyant*. La forme romane de ce nom était *Hues* pour le nominatif, et *Huon* pour les autres cas.

[2] . . . . . In arcem Rotomagi servandus missus est. (Order. Vital., apud script. rer. gallic. et francic., t. IX, p. 12.) — Postea nempe Hugo Magnus, parisiensis comes, et Theobaldus carnotensis cum proceribus Franciæ contra Ludovicum rebellant; et a ducibus suis circumventus capitur, et Laudunum missus publicæ custodiæ mancipatur. (Hist. reg Franc., ibid., p. 44.)

les plus voisines de la Germanie attira contre elles une coalition des puissances teutoniques, dont les principales étaient alors le roi Othon et le comte de Flandre. Le prétexte de la guerre devait être de tirer le roi Louis de sa prison ; mais les coalisés se promettaient des résultats d'un autre genre. Leur but était d'anéantir la puissance normande, en réunissant ce duché à la couronne de France, après la restauration du roi leur allié : en retour ils devaient recevoir une cession de territoire, qui agrandirait leurs états aux dépens du royaume de France[1]. L'invasion, conduite par le roi de Germanie, eut lieu en 946. A la tête de trente-deux légions, disent les historiens du temps, Othon s'avança jusqu'à Reims. Le parti national, qui tenait un roi en prison et n'avait point de roi à sa tête, ne put rallier autour de lui des forces suffisantes pour repousser les étrangers. Louis d'Outre-Mer fut remis en liberté, et les coalisés s'avancèrent jusque sous les murs de Rouen : mais cette campagne brillante n'eut aucun résultat décisif. La Normandie resta indépendante, et le roi délivré n'eut pas plus d'amis qu'auparavant. Au contraire, on lui imputa les malheurs de l'invasion ; et, menacé bientôt d'être une seconde

---

[1] Ludovicus si quidem, ut hos magnarum virium duces (Richardum scilicet et Hugonem) amoris vinculo connexos esse didicit, timens ne eorum conatu deponeretur à culmine regni, misit Arnulphum flandrensem... ad Othonem transrhenanum regem, mandans quoniam si Hugonem Magnum omnino contereret, et normannicam terram suo dominio subigeret, procul dubio lothariense regnum illi contraderet. (Willelm. Gemet. hist., apud script. rer. gallic. et francic., t. VIII, p. 266.)

fois déposé, il retourna au-delà du Rhin pour implorer de nouveaux secours [1].

En l'année 948, les évêques de la Germanie s'assemblèrent, par ordre du roi Othon, en concile à Inghelheim, pour traiter, entre autres affaires, des griefs de Louis d'Outre-Mer contre le parti de Hugues-le-Grand. Le roi des Français vint jouer le rôle de solliciteur devant cette assemblée étrangère. Assis à côté du roi de Germanie, après que le légat du pape eut annoncé l'objet du synode, il se leva et parla en ces termes : « Personne de vous « n'ignore que des messagers du comte Hugues et « des autres seigneurs de France sont venus me « trouver au pays d'outre-mer, m'invitant à rentrer dans le royaume qui était mon héritage paternel. J'ai été sacré et couronné par le vœu et « aux acclamations de tous les chefs de l'armée de « France. Mais peu de temps après, le comte Hugues « s'est emparé de moi par trahison, m'a déposé et « emprisonné durant une année entière; enfin je « n'ai obtenu ma délivrance qu'en remettant en son « pouvoir la ville de Laon, la seule ville de la cou- « ronne que mes fidèles occupassent encore. Tous « ces malheurs qui ont fondu sur moi depuis mon « avénement, s'il y a quelqu'un qui soutienne qu'ils « me sont arrivés par ma faute, je suis prêt à me « défendre de cette accusation, soit par le jugement

---

[1] Rex Ludovicus deprecatur regem Othonem ut subsidium sibi ferat contra Hugonem et cæteros inimicos suos. (Frodoardi chron., apud script. rer. gallic. et francic., t. VIII, p. 203.)

« du synode et du roi ici présent, soit par un com-
« bat singulier[1]. » Il ne se présenta, comme on
pouvait le croire, ni avocat ni champion de la partie adverse pour soumettre un différend national
au jugement de l'empereur d'Outre-Rhin; et le
concile, transféré à Trèves, sur les instances de
Leudulf, chapelain et délégué du *keisar*, prononça
la sentence suivante : « En vertu de l'autorité apos-
« tolique, nous excommunions le comte Hugues,
« ennemi du roi Lodewig, à cause des maux de
« tout genre qu'il lui a faits, jusqu'à ce que ledit
« comte vienne à résipiscence et donne pleine satis-
« faction devant le légat du souverain pontife. Que
« s'il refuse de se soumettre, il devra faire le voyage
« de Rome pour recevoir son absolution[2]. »

Cette sentence ecclésiastique ne fut point capable
de détruire un parti qui avait résisté à l'invasion la
plus formidable que la France eût encore subie.
Toutefois il se passa bien des années avant que les
adversaires de la dynastie franke vinssent à bout de
la renverser complétement, et de rompre le dernier
fil qui rattachait le nord de la Gaule à la Germanie.
A la mort de Louis d'Outre-Mer, en l'année 954,
son fils Lother lui succéda sans opposition apparente. Deux ans après le comte Hugues mourut,
laissant trois fils, dont l'aîné, qui portait le même
nom que lui, hérita du comté de Paris qu'on ap-

---

[1] Frodoardi chron., apud script. rer. gallic. et francic., t. VIII, p. 202.
[2] Ibid., p. 175.

pelait aussi duché de France. Son père, avant de mourir, l'avait recommandé à Rikhard ou Richard, duc de Normandie, comme au défenseur naturel de sa famille et de son parti [1]. Ce parti sembla sommeiller jusqu'en l'année 980. Durant ce long intervalle de temps, non-seulement il n'y eut point de guerre civile, mais le roi Lother, s'abandonnant à l'impulsion de l'esprit national, rompit avec les puissances germaniques et tenta de reculer jusqu'au Rhin la frontière de son royaume. Il entra à l'improviste sur les terres de l'empire, et séjourna en vainqueur dans le palais d'Aix-la-Chapelle. Mais cette expédition aventureuse, qui flattait la vanité française, ne servit qu'à amener les Germains, au nombre de soixante mille, Allemands, Lorrains, Flamands et Saxons, jusque sur les hauteurs de Montmartre, où cette grande armée chanta en chœur un des versets du *Te Deum* [2]. L'empereur Othon, qui la conduisait, fut plus heureux, comme il arrive souvent, dans l'invasion que dans la retraite. Battu par les Français au passage de l'Aisne, ce ne fut qu'au moyen d'une trêve avec le roi Lother qu'il put regagner sa frontière. Ce traité, conclu, à ce que disent les chroniques, contre le gré de l'armée

---

[1] Richardo duci filium suum nomine Hugonem commendare studuit ut ejus patrocinio tutus, inimicorum fraudibus non caperetur. (Willelm. Gemet. hist., apud script. rer. gallic. et francic., t. VIII, p. 267.)

[2] Accitis quam pluribus clericis, *alleluia te martyrum*, in loco qui dicitur Mons Martyrum, in tantum elevatis vocibus decantari præcepit, ut attonitis auribus ipse Hugo et omnis Parisiorum plebs miraretur. (Balderici chron., ibid., t. VIII, p. 283.)

française, ranima la querelle des deux partis, ou plutôt fournit un nouveau prétexte à des ressentiments qui n'avaient point cessé d'exister[1].

Menacé, comme son père et son aïeul, par les adversaires implacables de la race des *Karolings*, Lother tourna les yeux du côté du Rhin pour obtenir un appui en cas de détresse. Il fit remise à la cour impériale de ses conquêtes en Lorraine et de toutes les prétentions de la France sur une partie de ce royaume. « Cette chose contrista grandement, « dit un auteur contemporain, le cœur des seigneurs « de France[2]. » Néanmoins ils ne firent point éclater leur mécontentement d'une manière hostile. Instruits par le mauvais succès des tentatives faites depuis près de cent ans, ils ne voulaient plus rien entreprendre contre la dynastie régnante, à moins d'être sûrs de réussir. Le roi Lother, plus habile et plus actif que ses deux prédécesseurs, si l'on en juge par sa conduite, se rendait un compte exact des difficultés de sa position, et ne négligeait aucun moyen de les vaincre. En 983, profitant de la mort d'Othon II et de la minorité de son fils, il rompit subitement la paix qu'il avait conclue avec l'empire, et envahit derechef la Lorraine ; agression qui de-

---

[1] Pacificatus est Lotharius rex cum Ottone rege, Remis civitate, contra voluntatem Hugonis et Hainrici, fratris sui, contraque voluntatem exercitus sui. (Hugonis Floriac. chron., apud script. rer. gallic. et francic. t. VIII, p. 324.)

[2] Dedit... Lotharius rex Ottoni regi in beneficio lotharium regnum ; quæ causa magis contristavit corda principum Francorum. (Ibid.)

vait lui rendre un peu de popularité. Mais le sentiment instinctif de l'indépendance nationale, profondément enraciné dans le cœur des Gallo-Franks, ne pouvait faire une longue trêve avec cette famille condamnée d'avance, et dont la ruine était inévitable. Jusqu'à la fin du règne de Lother, aucune rébellion déclarée ne s'éleva contre lui. Mais chaque jour son pouvoir allait en décroissant; l'autorité, qui se retirait de lui, pour ainsi dire, passa tout entière aux mains du fils de Hugues-le-Grand, Hugues, comte de l'Ile-de-France et de l'Anjou, qu'on surnommait *Capet*, ou *Chapet*, dans la langue française du temps. « Lother n'est roi que de nom, écri« vait dans une de ses lettres l'un des personnages « les plus distingués du xe siècle; Hugues n'en porte « pas le titre; mais il l'est en fait et en œuvres[1]. »

Sans doute, dans les événements qui suivirent, en 987, la mort prématurée de Lodewig, fils de Lother, il faut faire une grande part à l'ambition personnelle et au caractère du fondateur de la troisième dynastie. Dans ses projets contre la postérité de Karle-le-Grand, Hugues-Capet songeait plutôt à lui-même et à sa famille qu'à l'intérêt du pays, dont l'indépendance exigeait, pour dernière garantie, l'expulsion de la race de Karle. Néanmoins on peut affirmer que cette ambition de régner, héréditaire depuis un siècle dans la famille de Robert-le-Fort,

---

[1] Lotharius rex Franciæ prælatus est solo nomine, Hugo vero non nomine, sed actu et opere. (Gerberti Epist., apud script. rer. gallic. et francic. t. X, p. 387.)

fut entretenue et servie par le mouvement de l'opinion nationale. Les expressions mêmes des chroniques, toutes sèches qu'elles sont à cette époque de notre histoire, donnent à entendre que la question du changement de dynastie n'était point regardée alors comme une affaire personnelle. Selon elles, il s'agissait d'une haine invétérée, d'une entreprise commencée depuis longtemps dans la vue de *déraciner* du royaume de France la postérité des rois franks[1]. Cette révolution, qui dans ses flux et reflux avait causé tant de troubles, se termina sans aucune violence. La grande majorité des seigneurs et du peuple se rangea autour du comte Hugues; et le prétendant à titre héréditaire demeura seul avec quelques amis, pendant que son compétiteur, élu roi par l'acclamation publique, était couronné à Noyon.

Cette élection n'eut point lieu avec des formes régulières; on ne s'avisa ni de recueillir ni de compter les voix des seigneurs : ce fut un coup d'entraînement; et Hugues-Capet devint roi des Français, parce que sa popularité était immense. Quoique issu d'une famille germanique, l'absence de toute parenté avec la dynastie impériale, l'obscurité même de son origine dont on ne retrouvait plus de trace certaine après la troisième génération, le désignaient comme candidat à la race indigène, dont la restaura-

---

[1] Hugo... Capet, more patrum suorum, odio motus antiquo, genus Caroli cupiens eradere de regno Francorum... (Chron. Sithieas., apud script. rer. gallic. et francic., t. X, p. 298.)

tion s'opérait en quelque sorte depuis le démembrement de l'empire[1]. Tout cela n'est point formellement énoncé dans les histoires contemporaines; mais l'on ne doit pas en être surpris. Les masses populaires, lorsqu'elles sont en mouvement, ne se rendent point un compte exact de l'impulsion qui les domine; elles marchent d'instinct, et tendent vers le but sans chercher à le bien définir. A ne les considérer que d'une manière superficielle, on croirait qu'elles suivent en aveugles les intérêts particuliers de quelque chef, dont le nom seul fait grand bruit dans l'histoire : mais cette importance même des noms propres vient de ce qu'ils ont servi de mot de ralliement pour le grand nombre, qui, en les prononçant, savait ce qu'il voulait dire, et n'avait pas besoin, pour le moment, d'une façon de s'exprimer plus correcte.

L'avénement de la troisième race est, dans notre histoire, d'une bien autre importance que celui de la seconde; c'est, à proprement parler, la fin du règne des Franks et la substitution d'une royauté nationale au gouvernement fondé par la conquête.

---

[1] Fuit enim... Hugo (Magnus) filius Roberti Parisiorum comitis, qui videlicet Robertus brevi in tempore rex constitutus, et ab exercitu Saxonum est interfectus. Cujus genus iccirco adnotare distulimus, quia valde in ante reperitur obscurum. (Glabri Rodulphi hist., apud script. rer. gallic. et francic., t. X, p. 5.) Ces paroles sont d'un auteur contemporain. Un écrivain postérieur de deux siècles ajouta un degré à cette généalogie, et remonte jusqu'à Robert-le-Fort; mais il déclare ne pouvoir aller plus loin : « Ulterius nesciverunt de ejus genere historiographi. » (Alberici monachi chron., ibid., p. 286.)

Dès lors, en effet, l'histoire de France devient simple; c'est toujours un même peuple qu'on suit et qu'on reconnaît, malgré les changements qui surviennent dans les mœurs et la civilisation. L'identité nationale est le fondement sur lequel repose, depuis tant de siècles, l'unité de dynastie. Un singulier pressentiment de cette longue succession de rois paraît avoir saisi l'esprit du peuple, à l'avénement de la troisième race. Le bruit courut qu'en 981 saint Valeri, dont Hugues-Capet, alors comte de Paris, venait de faire transférer les reliques, lui était apparu en songe et lui avait dit : « A cause de ce que « tu as fait, toi et tes descendants, vous serez rois « jusqu'à la septième génération, c'est-à dire à per- « pétuité[1]. » Cette légende populaire est répétée par tous les chroniqueurs sans exception, même par le petit nombre de ceux qui, n'approuvant point le changement de dynastie, disent que la cause de Hugues est une mauvaise cause, et l'accusent de trahison contre son seigneur et de révolte contre les décrets de l'église[2]. C'était une opinion répandue parmi les gens de condition inférieure, que la nouvelle famille royale sortait de la classe plébéienne; et cette opinion, qui se conserva durant plusieurs

---

[1] Willelmi Nangii chron., apud script. rer. gallic. et francic., t. X, p. 300.

[2] Hic Hugo malam causam habuisse videtur qui,... contra dominos suos continuo rebellavit... contra prohibitionem Ecclesiæ... regnum... obtinuit... nec tamen honeste, sed proditorie. (Chron. Sithiens., apud script .rer. gallic. et francic., t. X, p. 298.)

siècles, ne fut point nuisible à sa cause [1]. Elle trouva un point d'appui extérieur dans l'alliance de la Normandie, qu'elle eut soin de se ménager tant que le royaume fut menacé du côté du nord.

Les difficultés de tout genre que présentait, en 987, une quatrième restauration des *Karolings*, effrayèrent les princes d'Allemagne; ils ne firent marcher aucune armée au secours du prétendant Karle, frère de l'avant-dernier roi et duc de Lorraine sous la suzeraineté de l'empire. Réduit à la faible assistance de ses partisans de l'intérieur, Charles ne réussit qu'à s'emparer de la ville de Laon, où il se maintint en état de blocus, à cause de la force de la place, jusqu'au moment où il fut trahi et livré par l'un des siens. Hugues-Capet le fit emprisonner dans la tour d'Orléans, où il mourut. Ses deux fils Lodewig et Karle, nés en prison et bannis de France après la mort de leur père, trouvèrent un asile en Allemagne, où se conservait à leur égard l'ancienne sympathie d'origine et de parenté [2].

Ces deux noms sont, dans notre histoire, les derniers pour lesquels il convienne d'employer l'orthographe de la langue teutonique; car, après la dépossession de la famille qui ralliait autour d'elle les

---

[1] Hugonem Capeti quidam vulgares et simplices credunt fuisse plebeium... quod non est ita. (Chron. Sithiens., apud script. rer. gallic. et francic., t. X, p. 297.)

[2] Et expulsi sunt filii ejus a Francis, et erant morantes apud imperatorem Romanorum. (S. Genulfi translatio, apud script. rer. gallic. et francic., t. IX, p. 145.)

vieux souvenirs de la conquête, il n'y eut plus trace en France de l'idiome qui d'abord avait été celui de tous les conquérants, quel que fût leur grade, ensuite celui des grands seigneurs, et enfin celui de la maison royale. En 948, au concile d'Inghelheim, où Louis d'Outre-Mer s'était rendu pour adresser à Othon I ses plaintes contre Hugues-le-Grand, une lettre du pape, que ni le roi de France ni celui de Germanie ne pouvaient comprendre parce qu'elle était en latin, fut traduite par eux en langue tudesque[1]. Il est douteux qu'une pareille traduction eût été, pour Hugues-Capet, plus intelligible que l'original. A partir de son règne, les princes d'Allemagne, de Lorraine et de Flandre furent obligés de faire accompagner par des interprètes leurs ambassadeurs en France[2]. Dès ce règne, les noms français doivent entièrement remplacer les noms tudesques; mais il faut encore une attention particulière pour retrouver ces noms sous l'orthographe invariable des chroniques latines.

Si nos historiens modernes ont eu le tort de transporter dans la période franke l'orthographe des époques françaises, et d'appeler *Thierri, Louis* et *Charles*

---

[1] Post quarum litterarum recitationem et earum propter reges juxtà teotiscam linguam interpretationem... (Frodoardi chron., apud script. rer. gallic. et francic., t. VIII, p. 203.)

[2] ..... Dux (Lotharingiæ) Theodoricus (circa annum 1002) eum (Nanterum scilicet)... ad quoscumque regni principes dirigebat legatum et maxime ad consobrinum suum, regem Francorum, quoniam noverat eum in responsis acutissimum et linguæ gallicæ peritia facundissimum. (Chron. monast. S. Michaelis, apud Mabillonii vetera Analecta, ed. de 1723, p. 391.)

les rois des deux premières races, ils commettent sans scrupule une autre faute, celle d'écrire, après le xe siècle, des noms tels que ceux-ci : *Alberic, Adalric, Balderic, Rodolphe, Reginald.* Le propre de la langue romane était d'altérer et d'adoucir les noms originairement tudesques, d'une manière conforme, à peu de chose près, à notre prononciation actuelle. Cette altération précéda, pour les habitants de race gauloise, l'expulsion de la dynastie franke : il serait bon de la faire sentir, même avant cette époque, lorsqu'on en trouve quelques signes dans les chroniques contemporaines[1]. Mais quand il n'y a plus dans le royaume de France qu'un seul idiome, et que la différence des races ne se marque plus par celle des langues, l'histoire doit présenter exclusivement des noms à physionomie française. Il faut éviter avec soin l'orthographe demi-barbare, demi-latine, introduite dans un temps où il n'existait ni science ni critique historique, et écrire franchement des noms tels que ceux-ci : *Aubri, Baudri, Aubert, Imbert, Thibauld, Rigauld, Gonthier, Berthier, Maynard, Bodard, Séguin, Audoin, Regnouf, Ingouf, Rathier, Rathouis*[2].

---

[1] Les noms tudesques romanisés, si l'on peut s'exprimer ainsi, se rencontrent de très-bonne heure dans les documents relatifs à l'histoire des provinces méridionales. Dès les premiers temps de la seconde race, les noms des ducs d'Aquitaine ont perdu leur pureté germanique. Cette altération ne devient sensible, pour le nord de la Gaule, que vers la fin du ixe siècle.

[2] Voici ces noms sous leur forme originelle : *Albrik, Baldrik, Albert, Ingbert, Theodebald, Rikhald, Gunther, Berther, Maghenhard, Baldhard, Sigwin, Odwin, Reghenulf, Ingulf, Rather, Rathwig.*

Pour éviter un autre genre de confusion, l'on doit donner aux noms méridionaux une orthographe conforme à celle de la langue parlée en Aquitaine et en Provence. A la fin du xe siècle, les pays de la langue d'*oc* étaient séparés du royaume de France par une aversion nationale aussi prononcée que pouvait l'être celle qui existait entre les Français et les Allemands, ou, comme on disait sur la frontière des deux langages, entre les *Wallons* et les *Thiois*[1]. Par une contradiction dont l'histoire offre beaucoup d'exemples, pendant que la France travaillait avec tant d'énergie à assurer contre les Germains son indépendance, elle tendait à étouffer celle des états qui s'étaient formés au sud entre le cours de la Loire et la Méditerranée. Si les habitants de l'Allemagne se croyaient maîtres dépossédés de la Gaule et de l'Italie, les Français, invoquant aussi les traditions de la conquête franke, prétendaient dominer sur le reste des Gaulois jusqu'aux pieds des Alpes et des Pyrénées. Dans la nouvelle opinion nationale, l'idée de domination au sud était inséparable de celle d'affranchissement du côté du nord. Aussi chaque élection d'un roi étranger à la famille de Charlemagne, depuis Eudes jusqu'à Hugues-Capet, fut-elle presque immédiatement suivie d'une guerre sur la

---

[1] Ces deux mots de la vieille langue française répondaient aux mots franks *Walle* et *Teutske*, et servaient à distinguer, en Belgique et en Lorraine, ceux qui parlaient roman de ceux qui parlaient allemand. *Walle* ou *Wale* est le substantif d'où dérive l'adjectif *walsk* ou *welsh*. Ce mot est employé dans les anciennes gloses de la loi salique pour traduire le mot latin *Romani*.

frontière du Midi, aux bords de la Loire, de la Vienne ou du Rhône. L'expression de cette vanité nationale se retrouve dans un diplôme du roi Raoul, où il s'intitule : « Roi, par la grâce de Dieu, des « Français, des Bourguignons et des Aquitains, in- « vincible, pieux, illustre et toujours auguste, plei- « nement roi par la soumission volontaire tant des « Aquitains que des Gascons[1]. »

Pour répondre à ces jactances, les Gascons et les Aquitains inscrivaient en tête de leurs actes publics la formule : « Sous le règne du Christ, en attendant « un roi[2]. » Ils qualifiaient d'usurpateurs tous ceux qui obtenaient la royauté au mépris du droit héréditaire; puis, à chaque nouvelle restauration, ils n'en traitaient pas moins en souverain étranger l'héritier de Karle-le-Grand. Dans la première année de son règne, Hugues-Capet renouvela, mais sans aucun succès, les hostilités en Poitou. Forcé par Guilhem, duc d'Aquitaine, de battre en retraite jusqu'à la Loire, il livra, sur les bords de ce fleuve, une grande bataille qui ne servit qu'à faire éclater la haine violente des deux populations l'une contre l'autre[3]. Non-seulement les chefs des petits états méridionaux

---

[1] Cùm autem ad plenum regnemus, et tam Gothi quam Aquitani nostro subjaceant sponte principatui. (Rodulfi regis diploma, apud script. rer. gallic. et francic., t. IX, p. 580.)

[2] Christo regnante, rege expectante.

[3] In gravi prælio decertantes, Francorum et Aquitanorum animositates multo sanguine alterna cæde fuso, superiores Franci exstiterunt, et sic reversi sunt. (Ademari Cabanensis chron., apud script. rer. gallic. et francic., t. X, p. 145.)

conservèrent leur indépendance, mais ils firent des conquêtes vers le nord. Aldebert, comte de Périgueux, assiégea et prit Tours vers l'an 990. Inquiet de ce progrès, et n'osant cependant l'attaquer à main armée, Hugues-Capet lui adressa dans un message, cette question : « Qui t'a fait comte? » — « Qui « t'a fait roi? » furent les seuls mots que répondit le comte Aldebert. Cette réponse, sujet de stupeur pour les historiens du xviie siècle, et plus tard commentée dans un sens républicain, ne contenait aucune allusion à la royauté élective ; elle signifiait simplement qu'un comte de Périgord était souverain à aussi bon titre et aussi pleinement qu'un roi de France[1].

La France, si nous prenons ce mot dans sa véritable acception nationale, n'a point commencé par être grande; bornée d'abord au pays qui s'étend de la Meuse à la Loire, de l'Epte et de la Vilaine aux montagnes de l'ancienne Bourgogne, elle a eu de faibles commencements. Mais, depuis qu'elle existe comme état au centre de la Gaule, elle n'a jamais fait de pas rétrograde, et c'est par des conquêtes successives qu'elle a reculé ses limites jusqu'aux rivages des deux mers. Ces conquêtes, d'une tout

---

[1] Hoc ei mandavit : « Quis te comitem constituit? » Et Aldebertus remandavit ei : « Quis te regem constituit? » (Ademari Cabanensis chron., apud script. rer. gallic. et francic., t. X, p. 146.) Ce fameux trait d'histoire a été falsifié, comme beaucoup d'autres, par les historiens modernes, qui font dire au comte de Périgord : « *Ceux* qui t'ont fait roi. » Réponse absurde, parce qu'elle détruit la séparation nationale entre les Français et les Aquitains.

autre nature que les invasions des Franks, ont produit des résultats durables, parce qu'elles étaient politiques, parce qu'elles n'avaient pas pour objet le simple partage des richesses et des terres, mais le gouvernement du pays subjugué. Un événement qu'on peut regarder comme fortuit, l'extinction du titre de roi dans tous les états formés en Gaule autour du royaume central, en Lorraine, en Bourgogne, en Bretagne et en Aquitaine, contribua surtout à rendre moins violente cette agrégation successive des différentes parties du sol gaulois. L'idée d'une hiérarchie des domaines et des territoires introduite par le système féodal prépara d'avance la réunion, en accoutumant par degrés les seigneurs des duchés et des comtés à ne point se croire les égaux de leur voisin aux fleurs de lis. Ainsi l'état de fief est, dans l'histoire de nos provinces, une sorte de point intermédiaire entre l'époque du partage en plusieurs souverainetés distinctes, et celle de la fusion en un seul corps.

Il ne faut pas que ce mot de *fief* nous induise en erreur sur la nature des résistances que les rois de la troisième race eurent à vaincre pour étendre la monarchie jusqu'aux bornes de l'ancienne Gaule. Partout où ils portèrent la conquête, sous un prétexte ou sous un autre, ils rencontrèrent une opposition nationale, l'opposition des souvenirs, des habitudes et des mœurs. Ce n'est qu'après avoir été brisées à plusieurs reprises, après avoir employé inutilement les révoltes, les protestations et les murmures, que les populations se turent, et que tout se rangea sous l'unité d'obéissance qui forme, depuis le xvie siècle, le caractère de la monarchie française[1].

---

[1] Voyez l'Histoire de la Conquête de l'Angleterre par les Normands, t. IV; conclusion.

LETTRE XIII.

Sur l'affranchissement des communes.

Parmi tous les mots de la langue politique du moyen âge qui se sont conservés jusqu'à nous, le mot *commune* est peut-être celui qui a le plus complétement perdu sa première signification. Réduit à exprimer une simple circonscription rurale sous des autorités dépendantes, il ne produit plus sur les esprits aucune espèce d'impression, et nous avons besoin d'efforts pour replacer sous ce signe, en quelque sorte discrédité, les grandes idées qu'il rappelait il y a plusieurs siècles. Aussi la révolution que nos historiens désignent par le nom d'*affranchissement des communes* ne prend-elle point, dans leur récit, son véritable caractère. Les faibles débris de l'ancienne organisation municipale des villes de France conservés jusqu'en 1789 ont contribué, je n'en doute pas, à refroidir l'imagination des écrivains modernes, à les tromper sur l'état primitif de ces villes et sur la nature du changement social qui s'opéra au xiie siècle. Je ne sais quelle idée de sollicitation humble de la part des bourgeois, et de mansuétude paternelle de la part des rois signataires des chartes de communes, jette un jour confus sur tous les événements qui ont précédé ou suivi la signature de ces chartes. Au lieu de raconter en détail ces événements, nos historiens se contentent de reproduire quelques lambeaux de dissertations inexactes. Se fiant sur ce que le protocole des chartes porte en général : *concessi*, « j'ai octroyé », ils attribuent à la politique des rois les résultats de l'insurrection populaire, et travestissent en réforme administrative l'un des mouvements les plus énergiques de l'esprit de démocratie[1].

En effet, avant d'avoir vu, comme nous, le terrible réveil de ce vieil esprit, dans un temps d'ordre et d'obéissance volontaire, pouvait-on décrire avec exactitude, ou même simplement comprendre la révolte, l'association jurée contre le pouvoir établi, et tout ce grand travail de dissolution qui accompagne les changements politiques? Comment ne pas faire émaner, dans le passé comme dans le présent, tous les priviléges municipaux du bon plaisir de l'autorité centrale? Comment se défendre de l'illusion que produisent les mêmes mots appliqués à des choses toutes différentes de celles qu'ils exprimaient jadis?

---

[1] La justice me commande d'excepter de cette censure, comme de beaucoup d'autres, l'ouvrage de M. de Sismondi. Cet auteur est entré, à mon avis, dans les véritables voies de l'histoire ; mais malheureusement les opinions accréditées par Mézeray, Velly, Anquetil et leurs disciples, prévalent encore dans le public, et c'est à elles que je m'attaque.

Un historien du xviie siècle, peu connu, il est vrai, mais assez intelligent pour l'époque, dit qu'ayant rencontré dans de vieilles coutumes ces paroles : « Si un seigneur dit à son homme-lige : Venez-vous-en « avec moi, car je veux guerroyer monseigneur le « roi »; cela lui parut si étrange qu'il n'osait en croire ses yeux[1]. A une époque plus rapprochée de nous, des esprits distingués d'ailleurs, faute de s'être prémunis contre ce genre de préjugé historique, sont tombés dans de graves méprises. Je puis citer en preuve une prétendue charte de Philippe I aux habitants d'Aigues-Mortes, insérée dans le quatrième volume du *Recueil des Ordonnances des rois de France*, sous la date de 1079. C'était 1279 et Philippe III qu'il fallait lire ; mais l'éditeur, malgré son savoir, était préoccupé de l'idée du pouvoir royal tel qu'il existait de son temps, c'est-à-dire exercé dans l'étendue actuelle de la France. Cette erreur était trop grossière pour n'être pas bientôt relevée, car la ville d'Aigues-Mortes, fondée par saint Louis, n'existe que depuis l'an 1246[2].

Le préjugé qui donne lieu à de pareilles méprises a contribué, plus que toute autre chose, à fausser, dans les récits modernes, l'histoire de l'établissement des communes. D'abord l'idée que ces écrits nous donnent d'une commune du xiie siècle est tout à

---

[1] Annales de l'église de Noyon, par Jacques Le Vasseur. (Paris, 1633.)

[2] Voyez la préface du sixième volume du Recueil des Ordonnances des rois de France, p. xxxvii et xxxviii, et le carton donné par l'éditeur M. Secousse, pour la page 44 du quatrième volume.

fait inexacte. D'après eux, nous nous représentons soit le régime municipal abâtardi qui subsistait encore avant la révolution, soit un gouvernement local bien pondéré, à la fois libre et dépendant, comme celui qu'avait projeté d'établir l'assemblée constituante. Nous nous figurons Louis VI, dit le Gros, en partie par bienveillance, en partie par intérêt, concevant le projet d'affranchir toutes les villes qui existent depuis le cours de la Somme jusqu'à la Méditerranée, et léguant à ses successeurs cette noble tâche à poursuivre. Louis-le-Gros devient ainsi, dans notre opinion, le promoteur de l'émancipation communale, le patron des libertés bourgeoises, le régénérateur du tiers-état. Ces beaux titres lui sont même confirmés par le préambule de notre charte constitutionnelle; mais l'autorité de cette charte, souveraine en matière politique, est de nulle valeur en fait d'histoire [1].

Pour apprécier au juste la part qu'eut Louis-le-Gros à ce qu'on appelle, d'un nom beaucoup trop modeste, l'affranchissement des communes, il faut d'abord examiner dans quelles limites territoriales un roi de France, au commencement du XIIe siècle, exerçait la puissance législative. En se dégageant

---

[1] « Nous avons considéré que, bien que l'autorité tout entière résidât en
« France dans la personne du roi, nos prédécesseurs n'avaient point hésité à
« en modifier l'exercice, suivant la différence des temps; que c'est ainsi que
« les communes ont dû leur affranchissement à Louis-le-Gros, la confirma-
« tion et l'extension de leurs droits à saint Louis et à Philippe-le-Bel. »
(Préambule de la charte constitutionnelle de 1814.) — Ce passage a été écrit en 1827.

de toute illusion et en examinant les faits, on trouvera que le pouvoir royal ne régissait alors qu'une partie et une très-petite partie de la France actuelle. Au nord de la Somme on entrait sur les terres du comte de Flandre, dont le vasselage était purement nominal ; la Lorraine, une partie de la Bourgogne, la Franche-Comté, le Dauphiné, étaient sous la suzeraineté de l'empire d'Allemagne. La Provence, tout le Languedoc, la Guienne, l'Auvergne, le Limousin et le Poitou étaient des états libres, sous des ducs ou des comtes qui ne reconnaissaient de suzerain que pour la forme, et en changeaient à volonté. La Bretagne était de même un état libre ; la Normandie obéissait au roi d'Angleterre, et enfin l'Anjou, quoique soumis féodalement au roi de France, ne relevait en aucune manière de son autorité administrative. Il n'y avait donc pas lieu pour Louis VI d'affranchir par des ordonnances les villes de ces différents pays ; et les grandes vues qu'on lui prête ne pouvaient se réaliser qu'entre la Somme et la Loire. Or, comment se fait-il, si c'est ce roi qui est le législateur des communes, qu'on les voie s'établir dans toute l'étendue de la Gaule, et en plus grand nombre dans les provinces indépendantes de la couronne, par exemple dans celles du midi ? Bien plus, dans ces dernières provinces, le régime communal, avec tous ses caractères, se révèle à une époque antérieure à la date des sept ou huit chartes où figure le nom de Louis-le-Gros. Il est vrai que personne ne s'avise d'attribuer positivement à ce roi la fondation des communes d'Arles, de Marseille, de Nîmes, de Toulouse, de Bordeaux, de Rouen, de Lille, de Cambrai, etc; mais nos écrivains, groupant tous les faits autour de la personne des rois, négligent l'histoire de ces communes, tant qu'elles ne relèvent point de la couronne. C'est seulement lorsqu'une conquête ou un traité les agrége au royaume de France, et qu'une charte, scellée du grand sceau, vient reconnaître et non créer leurs franchises, qu'on juge à propos d'en faire mention. Ainsi des libertés immémoriales prennent l'air de concessions récentes; toute commune semble une pure émanation de la volonté royale; et Louis-le-Gros, comme premier en date, a l'honneur de l'initiative. De là vient que Beauvais et Noyon passent pour les plus anciennes communes de France : assertion vraie si l'on réduit le nom de France à ses limites du xiie siècle, et fausse si on l'applique à tout le territoire sur lequel il s'étend aujourd'hui.

Après avoir circonscrit dans ses véritables bornes l'influence législative de Louis-le-Gros, il s'agit d'examiner si, dans ces bornes mêmes, ce roi a été, comme on le prétend, le fondateur des communes, et si c'est à lui qu'appartient l'idée de ce genre d'institutions. Cette opinion se fonde *à priori* sur l'intérêt qu'on suppose à Louis VI de faire de la puissance des bourgeois un contre-poids à celle des nobles : mais, en fait d'intérêt, la classe bourgeoise en avait un bien autre à l'érection des villes en communes. On devrait donc, d'après cette manière d'argumenter, lui accorder encore la plus grande part dans la création de ce nouvel ordre de choses, qui donnait à chaque ville affranchie une magistrature élective, le droit de guerre et de paix, presque tous les droits des anciennes républiques[1]. Mais il ne s'agit pas d'argumentation logique; et l'histoire est là pour attester que, dans le grand mouvement d'où sortirent les communes ou les républiques du moyen âge, pensée et exécution, tout fut l'ouvrage des marchands et des artisans qui formaient la population des villes. Dans la plupart des chartes de communes, on ne saurait guère attribuer aux rois autre chose que le protocole, la signature et le grand sceau; évidemment les dispositions législatives sont l'œuvre de la commune elle-même. Pour s'en convaincre, il suffit d'examiner et de comparer entre eux ces actes, dont on raisonne beaucoup trop sur la foi d'autrui.

Quoique les communes du moyen âge aient eu pour principe la municipalité des derniers temps de l'empire romain, autant cette dernière institution était dépendante, autant l'autre, dès son origine, se montra libre et énergique. L'enthousiasme républicain des vieux temps se communiquait de proche en proche, et produisait des révolutions partout où il se trouvait une population assez nombreuse pour oser entrer en lutte avec la puissance féodale. Les

---

[1] Le mot *respublica* est quelquefois employé par les historiens du moyen âge pour désigner une commune.

habitants des villes que ce mouvement politique avait gagnées se réunissaient dans la grande église ou sur la place du marché, et là ils prêtaient, sur les choses saintes, le serment de se soutenir les uns les autres, de ne point permettre que qui que ce fût fît tort à l'un d'entre eux ou le traitât désormais en serf. C'était ce serment, ou cette *conjuration*, comme s'expriment les anciens documents, qui donnait naissance à la commune. Tous ceux qui s'étaient liés de cette manière prenaient dès lors le nom de *communiers* ou de *jurés*, et, pour eux, ces titres nouveaux comprenaient les idées de devoir, de fidélité et de dévouement réciproques, exprimées, dans l'antiquité, par le mot de *citoyen*[1].

Pour garantie de leur association, les membres de la commune constituaient, d'abord tumultuairement, et ensuite d'une manière régulière, un gouvernement électif ressemblant, sous quelques rapports, à l'ancien gouvernement municipal des Romains, et s'en éloignant sous d'autres. Au lieu des noms de *curie* et de *décurion*, tombés en désuétude, les communes du midi adoptèrent celui de *consul*, qui rappelait encore de grandes idées, et les communes du nord ceux de *juré* et d'*échevin*, quoique ce dernier titre, à cause de son origine teutonique, fût entaché pour elles d'un souvenir de servitude[2].

---

[1] Statutum est itaque et sub religione confirmatum quod unusquisque jurato suo fidem, vim, auxiliumque præbebit. (Chartes de commune, dans le Recueil des Ordonnances des rois de France, passim.)

[2] *Skepen*, dans la langue des Franks, signifiait un juge. C'est le mot lati-

Chargés de la tâche pénible d'être sans cesse à la tête du peuple dans la lutte qu'il entreprenait contre ses anciens seigneurs, les nouveaux magistrats avaient mission d'assembler les bourgeois au son de la cloche, et de les conduire en armes sous la bannière de la commune. Dans ce passage de l'ancienne civilisation abâtardie à une civilisation neuve et originale, les restes des vieux monuments de la splendeur romaine servirent quelquefois de matériaux pour la construction des murailles et des tours qui devaient garantir les villes libres contre l'hostilité des châteaux. On peut voir encore, dans les murs d'Arles, un grand nombre de pierres couvertes de sculptures provenant de la démolition d'un théâtre magnifique, mais devenu inutile par le changement des mœurs et l'interruption des souvenirs.

Dans le midi de la Gaule, où les anciennes villes romaines subsistaient en plus grand nombre, et où, plus éloignées du foyer des invasions et de la domination germanique, elles avaient mieux conservé leur population et leurs richesses, les tentatives d'affranchissement furent, sinon plus énergiques, du moins plus complétement heureuses. C'est là seulement que les cités affranchies atteignirent à la plénitude de cette existence républicaine, qui était en quelque sorte l'idéal auquel aspiraient toutes les communes. Dans le nord, la lutte fut plus longue

---

nisé dans les capitulaires par celui de *scabini*, qu'on traduit mal à propos par le terme barbare de *scabin*.

et le succès moins décisif. Une circonstance défavorable pour les villes de cette dernière contrée, c'était la double dépendance où elles se trouvaient sous le pouvoir de leurs seigneurs immédiats et la suzeraineté du roi de France ou de l'empereur d'Allemagne. Au milieu de leur lutte contre la première de ces puissances, la seconde intervenait pour son profit, et souvent rétablissait le combat lorsque tout semblait décidé. Ce rôle d'intervention est le seul qu'aient réellement joué les rois de France dans les événements qui signalèrent la naissance des premières communes dans leur petit royaume : et ce qui les déterminait à se déclarer pour ou contre les villes, il faut le dire, c'était l'argent que leur offrait l'une ou l'autre des deux parties [1]. Neutres entre le seigneur et la commune, leur appui était au plus offrant, avec cette différence qu'ils ne donnaient guère aux villes que des garanties verbales ou de simples promesses de secours, et que, lorsqu'ils étaient contre elles, ils agissaient effectivement.

On pourrait croire, d'après quelques mots des historiens du xiie siècle, que Louis VII, dit le Jeune, envisageait la révolution communale sous un point de vue moins matériel. Il cherchait à établir en principe que toute ville de commune relevait immédiatement de la couronne ; mais, malgré l'intérêt

---

[1] Regius... appetitus ad potiora promissa deflectitur... omnia sacramenta sua sine ulla honestatis respectione cassantur. (Guibert. de Novigent. de Vita sua, apud script. rer. gallic. et francic., t. XII, p. 252.) Voyez ci-après l'histoire de la commune de Laon.

qu'il s'était ainsi créé à l'établissement de nouvelles communes, dans les lieux qui n'étaient pas de son domaine, sa politique, à l'égard des bourgeois affranchis par insurrection, ne fut pas toujours impartiale. Soit par des raisons qu'il n'est plus possible d'apprécier, soit par des scrupules religieux, il annula des chartes qu'il avait signées, et détruisit par force des communes qui avaient acheté son appui. Lorsque le chagrin d'être privés d'une liberté chèrement acquise poussait les bourgeois à de nouvelles révoltes, il les châtiait d'une manière dure et quelquefois cruelle[1]. Voici un passage qui le concerne, et que fort mal à propos, à mon avis, l'on a quelquefois cité comme preuve de l'initiative royale dans l'affranchissement des communes :

« Gui, comte d'Auxerre (en 1167) voulut, avec
« l'assentiment du roi, instituer de nouveau une
« commune, mais l'évêque s'opposa hardiment à
« son projet et entreprit d'aller plaider sur ce point
« devant la cour du roi, non sans péril et sans de
« grandes dépenses d'argent. Il encourut presque la
« malveillance du très-pieux roi Louis, qui lui re-
« prochait de vouloir enlever la ville d'Auxerre à
« lui et à ses héritiers ; car il regardait comme lui
« appartenant toutes les villes où il y avait des com-
« munes. Enfin, après que la cause eut été long-
« temps débattue, inspection faite des chartes et
« priviléges de l'église d'Auxerre, et le roi, ainsi que

---

[1] Voyez ci-après les détails relatifs aux communes de Sens et de Vezelay.

« les gens de sa cour, s'étant radouci au moyen
« d'une bonne somme d'argent, l'évêque gagna son
« procès. Il obtint une ordonnance royale portant
« que, sans son aveu et sans sa permission, il ne
« serait en aucune façon loisible au comte, ni à
« qui que ce fût, d'établir une commune dans la
« ville[1]. »

Quant à saint Louis, qu'il est d'usage d'appeler le second père des communes, à part la charte d'Aigues-Mortes, qui n'est point un acte d'affranchissement, mais à proprement parler l'acte de fondation d'une nouvelle ville, ses ordonnances tendirent plutôt à limiter qu'à étendre les priviléges municipaux. Les grandes communes lui faisaient ombrage; il craignait qu'elles n'intervinssent d'une manière active dans la politique du royaume; tel est le motif de la défense faite aux maires, échevins, jurés, etc., de venir à Paris pour d'autres motifs que leurs affaires domestiques, et aux villes de faire aucun présent, si ce n'est de vin en pot[2]. Sa conduite comme médiateur dans les querelles des seigneurs et des bourgeois, quoique toujours modérée, prouve en général peu de respect pour les droits de la bourgeoisie[3].

Si les intentions des rois de France avaient été, aussi pleinement qu'on le croit, favorables à l'érec-

---

[1] Hist. episcop. autissiodor., apud script. rer. gallic. et francic., t. XII, p. 304.

[2] Recueil des Ordonnances des rois de France.

[3] Voyez ci-après, lettre xx, l'histoire de la commune de Reims.

tion des communes, c'est dans les villes de la couronne qu'on les aurait vues se manifester de la manière la plus éclatante. Eh bien! pas une de ces villes, les plus florissantes du royaume, n'obtint un affranchissement aussi complet que celui des villes seigneuriales : c'est que tout projet d'insurrection y était aussitôt déjoué par une puissance de beaucoup supérieure à celle des plus grands seigneurs. Paris n'eut jamais de commune, mais seulement des corps de métiers et une justice bourgeoise sans attribution politique. Orléans entreprit, sous Louis-le-Jeune, de s'ériger en commune; mais une exécution militaire et des supplices châtièrent, disent les chroniques de Saint-Denis, « la forsennerie de ces musards « qui, pour raison de la commune, faisaient mine « de se rébeller et dresser contre la couronne[1]. »

En refusant à nos rois l'initiative dans la révolution communale, une justice qu'on doit leur rendre, c'est d'avouer qu'ils ne détruisirent point les communes dans les villes seigneuriales qu'ils ajoutèrent successivement à leur domaine, surtout avant le XIVe siècle : ils sentaient qu'il est plus difficile d'anéantir une liberté depuis longtemps acquise que de l'étouffer à son berceau. La reconnaissance du gouvernement républicain des villes du Languedoc, dans les premiers temps qui suivirent la conquête de ce pays, était de nécessité indispensable

---

[1] Chroniques de Saint-Denis; Recueil des Hist. de la France, t. XII, p. 196.

LETTRE XIII.   239

pour le maintien de cette conquête. Il en fut de même pour les grandes communes de Normandie, d'Anjou, de Bretagne, de Guienne et de Provence. La raison d'état fit respecter en elles des privilèges qu'il eût été dangereux d'attaquer violemment, mais qui furent minés à la longue et pour ainsi dire démolis pièce à pièce. Quant aux villes françaises du second et du troisième ordre, les rois montrèrent à leur égard une assez grande libéralité, et, pour un peu d'argent, ils leur octroyèrent le droit de commune, parce qu'ils ne craignaient pas qu'elles s'en prévalussent pour devenir indépendantes. Alors, comme aujourd'hui, c'était peu de chose qu'un droit de liberté nominal, sans puissance pour le faire valoir. Aussi les mêmes rois accordaient-ils sans peine à des bourgades insignifiantes un titre et des institutions qu'ils avaient obstinément refusés aux plus grandes villes.

Lorris, en Gâtinais, obtint des franchises légales bien plus étendues que celles dont jouissaient les bourgeois d'Orléans; mais probablement ces derniers, nombreux et riches, dépassaient-ils de beaucoup, en fait, la limite de leurs droits reconnus; tandis que ceux de Lorris, quoique exerçant nominalement la souveraineté municipale, demeuraient, par leur faiblesse, sous la dépendance des officiers royaux. En un mot, l'état de commune, dans tout son développement, ne s'obtint guère qu'à force ouverte et en obligeant la puissance établie à capituler malgré elle. Mais quand, par suite de l'insurrection et des traités qui la légitimèrent, le mouvement de la bourgeoisie vers son affranchissement fut devenu l'impulsion sociale, et, pour me servir d'une expression toute moderne, une des nécessités de l'époque, les puissances du temps s'y prêtèrent avec une bonne grâce apparente, toutes les fois qu'elles y entrevirent quelque profit matériel sans aucun péril imminent. De là vint l'énorme quantité de chartes seigneuriales et royales octroyées durant le xiiie siècle. Il n'y eut d'opposition systématique à cette révolution, continuée d'une manière paisible, que de la part du haut clergé, partout où ce corps possédait l'autorité temporelle et la seigneurie féodale. Aussi l'histoire des communes du nord de la France présente-t-elle le tableau d'une guerre acharnée entre les bourgeois et le clergé.

En général, les communes les plus libres étaient celles dont la fondation avait coûté le plus de peine et de sacrifices, et la liberté fut peu de chose dans les lieux où elle n'était qu'un don gratuit octroyé sans effort, et conservé paisiblement. L'état politique de ces associations bourgeoises offrait ainsi une foule de degrés et de nuances, depuis la cité républicaine, qui, comme Toulouse, avait des rois pour alliés, entretenait une armée et exerçait tous les droits de la souveraineté, jusqu'au rassemblement de serfs et de vagabonds auxquels les rois et les seigneurs ouvraient un asile sur leurs terres. Ces asiles donnèrent naissance à un grand nombre de *villes neuves,* qui le plus souvent se peuplaient aux dépens des seigneuries voisines, dont les paysans désertaient. Un auteur du xiie siècle reproche à Louis VII d'avoir fondé plusieurs de ces nouvelles villes, et d'avoir ainsi diminué l'héritage des églises et des chevaliers[1]. Le prévôt de Villeneuve-le-Roi, près de Sens, se trouvait fréquemment en querelle à ce sujet avec les abbayes du voisinage. Le gouvernement de ces communes de la dernière classe était toujours subordonné à un prévôt du roi ou du seigneur, et ne garantissait aux habitants que la jouissance de quelques droits civils. Mais c'en était assez pour engager les ouvriers ambulants, les petits marchands colporteurs et les paysans serfs de corps et de biens à y fixer leur domicile. La charte qui octroyait le droit de bourgeoisie aux nouveaux domiciliés était rédigée et scellée par le fondateur, lorsque l'existence de la ville n'était encore qu'un projet. Il la faisait publier au loin, pour qu'elle fût connue de tous ceux qui voulaient devenir bourgeois et propriétaires de terrains moyennant un prix modique et une taille raisonnable. Voici un exemple de ces sortes de chartes :

« Moi, Henri, comte de Troyes, fais savoir à tous
« présents et à venir que j'ai établi les coutumes
« ci-dessous énoncées pour les habitants de ma ville-

---

[1] Quasdam... villas novas ædificavit, per quas plures ecclesias et milites, de propriis suis hominibus ad eas confugientibus, exhæredasse non est dubium. (Fragm. vitam Ludovici VII summatim complectens, apud script. rer. gallic. et francic., t. XII, p. 286.)

« neuve (près Pont-sur-Seine) entre les chaussées
« des ponts de Pugny :

« Tout homme demeurant dans ladite ville paiera,
« chaque année, douze deniers et une mine d'avoine
« pour prix de son domicile; et s'il veut avoir une
« portion de terre ou de pré, il donnera par ar-
« pent quatre deniers de rente. Les maisons, vignes
« et prés pourront être vendus ou aliénés à la vo-
« lonté de l'acquéreur. Les hommes résidant dans
« ladite ville n'iront ni à l'ost ni à aucune chevau-
« chée, si je ne suis moi-même à leur tête[1]. Je leur
« accorde, en outre, le droit d'avoir six échevins
« qui administreront les affaires communes de la
« ville, et assisteront mon prévôt dans ses plaids.
« J'ai arrêté que nul seigneur, chevalier ou autre,
« ne pourrait tirer hors de la ville aucun des nou-
« veaux habitants, pour quelque raison que ce
« fût, à moins que ce dernier ne fût son homme de
« corps, ou n'eût un arriéré de taille à lui payer.

« Fait à Provins, l'an de l'Incarnation 1175[2]. »

---

[1] Les mots d'*ost* et de *chevauchée* sont synonymes d'armée et de campagne de guerre.

[2] Recueil des Ordonnances des rois de France, t. VI, p. 319 et 320.

LETTRE XIV.

Sur la marche de la révolution communale.

COMMUNES DU MANS ET DE CAMBRAI.

C'est dans la dernière moitié du xie siècle que les documents historiques présentent, pour la première fois, des villes constituées en communes ; mais ces documents sont trop incomplets pour qu'on puisse dire en quel pays cette grande révolution a pris naissance. Tantôt propagée de ville en ville, tantôt éclatant dans plusieurs lieux d'une manière simultanée, elle embrasse, dans ses développements rapides, tous les pays de langue romane, à l'exception de l'Espagne, que la conquête des Maures plaçait, pour ainsi dire, hors du mouvement européen [1]. Ce mouvement avait son foyer partout où subsistaient, depuis le temps des Romains, d'anciennes villes municipales. On eût dit que la race indigène, après

---

[1] Voyez, dans les Considérations sur l'histoire de France, chapitre v, les nouveaux aperçus que j'ai donnés sur la révolution municipale du xiie siècle.

avoir plié pendant cinq cents ans sous les institutions de la conquête, voulait, par un effort énergique, s'en affranchir et les éloigner d'elle. Alors, il est vrai, la distinction primitive des races avait disparu; mais elle était en quelque sorte remplacée par la différence des mœurs; les pouvoirs du temps étaient marqués à l'empreinte des mœurs germaniques : le mépris pour la vie et la propriété des faibles, l'amour de la domination et de la guerre formaient le caractère distinctif des seigneurs et des membres du haut clergé; tandis que le goût du travail et un sentiment confus de l'égalité sociale étaient, chez les habitants industrieux des villes, comme un débris de l'ancienne civilisation. Ce fut dans le mouvement national contre les *keisars* francs que la classe bourgeoise ou romaine (car au ixe siècle ces deux mots étaient synonymes) puisa le germe de cette énergie qu'on la vit porter, deux siècles après, dans une nouvelle révolution destinée à extirper des villes la puissance militaire ou féodale, et à la réduire, soit de force, soit de bon gré, à la possession du plat pays.

Si l'on compare attentivement les révolutions municipales du moyen âge aux révolutions constitutionnelles des temps modernes, on sera frappé de certaines ressemblances que ces deux grands mouvements présentent dans leur ensemble et dans leur marche. Si les réformes politiques du xiie siècle s'exécutent dans un bien plus petit cercle que celles du xviiie et du xixe, l'action, au moyen âge, est plus vive, et offre plus d'ensemble, parce que tous ceux qui y coopèrent sont gens de même état, n'ayant qu'un intérêt et qu'une idée. Sur le même espace de terre pour lequel une seule révolution suffit de nos jours, il en fallait des centaines au temps de l'établissement des communes. Il fallait que chaque ville se fît une destinée à part, et courût pour son propre compte toutes les chances de l'insurrection. Au reste, dans ces révolutions municipales et dans celles des grands états modernes, même variété de formes, même empire du hasard dans les circonstances accessoires, même désir de pousser la réforme jusqu'à son dernier terme, et même impuissance d'y parvenir. Sans aucun souvenir de l'histoire grecque ou romaine, les bourgeois des XIe et XIIe siècles, soit que leur ville fût sous la seigneurie d'un roi ou d'un comte, d'un évêque ou d'une abbaye, allaient droit à la république ; mais la réaction du pouvoir établi les ramenait bientôt en arrière. Du balancement de ces deux forces opposées résultait pour la ville une sorte de gouvernement mixte ; et c'est ce qui arriva en général, dans le nord de la France, comme le prouvent les chartes de commune. La nouvelle organisation que ces chartes sanctionnent, et qu'elles déclarent inviolable, ne tarde guère à subir toutes les vicissitudes des constitutions modernes : elle est tour à tour modifiée, détruite et rétablie ; la teneur des chartes est violée ou dépassée en sens inverse par les seigneurs et par les villes.

Observez que, dans cette comparaison du mouvevement communal du xii⁰ siècle avec le mouvement constitutionnel de nos jours, j'ai spécialement en vue le caractère d'universalité et la marche pareillement progressive de ces révolutions, séparées d'ailleurs l'une de l'autre par de si énormes différences d'époque, de causes et de résultats politiques. Je ne veux établir aucune équation forcée entre les idées qui, à de si grands intervalles de temps, ont été le principe de ces deux révolutions propagées d'un pays dans l'autre par une force irrésistible. Le principe des communes du moyen âge, l'enthousiasme qui fit braver à leurs fondateurs tous les dangers et toutes les misères, c'était bien celui de la liberté, mais d'une liberté toute matérielle, si l'on peut s'exprimer ainsi, la liberté d'aller et de venir, de vendre et d'acheter, d'être maître chez soi, de laisser son bien à ses enfants. Dans ce premier besoin d'indépendance qui agitait les hommes au sortir du chaos où le monde romain avait été comme englouti depuis l'invasion des barbares, c'était la sûreté personnelle, la sécurité de tous les jours, la faculté d'acquérir et de conserver, qui étaient le dernier but des efforts et des vœux. Les intelligences ne concevaient alors rien de plus élevé, rien de plus désirable dans la condition humaine; et l'on se dévouait pour obtenir, à force de peine, ce qui dans l'Europe actuelle constitue la vie commune, ce que la simple police des états modernes assure à toutes les classes de sujets, sans qu'il y ait besoin pour cela de chartes ou de constitutions libres.

LETTRE XIV.

Toutes les révolutions modernes prennent leur source dans un débat entre le peuple et la puissance royale : celle des communes, au xii° siècle, ne pouvait avoir ce caractère. Il y avait alors peu de villes qui appartinssent immédiatement au roi : la plupart des bourgs étaient la propriété des barons ou des églises; et les villes métropolitaines se trouvaient, en totalité ou en partie, sous la seigneurie de leurs évêques. Quelquefois un seigneur laïque, maître de l'ancienne citadelle et du quartier voisin, disputait au prélat la suzeraineté et le gouvernement du reste de la ville; quelquefois le roi avait une tour où son prévôt se cantonnait militairement, pour lever sur les bourgeois certains subsides, en sus des tailles que l'évêque et le seigneur laïque exigeaient chacun de son côté. Heureusement pour la bourgeoisie, ces trois puissances s'accordaient mal entre elles. L'insurrection d'un des quartiers de la ville trouvait souvent un appui dans le seigneur du quartier voisin; et si la population tout entière s'associait en corps politique, il était rare que l'un des seigneurs, gagné par des offres d'argent, ne confirmât pas cette révolte. C'est ainsi que la commune d'Auxerre s'établit du consentement du comte, malgré l'évêque, et qu'à Amiens l'évêque se rangea, contre le comte, du côté de la bourgeoisie. Dans le midi de la France actuelle, pays situé alors en dehors du royaume, les évêques se montrèrent en général amis des libertés bourgeoises et protecteurs des communes. Mais dans la France proprement dite, en Bourgogne et en Flandre, tantôt protégés par les rois, tantôt seuls, à l'aide des armes et de l'anathème, ils soutinrent contre les communes une guerre qui ne se termina qu'après trois siècles, par la ruine simultanée des droits politiques des villes et des priviléges seigneuriaux.

Cette différence remarquable provient de ce que, dans le midi de la Gaule, où la conquête franke ne pénétra jamais à fond, l'autorité temporelle des évêques avait moins que dans le nord perdu son caractère de magistrature, pour s'assimiler au pouvoir des barons ou gens de la race conquérante [1]. A mesure qu'on approchait du Rhin, l'on trouvait les traces de l'invasion germanique plus visiblement marquées : l'abus de la force était plus grand, le pouvoir seigneurial plus despotique. Tout homme qui ne pouvait pas se dire chevalier était traité en serf, et ce titre humiliant était celui dont les évêques, du haut de leurs palais crénelés, qualifiaient les habitants des villes métropolitaines. Mais cette dénomination exprimait en général une prétention, plutôt qu'un fait; et les bourgeois, par leurs fréquentes émeutes, par leurs ligues défensives et offensives, prouvaient que le servage des campagnes n'était pas fait pour les villes. De temporaires qu'elles étaient d'abord, ces associations de défense mutuelle,

---

[1] *Bar*, en langue franke, n'a d'autre signification que celle de *vir* en latin. Le sens politique de ce mot est venu de ce qu'il voulait dire *homme* dans l'idiome des conquérants. En langue romane, on disait *bers* pour le nominatif singulier, et *baron* pour les autres cas.

communions ou *communes*, comme on les appelait, devinrent permanentes ; on s'avisa de les garantir par une organisation administrative et judiciaire, et la révolution fut accomplie. « Commune, dit un « auteur ecclésiastique du XIIe siècle, est un mot « nouveau et détestable, et voici ce qu'on entend « par ce mot : les gens taillables ne paient plus « qu'une fois l'an à leur seigneur la rente qu'ils lui « doivent. S'ils commettent quelque délit, ils en « sont quittes pour une amende légalement fixée ; « et quant aux levées d'argent qu'on a coutume « d'infliger aux serfs, ils en sont entièrement « exempts [1]. »

Ainsi, le mot *commune* exprimait, il y a sept cents ans, un système de garantie analogue, pour l'époque, à ce qu'aujourd'hui nous comprenons sous le mot *constitution*. Comme les constitutions de nos jours, les communes s'élevaient à la file, et les dernières en date imitaient de point en point l'organisation des anciennes. De même que la constitution d'Espagne a servi de modèle en 1820 aux constitutions de Naples et de Piémont, on voit la commune de Laon s'organiser sur le modèle des communes de Saint-Quentin et de Noyon, et ensuite la charte de Laon servir de patron à celle de Crespy et de Montdidier.

---

[1] Communio autem, novum ac pessimum nomen, sic se habet, ut capite censi omnes solitum servitutis debitum dominis semel in anno solvant, et si quid contra jura deliquerint, pensione legali emendent ; cæteræ sensuum exactiones, quæ servis infligi solent, omnimodis vocent. (Guibert. de Novigent., de Vita sua, apud script. rer. gallic. et francic., t. XII, p. 250.)

La charte de Soissons, qui paraît avoir joui de la plus grande célébrité, est textuellement reproduite dans celles de Fisme, de Senlis, de Compiègne et de Sens. Cette charte fut portée jusqu'en Bourgogne, et les habitants de Dijon renoncèrent, pour l'adopter, à leur ancien régime municipal. Ils firent ce changement d'accord avec leur comte; mais ils stipulèrent que leur nouvelle constitution serait mise, pour plus de sûreté, sous la garantie du roi de France. Voici l'acte par lequel Philippe-Auguste fit droit à leur demande :

« Au nom de la sainte et indivisible Trinité, ainsi
« soit-il. Philippe, par la grâce de Dieu, roi des
« Français, faisons savoir à tous présents et à venir
« que notre fidèle et parent Hugues, duc de Bour-
« gogne, a donné et octroyé à perpétuité, à ses
« hommes de Dijon, une commune sur le modèle
« de celle de Soissons, sauf la liberté qu'ils possé-
« daient auparavant. Le duc Hugues et son fils Eudes
« ont juré de maintenir et de conserver inviolable-
« ment ladite commune. C'est pourquoi, d'après
« leur demande et par leur volonté, nous en garan-
« tissons le maintien sous la forme susdite, de la
« manière qui s'ensuit :

« Si le duc ou l'un de ses héritiers veut dissoudre
« la commune ou s'écarter de ses règlements, nous
« l'engagerons de tout notre pouvoir à les obser-
« ver; que s'il refuse d'accéder à notre requête,
« nous prendrons sous notre sauvegarde les per-
« sonnes et les biens des bourgeois. Si une plainte

« est portée devant nous à cet égard, nous ferons,
« dans les quarante jours, et d'après le jugement de
« notre cour, amender le dommage fait à la com-
« mune par la violation de sa charte [1]. »

Au moment où s'éleva en France la première constitution communale, il n'y avait presque pas une ville qui n'eût en elle le germe d'un semblable changement; mais il fallait pour le développer des circonstances favorables. Il fallait surtout que l'exemple fût donné par quelque ville voisine : tantôt c'était le bruit d'une insurrection qui en faisait éclater d'autres, comme un incendie se propage; tantôt c'était une charte octroyée qui mettait le trouble dans la province. La révolution de Laon, la plus sanglante de toutes, eut pour cause occasionnelle l'établissement des communes de Saint-Quentin et de Noyon, l'une consentie par un comte, l'autre instituée par un évêque. Le coup frappé à Laon se fit aussitôt sentir à Amiens, puis à Soissons, puis à Reims. Enfin, pour les communes situées au nord de la Loire, l'exemple n'est pas même sorti du royaume de France; car les premières en date furent celles du Mans et de Cambrai, deux villes qui, à l'époque de leur affranchissement, se trouvaient hors du royaume, l'une sous la suzeraineté des ducs de Normandie, et l'autre, sous celle des empereurs.

L'histoire de la commune du Mans se rattache à

---

[1] Les deux lettres de Philippe-Auguste, que j'ai réunies ici en une seule pour me dispenser de répéter deux fois les mêmes formules, se trouvent dans le Recueil des Ordonnances des rois de France, t. V, p. 237.

celle de la fameuse conquête de l'Angleterre par les Normands, en l'année 1066. Enclavé pour ainsi dire entre deux états beaucoup plus puissants, la Normandie et l'Anjou, le comté du Maine semblait destiné à tomber alternativement sous la suprématie de l'un ou de l'autre. Mais, malgré ce désavantage de position et l'infériorité de leurs forces, les Manceaux luttaient souvent avec énergie pour rétablir ou recouvrer leur indépendance nationale. Quelques années avant sa descente en Angleterre, le duc Guillaume le bâtard fut reconnu pour suzerain du Maine par Herbert, comte de ce pays, grand ennemi de la puissance angevine, et à qui ses incursions nocturnes dans les bourgs de l'Anjou avaient fait donner le surnom bizarre et énergique d'Éveil-Chiens. Comme vassaux du duc de Normandie, les Manceaux lui fournirent sans résistance leur contingent de chevaliers et d'archers; mais quand ils le virent occupé des soins et des embarras de la conquête, ils songèrent à s'affranchir de la domination normande. Nobles, gens de guerre, bourgeois, toutes les classes de la population concoururent à cette œuvre patriotique. Les châteaux gardés par des soldats normands furent attaqués et pris l'un après l'autre. Turgis de Tracy et Guillaume de la Ferté, qui commandaient la citadelle du Mans, rendirent cette place, et sortirent du pays avec tous ceux de leurs compatriotes qui avaient échappé aux représailles et aux vengeances populaires.

Le mouvement imprimé aux esprits par cette insurrection ne s'arrêta point lorsque le Maine eut été rendu à ses seigneurs nationaux ; et l'on vit alors éclater dans la principale ville une révolution d'un nouveau genre. Après avoir combattu pour l'indépendance du pays, les bourgeois du Mans, rentrés dans leurs foyers, commencèrent à trouver gênant et vexatoire le gouvernement de leur comte, et s'irritèrent d'une foule de choses qu'ils avaient tolérées jusque-là. A la première taille un peu lourde, ils se soulevèrent tous et formèrent entre eux une association jurée, qui s'organisa sous des chefs électifs et prit le nom de commune [1]. Le comte régnant était en bas âge ; il avait pour tuteur Geofroy de Mayenne, seigneur puissant et renommé à cause de son habileté politique. Cédant à la force des choses, Geofroy, en son nom et au nom de son pupille, jura la commune et promit ainsi obéissance aux lois établies contre son propre pouvoir ; mais il le fit de mauvaise foi. Par force ou par crainte, l'évêque du Mans et les nobles de la ville prêtèrent le même serment ; mais quelques seigneurs des environs s'y refusèrent, et les bourgeois, pour les réduire, se mirent en devoir d'attaquer leurs châteaux. Ils marchaient à ces expéditions avec plus d'ardeur que de prudence, et montraient peu de modération après

---

[1] Consilium inierunt qualiter ejus pravis conatibus obsisterent, nec se ab eo vel quolibet alio injuste opprimi paterentur. Facta igitur conspiratione quam communionem vocabant, sese omnes pariter sacramentis astringunt... (Gest. pontific. cenomann., apud script. rer. gallic. et francic., t. XII, p. 540.)

la victoire. On les accusait (reproche très-grave dans ce siècle) de guerroyer sans scrupule durant le carême et la semaine sainte ; on leur reprochait aussi de faire trop sévèrement et trop sommairement justice de leurs ennemis ou de ceux qui troublaient la paix de la commune, faisant pendre les uns et mutiler les autres sans aucun égard pour le rang des personnes[1]. Voici quelques traits de cette orageuse et courte destinée, racontés par un historien du temps.

« Il arriva que l'un des barons du pays, nommé
« Hugues de Sillé, attira sur lui la colère des
« membres de la commune, en s'opposant aux in-
« stitutions qu'ils avaient promulguées. Ceux-ci
« envoyèrent aussitôt des messagers dans tous les
« cantons d'alentour, et rassemblèrent une armée qui
« se porta avec beaucoup d'ardeur contre le château
« de Sillé; l'évêque du Mans et les prêtres de chaque
« paroisse marchaient en tête avec les croix et les
« bannières[2]. L'armée s'arrêta pour camper à quel-
« que distance du château, tandis que Geofroi de
« Mayenne, venu de son côté avec ses hommes

---

[1] Cujus conspirationis audacia innumera scelera commiserunt, passim plurimos sine aliquo judicio condemnantes, quibusdam pro causis minimis oculos eruentes, alios vero... suspendio strangulantes, castra quoque vicina diebus sanctæ Quadragesimæ... Passionis tempore, irrationabiliter succendentes. (Gest. pontific. cenomann., apud script. rer. gallic. et francic., t. XII, p. 540.)

[2] Congregatoque exercitu, episcopo et singularum ecclesiarum presbyteris præeuntibus cum crucibus et vexillis, ad castrum Silliacum furibundo impetu diriguntur. (Ibid.)

« d'armes, prenait son quartier séparément. Il fai-
« sait semblant de vouloir aider la commune dans
« son expédition ; mais il eut, dès la nuit même,
« des intelligences avec l'ennemi, et ne s'occupa
« d'autres choses que de faire échouer l'entreprise
« des bourgeois. A peine fut-il jour que la garnison
« du château fit une sortie avec de grands cris; et
« au moment où les nôtres, pris au dépourvu, se
« levaient et s'armaient pour combattre, dans toutes
« les parties du camp, des gens apostés répandirent
« qu'on était trahi, que la ville du Mans venait d'être
« livrée au parti ennemi. Cette fausse nouvelle,
« jointe à une attaque imprévue, produisit une
« terreur générale; les bourgeois et leurs auxiliaires
« prirent la fuite en jetant leurs armes; beaucoup
« furent tués, tant nobles que vilains, et l'évêque
« lui-même se trouva parmi les prisonniers [1].

« Geofroy de Mayenne, de plus en plus suspect
« aux gens de la commune, et craignant leur res-
« sentiment, abandonna la tutelle du jeune comte
« et se retira hors de la ville dans un château nommé
« la Géole. Mais la mère de l'enfant, Guersende,
« fille du comte Herbert, qui entretenait avec Geo-
« froy un commerce illicite, s'ennuya bientôt de son
« absence et ourdit sous main un complot pour lui
« livrer la ville. Un dimanche, par la connivence

---

[1] Et ut de cæteris taceam, tam nobilibus quam ignobilibus... ipse quoque episcopus, proh dolor!... comprehensus et custodiæ mancipatus est. (Gest. pontific. cenomann., apud script. rer. gallic. et francic., t. XII, p. 540.)

« de quelques traîtres, il entra avec quatre-vingts
« chevaliers dans un des forts de la cité, voisin de
« la principale église, et de là se mit à guerroyer
« contre les habitants. Ceux-ci, appelant à leur aide
« les barons du pays, assiégèrent la forteresse. L'at-
« taque était difficile, parce que, outre le château,
« Geofroy de Mayenne et ses gens occupaient deux
« maisons flanquées de tourelles : les nôtres n'hési-
« tèrent pas à mettre le feu à ces maisons, quoi-
« qu'elles fussent tout près de l'église, qu'on eut
« peine à préserver de l'incendie. Ensuite l'attaque
« du fort commença, à l'aide de machines, si vive-
« ment que Geofroy, perdant courage, s'échappa
« de nuit, disant aux siens qu'il allait chercher du
« secours. Les autres ne tardèrent pas à se rendre ;
« et les bourgeois, rentrés en possession de la for-
« teresse, en rasèrent les murailles intérieures jus-
« qu'à la hauteur du mur de ville, ne laissant sub-
« sister en entier que les remparts tournés vers la
« campagne [1]. »

Cette victoire de la liberté bourgeoise sur la puissance féodale venait à peine d'être remportée que de nouveaux dangers, bien autrement graves, menacèrent la commune du Mans. En l'année 1073, le conquérant de l'Angleterre, se voyant maître assuré de ce pays, résolut de passer le détroit, et

---

[1] Cives autem ira commoti, ac sibi in futurum præcaventes, interiorem partem ejusdem munitionis muro civitatis coæquaverunt, exteriores parietes ad urbis præsidium integros relinquentes. (Gest. pontif. cenomann., apud script. rer. gallic. et francic., t. XII, p. 541.)

d'aller recouvrer, à main armée, la seigneurie du Maine. Guillaume venait de triompher de la dernière et de la plus redoutable des insurrections saxonnes ; profitant habilement de l'occasion, il offrit une solde à tous les hommes de race anglaise qui voudraient le suivre dans son expédition d'outremer[1]. Des gens qui n'avaient plus ni feu, ni lieu, les restes des bandes de partisans détruites sur plusieurs points de l'Angleterre, et même des chefs qui s'étaient signalés par leur dévouement patriotique, s'enrôlèrent sous la bannière normande sans cesser de haïr les Normands. Tous étaient joyeux d'aller combattre contre des hommes qui, bien qu'ennemis du roi Guillaume, leur semblaient être de la même race que lui par la conformité du langage. Sans s'inquiéter si c'était de gré ou de force que les Manceaux avaient, sept ans auparavant, pris part à la conquête, ils marchèrent contre eux à la suite du conquérant comme à un acte de vengeance nationale. Dès leur entrée dans le pays, ils se livrèrent, avec une sorte de frénésie, à tous les genres de dévastation et de rapine, arrachant les vignes, coupant les arbres, brûlant les hameaux, faisant au Maine tout le mal qu'ils auraient voulu faire à la Normandie. La terreur causée par leurs excès contribua, plus que la bravoure des chevaliers normands et la présence même du roi Guillaume, à la

---

[1] Voy. l'Histoire de la Conquête de l'Angleterre par les Normands, liv. v, t. II.

soumission du pays. Les places fortes et les châteaux se rendirent pour la plupart avant le premier assaut, et les principaux bourgeois du Mans apportèrent les clefs de leur ville au roi dans son camp sur la Sarthe. Ils lui prêtèrent serment comme à leur seigneur légitime, et Guillaume, en retour, leur promit la conservation de leurs anciennes franchises municipales ; mais il ne paraît pas que la commune ait été maintenue, car l'histoire n'en fait plus mention [1].

Ce fut en l'année 1076 que s'établit, par insurrection, la commune de Cambrai ; mais il y avait déjà longtemps que, selon les paroles d'un contemporain, les bourgeois désiraient cette commune [2]. Depuis plus de cent ans ils étaient en guerre ouverte avec l'autorité épiscopale. En l'année 957, ils profitèrent de l'absence de leur évêque, qui s'était rendu à la cour de l'empereur, pour former une ligue contre lui, et se jurer les uns aux autres de ne pas le laisser rentrer dans la ville. L'évêque, s'étant remis en route vers Cambrai, ne tarda pas à apprendre, par le bruit public, que l'entrée de la ville lui était défendue, qu'il en trouverait les portes closes et les murailles bien gardées. Il rebroussa chemin

---

[1] Et acceptis ab eo sacramentis, tam de impunitate perfidiæ quam de conservandis antiquis ejusdem civitatis consuetudinibus atque justitiis, in ipsius ditionem atque imperium sese et sua omnia dediderunt. (Gest. pontific. cenomann., apud script. rer. gall. et francic., t. XII, p. 541.)

[2] Unde cives in unum conspirantes, episcopo absente, diu desideratam conjuraverunt communiam. (Balderici chron., ibid., t. XIII, p. 534.)

et alla demander à l'empereur du secours contre les Cambrésiens : on lui donna une armée d'Allemands et de Flamands assez forte pour réduire la ville. A l'approche des troupes, les habitants eurent peur, et, ajournant leur projet de liberté, reçurent l'évêque sans opposition. Celui-ci, qui regardait comme une injure intolérable ce qu'ils avaient osé faire contre lui, attendit, pour se venger, que leur association fût entièrement dissoute ; et alors, faisant revenir en grand nombre ses soldats auxiliaires, il attaqua les bourgeois à l'improviste dans les places et dans les rues. Les soldats les poursuivaient jusque dans les églises, tuaient tout ce qui leur résistait ; et, quand ils avaient fait un prisonnier, ils lui coupaient les pieds ou les mains, lui crevaient les yeux, ou le menaient au bourreau, qui lui marquait le front d'un fer rouge[1].

Cette exécution militaire laissa de profonds ressentiments dans le cœur des bourgeois de Cambrai, et accrut le désir qu'ils avaient d'élever une barrière entre eux et la puissance seigneuriale. Tout le clergé métropolitain, défenseur né de cette puissance, fut enveloppé dans la haine que les citoyens lui portaient. En l'année 1024, il se fit une nouvelle conjuration à la faveur de laquelle les bourgeois, un mo-

---

[1] Novum genus spectaculi, continuo namque armati limen sanctissimæ ædis absque reverentiæ modo irrumpentes, alios interfecerunt, alios truncatis manibus et pedibus demembrarunt ; quibusdam vero oculos fodiebant, quibusdam frontes ferro ardente notabant. (Balderici chron., apud script. rer. gallic. et francic., t. VIII, p. 281.)

ment maîtres de la ville, expulsèrent les chanoines et tous les clercs de l'église, démolirent leurs maisons et emprisonnèrent ceux dont ils avaient le plus à se plaindre. Cette révolution fut de peu de durée, et une armée impériale rétablit à Cambrai la seigneurie ecclésiastique. Mais la révolution se réveilla, pour ainsi dire, en 1064. Les bourgeois ayant pris les armes firent prisonnier leur évêque, nommé Liébert; et pour les réduire il fallut trois armées envoyées contre eux par l'empereur, le comte de Flandre et la comtesse de Hainault[1]. Malgré cette nouvelle défaite, les Cambrésiens ne se découragèrent pas; et, douze ans après, sous le pontificat de Gérard, neveu de Liébert, ils s'insurgèrent de nouveau, et se constituèrent en association permanente sous le nom de commune. Voici le détail de cet événement tel qu'on le trouve dans une chronique rédigée en vieux français :

« Comme le clergé et tout le peuple étoient en
« grande paix, s'en alla l'évêque Gérard à l'empe-
« reur. Mais ne fut pas très-éloigné, quand les bour-
« geois de Cambrai, par mauvais conseil, jurèrent
« une commune et firent ensemble une conspiration
« que de longtemps avoient murmurée, et s'allièrent
« ensemble par serment que si l'évêque n'octroyoit
« cette commune, ils lui défendroient l'entrée en la
« cité. Cependant l'évêque étoit à Lobbes, et lui fut
« dit le mal que le peuple avoit fait, et aussitôt il

---

[1] Histoire de Cambrai, p. 101 et suiv.

« quitta sa route, et pour ce qu'il n'avoit gens pour
« le venger de ses bourgeois, il prit avec lui son bon
« ami Baudoin, le comte de Mons, et ainsi vinrent à
« la cité avec grande chevalerie. Lors eurent les
« bourgeois leurs portes closes et mandèrent à l'é-
« vêque qu'ils ne laisseroient entrer que lui et sa
« maison, et l'évêque répondit qu'il n'entreroit pas
« sans le comte et sa chevalerie, et les bourgeois le
« refusèrent. Quand l'évêque vit la folie de ses su-
« jets, il lui prit grande pitié et il désiroit plus faire
« miséricorde que justice. Alors leur manda qu'il
« traiteroit des choses devant dites, en sa cour, en
« bonne manière, et ainsi les apaisa. Alors l'évêque
« fut laissé entrer, et les bourgeois entrèrent en
« leurs maisons, à grande joie, et tout fut oublié de
« ce qui avoit été fait. Mais il advint, après un peu
« de temps, par aventure, sans le su et le consente-
« ment de l'évêque, et contre sa volonté, que grand
« nombre de chevaliers les assaillirent en leurs
« hôtels, en occirent aucuns et plusieurs blessèrent.
« Dont furent les bourgeois très-ébahis et fuirent à
« l'église Saint-Géry, enfin furent pris et menés de-
« vant l'évêque. Ainsi fut cette conjuration et la
« commune défaite, et jurèrent désormais feauté à
« l'évêque[1]. »

Les troubles qui survinrent presque aussitôt dans
l'empire, par suite de l'excommunication de Henri IV,

---

[1] Chronique de Cambrai; Recueil des Hist. de la France, t. XIII, p. 476 et 477.

fournirent aux habitants de Cambrai une occasion pour tenter un nouveau mouvement et rétablir leur commune. Ils furent aidés par le comte de Flandre, qui fit alliance avec eux pour s'agrandir aux dépens de la puissance impériale. En vertu de cette alliance, ils installèrent comme évêque un ami du comte, appelé Eudes, et refusèrent de recevoir l'évêque Gaucher, désigné par l'empereur. Après l'avénement de Henri V, lorsque la paix eut rendu toute sa force à l'autorité impériale, « messire Gau-
« cher, dit la chronique de Cambrai, alla vers l'em-
« pereur et fit sa complainte du comte Robert de
« Flandre, comment il avoit troublé son empire,
« saisi Cambrai et mis dedans l'élu Eudes, dont fut
« l'empereur fortement irrité. Lors il s'apprêta pour
« venir en Flandre, et y vint avec très-grande ar-
« mée, et assiégea le château de Douay, qui étoit
« très-fort de murs et de fossés, dont fut celui de
« Flandre très-épouvanté, et les soldats que le comte
« avoit mis pour garder Cambrai eurent peur, lais-
« sèrent la cité et s'enfuirent. Lors entra le comte
« dedans Douay, et en garnit toutes les forteresses.
« Au troisième jour après, l'empereur fit un très-
« grand assaut, et le comte merveilleusement bien
« se défendit, si qu'il y eut plusieurs chevaliers occis
« du côté de l'empereur, et ainsi laissèrent l'assaut.
« Dont eurent conseil tous les grands princes et
« l'empereur ensemble; car il voyoit que rien ne
« profitoit et que ne prendroient le château, et lui
« dirent qu'il reçût à amour le comte de Flandre.

« Lors reçut l'empereur le comte de Flandre à
« homme, et furent bons amis ensemble[1].

« Après ce, vint l'empereur à Cambrai très-terri-
« blement; mais devant sa venue s'enfuit l'élu Eudes
« et grande partie du clergé et du peuple qui se sen-
« toit coupable. Dont s'enfuirent plusieurs femmes
« avec leurs enfants dans les églises et les tours, et
« les pucelles s'effrayoient quand elles virent tant de
« chevaliers allemands, esclavons, lorrains, saxons.
« Alors fit l'empereur crier que tous les habitants et
« les bourgeois vinssent en sa présence; et ils vinrent
« très-émus, car ils craignoient de perdre la vie ou
« leurs membres, et ne pouvoient contredire ni ne
« l'osoient. Lors parla l'empereur très-durement à
« eux, et fortement les blâma, et dit comment ils
« étoient si osés qu'ils avoient fait tant de choses
« contre les droits de l'empire, conjuration, com-
« mune, nouvelles lois, et qui plus est, qu'ils avoient
« reçu nouvel évêque dedans la cité, contre Dieu et
« contre la seigneurie de l'empire. Quand ils ouïrent
« l'empereur ainsi parler, ils furent trop épouvantés
« et ne savoient qu'ils pussent répondre; et pour ce
« qu'ils se sentoient coupables, ils s'humilièrent du-
« rement et crièrent à l'empereur merci. Dont se
« prit le bon évêque Gaucher très-bénignement à
« prier pour ses sujets, et tomba aux pieds du roi et
« disoit : « Très-doux empereur, ne détruisez pas
« nos bourgeois si cruellement et en si grande sévé-

---

[1] Chronique de Cambrai; Recueil des Hist. de la France, t. XIII, p. 477.

« rité, car bien les pouvez corriger avec plus grande
« douceur. Dont prièrent aussi les princes de l'ar-
« mée avec l'évêque, et disoient qu'il eût pitié de tant
« de larmes. Quand ce entendit l'empereur, se re-
« lâcha un peu de sa colère, et crut le conseil de l'é-
« vêque et des princes, et ne les punit pas ainsi qu'il
« se proposoit par rigueur de justice. Cependant ne
« les épargna pas du tout; car il commanda qu'ils
« apportassent en sa présence la charte de la com-
« mune qu'ils avoient faite, et eux ainsi firent; et
« l'empereur tantôt la défit et leur fit jurer devant
« tous les princes que jamais autre ne feroient. Ainsi
« fut défaite cette commune, et leur fit l'empereur
« jurer féauté à lui par foi et par serment[1]. »

Cette seconde destruction de la commune de Cambrai eut lieu en l'année 1107, et, moins de vingt ans après, la commune était rétablie. On la citait au loin comme un modèle d'organisation politique : « Que dirai-je de la liberté de cette ville? dit un an-
« cien écrivain. Ni l'évêque ni l'empereur ne peuvent
« y asseoir de taxe; aucun tribut n'y est exigé; on
« n'en peut faire sortir la milice, si ce n'est pour la
« défense de la ville, et encore à cette condition
« que les bourgeois puissent le jour même être de
« retour dans leurs maisons[2]. » La commune était

---

[1] Chronique de Cambrai; Recueil des Hist. de la France, t. XIII, p. 477.

[2] Quid autem de libertate hujus urbis dicam? Non episcopus, non imperator taxationem in ea facit; non tributum ab ea exigitur, non denique exercitum ex ea educit, nisi tantummodo ob defensionem urbis. (Fragmentum,

gouvernée par un corps électif de magistrature, dont les membres avaient le titre de *jurés* et s'assemblaient tous les jours dans l'hôtel-de-ville, qu'on nommait la *Maison de jugement*. Les *jurés*, au nombre de quatre-vingts, se partageaient l'administration civile et les fonctions judiciaires. Tous étaient obligés d'entretenir un valet et un cheval toujours sellé, afin d'être prêts à se rendre, sans aucun retard, partout où les appelaient les devoirs de leurs charges[1].

Ces devoirs n'étaient pas aussi aisés à remplir que ceux des maires et échevins de nos villes modernes; il ne s'agissait pas, en temps ordinaire, de veiller à la police des rues, et, dans les grandes circonstances, de régler le cérémonial d'une procession ou d'une entrée solennelle, mais de défendre, à force de courage, des droits chaque jour envahis. Il fallait vêtir la cotte de mailles, lever la bannière de la ville contre des comtes et des chevaliers, et, après la victoire, ne point se laisser abattre par les sentences d'excommunication dont s'armait le pouvoir épiscopal. Grâce à la constance inébranlable de ses magistrats électifs, la commune de Cambrai, abolie encore à deux reprises différentes [2], se releva et continua de

ex gestis episc. camerac., apud script. rer. gallic. et francic., t. XIII, p. 481, in nota ad calc. pag.)

[1] Histoire de Cambrai, p. 100. Le mot *jurés* sert quelquefois à désigner la totalité des membres d'une commune, et quelquefois les seuls membres du gouvernement municipal. Ce nom tire son origine du serment que les uns et les autres étaient obligés de prêter.

[2] En 1138 et en 1180.—Voyez le tome XIII du Recueil des historiens de la France.

prospérer et de se faire craindre. Elle soutint jusqu'au milieu du xiv° siècle une guerre à outrance contre ses évêques et contre leur clergé, qu'elle contraignit plusieurs fois de sortir en masse de la ville et de se réfugier à Valenciennes[1]. Voilà quelles furent pendant quatre cents ans les relations des habitants de Cambrai avec les prédécesseurs de Fénelon. Tout cela ne rappelle guère le doux et consolant spectacle que présente l'administration de ce vertueux archevêque. Mais que nous sommes loin de compte si nous croyons que le moyen âge ressemblait à l'ancien régime, et qu'en France les passions populaires sont filles de la révolution !

[1] Histoire de Cambrai, p. 294 et suiv.

LETTRE XV.

Sur les communes de Noyon, de Beauvais et de Saint-Quentin.

En l'année 1098, Baudri de Sarchainville, archidiacre de l'église cathédrale de Noyon, fut promu, par le choix du clergé de cette église, à la dignité épiscopale. C'était un homme d'un caractère élevé, d'un esprit sage et réfléchi. Il ne partageait point l'aversion violente que les personnes de son ordre avaient en général contre l'institution des communes. Il voyait dans cette institution une sorte de nécessité sous laquelle, de gré ou de force, il faudrait plier tôt ou tard, et croyait qu'il valait mieux se rendre aux vœux des citoyens que de verser le sang pour reculer de quelques jours une révolution inévitable. L'élection d'un évêque doué d'un si grand sens et d'une si noble manière de voir était pour la ville de Noyon l'événement le plus désirable; car cette ville se trouvait alors dans le même état que celle de Cambrai avant sa révolution. Les bourgeois étaient en querelles journalières avec le clergé de l'église cathédrale : les registres capitulaires contenaient une foule de pièces ayant pour titre : « *De la paix faite entre nous et les bourgeois de Noyon*[1]. » Mais aucune réconciliation n'était durable; la trêve était bientôt rompue, soit par le clergé, soit par les citoyens, qui étaient d'autant plus irritables qu'ils avaient moins de garanties pour leurs personnes et pour leurs biens. Le nouvel évêque pensait que l'établissement d'une commune jurée par les deux partis rivaux pourrait devenir entre eux une sorte de pacte d'alliance; il entreprit de réaliser cette idée généreuse avant que le mot de commune eût servi à Noyon de cri de ralliement pour une insurrection populaire.

De son propre mouvement, l'évêque de Noyon convoqua en assemblée tous les habitants de la ville, clercs, chevaliers, commerçants et gens de métier. Il leur présenta une charte qui constituait le corps des bourgeois en association perpétuelle, sous des magistrats appelés *jurés*, comme ceux de Cambrai. « Quiconque, disait la charte, voudra entrer dans « cette commune, ne pourra en être reçu membre « par un seul individu, mais en la présence des « jurés. La somme d'argent qu'il donnera alors sera « employée pour l'utilité de la ville, et non au profit « particulier de qui que ce soit.

« Si la commune est violée, tous ceux qui l'auront « jurée devront marcher pour sa défense, et nul ne

---

[1] De pace facta inter nos et burgenses noviomenses. (Annales de l'église de Noyon, t. II, p. 803 et suiv.)

« pourra rester dans sa maison, à moins qu'il ne soit
« infirme, malade, ou tellement pauvre qu'il ait
« besoin de garder lui-même sa femme et ses enfants
« malades.

« Si quelqu'un a blessé ou tué quelqu'un sur le
« territoire de la commune, les jurés en tireront
« vengeance[1]. »

Les autres articles garantissaient aux membres de la commune de Noyon l'entière propriété de leurs biens, et le droit de n'être traduits en justice que devant leurs magistrats municipaux. L'évêque jura d'abord cette charte, et les habitants de tout état prêtèrent après lui le même serment. En vertu de son autorité pontificale, il prononça l'anathème et toutes les malédictions de l'Ancien et du Nouveau Testament contre celui qui, dans l'avenir, oserait dissoudre la commune ou enfreindre ses règlements. En outre, pour donner à ce nouveau pacte une garantie plus solide, Baudri invita le roi de France, Louis-le-Gros, à le corroborer, comme on disait alors, par son approbation et par le grand sceau de la couronne. Le roi consentit à cette requête de l'évêque; et ce fut toute la part qu'eut Louis-le-Gros à l'établissement de la commune de Noyon. La charte royale ne s'est point conservée; mais il en reste une qui peut servir de preuve à ce récit.

[1] Ces trois articles sont extraits d'une charte de Philippe-Auguste qui reproduit, en les confirmant, les lois, ou, comme on disait alors, les *coutumes* de la commune de Noyon. Voyez le tome XI du Recueil des Ordonnances des rois de France, p. 224.

« Baudri, par la grâce de Dieu, évêque de Noyon,
« à tous ceux qui persévèrent et avancent de plus
« en plus dans la foi :

« Très-chers frères, nous apprenons par l'exem-
« ple et les paroles des saints pères que toutes les
« bonnes choses doivent être confiées à l'écriture,
« de peur que par la suite elles ne soient mises en
« oubli. Sachent donc tous les chrétiens, présents
« et à venir, que j'ai fait à Noyon une commune,
« constituée par le conseil et dans une assemblée des
« clercs, des chevaliers et des bourgeois; que je l'ai
« confirmée par le serment, l'autorité pontificale et
« le lien de l'anathème, et que j'ai obtenu du sei-
« gneur roi Louis qu'il octroyât cette commune et
« la corroborât du sceau royal. Cet établissement
« fait par moi, juré par un grand nombre de per-
« sonnes et octroyé par le roi, comme il vient d'être
« dit, que nul ne soit assez hardi pour le détruire
« ou l'altérer; j'en donne l'avertissement de la part
« de Dieu et de ma part, et je l'interdis au nom de
« l'autorité pontificale. Que celui qui transgressera
« et violera la présente loi subisse l'excommunica-
« tion; que celui qui, au contraire, la gardera fidè-
« lement, demeure sans fin avec ceux qui habitent
« dans la maison du Seigneur [1]. »

Cette charte épiscopale porte la date de 1108.
Quelques années auparavant, les bourgeois de

---

[1] Annales de l'église de Noyon, t. II, p. 805.

Beauvais s'étaient constitués en commune spontanément, ou, comme s'exprime un contemporain, par suite d'une conjuration tumultueuse [1]. Ils contraignirent leur évêque à jurer qu'il respecterait la nouvelle constitution de la ville ; et, vers le même temps, le comte de Vermandois, pour prévenir de pareils troubles, octroya une charte de commune aux habitants de Saint-Quentin [2]. Le clergé de la ville jura de l'observer sauf les droits de son ordre, et les chevaliers, sauf la foi due au comte [3]. Ce comte, qui était un puissant seigneur, suzerain de plusieurs villes, ne crut pas nécessaire, comme l'évêque de Noyon, de faire ratifier sa charte par l'autorité royale ; et la commune de Saint-Quentin s'établit sans que Louis-le-Gros intervînt en aucune manière. Pour comprendre l'effet que devait produire sur les villes de la Picardie et de l'Ile-de-France l'existence de ces trois communes, dans un espace de

---

[1] Turbulenta conjuratio factæ communionis. (Epist. Ivonis carnotensis, apud script. rer. gallic. et francic., t. XV, p. 105.)

[2] Cette concession n'a pas de date précise, mais elle remonte authentiquement aux premières années du XIIe siècle, elle fut de beaucoup antérieure à l'époque de Raoul I, qui devint comte de Vermandois en 1117. Quelques historiens la fixent à l'année 1102. La charte communale de Saint-Quentin porte dans son préambule : *Usus et consuetudines quas tempore Radulfi comitis et antecessorum suorum burgenses sancti Quintini tenuerunt.* (Voyez le Recueil des Ordonnances des rois de France, t. XI, p. 270.)

[3] Cùm primum communia acquisita fuit, omnes Viromandiæ pares... et omnes clerici, salvo ordine suo, omnesque milites, salva fidelitate comitis, firmiter tenendam juraverunt. (Recueil des Ordonnances des rois de France, t. XI, p. 270.)

moins de quarante lieues, il suffit de jeter les yeux sur leurs chartes, dont voici les principaux articles :

CHARTE DE BEAUVAIS.

« Tous les hommes domiciliés dans l'enceinte du
« mur de ville et dans les faubourgs, de quelque
« seigneur que relève le terrain où ils habitent, prê-
« teront serment à la commune. Dans toute l'éten-
« due de la ville, chacun prêtera secours aux autres
« loyalement et selon son pouvoir.

« Treize pairs seront élus par la commune, entre
« lesquels, d'après le vote des autres pairs et de
« tous ceux qui auront juré la commune, un ou
« deux seront créés majeurs.

« Le majeur et les pairs jureront de ne favoriser
« personne de la commune pour cause d'amitié, de
« ne léser personne pour cause d'inimitié, et de
« donner en toute chose, selon leur pouvoir, une
« décision équitable. Tous les autres jureront d'obéir
« et de prêter main forte aux décisions du majeur et
« des pairs.

« Quiconque aura forfait envers un homme qui
« aura juré cette commune, le majeur et les pairs,
« si plainte leur en est faite, feront justice du corps
« et des biens du coupable.

« Si le coupable se réfugie dans quelque château
« fort, le majeur et les pairs de la commune parle-
« ront sur cela au seigneur du château ou à celui
« qui sera en son lieu ; et si, à leur avis, satisfaction

« leur est faite de l'ennemi de la commune, ce sera
« assez; mais si le seigneur refuse satisfaction, ils se
« feront justice à eux-mêmes sur ses biens et sur ses
« hommes.

« Si quelque marchand étranger vient à Beauvais
« pour le marché, et que quelqu'un lui fasse tort ou
« injure dans les limites de la banlieue; si plainte
« en est faite au majeur et aux pairs, et que le mar-
« chand puisse trouver son malfaiteur dans la ville,
« le majeur et les pairs en feront justice, à moins
« que le marchand ne soit un des ennemis de la
« commune.

« Nul homme de la commune ne devra prêter ni
« créancer son argent aux ennemis de la commune
« tant qu'il y aura guerre avec eux, car s'il le fait
« il sera parjure; et si quelqu'un est convaincu de
« leur avoir prêté ou créancé quoi que ce soit, jus-
« tice sera faite de lui, selon que le majeur et les
« pairs en décideront.

« S'il arrive que le corps des bourgeois marche
« hors de la ville contre ses ennemis, nul ne parle-
« mentera avec eux, si ce n'est avec licence du ma-
« jeur et des pairs.

« Si quelqu'un de la commune a confié son ar-
« gent à quelqu'un de la ville, et que celui auquel
« l'argent aura été confié se réfugie dans quelque
« château fort, le seigneur du château, en ayant
« reçu plainte, ou rendra l'argent ou chassera le
« débiteur de son château; et s'il ne fait ni l'une ni

« l'autre de ces choses, justice sera faite sur les
« hommes de ce château.

« Si quelqu'un enlève de l'argent à un homme de
« la commune et se réfugie dans quelque château
« fort, justice sera faite sur lui si on peut le ren-
« contrer, ou sur les hommes et les biens du sei-
« gneur du château, à moins que l'argent ne soit
« rendu.

« S'il arrive que quelqu'un de la commune ait
« acheté quelque héritage et l'ait tenu pendant l'an
« et jour, et si quelqu'un vient ensuite réclamer et
« demander le rachat, il ne lui sera point fait de
« réponse, mais l'acheteur demeurera en paix.

« Pour aucune cause la présente charte ne sera
« portée hors de la ville [1]. »

CHARTE DE SAINT-QUENTIN.

« Les hommes de cette commune demeureront
« entièrement libres de leurs personnes et de leurs
« biens; ni nous, ni aucun autre, ne pourrons ré-
« clamer d'eux quoi que ce soit, si ce n'est par ju-
« gement des échevins; ni nous, ni aucun autre, ne
« réclamerons le droit de main-morte sur aucun
« d'entre eux.

---

[1] Ces articles sont extraits d'une charte de confirmation qui, selon l'usage, reproduit exactement la teneur de la charte primitive. J'en ai interverti l'ordre, afin d'y mettre plus de suite. (Voyez le tome VII du Recueil des Ordonnances des rois de France, p. 622.)

« Quiconque sera entré dans cette commune de-
« meurera sauf de son corps, de son argent et de
« ses autres biens.

« Si quelqu'un a occupé en paix quelque tenure
« pendant l'an et jour, il la conservera en paix, à
« moins que réclamation ne soit faite par quelqu'un
« qui aurait été hors du pays ou en tutelle.

« Si quelqu'un a commis un délit dont plainte
« soit faite en présence du majeur et des jurés, la
« maison du malfaiteur sera démolie, s'il en a une,
« ou il paiera pour racheter sa maison, à la volonté
« du majeur et des jurés. La rançon des maisons à
« démolir servira à la réparation des murs et des
« fortifications de la ville. Si le malfaiteur n'a pas
« de maison, il sera banni de la ville, ou paiera de
« son argent pour l'entretien des fortifications.

« Quiconque aura forfait à la commune, le ma-
« jeur pourra le sommer de paraître en justice; et
« s'il ne se rend pas à la sommation, le majeur
« pourra le bannir; il ne rentrera dans la ville que
« par la volonté du majeur et des jurés; si le mal-
« faiteur a une maison dans la banlieue, le majeur
« et les gens de la ville pourront l'abattre; et si elle
« est fortifiée de manière à ne pouvoir être abattue
« par eux, nous leur prêterons secours et main-
« forte.

« Tout bourgeois pourra être cité en justice par-
« tout où il sera rencontré, soit en jardin, soit en
« chambre, soit ailleurs, à toute heure du jour;
« mais il ne pourra être cité de nuit.

« Si quelqu'un meurt possédant quelque tenure,
« le majeur et les jurés doivent en mettre aussitôt
« ses héritiers en possession; ensuite, s'il y a lieu à
« procès, la cause sera débattue.

« Si un homme étranger vient dans cette ville
« afin d'entrer dans la commune, de quelque sei-
« gneurie qu'il soit, tout ce qu'il aura apporté sera
« sauf, et tout ce qu'il aura laissé sur la terre de son
« seigneur sera à son seigneur, excepté son héritage,
« pourvu qu'il en ait disposé selon ce qu'il doit à
« son seigneur.

« Si nous faisons citer quelque bourgeois de la
« commune, le procès sera terminé par le jugement
« des échevins dans l'enceinte des murs de Saint-
« Quentin.

« Si un vavasseur ou un sergent d'armes doit
« quelque somme à un bourgeois, et qu'il ne veuille
« pas se soumettre au jugement des échevins, le
« majeur doit lui commander d'avoir, dans le délai
« de quinze jours, un seigneur capable de faire droit
« au bourgeois pour la somme qui lui est due; que
« si après ce délai il n'en présente point, justice sera
« faite par les échevins.

« Partout où le majeur et les jurés voudront for-
« tifier la ville, ils pourront le faire sur quelque sei-
« gneurie que ce soit.

« Nous ne pourrons refondre la monnaie, ni en
« faire de neuve, sans le consentement du majeur
« et des jurés.

« Nous ne pourrons mettre ni ban ni assise

« de deniers sur les propriétés des bourgeois.

« Les hommes de la ville pourront moudre leur
« blé, et cuire leur pain partout où ils voudront.

« Si le majeur, les jurés et la commune ont besoin
« d'argent pour les affaires de la ville et qu'ils lèvent
« un impôt, ils pourront asseoir cet impôt sur les
« héritages et l'avoir des bourgeois, et sur toutes
« les ventes et profits qui se font dans la ville.

« Nous avons octroyé tout cela sauf notre droit
« et notre honneur, sauf les droits de l'église de
« Saint-Quentin et des autres églises, sauf le droit
« de nos hommes libres, et aussi sauf les libertés
« par nous antérieurement octroyées à ladite com-
« mune [1]. »

On peut voir par le style de ces deux chartes qu'au xiie siècle il y avait quelque différence entre une commune obtenue par force et une commune octroyée. Dans la première, un certain accent d'énergie semble l'expression franche des désirs et des volontés populaires. L'autre n'a point cette couleur : sa rédaction est un peu gênée, comme les allures du pouvoir en retraite devant la force des choses. Toutefois les garanties accordées par le comte Raoul aux bourgeois de Saint-Quentin n'étaient pas sans importance; le droit qu'avait la commune d'abattre les châteaux des seigneurs qui lui feraient quelque tort, et l'obligation que s'imposait le comte de prêter secours aux bourgeois pour réduire un ennemi

---

[1] Recueil des Ordonnances des rois de France, t. XI, p. 270.

trop puissant, investissaient le corps de la bourgeoisie de la portion la plus essentielle des priviléges de la souveraineté. Les villes voisines, entre autres celle de Laon, qui était la plus considérable, ne tardèrent pas à désirer pour elles-mêmes une semblable destinée.

Placés presque à égale distance de Saint-Quentin et de Noyon, les bourgeois de Laon ne pouvaient s'empêcher de tourner les yeux vers ces deux villes. Peut-être la commune de Beauvais leur plaisait-elle moins que les deux autres, à cause de la répugnance qu'éprouvent les masses d'hommes à s'engager de sang-froid dans une révolution violente. Mais une sorte de fatalité les entraîna, malgré eux, dans d'autres voies. Ils commencèrent par des demandes de réformes adressées avec calme, et finirent par un soulèvement accompagné de ce que les guerres civiles peuvent offrir de plus atroce. L'histoire de la commune de Laon a cela de remarquable, qu'elle reproduit de la manière la plus exacte le type des révolutions modernes. Au moment où l'action révolutionnaire est parvenue au dernier degré de violence, la réaction arrive, suivie d'une nouvelle série de désordres et d'excès commis en sens contraire. Enfin, quand les partis opposés sont las de s'entre-détruire, vient le grand acte de pacification, reçu avec joie des deux côtés, mais qui, au fond, n'est qu'une trêve, parce que les intérêts opposés subsistent et ne peuvent s'accorder.

LETTRE XVI.

Histoire de la commune de Laon.

La ville de Laon était, à la fin du XIe siècle, l'une des plus importantes du royaume de France. Elle était peuplée d'habitants industrieux, et la force de sa position la faisait considérer comme une seconde capitale. De même qu'à Noyon et à Beauvais, l'évêque y exerçait la seigneurie temporelle. Ce siége épiscopal, l'un des premiers et des plus productifs du royaume, était l'objet de l'ambition des gens puissants et riches, qui cherchaient à l'obtenir par intrigue et à prix d'argent. Sous une succession de prélats élevés par faveur, et presque sans aucun mérite, qui ne songeaient qu'à faire étalage de leur pouvoir et de leur faste, et nullement à bien gouverner la ville comme magistrats et comme évêques, Laon était devenu le théâtre des plus grands désordres[1]. Les nobles et leurs serviteurs exerçaient

---

[1] Urbi illi tanta.. adversitas inoleverat ut... ad posse et libitum cujusque rapinis et cædibus respublica misceretur. (Guiberti de Novigento, de Vita sua, lib. III, apud ejusdem opera omnia, ed. Dachery, p. 503.)

contre les bourgeois le brigandage à main armée. Les rues de la ville n'étaient point sûres la nuit, ni même le jour, et l'on ne pouvait sortir de chez soi sans courir le risque d'être arrêté, volé ou tué [1]. Les bourgeois, à leur tour, suivant l'exemple de la classe supérieure, exerçaient des violences sur les paysans qui venaient au marché de la ville, soit pour vendre, soit pour acheter. Ils les attiraient, sous différents prétextes, dans leurs maisons, et les y tenaient emprisonnés, comme faisaient les seigneurs dans leurs châteaux forts, jusqu'à ce qu'ils eussent payé rançon [2]. A ces excès commis par les particuliers, se joignaient les exactions toujours croissantes du gouvernement épiscopal, les tailles imposées arbitrairement et les poursuites judiciaires contre les gens hors d'état de payer. Les sommes d'argent ainsi levées à force de vexations, se partageaient entre les dignitaires de l'église cathédrale et les familles nobles de la ville, dont ceux-ci, pour la plupart, étaient parents ou alliés.

Dans l'année 1106, lorsque cet état de désordre venait de s'aggraver encore par une vacance de deux ans dans le siége épiscopal, l'évêché de Laon fut obtenu, à force d'argent, par un certain Gaudri, Normand de naissance, et référendaire de Henri I,

---

[1] Nulli noctibus procedenti securitas præbebatur, solum restabat aut distrahi, aut capi, aut cædi. (Guiberti de Novigento, de Vita sua, lib. III, apud ejusdem opera omnia, ed. Dachery, p. 503.)

[2] Nemo de agrariis ingrediebatur in urbem qui non incarceratus ad redemptionem cogeretur. (Ibid.)

roi d'Angleterre. C'était un de ces hommes d'église qui, après la conquête de l'Angleterre par Guillaume-le-Bâtard, étaient allés faire fortune chez les Anglais, en prenant le bien des vaincus. Il avait des goûts et des mœurs militaires, était emporté et arrogant, et aimait par-dessus tout à parler de combats et de chasse, d'armes, de chevaux et de chiens[1]. Il avait à son service un de ces esclaves noirs que les grands seigneurs, revenus de la première croisade, venaient de mettre à la mode, et souvent il employait cet esclave à infliger des tortures aux malheureux qui lui avaient déplu. L'un des premiers actes de l'épiscopat de Gaudri fut de punir de mort un bourgeois qui avait censuré sa conduite; puis il fit crever les yeux, dans sa propre maison, à un homme suspect d'amitié pour ses ennemis; enfin, en l'année 1109, il se rendit complice d'un meurtre commis dans l'église[2].

L'élévation d'un pareil seigneur ne pouvait apporter aucun soulagement aux habitants paisibles de Laon; au contraire, elle accrut leurs souffrances. Les nobles de la ville et les clercs du chapitre devinrent encore plus turbulents et plus avides[3]; mais

---

[1] De rebus militaribus, canibus et accipitribus loqui gratum habuerat. (Guiberti de Novigento, de Vita sua, lib. III, apud ejusdem opera omnia, ed. Dachery, p. 499.)

[2] Ibid., p. 501. — ... Eum corripiens, et intra episcopale palatium custodiæ eum trudens, nocte per manus cujusdam sui Æthiopis oculos ejus fecit evelli. (Ibid., p. 504.)

[3] Quod considerantes clerus cum archidiaconis ac proceres et causas exigendi pecunias a populo aucupantes. (Ibid., p. 503.)

l'excès de l'oppression tourna l'esprit des bourgeois vers les moyens d'y porter remède. La renommée de la commune de Noyon s'était répandue au loin; on ne parlait que de la bonne justice qui se faisait dans cette ville et de la bonne paix qui y régnait. Les habitants de Laon ne doutèrent pas que l'établissement d'une commune ne produisît chez eux les mêmes effets qu'à Noyon, et cette espérance les anima tout à coup d'une sorte d'enthousiasme. Ils tinrent des assemblées politiques, et résolurent de tout sacrifier pour leur affranchissement commun et pour l'institution d'une magistrature élective. L'évêque, sans l'aveu duquel rien ne pouvait se faire d'une manière pacifique, était alors en Angleterre; les clercs et les chevaliers de la ville gouvernaient en son absence. Ce fut donc à eux que les bourgeois s'adressèrent, en leur offrant beaucoup d'argent s'ils voulaient consentir à reconnaître, par un acte authentique, à la communauté des habitants le droit de se gouverner par des autorités de son choix. Séduits par l'appât du gain, les clercs et les chevaliers promirent d'accorder tout, pourvu qu'on donnât de bonnes sûretés et de bons gages pour le paiement[1]. Il paraît qu'ils ne se rendaient pas un compte bien exact de l'étendue des concessions demandées, et ne voyaient, dans cette nouvelle transaction, qu'un moyen expéditif de se procurer beau-

---

[1] Si pretia digna impenderent. (Guiberti de Novigento, de Vita sua, lib. III, apud ejusdem opera omnia, ed. Dachery, p. 503.)

coup d'argent : car, dit un contemporain, s'ils s'accordèrent avec les gens du peuple sur le fait de la commune, ce fut dans l'espoir de s'enrichir d'une manière prompte et facile¹.

La commune établie à Laon, du consentement et par le serment commun des clercs, des chevaliers et des bourgeois, fut réglée, pour l'organisation des pouvoirs municipaux, en partie sur le modèle de Noyon, en partie sur celui de Saint-Quentin². L'administration de la justice et de la police publique était confiée à un *majeur* ou maire et à des *jurés* électifs dont le nombre était de douze au moins. Ils avaient le droit de convoquer les habitants au son de la cloche, soit pour tenir conseil, soit pour la défense de la ville. Ils devaient juger tous les délits commis dans la cité et la banlieue, faire exécuter les jugements en leur nom, et sceller leurs actes d'un sceau municipal différent de celui de l'évêque. Il était enjoint à tout habitant domicilié dans les limites du territoire appartenant à la commune de prêter serment d'obéissance à la loi ou charte de cette commune, dont voici quelques articles :

« Nul ne pourra se saisir d'aucun homme, soit
« libre, soit serf, sans le ministère de la justice.

« Si quelqu'un a, de quelque manière que ce soit,
« fait tort à un autre, soit clerc, soit chevalier,

---

¹ Guiberti de Novigento, de Vita sua, lib. III, apud ejusdem opera omnia, ed. Dachery, p. 503.

² ... Communionis illius... jura... eo quod, apud Noviomagensem urbem et San-Quintiniense oppidum, ordine scripta extiterant. (Ibid., p. 504.)

« soit marchand, indigène ou étranger, et que celui
« qui a fait le tort soit de la ville, il sera sommé de
« se présenter en justice, par-devant le majeur et
« les jurés, pour se justifier ou faire amende; mais
« s'il se refuse à faire réparation, il sera exclu de
« la ville avec tous ceux de sa famille. Si les pro-
« priétés du délinquant, en terres ou en vignes,
« sont situées hors du territoire de la ville, le ma-
« jeur et les jurés réclameront justice contre lui de
« la part du seigneur dans le ressort duquel ses biens
« seront situés; mais si l'on n'obtient pas justice de
« ce seigneur, les jurés pourront faire dévaster
« les propriétés du coupable. Si le coupable n'est
« pas de la ville, l'affaire sera portée devant la cour
« de l'évêque, et si, dans le délai de cinq jours, la
« forfaiture n'est pas réparée, le majeur et les jurés
« en tireront vengeance selon leur pouvoir.

« En matière capitale, la plainte doit d'abord être
« portée devant le seigneur justicier dans le ressort
« duquel aura été pris le coupable, ou devant son
« bailli, s'il est absent; et si le plaignant ne peut ob-
« tenir justice ni de l'un ni de l'autre, il s'adressera
« aux jurés.

« Les censitaires ne paieront à leur seigneur
« d'autre cens que celui qu'ils lui doivent par tête.
« S'ils ne le paient pas au temps marqué, ils seront
« punis selon la loi qui les régit, mais n'accorderont
« rien en sus à leur seigneur que de leur propre
« volonté.

« Les hommes de la commune pourront prendre

« pour femmes les filles des vassaux ou des serfs de
« quelque seigneur que ce soit, à l'exception des
« seigneuries et des églises qui font partie de cette
« commune. Dans les familles de ces dernières, ils
« ne pourront prendre des épouses sans le consen-
« tement du seigneur.

« Aucun étranger censitaire des églises ou des
« chevaliers de la ville ne sera compris dans la
« commune que du consentement de son seigneur.

« Quiconque sera reçu dans cette commune bâtira
« une maison dans le délai d'un an, ou achètera
« des vignes, ou apportera dans la ville assez d'effets
« mobiliers pour que justice puisse être faite s'il y
« a quelque plainte contre lui.

« Les mains-mortes sont entièrement abolies.
« Les tailles seront réparties de manière que tout
« homme devant taille paie seulement quatre de-
« niers à chaque terme, et rien de plus, à moins
« qu'il n'ait une terre devant taille, à laquelle il
« tienne assez pour consentir à payer la taille [1]. »

A son retour d'Angleterre, l'évêque, trouvant ce
traité conclu, s'en irrita et s'abstint même quelque
temps de rentrer dans la ville. Cependant son cour-
roux ne résista pas aux offres que la commune lui
fit d'une grande somme d'argent, et c'en fut assez

---

[1] Recueil des Ordonnances des rois de France, t. XI, p. 185 et suiv. Ces articles, extraits d'une charte postérieure, celle que Louis-le-Gros signa en l'année 1128, peuvent, à défaut d'autre document authentique, passer pour les articles primitifs de la charte de Laon, telle qu'elle fut votée et jurée par le corps des bourgeois avant l'année 1112.

pour le réconcilier avec les auteurs de cette innovation [1]. Il jura donc de respecter les priviléges des bourgeois, et renonça, pour lui-même et pour ses successeurs, aux anciens droits de la seigneurie. Ayant ainsi obtenu le consentement de leur seigneur immédiat, les bourgeois de Laon, pour qu'aucune espèce de garantie ne manquât à leur commune, sollicitèrent la sanction de l'autorité royale. Ils envoyèrent à Paris, auprès du roi Louis VI, des députés porteurs de riches présents [2], et obtinrent, moyennant une rente annuelle, la ratification de leur charte de commune. Les députés rapportèrent à Laon cette charte scellée du grand sceau de la couronne et augmentée de deux articles ainsi conçus : « Les hommes de la commune de « Laon ne pourront être forcés d'aller plaider hors « de la ville. Si le roi a procès contre quelqu'un « d'entre eux, justice lui sera faite par la cour épi-« scopale.

« Pour ces avantages et d'autres encore concédés « aux susdits habitants par la munificence royale, « les hommes de la commune sont convenus, qu'ou-« tre les anciens droits de cour plénière, d'ost et de « chevauchée, ils donneront au roi trois gîtes par « an, s'il vient dans la ville, et s'il n'y vient pas,

---

[1] Voces... grandisonas oblata repente sedavit auri argentique congeries. (Guiberti de Novigento, de Vita sua, t. III, apud ejusdem opera omnia, ed. Dachery, p. 504.)

[2] Compulsus et rex est largitione plebeia id ipsum jurejurando firmare. (Ibid.)

« lui paieront en place vingt livres pour chaque
« gîte[1]. »

Ainsi, tout paraissait aller à souhait pour la commune de Laon ; mais les bonnes dispositions de l'évêque Gaudri en sa faveur ne durèrent pas plus longtemps que l'argent dont on les avait achetées. Il était ami du luxe, et dépensait largement. Il en vint bientôt à regretter d'avoir abandonné, pour une somme une fois payée et une rente modique, le revenu qu'il tirait des tailles, des aides et de la main-morte. Les clercs de l'église métropolitaine, qui cherchaient à imiter les profusions de leur évêque, et les nobles de la ville, dissipèrent de même en peu de temps le prix du traité conclu avec les bourgeois[2]. Se voyant sans moyens d'extorquer de l'argent aux hommes de condition inférieure, à cause de la nouvelle loi et de la bonne police de la ville, ils partagèrent les regrets du prélat et son ressentiment contre la commune. Ils eurent ensemble des conférences sur les mesures à prendre pour détruire tout ce qui avait été fait, et ramener les marchands et les artisans de Laon à leur ancien état de gens taillables à merci[3].

---

[1] Recueil des Ordonnances des rois de France, t. XI, p. 187. Les droits d'*ost* et de *chevauchée* (*expeditio* et *equitatus*) se payaient pour l'exemption du service actif, en cas de guerre.

[2] Guiberti de Novigento, de Vita sua, lib. III, apud ejusdem opera omnia, ed. Dachery, p. 505.

[3] ..... Dum servos semel ab jugi exactione emancipatos ad modum pristinum redigere quærunt. (Ibid., p. 504.)

On était alors en l'année 1112, et il y avait déjà près de trois ans que les citoyens jouissaient d'une entière liberté sous un gouvernement que, sans forcer le sens des mots, on peut appeler républicain. Ils s'étaient attachés à ce gouvernement par la conviction du bien qu'ils en retiraient, et par le sentiment d'orgueil qu'inspire une participation active à l'exercice du pouvoir. En un mot, ils étaient dans cette situation d'esprit où la moindre attaque tentée contre un ordre de choses et des droits sans lesquels on ne veut plus vivre, peut conduire au fanatisme politique. Mais les seigneurs du XIIe siècle avaient à cet égard peu d'expérience. Ne prévoyant nullement le danger auquel ils allaient s'exposer, l'évêque et les nobles de Laon résolurent de commencer, à la fin du carême, c'est-à-dire au mois d'avril, l'exécution de leur dessein. Ils choisirent ce temps, malgré le respect qu'on avait alors pour la semaine-sainte, parce qu'ils voulaient engager le roi Louis-le-Gros à venir dans la ville célébrer la fête de Pâques, et qu'ils comptaient beaucoup sur sa présence pour intimider les bourgeois[1].

Le roi se rendit à l'invitation de l'évêque de Laon, et arriva la veille du jeudi-saint, avec une grande compagnie de courtisans et de chevaliers. Le jour même de sa venue, l'évêque se mit à lui parler de l'affaire qui l'occupait et lui proposa de retirer le

---

[1] Ad communionem... destruendam in supremo Quadragesimæ... instare decreverat; ad id... regem evocaverat. (Guiberti de Novigento, de Vita sua, lib. III, apud ejusdem opera omnia, ed. Dachery, p. 505.)

consentement qu'il avait donné à la commune. Tout entier à cette grande négociation, durant toute la journée et le lendemain, il ne mit pas le pied dans l'église, ni pour la consécration du saint-chrême, ni pour donner l'absoute au peuple[1]. Les conseillers du roi firent d'abord quelque difficulté, parce que les bourgeois de Laon, avertis de ce qui se tramait, leur avaient offert quatre cents livres d'argent, et plus, s'ils l'exigeaient. L'évêque se vit donc obligé d'enchérir par-dessus ces offres, et de promettre sept cents livres, qu'il n'avait pas, mais qu'il comptait lever sur les bourgeois quand il n'y aurait plus de commune[2]. Cette proposition détermina les courtisans et le roi lui-même à prendre parti contre la liberté de la ville. En conséquence du traité qu'ils conclurent alors avec l'évêque, celui-ci, de son autorité pontificale, les délia et se délia lui-même de tout serment prêté aux bourgeois. La charte, scellée du sceau royal, fut déclarée nulle et non avenue, et l'on publia, de par le roi et l'évêque, l'ordre à tous les magistrats de la commune de cesser dès lors leurs fonctions, de remettre le sceau et la bannière de la ville, et de ne plus sonner la cloche du beffroi, qui annonçait

---

[1] Nam qua die... chrisma... consecrare debuerat, et... absolvere plebem, ea ne ingredi quidem visus est ecclesiam. (Guiberti de Novigento, de Vita sua, lib. III, apud ejusdem opera omnia, ed. Dachery, p. 505.)

[2] Burgenses de sua subversione verentes, quadringentas... libras regi ac regiis pollicentur; contra episcopus proceres... spondentque pariter septingentas. (Ibid.)

l'ouverture et la clôture de leurs audiences. Cette proclamation causa tant de rumeur que le roi jugea prudent de quitter l'hôtel où il logeait, et d'aller passer la nuit dans le palais épiscopal, qui était ceint de bonnes murailles[1]. Le lendemain matin, au point du jour, il partit, en grande hâte, avec tous ses gens, sans attendre la fête de Pâques, pour la célébration de laquelle il avait entrepris ce voyage. Durant tout le jour, les boutiques des marchands ou artisans et les maisons des aubergistes restèrent closes. Aucune espèce de denrée ne fut mise en vente, et chacun se tint renfermé chez soi, comme il arrive toujours dans les premiers moments d'un grand malheur public[2].

Ce silence fut de peu de durée, et l'agitation recommença le lendemain, lorsqu'on apprit que l'évêque et les nobles s'occupaient de faire dresser un état de la fortune de chaque bourgeois, afin de lever des aides extraordinaires pour le paiement de l'argent promis au roi. On disait que, par une sorte de dérision, ils voulaient que chacun payât, pour la destruction de la commune, une somme précisément égale à celle qu'il avait sacrifiée pour son établissement[3]. L'indignation et une crainte

---

[1] Ea nocte, rex... cùm foris haberet hospitium, dormire pertimuit extra episcopale palatium. (Guiberti de Novigento, de Vita sua, lib. III, apud ejusdem opera omnia, ed. Dachery, p. 505.)

[2] Rex summo mane recesserat... tantus stupor burgensium corda corripuit, ut... cerdonum ac sutorum tabernaculæ clauderentur, et cenæ nec venale quippiam a... cauponibus sisteretur. (Ibid.)

[3] Quantum quisque sciri poterat dedisse ad instituendam communionem,

vague de tous les maux qui allaient fondre sur eux, animèrent la plupart des bourgeois d'une espèce de colère frénétique; ils tinrent des assemblées secrètes, où quarante personnes se conjurèrent par serment, à la vie et à la mort, pour tuer l'évêque et tous ceux des nobles qui avaient travaillé avec lui à la ruine de la commune. Le secret de cette conjuration ne fut pas bien gardé. L'archidiacre Anselme, homme de grande réputation pour son savoir, issu d'une famille obscure de la ville, et que sa probité naturelle, jointe à un sentiment de sympathie pour ses concitoyens, avait porté à désapprouver le parjure commis par l'évêque, eut connaissance du complot. Sans trahir personne, il alla promptement avertir l'évêque, le suppliant de se tenir sur ses gardes, de ne point sortir de sa maison, et, surtout, de ne point suivre la procession le jour de Pâques. « Fi « donc! répondit le prélat, moi, mourir de la main « de pareilles gens[1]! » Cependant il n'osa se rendre aux matines et entrer dans l'église; mais à l'heure de la procession, craignant d'être taxé de lâcheté, il se mit en marche avec son clergé, en se faisant suivre de près par ses domestiques et quelques chevaliers armés sous leurs habits. Pendant que le cortége défilait, l'un des quarante conjurés, croyant le moment favorable pour commettre le meurtre, sor-

tantumdem exigebatur impendere ad destituendam eandem. (Guiberti de Novigento, de Vita sua, lib. III, apud ejusdem opera omnia, ed. Dachery, p. 505.)

[1] « Phi! inquit, ego-ne talium manibus interream? » (Ibid.)

fit tout à coup de dessous une espèce de voûte en criant à haute voix : *Commune! commune!* ce qui était le signal convenu[1]. Il s'éleva quelque tumulte; mais, faute de concert entre les conjurés, ce mouvement n'eut aucune suite.

Effrayé d'avoir entendu prononcer, d'une manière menaçante pour lui, le nom de cette commune qu'il avait autrefois jurée, l'évêque, sur la fin du jour, fit venir en grande hâte, des domaines de l'église, une troupe de paysans qu'il cantonna dans sa maison et dans les tours de la cathédrale[2]. Le lundi de Pâques, tout le clergé devait se rendre processionnellement à l'abbaye de Saint-Vincent, située hors des murs de la ville. L'évêque suivit la procession, accompagné comme la veille. Les conjurés avaient résolu de profiter de cette occasion et d'agir; mais ils n'en firent rien, parce que les nobles, à qui ils en voulaient autant qu'à l'évêque, n'assistaient point à la cérémonie[3]. Soit qu'il eût repris toute sa confiance, soit qu'il voulût paraître ne rien craindre, l'évêque renvoya ses paysans le lendemain même, et se contenta d'engager les principaux d'entre les nobles à venir armés à sa maison, s'il arrivait quelque émeute. Mais l'effervescence popu-

---

[1] Alta voce cœpit, quasi pro signo, inclamitare : *Communiam! communiam!* (Guiberti de Novigento, de Vita sua, lib. III, apud ejusdem opera omnia, ed. Dachery, p. 505.)

[2] Ex episcopalibus villis plurimo accito rusticorum magmine turres ecclesiæ munit... (Ibid.)

[3] Et fecissent si cum episcopo omnes proceres esse sensissent. (Ibid.)

laire était loin de se calmer ; et, le troisième jour après Pâques, plusieurs hôtels furent attaqués et pillés par les bourgeois : ils y cherchaient surtout du blé et de la viande salée, comme s'ils eussent songé à rassembler des provisions pour un siége. Quelqu'un vint, tout consterné, apporter cette nouvelle à l'évêque ; mais il se mit à rire, et répondit : « Que voulez-vous que fassent ces bonnes gens avec « leurs émeutes? Si Jean, mon noir, s'amusait à « tirer par le nez le plus redoutable d'entre eux, le « pauvre diable n'oserait grogner. Je les ai bien « obligés de renoncer à ce qu'ils appelaient leur « commune, je n'aurai pas plus de peine à les faire « se tenir en repos¹. »

Le lendemain, jeudi, pendant que l'évêque, en pleine sécurité, discutait avec l'un de ses archidiacres, nommé Gautier, sur les nouvelles mesures de police qu'il s'agissait de prendre, et en particulier sur la quotité et la répartition des tailles, un grand bruit s'éleva dans la rue, et l'on entendit une foule de gens pousser le cri de *commune! commune*² ! C'était le signal de l'insurrection ; et dans le même moment de nombreuses bandes de bourgeois, armés d'épées, de lances, d'arbalètes, de masses et de haches, investirent la maison épiscopale, voisine de

---

[1] « Si Joannes Maurus meus ipsum, qui in eis est potior, naso detraheret, nullatenus grunnire presumeret. » (Guiberti de Novigento, de Vita sua, lib. III, apud ejusdem opera omnia, ed. Dachery, p. 506.)

[2] Ecce per urbem tumultus increpuit *communiam!* inclamantium. (Ibid.)

l'église métropolitaine, et s'emparèrent de l'église. A la première nouvelle de ce tumulte, les nobles, qui avaient promis à l'évêque de lui prêter secours au besoin, vinrent en grande hâte de tous côtés; mais, à mesure qu'ils arrivaient, ils étaient saisis par le peuple qui les massacrait sans pitié[1]. Comme c'était à l'évêque que les bourgeois en voulaient principalement, ils faisaient grand bruit autour du palais épiscopal, dont on avait fermé les portes, et dont ils commencèrent le siége. Ceux du dedans se défendirent à coups de flèches et de pierres; mais les assaillants étant entrés de vive force, l'évêque n'eut que le temps de prendre l'habit d'un de ses domestiques, et de se réfugier dans le cellier, où l'un des siens le fit cacher dans un tonneau qu'il referma. Les bourgeois parcouraient la maison, cherchant de tout côté et criant : « Où est-il, le « traître, le coquin? » Un serviteur, par trahison, leur découvrit la retraite de son maître.

L'un des premiers qui arrivèrent au lieu indiqué, et l'un des chefs de l'émeute, était un certain Thiégaud, serf de l'église de Saint-Vincent, et longtemps préposé par Enguerrand, seigneur de Coucy, aux péages d'un pont voisin de la ville. Dans cet office, il avait commis beaucoup de rapines, rançonnant les voyageurs et les tuant même, à ce qu'on disait. Cet homme, de mœurs brutales, était connu de

---

[1] Proceres ad episcopum cui præsidium... juraverant se laturos undecumque concurrunt. (Guiberti de Novigento, de Vita sua, lib. III, apud ejusdem opera omnia, ed. Dachery, p. 5o6.)

l'évêque, qui lui donnait, par plaisanterie, à cause de sa mauvaise mine, le sobriquet d'*Isengrin*[1]. C'était le nom qu'on donnait au loup, dans les contes et les fables du temps, comme on appelait *maître Renard* l'animal que ce surnom populaire sert à désigner aujourd'hui[2]. Lorsque le couvercle de la tonne où se cachait l'évêque eut été levé par ceux qui le cherchaient : « Y a-t-il là quelqu'un? « cria Thiégaud en frappant un grand coup de « bâton. — C'est un malheureux prisonnier, répon- « dit l'évêque d'une voix tremblante. — Ah! ah! dit « le serf de Saint-Vincent, c'est donc vous, messire « Isengrin, qui êtes blotti dans ce tonneau[3]? » En même temps il tira l'évêque par les cheveux hors de sa cachette. On l'accabla de coups et on l'entraîna jusque dans la rue. Pendant ce temps il suppliait les bourgeois d'épargner sa vie, offrant de jurer sur l'Évangile qu'il abdiquerait l'épiscopat, leur promettant tout ce qu'il avait d'argent, et disant que, s'ils le voulaient, il abandonnerait le pays[4]. Mais ils n'écoutaient ni ses plaintes ni ses prières, et ne lui répondaient qu'en l'insultant et en le frappant. Enfin, un certain Bernard Desbruyères lui asséna sur

---

[1] Solebat... episcopus eum *Insengrinum* irridendo vocare. (Guiberti de Novigento, de Vita sua, lib. III, apud ejusdem opera omnia, ed. Dachery, p. 507.)

[2] Sic enim aliqui solent appellare lupos. (Ibid.) — L'ancien et véritable nom français du renard est *gotvois* ou *goupil*, dérivé du latin *vulpes*.

[3] « Hiccine est dominus Insengrinus repositus. » (Ibid.)

[4] Infinitas eis pecunias præbiturum, de patria recessurum... (Ibid.)

la tête un coup de hache à deux tranchants, et presque au même moment un second coup de hache lui fendit le visage et l'acheva. Thiégaud voyant briller à son doigt l'anneau épiscopal, lui coupa le doigt avec une épée pour s'emparer de l'anneau; ensuite le corps, dépouillé de tout vêtement, fut poussé dans un coin, où chaque bourgeois qui passait par là lui jetait des pierres ou de la boue, en accompagnant ces insultes de railleries et de malédictions[1].

Pendant que ce meurtre se commettait, tous ceux qui avaient à redouter la fureur du peuple fuyaient çà et là, la plupart sans savoir où, les hommes en habits de femmes, les femmes en habits d'hommes, à travers les vignes et les champs[2]. Les bourgeois faisaient la garde dans les rues et aux portes de la ville pour arrêter les fuyards; et les femmes même, partageant toutes les passions de leurs maris, ne traitaient pas mieux les nobles dames qui tombaient entre leurs mains; elles les insultaient, les frappaient, et les dépouillaient de leurs riches vêtements[3]. Les principaux chevaliers qui habitaient dans la ville, avaient péri durant ou après le siége du palais épiscopal; et quand tout fut achevé de ce côté, les in-

---

[1] Quot in jacentem a transeuntibus sunt ludibria jacta verborum; quot glebarum jactibus, quot saxis, quot est pulveribus corpus oppressum! (Guiberti de Novigento, de Vita sua, lib. III, apud ejusdem opera omnia, ed. Dachery, p. 507.)

[2] Vir muliebrem non verebatur habitum, nec mulier virilem. (Ibid., p. 508.)

[3] Pugnis... pulsata, et preciosis quas habebat vestibus spoliata. (Ibid.)

surgés coururent attaquer les maisons de ceux qui restaient en vie : beaucoup furent tués ou emprisonnés. Les bourgeois prirent une sorte de plaisir à dévaster leurs hôtels, et mirent le feu à celui du trésorier de l'évêque, l'un des hommes qu'ils haïssaient le plus, mais qui, par bonheur pour lui, avait trouvé moyen de s'échapper. Cette maison touchait à l'église cathédrale, qui fut bientôt gagnée et presque détruite par l'incendie. Le feu, se communiquant de proche en proche, consuma tout un quartier de la ville, où se trouvaient plusieurs églises et un couvent de religieuses.

L'archidiacre Anselme, qui avait eu le courage d'avertir son évêque du complot formé contre lui, osa, le lendemain même de la mort de Gaudri, parler d'inhumer son cadavre resté nu et couvert de boue. Les bourgeois, dont la vengeance était satisfaite, ne lui en voulurent aucun mal, et le laissèrent se charger seul de ces tristes funérailles. Anselme, aidé de ses domestiques, enleva le corps, le couvrit d'un drap et le transporta hors de la ville, à l'église de Saint-Vincent. Une grande foule de peuple suivit le convoi; mais personne ne priait pour l'âme du mort; tous le maudissaient et l'injuriaient. Il ne se fit dans l'église aucune cérémonie religieuse; et le corps de l'évêque de Laon, l'un des princes du clergé de France, fut jeté dans la fosse, comme l'aurait été alors celui du plus vil mécréant [1].

---

[1] Delatus ad ecclesiam, nihil prorsus officii, non dico quod episcopo, sed

Ici se termine la première partie de l'histoire de la commune de Laon. Elle renferme, ainsi que vous aurez pu le remarquer, trois périodes bien distinctes. D'abord les sujets font, d'une manière pacifique, leurs demandes de liberté, et les possesseurs du pouvoir consentent à ces demandes avec une bonne grâce apparente. Ensuite les derniers se repentent d'avoir cédé; ils retirent leurs promesses, violent leurs serments, et détruisent les nouvelles institutions qu'ils avaient juré de maintenir. Alors se déchaînent les passions populaires, excitées par le ressentiment de l'injustice, l'instinct de la vengeance et la terreur de l'avenir. Cette marche qui est, nous le savons par expérience, celle des grandes révolutions, se retrouve d'une manière aussi précise dans le soulèvement d'une simple ville que dans celui d'une nation entière, parce qu'il s'agit d'intérêts et de passions qui, au fond, sont toujours les mêmes. Il y avait, au XIIe siècle, pour les changements politiques, la même loi qu'au XVIIIe, loi souveraine et absolue qui régira nos enfants comme elle nous a régis nous et nos pères. Tout l'avantage que nous avons sur nos devanciers, c'est de savoir mieux qu'eux où nous marchons, et quelles sont les vicissitudes, tristes ou heureuses, qu'amène le cours graduel et irrésistible du perfectionnement social.

---

quod christiano competeret, in exequiis habuit. (Guiberti de Novigento, de Vita sua, lib. III, apud ejusdem opera omnia, ed. Dachery, p. 509.)

LETTRE XVII.

Suite de l'histoire de la commune de Laon.

Lorsque les bourgeois de Laon eurent pleinement satisfait leur colère et leur vengeance, ils réfléchirent sur ce qui venait de se passer, et, regardant autour d'eux, ils éprouvèrent un sentiment de terreur et de découragement [1]. Tout entiers à l'idée du péril qui les menaçait, craignant de voir bientôt l'armée du roi campée au pied de leurs murailles, ils étaient incapables de s'occuper d'autre chose que de leur sûreté commune. Dans les conseils tumultueux qui furent tenus pour délibérer sur cet objet, un avis prévalut sur tous les autres; c'était celui de faire alliance avec le seigneur de Marle qui, moyennant une somme d'argent, pourrait mettre au service de la ville un bon nombre de chevaliers et d'archers expérimentés [2].

---

[1] Perpensa igitur... cives perpetrati quantitate facinoris, magno extabuere metu, regium pertimescentes judicium. (Guiberti de Novigento, de Vita sua, lib. III, apud ejusdem opera omnia, ed. Dachery, p. 509.)

[2] Thomam Codiciacensis filium cui erat castellum Marna, præsidium ad

Thomas de Marle, fils d'Enguerrand de Coucy, était le seigneur le plus redouté de la contrée; non-seulement par sa grande puissance, mais encore par son caractère violent jusqu'à la férocité. Le nom de son château de Crécy figurait dans une foule de récits populaires, où l'on parlait de marchands et de pèlerins mis aux fers, retenus dans des cachots humides et torturés de mille manières[1]. Que ces bruits fussent vrais ou faux, les bourgeois de Laon, dans la situation critique où ils se trouvaient, n'avaient pas le loisir de se décider d'après leur opinion sur ce point. Il leur fallait, à tout prix, un secours contre la puissance royale; et, parmi les seigneurs du pays, il n'y avait guère que Thomas de Marle sur lequel ils pussent compter, car ce seigneur était l'ennemi personnel de Louis-le-Gros. Il s'était ligué en 1108 avec Guy de Rochefort, et plusieurs autres, pour empêcher le roi d'être sacré à Reims. Les bourgeois de Laon envoyèrent donc des députés au château de Crécy pour parler au seigneur de Marle, et l'inviter à venir, dans la ville, conclure un traité d'alliance avec les magistrats de la commune[2]. Son entrée à cheval, et en armure complète, au milieu de ses chevaliers et de ses sergents d'armes, fut,

---

sui contra regis impetus defensionem accercire disponunt. (Guiberti de Novigento, de Vita sua, lib. III, apud ejusdem opera omnia, ed. Dachery, p. 509.)

[1] Dici ab ullo non potest quot in ejus carceribus fame, tabo, cruciatibus, et in ejus vinculis expirarunt. (Ibid., p. 510.)

[2] Ad hunc... dirigentes ut ad se veniret, seque contra regem tueretur orantes. (Ibid.)

pour les citoyens de Laon, un grand sujet de joie et d'espoir.

Lorsque les chefs de la commune eurent adressé leurs propositions à Thomas de Marle, celui-ci demanda à en délibérer séparément avec les siens; tous furent d'avis que ses troupes n'étaient pas assez nombreuses pour tenir dans la place contre la puissance du roi. Cette réponse était dure à donner. Thomas craignit qu'elle n'excitât le ressentiment des bourgeois et qu'ils ne voulussent le retenir de force pour lui faire partager, bon gré mal gré, les chances de leur rébellion [1]. Il s'arrangea donc pour ne rien dire de positif tant qu'il demeurerait dans la ville; et, de retour à son château, il donna un rendez-vous aux principaux bourgeois, dans une grande plaine, à quelque distance de Laon. Lorsqu'ils y furent réunis, Thomas de Marle prit la parole en ces termes: « Laon « est la tête du royaume; c'est une ville que je ne « puis tenir contre le roi. Si vous redoutez la puis- « sance royale, suivez-moi dans ma seigneurie; je « vous y défendrai selon mon pouvoir, comme un « patron et un ami. Voyez donc si vous voulez m'y « suivre [2]. » Ces paroles jetèrent la consternation parmi les habitants; mais comme ils désespéraient de leurs seules forces, et n'apercevaient aucun

---

[1] Quod oraculum insanis hominibus, quandiu in sua ipsorum urbe erat, propalare non ausus. (Guiberti de Novigento, de Vita sua, lib. III, apud ejusdem opera omnia, ed. Dachery, p. 510.

[2] « Civitas hæc, quum caput regni sit, non potest contra regem a me teneri... » (Ibid.)

moyen de salut, le plus grand nombre abandonna la ville, et se rendit soit au château de Crécy, soit au bourg de Nogent près de Coucy. Le bruit se répandit bientôt parmi les habitants et les serfs des campagnes voisines, que les citoyens de Laon s'étaient enfuis hors de leur ville et l'avaient laissée sans défense. C'en fut assez pour les attirer en masse par l'espoir du butin [1]. Durant plusieurs jours, les gens de Montaigu, de Pierrepont et de la Fère, vinrent par bandes piller les maisons désertes et enlever tout ce qui s'y trouvait. Le sire de Coucy amena lui-même à ce pillage ses paysans et ses vassaux; « bien qu'arrivés les derniers, dit un contem-
« porain, ils trouvèrent presque autant de choses à
« prendre que si personne ne fût venu avant eux [2]. »

Pendant que ces étrangers dévastaient la ville, les partisans de l'évêque, sortis de prison, ou revenus des lieux où ils s'étaient réfugiés, commencèrent à exercer leur vengeance sur les bourgeois qui n'avaient pas eu le temps ou la volonté de s'enfuir. Les nobles, à leur tour, commirent contre les gens du peuple des cruautés semblables à celles que ces derniers avaient commises contre eux. Ils les assaillirent dans leurs maisons, les massacrèrent dans les rues, et les poursuivirent jusque dans les couvents

---

[1] Quique pagenses ad solitariam proruunt civitatem. (Guiberti de Novigento, de Vita sua, lib. III, apud ejusdem opera omnia, ed. Dachery, p. 510.)

[2] Cùm... recentiores tardius advenissent, munda omnia et quasi illibata se reperisse jactaverint. (Ibid.)

et les églises. L'abbaye de Saint-Vincent servit alors de refuge à plusieurs bourgeois qui y portèrent leur argent. Les religieux les accueillirent comme ils avaient accueilli les ennemis de la commune durant la première révolution ; mais cet asile ne fut point respecté. Les nobles forcèrent les portes de l'abbaye, et tirèrent même l'épée contre les moines, pour les contraindre de livrer, jusqu'au dernier, tous ceux qu'ils tenaient cachés[1]. L'un des plus riches et des plus honnêtes gens de la ville, nommé Robert-le-Mangeur, ayant reçu d'un noble, qui était son compère, sûreté pour sa vie et ses membres, fut, malgré cette garantie, attaché à la queue d'un cheval qu'on lança au galop[2]. Plusieurs autres périrent par le même supplice ou furent pendus à des gibets[3]. Les partisans de cette réaction n'oubliaient pas non plus le soin et les moyens de s'enrichir ; ils prenaient tout dans les maisons et les ateliers des bourgeois, jusqu'aux plus gros meubles et aux ferrements des portes[4].

Pour avoir recueilli sur ses terres les meurtriers de l'évêque de Laon, et les avoir pris sous sa dé-

---

[1] Ad Sanctum Vincentium sontes insontesque cum peculio multo coierant. Quid, domine Deus, gladiorum exertum est super monachos ! (Guiberti de Novigento, de Vita sua, lib. III, apud ejusdem opera omnia, ed. Dachery, p. 510.)

[2] Ad equi caudam pedibus alligatus... vocabatur autem is Robertus cognomento Manducans, vir dives et probus. (Ibid., p. 511.)

[3] His generibus mortium et LII sunt exacti. (Ibid.)

[4] At modo residui proceres, profugarum domos usque ad confosceras et pessulos omni substantia atque ustensilibus ademnuabant. (Ibid.)

fense, Thomas de Marle fut mis au ban du royaume et frappé d'excommunication par le haut clergé de la province rémoise assemblé en concile. Cette sentence, prononcée avec toute la solennité possible, au son des cloches et à la lueur des cierges, était lue chaque dimanche à l'issue de la messe dans toutes les églises épiscopales et paroissiales[1]. Plusieurs seigneurs du voisinage, et entre autres Enguerrand de Coucy, le propre père de Thomas, s'armèrent contre lui, au nom de l'autorité du roi et de l'église. Tous les environs de Laon furent dévastés par cette guerre, et le sire de Marle, irrité surtout contre le clergé qui l'avait excommunié, n'épargnait ni les couvents ni les lieux saints. Les plaintes des prêtres et des religieux déterminèrent enfin Louis VI à mettre une armée en campagne[2]. Le château de Crécy, qui était très-fort, fut assiégé par le roi en personne, et fit une longue résistance. Il ne fut réduit à la fin qu'au moyen d'une levée en masse ordonnée dans les campagnes voisines, sous promesse d'absolution de tout péché par les archevêques et les évêques. Les défenseurs du château se rendirent à discrétion; et Thomas de Marle, mis à forte rançon, fut obligé

---

[1] Thomas qui nefarios illos... occisores cum illa communia maligna susceperat... non solum in conciliis, synodis, ac regiis curiis, sed et postmodum ubique parochiarum ac sedium per omnes dominicas... creberrimo passim anathemate pulsabatur. (Guiberti de Novigento, de Vita sua, lib. III, apud ejusdem opera omnia, ed. Dachery, p. 515.)

[2] De his... ecclesiarum doloribus apud regias cùm impeterentur aures... collecto rex adversus cum exercitu, præsidia...... aggreditur. (Ibid., p. 517.)

de prêter serment et de donner des sûretés au roi[1]. Mais, pour les émigrés de Laon, il n'y eut ni rançon ni merci; et la plupart furent pendus, afin de servir d'exemple à ceux qui tenaient encore dans un bourg voisin appelé Nogent[2]. Après la prise de Crécy, l'armée royale marcha sur ce bourg, qui ne fit pas une grande résistance, parce que la défaite du seigneur de Marle avait découragé ses alliés. Tous les émigrés de Laon, trouvés dans ce lieu, furent mis à mort comme criminels de lèse-majesté divine et humaine; et leurs corps, laissés sans sépulture, devinrent la proie des chiens et des oiseaux[3].

Ensuite le roi entra dans la ville, où les deux partis opposés continuaient, quoique avec un succès inégal, à se faire une guerre d'assassinats et de brigandage. Sa présence donnant tout pouvoir aux adversaires de la commune, leur inspira aussi, pour un moment, plus de calme et de modération. Il y eut un intervalle de paix durant lequel on s'occupa de cérémonies expiatoires et de la réparation des églises ruinées par l'incendie. L'archevêque de Reims, venu exprès, célébra une messe solennelle pour le repos des âmes de ceux qui avaient péri durant les troubles. Entre les deux parties de la messe, il prononça un

---

[1] Thomas autem... facta pecuniaria redemptione apud regem et regios. (Guiberti de Novigento, de Vita sua, lib. III, apud ejusdem opera omnia, ed. Dachery, p. 517.)

[2] Furcis appensi sunt ad terrorem defensorum. (Ibid.)

[3] Milvorum, corvorum et vulturum rapacitati pastum generalem exhibens, et patibulo affigi præcipiens. (Sugerii Vita Ludovici-Grossi, apud script. rer. gallic. et francic., t. XII, p 42.)

sermon analogue à la circonstance, et propre, à ce que l'on croyait, à calmer les esprits. Il prit pour texte ce verset de saint Pierre : « *Servi, subditi estote* « *in omni timore dominis!* Serfs, dit-il, soyez soumis « en toute crainte à vos seigneurs; et si vous êtes « tentés de vous prévaloir contre eux de leur dureté « et de leur avarice, écoutez ces autres paroles de « l'Apôtre : Obéissez non-seulement à ceux qui sont « bons et doux, mais même à ceux qui sont rudes « et fâcheux. Aussi les canons frappent-ils d'ana- « thème quiconque, sous prétexte de religion, enga- « gerait des serfs à désobéir à leurs maîtres, et à « plus forte raison à leur résister par force [1]... »

Malgré ces autorités et ces raisonnements, la bourgeoisie de Laon ne se résigna point à son ancienne servitude, et les partisans de *ces exécrables communes*, comme s'exprime un narrateur contemporain [2], ne restèrent point en repos. Il y eut une nouvelle série de troubles dont l'histoire nous manque, mais durant lesquels, selon toute apparence, le parti de la bourgeoisie reprit le dessus. En l'année 1128, seize ans après le meurtre de l'évêque Gaudri, la crainte d'une seconde explosion de la fureur populaire engagea son successeur à consentir à l'institution d'une nouvelle commune, sur les bases an-

---

[1] Planè in authenticis canonibus damnantur anathemate qui servos dominis, religionis causa, docuerint inobedire, aut quovis subterfugere, nedum resistere. (Guiberti de Novigento, de Vita sua, lib. III, apud ejusdem opera omnia, ed. Dachery, p. 509.)

[2] De execrabilibus communiis illis. (Ibid.)

ciennement établies. Le roi Louis-le-Gros en ratifia la charte dans une assemblée tenue à Compiègne. Une particularité remarquable, c'est qu'on évita avec soin d'écrire dans cette charte le nom de *commune*, et que ce mot devenu trop offensif, à cause des derniers événements, fut remplacé par ceux d'établissement de paix : *institutio pacis*. Les bornes territoriales de la commune furent appelées *bornes de la paix*; et, pour en désigner les membres, on se servit de la formule : *tous ceux qui ont juré cette paix*[1]. Voici le préambule de cet acte qui fixa, d'une manière définitive, les droits civils et politiques des habitants de la ville de Laon et du territoire au pied de ses murailles, depuis l'Ardon jusqu'au Breuil, en y comprenant le village de Luilly avec ses coteaux et ses vignobles :

« Au nom de la sainte et indivisible Trinité, ainsi
« soit-il. Louis, par la grâce de Dieu, roi des Fran-
« çais, faisons savoir à tous nos féaux présents et à
« venir, que, du consentement des barons de notre
« royaume et des habitants de la cité de Laon,

---

[1] Termini pacis... omnes qui hanc pacem juraverunt. (Recueil des Ordonnances des rois de France, t. XI.) La même chose arriva pour la commune de Cambray; détruite en l'année 1180 par l'empereur Frederik, elle obtint, à prix d'argent, son rétablissement sous le nom de *paix*, parce que, dit un auteur contemporain, le nom de commune fut toujours abominable. Voici le passage entier : « Cives ad imperatorem... cùm multa pecunia re-
« currentes, eliminato communiæ nomine, quod semper abominabile exstitit,
« sub nomine pacis, cùm tamen pax non esset, contra episcopum et cleri-
« corum libertatem... privilegium sua voluntate et seditione plenum repor-
« taverunt. » (Balderici Chron. continuat., apud script. rer. gallic. et francic.
t. XIII, p. 541.)

« nous avons institué en ladite cité un établissement
« de paix. »

Les articles suivants énoncent les limites de la juridiction municipale hors des murs de la ville, les différents cas de procédure et la fixation des tailles sur les bases du premier établissement ; ensuite vient un décret d'amnistie conçu en ces termes :

« Toutes les anciennes forfaitures et offenses com-
« mises avant la ratification du présent traité sont
« entièrement pardonnées. Si quelque homme banni
« pour avoir forfait par le passé, veut rentrer dans
« la ville, il y sera reçu et recouvrera la possession
« de ses biens ; sont néanmoins exceptés du pardon
« les treize dont les noms suivent : Foulque, fils de
« Bomart, Raoul de Cabrisson, Ancelle, gendre
« de Lebert, Haymon, homme de Lebert, Payen
« Scille, Robert, Remy Bute, Maynard Dray, Raim-
« bault de Soissons, Payen Osteloup, Ancelle Qua-
« tre-Mains, Raoul Gastines et Jean de Molrain[1]. »

Je ne sais si vous partagerez l'impression que j'éprouve en transcrivant ici les noms obscurs de ces proscrits du XIIe siècle. Je ne puis m'empêcher de les relire et de les prononcer plusieurs fois, comme s'ils devaient me révéler le secret de ce qu'ont senti et voulu les hommes qui les portaient il y a sept cents ans. Une passion ardente pour la justice, et la conviction qu'ils valaient mieux que leur fortune, avaient arraché ces hommes à leurs

---

[1] Recueil des Ordonnances des rois de France. t. XI, p. 186.

métiers, à leur commerce, à la vie paisible, mais sans dignité, que des serfs dociles pouvaient mener sous la protection de leurs seigneurs. Jetés, sans lumières et sans expérience, au milieu de troubles politiques, ils y portèrent cet instinct d'énergie qui est le même dans tous les temps, généreux dans son principe, mais irritable à l'excès, et sujet à pousser les hommes hors des voies de l'humanité. Peut-être ces treize bannis, exclus à jamais de leur ville natale, au moment où elle devenait libre, s'étaient-ils signalés, entre tous les bourgeois de Laon, par leur opposition contre le pouvoir seigneurial : peut-être avaient-ils souillé par des violences cette opposition patriotique : peut-être enfin furent-ils pris au hasard, pour être seuls chargés du crime de leurs concitoyens. Quoi qu'il en soit, je ne puis regarder avec indifférence ce peu de noms et cette courte histoire, seul monument d'une révolution qui est loin de nous, il est vrai, mais qui fit battre de nobles cœurs et excita ces grandes émotions que nous avons tous, depuis quarante ans, ressenties ou partagées

LETTRE XVIII.

Fin de l'histoire de la commune de Laon.

Les quarante-cinq années qui suivirent la révolution de Laon furent des années de paix et de prospérité pour la nouvelle commune. Le souvenir de la guerre civile inspirait une sorte de crainte aux successeurs de l'évêque Gaudri; mais, à mesure qu'on s'éloigna de ces temps, le pouvoir épiscopal s'enhardit par degrés, et forma le dessein de reprendre tout ce qu'il avait abandonné. Ces projets se révélèrent tout à coup, en l'année 1175, à l'avénement de Roger de Rosoy. C'était un homme de grande naissance, parent des seigneurs de Pierrepont et d'Avesne, et allié du comte de Hainault. A l'aide de ses puissants amis, l'évêque Roger se mit à travailler par intrigues et par menaces à la ruine du gouvernement communal. Comme c'était principalement à cause de ses nombreuses alliances qu'il inquiétait les bourgeois, ceux-ci de leur côté cherchèrent un appui au dehors. Ils conclurent des traités d'amitié avec les communes de Soissons, de Crespy et de

Velly, et entrèrent en négociation avec le roi de France, Louis VII surnommé le Jeune. Ils lui demandaient, moyennant une somme d'argent, de confirmer et de jurer la charte donnée par son père [1]. Leurs propositions furent acceptées malgré les instances de l'évêque, qui suppliait le roi de ne point soutenir des serfs révoltés et d'avoir merci de son église [2].

En l'année 1177, Louis-le-Jeune donna aux bourgeois de Laon une nouvelle charte, portant confirmation de leur établissement de paix. Loin de reculer pour cela, l'évêque prit la résolution de pousser vivement son entreprise. Il avertit son frère Renaud, sire de Rosoy, et ses autres amis, de venir le trouver avec autant de gens d'armes qu'ils pourraient en rassembler. Ce fut le commencement d'une seconde guerre civile. Les bourgeois préparant leurs moyens de défense, envoyèrent des messages aux communes avec lesquelles ils avaient fait alliance. Celles-ci tinrent leurs engagements; et le prévôt du roi leva quelques troupes dans les bourgs de sa juridiction [3]. A la première nouvelle de l'approche des ennemis, les bourgeois, au lieu de les attendre derrière les murs de la ville, se portèrent à leur rencontre. Che-

---

[1] Data regi Ludovico æstimatione pecuniæ... (Anonymi canonici laudun Chron., apud script. rer. gallic. et francic., t. XIII, p. 682.)

[2] Et ut ecclesiæ suæ misereretur, communiam servorum suorum delendo, modis omnibus exoravit. (Ibid.)

[3] Venerant eis in auxilium ex aliis communiis plurimi, Galfrido Silvanectensi, tunc Laudunensi præposito, procurante. (Ibid.)

min faisant, dans leur effervescence démocratique, ils détruisaient les maisons des nobles qu'ils soupçonnaient de malveillance à leur égard. Arrivés près d'un lieu appelé Saint-Martin de Comporte, ils trouvèrent une troupe nombreuse de chevaliers rangés en bataille, suivant les règles de la tactique. Ils les attaquèrent imprudemment, et ne pouvant réussir à les entamer, reculèrent bientôt en désordre. Poursuivis à course de cheval, ils regagnèrent la ville à grande peine, en laissant derrière eux beaucoup de morts [1].

Comme l'évêque et ses partisans tenaient la ville en état de siége, le roi fit marcher ses troupes, et se mettant lui-même à leur tête, ravagea les terres du sire de Rosoy et de ses complices. Incapables de résister seuls à la puissance royale, les principaux d'entre eux adressèrent alors une demande de secours au comte de Hainault, leur parent, et l'un des grands vassaux de l'Empire : ainsi la guerre civile de Laon fit éclore une guerre nationale. Le comte de Hainault rassembla sept cents chevaliers, et plusieurs milliers de gens de pied, à la tête desquels il arriva sans coup férir jusqu'à peu de distance de Soissons. Obligé, par cette diversion, de rétrograder pour défendre ses domaines, le roi consentit à un traité de paix dans lequel furent compris tous les ennemis de la commune de Laon, à l'exception de l'évêque Ro-

---

[1] Anonymi canonici laudun. Chron., apud script. rer. gallic et francic., t. XIII, p. 682.

ger, dont les biens restèrent en séquestre. On l'accusait de s'être trouvé en armes à la bataille de Comporte, et d'avoir tué de sa propre main plusieurs bourgeois. Il se justifia sur ce dernier point par un serment public, et le roi lui pardonna à l'intercession du pape; il reprit ses biens et son évêché, à condition de laisser en paix la commune [1].

Roger de Rosoy renonça dès lors à toute entreprise violente contre la liberté des bourgeois de Laon; mais il n'en fut pas moins attentif à saisir toutes les occasions qui semblaient favorables à ses projets. Après la mort de Louis-le-Jeune, arrivée en 1180, il adressa au nouveau roi Philippe-Auguste les mêmes plaintes qu'à son prédécesseur. Ces doléances firent peu d'effet sur l'esprit du roi, jusqu'à ce que l'évêque eût proposé de reconnaître d'une manière convenable l'assistance qu'il réclamait. Il possédait par droit héréditaire la seigneurie de la Fère-sur-Oise, et ne crut point faire un marché désavantageux en donnant cette seigneurie pour une charte d'abolition de la commune de Laon [2]. Voici les termes de l'ordonnance royale rendue en 1190.

« Désirant éviter pour notre âme toute espèce de
« péril, nous cassons entièrement la commune éta-
« blie en la ville de Laon, comme contraire aux
« droits et libertés de l'église métropolitaine de
« Sainte-Marie. Nous nous sommes déterminés à

---

[1] Gisleberti montensis Hannoniæ Chron., apud script. rer. gallic. et francic., t. XIII, p. 578.

[2] Histoire du diocèse de Laon, par Nicolas Le Long, p. 275.

« agir ainsi par amour de Dieu et de la bienheu-
« reuse vierge Marie, en vue de la justice, et pour
« l'heureuse isssue du pèlerinage que nous devons
« faire à Jérusalem[1]. »

Dès l'année suivante, le roi Philippe changea entièrement de dispositions à l'égard de la commune de Laon, et un traité d'argent, conclu, cette fois, avec les citoyens, lui fit oublier ce qu'il appelait le péril de son âme :

« Philippe, par la grâce de Dieu, roi des Français,
« faisons savoir à tous, présents et à venir, que notre
« aïeul, de bonne mémoire, le roi Louis, ayant oc-
« troyé une *paix* aux habitants de Laon; que notre
« père aussi, de pieuse mémoire, le roi Louis, leur
« ayant octroyé la même paix et l'ayant confirmée
« par serment, comme il est contenu dans sa charte
« authentique que nous avons vue; avec l'assenti-
« ment des citoyens, nous avons fait casser ladite
« charte, par suite d'une nouvelle convention, dont
« voici la teneur : En vertu de leur établissement de
« paix, lesdits citoyens nous devaient trois droits
« de gîte chaque année, si nous venions dans la
« ville, ou vingt livres si nous n'y venions pas. Nous
« leur remettons à tout jamais tant les trois gîtes
« que les vingt livres, et les en tenons quittes, sous
« cette condition, que, chaque année, à la fête de
« tous les Saints, ils paieront à nous et à nos suc-

---

[1] Amore Dei et beatæ Virginis, et respectu justitiæ et peregrinationis nostræ ierosolymitanæ. (Gallia christiana., t. IX, col. 535.)

« cesseurs deux cents livres parisis. Moyennant la
« présente convention, nous garantissons et confir-
« mons à perpétuité le susdit établissement de
« paix[1]. »

Les successeurs moins belliqueux de l'évêque
Roger n'employèrent contre la commune de Laon
d'autres armes que les armes spirituelles. Le maire
et les jurés, qu'on nommait aussi échevins, furent
plusieurs fois excommuniés par eux durant le cours
du XIIIe siècle. Le prétexte ordinaire de ces excom-
munications était l'emprisonnement de quelque
clerc ou serviteur de l'église, coupable d'injures ou
de violence envers un bourgeois. En effet l'hostilité
du chapitre métropolitain contre la commune nourrissait une foule de querelles particulières et donnait lieu à de fréquents désordres que le chapitre
négligeait de punir sur ses justiciables, mais que
la commune, réduite à se faire justice elle-même,
réprimait avec sévérité[2]. Alors l'évêque de Laon
écrivait au légat du pape, au roi et aux prélats de
France, pour se plaindre des empiétements de l'autorité municipale; le ban de Dieu était mis sur la
ville, et n'était levé que quand les magistrats com-
munaux avaient donné satisfaction à l'église. Obéis-
sant à la nécessité, ils payaient les amendes pécuniaires et subissaient patiemment les cérémonies
humiliantes que leur imposait l'autorité pontificale;

---

[1] Recueil des Ordonnances des rois de France, t. XI, p. 287.
[2] Gallia christiana, t. IX, col. 537.

mais leur fermeté politique n'en était nullement ébranlée.

En l'année 1294, deux chevaliers, parents de l'un des clercs du chapitre métropolitain, se prirent de querelle avec un bourgeois, et la dispute s'échauffa au point qu'ils le maltraitèrent dans sa propre maison. Cette injure était du nombre de celles qu'on ne pouvait faire à un membre des communes sans exciter le ressentiment de tous. Aussi les voisins qui accoururent au bruit, voyant ce dont il s'agissait, s'armèrent de bâtons et de pierres et poursuivirent les deux chevaliers à travers les rues [1]. Ceux-ci craignant de ne trouver de refuge dans aucune maison, coururent à l'église épiscopale, dont les portes leur furent ouvertes par un clerc qui était leur parent. Le bruit se répandit aussitôt que le chapitre avait pris parti pour ceux qui avaient violé le domicile d'un bourgeois. Il y eut grande rumeur dans tous les quartiers; on sonna la cloche du beffroi; on ferma les portes de la ville, et les magistrats s'assemblèrent. La foule se portait vers l'église où les deux chevaliers et leur parent s'étaient barricadés; on leur criait d'ouvrir et de se remettre entre les mains de la justice. Mais ils n'en firent rien, et le chapitre refusa de les y contraindre, alléguant ses priviléges et la sainteté du droit d'asile. Ce refus poussa au dernier point l'exaspération populaire; les portes de

---

[1] Tum lapidibus et baculis armati, tanto furore equites persequuntur ut... (Gallia christiana, t. IX, col. 543.)

l'église furent forcées par les bourgeois, qui s'y précipitèrent malgré les remontrances du trésorier et des chanoines, saisirent le clerc et les chevaliers, les maltraitèrent et les frappèrent jusqu'au sang[1].

Regardant l'église comme profanée, le chapitre cessa d'y célébrer aucun office et transporta ailleurs les vases sacrés. L'official prononça l'excommunication contre les auteurs du sacrilége; enfin l'évêque mit l'interdit sur toute la ville et excommunia les magistrats municipaux, d'abord comme gardiens et représentants de la commune, et ensuite parce qu'ils avaient été témoins du désordre sans rien faire pour l'empêcher. Le chapitre en corps adressa ses plaintes au pape Boniface VIII, qui écrivit au roi Philippe-le-Bel pour l'exhorter à punir les coupables, à soutenir en tout point la cause du clergé de Laon, enfin à casser la commune comme contraire aux droits et à la tranquillité de l'église[2]. Le roi envoya deux commissaires, nommés Pierre de Sargine et Jean Choisel, pour faire une enquête exacte sur ce qui s'était passé. Les procès-verbaux dressés par eux furent soumis au parlement, qui prononça contre la commune de Laon un arrêt dont voici quelques passages :

« Attendu que les citoyens de Laon, réunis en

---

[1] Eosque verberibus cædunt ad sanguinem usque. (Gallia christiana, t. IX, col. 543.)

[2] Communiam abroget, Ecclesiæ dudum injuriosam ac juri ecclesiastico inimicam. (Ibid.)

« grand nombre, après avoir sonné la cloche de la
« commune, fermé les portes de la ville, et fait des
« proclamations publiques, se sont rués en sacri-
« léges dans la mère-église, sans respect pour les
« immunités ecclésiastiques; qu'ils ont arraché par
« force de ladite église un clerc et plusieurs nobles
« chevaliers, réfugiés dans cet asile sacré pour sau-
« ver leur vie et échapper à la poursuite de leurs
« ennemis qui les ont blessés cruellement, au point
« qu'un des chevaliers est mort par suite de ses bles-
« sures; qu'ainsi ils ont violé les libertés de ladite
« église, et cela en présence de plusiers officiers de
« la commune, des échevins, jurés et autres magis-
« trats, qui, loin de s'opposer à ce crime comme ils
« pouvaient et devaient le faire, ont prêté secours,
« conseil et protection aux auteurs du mal; vu l'en-
« quête sur ce faite, d'après le témoignage de toutes
« les personnes qui devaient être entendues; nous
« déclarons les susdits citoyens, maire, jurés, éche-
« vins, et tous autres magistrats de la ville de Laon,
« coupables des faits énumérés ci-dessus, et les
« privons, par le présent arrêt, de tout droit de
« commune et de collége, sous quelque nom que
« ce soit, leur ôtant à tout jamais et entièrement
« leurs cloche, sceau, coffre commun, charte, pri-
« viléges, tout état de justice, juridiction, jugement,
« échevinage, office de jurés et tous autres droits
« de commune [1]. »

---

[1] Cet arrêt se trouve répété dans le préambule d'une charte postérieure

Une constitution municipale qui comptait près de deux cents ans d'existence ne pouvait être détruite d'un seul coup : aussi l'arrêt du parlement ne fut-il point exécuté à la lettre. Pour ne point renouveler à Laon les scènes de tumulte qui avaient signalé, au xiie siècle, l'établissement de la commune, le roi fut obligé de révoquer presque aussitôt la sentence portée contre les bourgeois, par une charte qui les maintenait provisoirement dans la jouissance de leurs droits politiques. Cette charte portait que la commune de Laon serait rétablie sous la réserve de demeurer en la main du roi; et la principale clause était conçue en ces termes : « Ne seront la- « dite commune et ledit échevinage, en vigueur « qu'autant qu'il nous plaira[1]. » De son côté, le chapitre métropolitain fut obligé de capituler avec les bourgeois sur les satisfactions qu'il exigeait. Les deux parties nommèrent des arbitres qui s'accordè- rent, moyennant une rente payée à l'église par la commune et certaines cérémonies expiatoires. A la première fête solennelle, cent des bourgeois excom- muniés, nu-pieds, sans robe ni ceinture, marchè- rent processionnellement, la croix en tête, depuis le bas de la montagne de Laon jusqu'à la cathédrale. Trois d'entre eux portaient dans leurs bras des fi- gures d'hommes en cire, du poids de vingt livres, qu'ils remirent au doyen et aux chanoines, en signe

de Charles IV. (Recueil des Ordonnances des rois de France, t. XII, p. 465 et suiv.)

[1] Ibid.

de restitution. Ensuite la sentence et l'interdit furent levés par mandement du pape[1].

A une époque où les décisions législatives des rois de France prenaient plus de force qu'elles n'en avaient jamais eu depuis l'établissement des communes, la situation de celle de Laon devenait singulièrement précaire. Son existence dépendait entièrement de la volonté ou de l'intérêt de Philippe IV et de ses successeurs. Ce roi lui fut favorable durant tout son règne, parce que les ennemis des libertés de Laon avaient pris parti pour le pape dans ses démêlés avec la cour de France. Boniface VIII avait même récompensé leur zèle par une bulle, où, de son autorité pontificale, il abolissait à perpétuité la commune; mais le roi fit brûler cette bulle[2]. Philippe V, qui, en l'année 1316, succéda à son frère Louis, ne fut pas plus favorable que lui aux adversaires de la commune de Laon. Soit qu'il cédât à un sentiment de respect pour des droits consacrés par le temps, soit que les bourgeois eussent offert de l'argent pour qu'il les maintînt dans leur liberté provisoire, il ratifia la charte de Philippe-le-Bel et confirma aux citoyens l'exercice de leurs droits, « *pour autant de temps qu'il* « *plairait à la volonté royale*[3]. » D'un côté les bourgeois, et de l'autre l'évêque et le chapitre de Laon, étaient en instance perpétuelle auprès de la

---

[1] Hist. du diocèse de Laon, p. 308 et 309.

[2] Ibid., p. 311.

[3] Recueil des Ordonnances des rois de France, t. XII.

cour du roi, et adressaient requêtes sur requêtes, les premiers pour obtenir une confirmation définitive, les seconds pour faire remettre en vigueur l'ordonnance de Philippe-le-Bel. Ces derniers réussirent auprès de Charles IV, qui, dès l'année de son avénement, en 1322, rendit contre la commune de Laon une ordonnance dont voici les derniers articles :

« Eu sur ce délibération et conseil, nous statuons
« et ordonnons, en vertu de notre autorité royale,
« qu'en la ville, cité et faubourgs de Laon, il ne
« puisse y avoir, à l'avenir, commune, corps, uni-
« versité, échevinage, maire, jurés, coffre commun,
« beffroi, cloche, sceau, ni aucune autre chose ap-
« partenant à l'état de commune. De notre certaine
« science et autorité royale, nous mettons à néant,
« dans ladite ville, cité et faubourgs, le susdit état
« de commune et tous les droits qui en dépendent,
« les déclarons annulés à perpétuité, et imposons
« perpétuel silence aux citoyens et habitants pré-
« sents et à venir, sur toute demande et réclama-
« tion relatives auxdits priviléges de commune,
« corps, université, mairie, échevinage, cloche,
« sceau et coffre commun. Nous statuons en outre
« qu'ils ne pourront être ouïs sur ces choses, ni
« par voie de supplique, ni par aucune autre, dé-
« crétant que toutes lettres qu'ils pourraient avoir
« en confirmation des susdits droits sont nulles et
« de nulle valeur, et réunissons, pour toujours, à

« notre prévôté de Laon, la juridiction qui autre-
« fois appartenait à la commune[1]. »

Malgré les termes impératifs de cette ordonnance, les bourgeois de Laon ne désespérèrent pas tout à fait de leur cause, et, ne reculant devant aucun sacrifice, ils entamèrent une négociation d'argent avec les officiers du roi. Quoiqu'il eût été décrété qu'ils ne seraient ouïs par aucune voie, leurs offres ne furent point repoussées; mais la partie adverse, admise à plaider contre eux, prolongea cette affaire, qui n'était point encore terminée à la mort de Charles-le-Bel, arrivée en 1328. La discussion s'engagea de nouveau et plus vivement encore devant son successeur Philippe VI. L'évêque et son chapitre soutenaient que le roi, en sa qualité de défenseur et spécial gardien des églises, devait faire exécuter rigoureusement la sentence rendue contre la commune de Laon, en punition de ses *méfaits notoires, détestables et scandaleux*. Ils disaient que si l'on ne tenait la main à cet arrêt, *beaucoup de maux et griefs* pourraient s'ensuivre, et ajoutaient que bien des gens dans la ville pensaient que ce ne serait pas profit qu'il y eût commune[2]. Pour réfuter ces arguments, les fondés de pouvoir de la bourgeoisie remontraient que la sentence rendue en 1294 était sans application, puisque le délit avait

---

[1] Recueil des Ordonnances des rois de France, t. XII, p. 465 et suiv.
[2] Ibid., p. 3 et suiv.

été amendé par des réparations de tout genre; que d'ailleurs tous ceux qui l'avaient commis étaient morts[1]. Leurs raisons et peut-être leurs offres prévalurent. La cour décida que le roi, « en vertu de « son autorité, avait droit de mettre et d'établir « commune en la ville de Laon, toutes fois qu'il lui « plairait et qu'il lui semblerait profitable de le « faire. » L'ordonnance rendue à cet égard imposait *perpétuel silence* au doyen, à l'évêque et à son chapitre. Mais il ne fallut pas plus de deux ans à l'évêque Albert de Roye pour faire écouter ses réclamations, et convaincre de la bonté de sa cause le même roi qui avait reconnu dans sa plaidoirie contre les bourgeois *plus de haine que d'amour de iustice*[2]. Les nouveaux moyens de persuasion employés par ce prélat consistaient en une grosse somme d'argent qui fut remise entre les mains du trésorier de France, le 29 avril de l'année 1330[3]. Enfin, au commencement de l'année 1331, fut rendue l'ordonnance qui devait abolir, après deux siècles révolus, la commune ou *paix* de Laon :

« Philippe, par la grâce de Dieu, roi de France, « savoir faisons à tous présents et à venir, que « comme nous, considérant que la commune jadis « de Laon, pour certains méfaits et excès notoires, « énormes et détestables, avait été ôtée et abattue

---

[1] Recueil des Ordonnances des rois de France, t. XII, p. 3 et suiv.
[2] Ibid.
[3] Multam contulit pecuniam... (Gallia christiana, t. IX, col. 546.)

« à toujours par arrêt de la cour de notre très-cher
« seigneur et oncle le roi Philippe-le-Bel, confirmé
« et approuvé par nos très-chers seigneurs les rois
« Philippe et Charles, dont Dieu ait les âmes, par
« grande délibération de notre conseil, avons or-
« donné que jamais commune, corps, collége,
« échevinage, maire, jurés ou aucun autre état ou
« signe à ce appartenant ne soient institués ou éta-
« blis à Laon; Nous, considéré le bon gouverne-
« ment qui a été en ladite ville, par nos gens,
« depuis que la commune fut abattue et qui est
« aussi et a été ès autres cités et bonnes villes de
« notre royaume, esquelles il n'y a nul état de
« commune, ni d'échevinage, eu sur ce grande et
« mûre délibération et conseil, audit gouvernement
« avons pourvu et pourvoyons en la manière qui
« s'ensuit :

« Le bailly de Vermandois, ou son lieutenant
« pour lui, connaîtra de toutes affaires, tant en
« assises à Laon que hors d'assises.

« Il y aura à Laon un prévôt de la cité, à gages,
« qui exercera pour le roi la justice haute, moyenne
« et basse, et dans tous les lieux qui étaient de la
« commune, ou de la paix.

« Le prévôt établira à Laon le maître de tous les
« métiers.

« Les sommes dont les habitants de Laon auront
« besoin pour la défense de leurs pâturages, de
« leurs droitures et de leurs franchises, pour la

« conservation des puits, des fontaines, et pour le
« paiement de leurs rentes à vie ou à perpétuité,
« seront levées par six personnes que le prévôt
« fera élire par le peuple.

« Il n'y aura plus à Laon de tour du beffroi; et
« les deux cloches qui y étaient en seront ôtées et
« confisquées au roi. Les deux autres cloches qui
« sont en la tour de Porte-Martel y resteront, dont
« la grande servira à sonner le couvre-feu au soir,
« le point du jour au matin, et le tocsin; et la pe-
« tite, pour faire assembler le guet [1]. »

Comme il n'y a guère de révolution sans changement de noms pour les édifices publics, une ordonnance postérieure défendit que la tour dont on avait
enlevé les deux grosses cloches de la commune fût
appelée tour du beffroi [2]. Il semble qu'on voulût,
par là, effacer les souvenirs démocratiques attachés
à ces vieux murs d'où partait autrefois le signal qui
annonçait aux bourgeois libres l'ouverture de l'assemblée populaire ou les dangers de leur cité. Le
beffroi ou la grande tour communale bâtie au centre
de la ville était un sujet d'orgueil et d'émulation
pour les petites républiques du moyen âge. Elles
employaient des sommes considérables à la con-
struire et à l'orner, afin qu'aperçue de loin, elle
donnât une grande idée de leur puissance. C'était

---

[1] Recueil des Ordonnances des rois de France, t. II, p. 77 et suiv.

[2] « . . . Et défendons que ladite tour soit jamais appelée beffroi. » (Ibid.,
t. XII, et préface du t. XI.)

surtout parmi les communes du Midi que régnait cette espèce d'émulation ; elles cherchaient à se surpasser l'une l'autre en magnificence, et quelquefois en bizarrerie, dans la construction de leurs tours. On donnait à ces édifices des noms sonores et recherchés, comme celui de *Miranda* ou la *Merveille*[1]; et il paraît que la fameuse tour de Pise doit à une vanité de ce genre son architecture singulière.

[1] Voyez le Recueil des poésies des Troubadours, publié par M. Raynouard.

LETTRE XIX.

Sur les communes d'Amiens, de Soissons et de Sens.

L'histoire de la commune d'Amiens remonte jusqu'à l'année 1113, année qui suivit la catastrophe de la révolution de Laon. Il paraît que l'exemple de cette dernière ville avait inspiré aux habitants leur premier désir de liberté. Amiens n'était point à cet égard dans une situation aussi simple que Laon : cette grande et antique cité n'avait pas moins de quatre seigneurs. L'évêque exerçait les droits de la seigneurie sur une partie de la ville, le comte sur une autre, le vidame sur une troisième, et enfin le châtelain d'une grosse tour, qu'on nommait *le Castillon*[1], prétendait aux mêmes droits sur le quartier voisin de sa forteresse. De ces quatre puissances, la plus généralement reconnue, mais la plus faible de fait, était celle de l'évêque, qui, n'ayant point de soldats, tremblait devant le comte et recevait de

---

[1] Pro muro Castellionis, sic enim vocatur. (Guiberti de Novigento, de Vita sua, lib. III, apud ejusdem opera omnia, ed. Dachery, p. 517.)

ses autres coseigneurs des injures qu'il ne pouvait rendre. Par intérêt, sinon par esprit de justice, l'évêque d'Amiens devait donc être favorable à la formation d'une commune, qui, au prix de quelques concessions, lui assurerait un appui contre ses trois rivaux dont elle ébranlerait ou détruirait le pouvoir.

Le hasard voulut que la dignité épiscopale fût alors possédée par un homme d'une vertu exemplaire, d'un esprit aussi éclairé que le comportait son siècle, et plein de zèle pour le bien général. Sans se laisser épouvanter par les terribles scènes qui venaient d'avoir lieu à Laon, l'évêque Geoffroi comprit ce qu'avait de légitime le désir d'indépendance et de garanties pour les personnes et pour les biens. Il céda sans efforts et gratuitement aux requêtes des bourgeois, et concourut avec eux à l'érection d'un gouvernement municipal [1]. Ce gouvernement, composé de vingt-quatre échevins sous la présidence d'un majeur, fut installé sans aucun trouble au milieu de la joie populaire; et la nouvelle commune promulgua ses lois dans la forme suivante :

« Chacun gardera fidélité à son juré et lui prê-
« tera secours et conseil en tout ce qui est juste.

« Si quelqu'un viole sciemment les constitutions

---

[1] Cui episcopus, nulla vi exactus, debuisset præstare favorem, præsertim cum et nemo eum urgeret, et coepiscopi sui eum miserabile exitium et infaustorum civium confligium non lateret. (Guiberti de Novigento, de Vita sua, lib. III, apud ejusdem opera omnia, ed. Dachery, p. 515.)

« de la commune et qu'il en soit convaincu, la
« commune, si elle le peut, démolira sa maison et
« ne lui permettra point d'habiter dans ses limites
« jusqu'à ce qu'il ait donné satisfaction.

« Quiconque aura sciemment reçu dans sa mai-
« son un ennemi de la commune et aura commu-
« niqué avec lui, soit en vendant et achetant, soit
« en buvant et mangeant, soit en lui prêtant un
« secours quelconque, ou lui aura donné aide et
« conseil contre la commune, sera coupable de
« lèse-commune, et, à moins qu'il ne donne promp-
« tement satisfaction en justice, la commune, si
« elle le peut, démolira sa maison.

« Quiconque aura tenu devant témoin des pro-
« pos injurieux pour la commune, si la commune
« en est informée, et que l'inculpé refuse de ré-
« pondre en justice, la commune, si elle le peut,
« démolira sa maison, et ne lui permettra pas d'ha-
« biter dans ses limites jusqu'à ce qu'il ait donné
« satisfaction.

« Si quelqu'un attaque de paroles injurieuses le
« majeur dans l'exercice de sa juridiction, sa mai-
« son sera démolie, ou il paiera rançon pour sa
« maison en la miséricorde des juges.

« Que nul n'ait la hardiesse de vexer au passage,
« dans la banlieue de la cité, les personnes domi-
« ciliées dans la commune, ou les marchands qui
« viennent à la ville pour y vendre leurs denrées.
« Si quelqu'un ose le faire, il sera réputé violateur

« de la commune, et justice sera faite sur sa per-
« sonne ou sur ses biens.

« Si un membre de la commune enlève quelque
« chose à l'un de ses jurés, il sera sommé par le
« majeur et les échevins de comparaître en présence
« de la commune, et fera réparation suivant l'ar-
« rêt des échevins.

« Si le vol a été commis par quelqu'un qui ne
« soit pas de la commune, et que cet homme ait
« refusé de comparaître en justice dans les limites
« de la banlieue, la commune, après l'avoir notifié
« aux gens du château où le coupable a son domi-
« cile, le saisira, si elle le peut, lui ou quelque
« chose qui lui appartienne, et le retiendra jusqu'à
« ce qu'il ait fait réparation.

« Quiconque aura blessé avec armes un de ses
« jurés, à moins qu'il ne se justifie par témoins
« et par le serment, perdra le poing ou paiera neuf
« livres, six pour les fortifications de la ville et de
« la commune, et trois pour la rançon de son
« poing; mais s'il est incapable de payer, il aban-
« donnera son poing à la miséricorde de la com-
« mune.

« Si un homme, qui n'est pas de la commune,
« frappe ou blesse quelqu'un de la commune, et
« refuse de comparaître en jugement, la commune,
« si elle le peut, démolira sa maison; et si elle
« parvient à le saisir, justice sera faite de lui par-
« devant le majeur et les échevins.

« Quiconque aura donné à l'un de ses jurés les
« noms de serf, récréant, traître ou fripon, paiera
« vingt sous d'amende [1].

« Si quelque membre de la commune a sciem-
« ment acheté ou vendu quelque objet provenant
« de pillage, il le perdra et sera tenu de le res-
« tituer aux dépouillés, à moins qu'eux-mêmes ou
« leurs seigneurs n'aient forfait en quelque chose
« contre la commune.

« Dans les limites de la commune, on n'admettra
« aucun champion gagé au combat contre l'un de
« ses membres.

« En toute espèce de cause, l'accusateur, l'accusé
« et les témoins s'expliqueront, s'ils le veulent, par
« avocat.

« Tous ces droits, ainsi que les ordonnances du
« majeur et de la commune, n'ont force que de juré
« à juré : il n'y a pas égalité en justice entre le juré
« et le non-juré [2]. »

La constitution, établie de commun accord par
l'évêque et les bourgeois d'Amiens, fut soumise à
l'agrément des trois autres seigneurs, comme parties
intéressées. Le vidame, le moins puissant des trois,
y donna son approbation moyennant garantie pour

---

[1] Qui vero juratum suum servum, recredentem, traditorem, etc. En vieux français *récréant* signifie *renégat*.

[2] Recueil des Ordonnances des rois de France, t. XI, p. 264 et suiv. — La charte originale, telle qu'on la retrouve dans une charte de Philippe-Auguste qui la reproduit, n'a pas moins de cinquante articles. J'ai traduit les plus importants, et j'en ai interverti l'ordre afin d'y mettre plus de suite.

quelques-uns de ses droits et une bonne rançon pour le reste. Mais le comte ne voulut entendre à rien ; il dit qu'il maintiendrait jusqu'au dernier tous les priviléges de son titre, et entraîna dans son parti le châtelain de la grosse tour. Dès lors il y eut guerre déclarée entre ce parti et celui de la commune. Le comte d'Amiens était Enguerrand de Boves ou de Coucy, père de ce Thomas de Marle qu'on a vu figurer dans l'histoire de la commune de Laon. Afin de s'assurer un appui contre ce puissant adversaire, la bourgeoisie d'Amiens eut recours au roi, et par l'entremise de son évêque elle obtint de Louis VI, à prix d'argent, l'approbation, ou, suivant le style officiel, l'octroi de sa constitution municipale [1]. Enguerrand de Boves n'en tint nul compte, et, faisant marcher sur la ville tout ce qu'il avait de chevaliers et d'archers, il entreprit d'en rester maître. Menacés par des forces qui avaient sur eux la supériorité de la discipline, les bourgeois n'eurent d'autre ressource que de se recommander, comme ceux de Laon, au fameux Thomas de Marle, qui alors était en guerre avec son père [2].

A l'aide de ce secours, ils parvinrent à chasser le comte de la ville et à le contraindre de se renfermer

---

[1] Post funestum excidii Laudunensis eventum, Ambiani, rege illecto pecuniis, fecere communiam. (Guiberti de Novigento, de Vita sua, lib. III, apud ejusdem opera omnia, ed. Dachery, p. 515.)

[2] Et Thomam, quasi amantiorem suum dominum, ad communiæ illiu sacramenta vocantes, contra parentem, ut putatur, suum filium suscitarunt. (Ibid.)

dans la grosse tour, dont le châtelain, nommé Adam, lui ouvrit les portes. Cette tour, qui était d'une telle force qu'on la jugeait imprenable, fut attaquée avec vigueur; mais un incident vint tout à coup changer la face des affaires et ruiner l'espérance de la commune. Enguerrand de Boves, que son âge empêchait de monter à cheval et de prendre part aux fréquentes sorties qui se faisaient contre les bourgeois, ne put supporter, comme il le disait, que des cabaretiers et des bouchers se moquassent de sa lourdeur [1]. La haine qui l'animait contre les bourgeois d'Amiens lui fit sacrifier ses ressentiments contre son fils ; ils se réconcilièrent et conclurent ensemble un traité d'alliance contre la commune, le vidame et l'évêque. Les terres de ce dernier, soit qu'elles lui appartinssent en propre, soit que ce fussent des domaines de l'église, commencèrent alors à être dévastées par le pillage et l'incendie. L'impitoyable Thomas de Marle, dès le premier jour qu'il entra en campagne contre ses anciens alliés, tua trente hommes de sa propre main et brûla plusieurs églises ; mais bientôt sa fougue le fit tomber dans une embuscade où il reçut de graves blessures qui l'obligèrent à quitter les environs d'Amiens et à se tenir en repos chez lui [2].

---

[1] Perpendens interea Ingelrannus quia sui ævi gravitatem caupones et macellarii irriderent. (Guiberti de Novigento, de Vita sua, lib. III, apud ejusdem opera omnia, ed. Dachery, p. 515.)

[2] Thoma itaque ad sua translato, et ex vulnere prælibato jam impotenter agente. (Ibid., p. 516.)

En partant, il laissa ses meilleures troupes dans la tour du Castillon, qui, bâtie, à ce qu'il paraît, à l'un des angles du mur de ville, pouvait être ravitaillée et recevoir garnison par l'extérieur. Les soldats renfermés dans cette forteresse faisaient, de jour et de nuit, dans la ville des sorties meurtrières, massacraient femmes et enfants, pillaient et brûlaient à plaisir. Dépourvus des moyens de conduire un siége, les bourgeois ne pouvaient opposer à ces agressions qu'une résistance purement passive [1]. Le découragement les gagna; et à la vue de tout ce qu'ils souffraient, l'évêque Geoffroi, qui les aimait, fut saisi d'une vive affliction; il désespéra de la cause à laquelle il s'était lié et sentit même s'ébranler la confiance qu'il avait dans la bonté de ses intentions. Cédant aux clameurs des gens de son ordre, qui l'accusaient d'avoir excité des troubles qu'il était incapable d'apaiser [2], il se suspendit lui-même des fonctions épiscopales. Il renvoya à l'évêque de Reims son bâton et son anneau, et se retira d'abord au monastère de Cluny, ensuite à la Grande-Chartreuse, près de Grenoble [3]. Il n'en re-

[1] Referri non possunt ab aliquo, ne ab eis quidem quorum pars periclitabatur, factæ neces de burgensibus per turrenses, cum ante obsidiodem, tum postea crebriores. Nullus enim apud urbanos actus erat, sed passio sola. (Guiberti de Novigento, de Vita sua, lib. III, apud ejusdem opera omnia, ed. Dachery, p. 516.)

[2] Turbam moverat quam sedare non poterat. (Ibid.)

[3] Archiepiscopo remensi annulum sandaliaque remisit, et se in exilium iturum numquamque deinceps episcopum futurum, utrobique mandavit. (Ibid.)

vint qu'à la sommation de l'archevêque de Reims, et lorsque Louis-le-Gros, déterminé par les plaintes du clergé à faire la guerre à Thomas de Marle, marcha en personne sur Crécy et sur Nogent, et rendit ainsi quelque espérance aux ennemis de ce terrible baron[1].

Cette guerre présentait de singuliers contrastes : d'un côté, le sire de Marle, ennemi de la commune d'Amiens, était ami de celle de Laon, dont les membres les plus compromis s'étaient réfugiés sur ses terres; de l'autre, le roi, en s'avançant contre ce seigneur, venait par le fait sauver la première de ces communes et accabler la seconde. Après la soumission de Thomas de Marle, Louis-le-Gros dirigea ses forces contre Enguerrand de Boves, comme allié et complice de son fils. Son entrée dans Amiens ranima le courage et les espérances populaires. L'évêque, associé de cœur aux intérêts et aux passions de la multitude, le dimanche des Rameaux de l'année 1115, prêcha, devant le roi et tout le peuple assemblé, un sermon sur les événements du jour. Il prononça de grandes invectives et tous les anathèmes de l'Écriture-Sainte contre la garnison de la grosse tour, promettant de la part de Dieu le royaume du ciel à quiconque périrait à l'attaque de cette forteresse[2]. Il fut décidé que les soldats royaux, réunis

---

[1] Voyez plus haut, Lettre xvii.

[2] *Spondens regna cœlorum his qui turrim expugnando perierint.* (Guiberti de Novigento, de Vita sua, lib. iii, apud ejusdem opera omnia, ed. Dachery, p. 517.)

aux mieux armés d'entre les bourgeois, et conduits par le roi en personne, livreraient un assaut général. L'évêque se rendit nu-pieds au tombeau de saint Acheul, et y pria avec ferveur pour le succès de l'entreprise [1]. Au jour fixé, les ingénieurs du roi firent avancer contre le Castillon plusieurs des machines au moyen desquelles on s'approchait alors des places fortes : c'étaient des tours de bois chargées de combattants et garnies de ponts-levis qu'on abaissait contre les parapets de la muraille. Malgré la discipline des troupes royales et le dévouement de la bourgeoisie, la grosse tour du Castillon garda sa réputation d'imprenable. Les assaillants furent repoussés; leurs machines furent démontées par les pierriers qui tiraient dessus. Beaucoup de soldats et de bourgeois périrent, soit au pied des murailles, soit sur les tours dressées pour l'attaque, et le roi lui-même fut blessé à la poitrine d'une flèche qui traversa son haubert [2].

Louis VI qui, en obligeant Thomas de Marle à rester en repos et à se faire absoudre par l'église, avait accompli l'objet de son expédition, ne jugea pas à propos de s'exposer aux dangers et aux fatigues d'un nouvel assaut. Il partit laissant quelques

---

[1] Episcopus....., nudipes ad S. Aceolum, non tunc pro hoc exaudiendus abierat. (Guiberti de Novigento, de Vita sua, lib. III, apud ejusdem opera omnia, ed. Dachery, p. 517.)

[2] Missis ex tormento lapidibus, utrasque (machinas) confregerunt. Et fervente jactu missilium, quater vicenis, ut relatum est, vulneratis, etiam regem jaculo in pectore loricato læserunt... At milites qui de machinis pendebant, obrui se videntes, fugam ineunt, nec mora cæteri... (Ibid.)

troupes qui, avec la coopération des bourgeois, tournèrent en blocus le siége de la grosse tour[1]. Ce fut seulement au bout de deux ans que les assiégés rendirent le Castillon, qui fut aussitôt démoli et rasé. L'évêque Geoffroi ne démentit point son caractère d'ami des libertés du peuple. Il avait encouru le blâme des adversaires des communes, qui étaient nombreux parmi la noblesse et le clergé; mais ses mœurs étaient si pures, et son zèle religieux si éclatant, qu'après sa mort l'église l'honora du nom de saint. Si le mérite d'avoir fondé une commune ne lui fut pas compté, il y a sept siècles, parmi ceux qui lui valurent ce titre, c'est à nous de l'y ajouter comme un motif de plus pour vénérer sa mémoire.

Pendant que ces événements se passaient, et que la commune d'Amiens luttait avec tant de peines contre ses anciens seigneurs, la ville de Soissons s'affranchit et se constitua en commune, sans qu'elle eût besoin pour cela d'entrer en rébellion ouverte. L'évêque et le comte, intimidés par les exemples de violence et d'obstination que venaient de donner deux villes voisines, consentirent, pour le maintien de la paix, à l'établissement d'un gouvernement municipal, sauf à disputer ensuite sur l'étendue des priviléges que s'attribuerait ce gouvernement. Voici les principaux articles de la nouvelle charte, qui, avec l'approbation du roi, et *pour la paix du pays,*

---

[1] Videns... rex inexpugnabilem locum, cessit; obsideri jubens dum fame coacti se redderent. (Guiberti de Novigento, de Vita sua, lib. III, apud ejusdem opera omnia, ed. Dachery, p. 517.)

établissait, dans la ville de Soissons, une commune, entre tous les hommes possédant une maison ou un terrain, soit dans la ville, soit dans les faubourgs [1].

« Tous les hommes habitant dans l'enceinte des
« murs de la ville de Soissons et en dehors dans le
« faubourg, sur quelque seigneurie qu'ils demeu-
« rent, jureront la commune : si quelqu'un s'y
« refuse, ceux qui l'auront jurée feront justice de sa
« maison et de son argent.

« Dans les limites de la commune, tous les
« hommes s'aideront mutuellement, selon leur pou-
« voir, et ne souffriront en nulle manière que qui
« que ce soit enlève quelque chose ou fasse payer
« des tailles à l'un d'entre eux.

« Quand la cloche sonnera pour assembler la com-
« mune, si quelqu'un ne se rend pas à l'assemblée,
« il paiera douze deniers d'amende.

« Si quelqu'un de la commune a forfait en quel-
« que chose et refuse de donner satisfaction devant
« les jurés, les hommes de la commune en feront
« justice.

« Les membres de cette commune prendront pour
« épouses les femmes qu'ils voudront, après en avoir
« demandé la permission aux seigneurs dont ils relè-

---

[1] Contigit ob pacem patriæ nos in civitate Suessionensi communiam constituisse de hominibus illis qui ea die domum aut plateam habebant infra terminos urbis et suburbiorum ejus, eisque quædam gravamina dimisimus quæ a dominis suis patiebantur : unde et ipsis chartam fecimus. (Charta Ludovici VI; apud script. rer. gallic. et francic., t. XIV, p. LXXII præfationis.)

« vent; mais, si les seigneurs s'y refusaient, et que,
« sans l'aveu du sien, quelqu'un prît une femme
« relevant d'une autre seigneurie, l'amende qu'il
« paierait dans ce cas, sur la plainte de son seigneur,
« serait de cinq sols seulement.

« Si un étranger apporte son pain ou son vin dans
« la ville pour les y mettre en sûreté, et qu'ensuite
« un différend survienne entre son seigneur et les
« hommes de cette commune, il aura quinze jours
« pour vendre son pain et son vin dans la ville et
« emporter l'argent, à moins qu'il n'ait forfait ou
« ne soit complice de quelque forfaiture.

« Si l'évêque de Soissons amène par mégarde dans
« la ville un homme qui ait forfait envers un mem-
« bre de cette commune, après qu'on lui aura re-
« montré que c'est l'un des ennemis de la commune,
« il pourra l'emmener cette fois, mais ne le ramè-
« nera en aucune manière, si ce n'est avec l'aveu de
« ceux qui ont charge de maintenir la commune.

« Toute forfaiture, hormis l'infraction de com-
« mune et la vieille haine, sera punie d'une amende
« de cinq sous [1]. »

Si la promulgation de cette nouvelle loi eut lieu sans éprouver d'obstacle, lorsqu'il s'agit de l'exécuter les embarras commencèrent. Tous les intérêts

---

[1] La charte originale s'est perdue; mais on en retrouve tout le dispositif dans une charte de confirmation donnée par Philippe-Auguste. Plusieurs articles sont empruntés à la charte de Beauvais; je les ai supprimés, et j'ai interverti l'ordre des autres. Voyez le Recueil des Ordonnances des rois de France, t. XI, p. 219.

qu'elle froissait se soulevèrent en même temps contre elle. Les seigneurs laïcs s'irritèrent de ne plus recevoir que cinq sous d'amende pour toute espèce de délit. Ceux dont les terres étaient voisines des limites de la commune se plaignirent de ce que leurs serfs, enhardis par l'exemple et les encouragements des bourgeois, refusaient ou ajournaient le paiement du cens et des tailles. D'autres ne voulaient pas se contenter de l'amende fixée pour le mariage d'un membre de la commune avec une femme étrangère, et réclamaient, comme leur appartenant de corps et de biens, les femmes qui avaient passé de leurs seigneuries dans la commune. Quelques-uns revendiquaient au même titre les habitants de leurs terres qui étaient allés, sans leur aveu, s'établir à Soissons. Il y en avait qui accusaient la commune de leur faire violence, en les empêchant de saisir les meubles de ceux qui avaient commis des forfaitures ou qui n'exécutaient point les corvées. On imputait à crime aux bourgeois de lever un droit de péage ou d'entrepôt sur les marchandises et les denrées qui entraient dans la ville. Enfin l'évêque reprochait à la commune de s'être approprié son *promenoir* pour y tenir les assemblées délibérantes, et d'avoir transformé en prison publique la grande salle de son palais [1].

Tous ces griefs adressés à plusieurs reprises à Louis-le-Gros dans les vingt années qui suivirent

---

[1] Tallias et corvadas... violentiam dominis terrarum inferente communia, persolvere negligebant... In pervaturia episcopi et infra domos ejus conventus suos faciebat, et in magna curia captos suos, nolente episcopo, incarce-

l'établissement de la commune, le déterminèrent à y faire droit. En 1136, il cita devant sa cour, tenue à Saint-Germain-en-Laye, le maire et les jurés de Soissons. L'évêque de la ville, appelé Goslin, y comparut, comme partie adverse, en son nom et au nom des autres plaignants. La cour décida que la commune avait usurpé sur les seigneurs, tant de la ville que de la banlieue, des droits qui ne lui appartenaient point, qu'elle avait grandement outrepassé la teneur de sa charte, et qu'il lui serait enjoint de s'y renfermer à l'avenir. Les magistrats furent sommés de jurer en présence du roi qu'ils obéiraient à cette sentence, et le sénéchal du royaume alla recevoir le serment de toute la commune. Dans cet accord forcé, il n'y eut qu'une seule victime, ce fut un nommé Simon que la cour du roi ordonna d'expulser de la ville, comme agitateur du peuple [1].

La charte de la commune de Soissons devint celle de plusieurs villes, non-seulement en Picardie, mais en Champagne et jusqu'en Bourgogne. Dans l'année 1146, les bourgeois de Sens, ayant formé entre eux une association de défense mutuelle, l'adoptèrent avec l'agrément du roi Louis VII. Mais à peine le gouvernement communal fut-il établi à Sens, que le clergé des églises, et surtout les religieux de Saint-Pierre-le-Vif, élevèrent un cri d'alarme sur l'aboli-

---

rabat. (Charta Ludovici VI, apud script. rer. gallic. et francic., t. XIV, p. LXXIII præfationis.)

[1] Hoc tamen pro pace utriusque concessum est, quod Simone de communia ejecto, qui totius mali exstiterat... (Ibid.)

tion de leurs justices. Le pape Eugène III, chassé de Rome, venait de passer en France, et le roi l'avait reçu à Dijon avec toute sorte de respects. Ce fut à lui que les clercs de Sens adressèrent leur réclamation par l'entremise d'Herbert, abbé de Saint-Pierre-le-Vif. Cette ambassade eut un plein succès; et le roi, à la requête du pape, ordonna que la nouvelle commune fût incontinent dissoute [1].

Pendant que cet ordre s'exécutait dans toute sa rigueur, l'abbé Herbert revint dans la ville jouir des remercîments de son ordre et se préparer pour le voyage à la Terre-Sainte, où il devait suivre le roi. Son arrivée, dans de telles circonstances, exaspéra les esprits au point qu'un rassemblement de bourgeois armés se forma aussitôt pour attaquer l'abbaye de Saint-Pierre. Ils enfoncèrent les portes et massacrèrent l'abbé, ainsi que son neveu, jeune chevalier plein de courage, qui périt en essayant de le défendre. Ce crime, excité par la frénésie du désespoir, fut puni avec une grande rigueur. Des troupes envoyées par le roi investirent la ville de Sens, et arrêtèrent en grand nombre les auteurs et les complices de l'émeute; plusieurs furent mis à mort sans forme de procès, et par une sorte de raffinement on les fit monter au haut de la tour Saint-Pierre, d'où ils furent précipités; les autres, emmenés et jugés à

---

[1] Destructa est Senonum communia ab Eugenio papa romano et a Ludovico rege Francorum, per deprecationem Herberti abbatis S. Petri-Vivi. (Chron. S. Petri-Vivi senon., apud script. rer. gallic. et francic., t. XII, p. 284.)

Paris, eurent la tête tranchée par la main du bourreau[1].

Il y avait trop de vie dans l'institution des communes, pour que celle de Sens pérît par ce seul échec. Elle fut rétablie ou plutôt reconnue par Philippe-Auguste, après quarante ans, durant lesquels, si l'on en juge par le préambule de la charte royale, la guerre n'avait point cessé entre les bourgeois et le clergé de la ville. « Dans l'intention de « conserver la paix dorénavant, nous avons octroyé « que, sauf notre fidélité, une commune fût établie « à Sens. Elle sera jurée par tous ceux qui habitent « soit dans l'enceinte des murs, soit dans le fau- « bourg, et par ceux qui entreront dans la com- « mune, à l'exception des hommes et des femmes « que nous avons rendus à l'archevêque, aux églises « et aux clercs de Sens[2]... »

L'existence de la commune de Soissons, malgré la haute réputation de sa charte municipale, fut peu tranquille et assez malheureuse. Son histoire n'est qu'une série de querelles entre la magistrature bourgeoise et les dignitaires des églises et des chapitres. Ces derniers étaient sans cesse en réclamation auprès du roi, et menaçaient de suspendre la célébration des offices, soit parce que la commune usurpait leur juridiction, soit parce qu'elle

---

[1] Ob cujus ultionem rex quosdam... illorum de turre senonensi præcipitari fecit, quosdam autem Parisiis detruncari (Hist. regis Ludovic. VII, apud script. rer. gallic. et francic., t. XII, p 126.)

[2] Recueil des Ordonnances des rois de France, t. XI, p. 262.

leur déniait justice. Une fois, c'était un prévenu arrêté par la commune dans une maison bâtie sur l'emplacement d'un ancien cloître; une autre fois, c'était un clerc turbulent emprisonné au beffroi, malgré les franchises de son ordre. Tantôt les bourgeois avaient maltraité ou injurié des membres ou des officiers du chapitre; tantôt ils avaient refusé de les secourir contre ceux qui les maltraitaient, et n'avaient point voulu sonner la cloche ni crier dans les rues haye! haye! comme il était d'usage en cas de mêlées. Sur toutes ces plaintes, portées, dans la dernière moitié du XIIIe siècle, devant le parlement de Paris, le clergé eut gain de cause, et la commune fut condamnée à payer non-seulement de fortes amendes envers le roi et les églises, mais encore tous les dépens des procès intentés contre elle[1]. Ces frais et ces amendes s'accumulèrent tellement, que la ville se trouva chargée d'une dette qu'elle était hors d'état de payer sans ruiner les bourgeois par des impôts énormes. Dans cette extrémité, les habitants, ne sachant plus que faire, proposèrent au roi Charles IV de lui vendre l'abolition de leur commune et de se soumettre au régime prévôtal, à condition que la dette publique tomberait à la charge du roi. Cette proposition fut agréée et le traité conclu en l'année 1325 :

« Charles, par la grâce de Dieu, etc., faisons
« savoir à tous, présents et à venir, que, comme

---

[1] Hist. de Soissons, par Claude Dormay, t. II, p. 300 et suiv.

« nous, ayant reçu de la commune de Soissons
« supplications des bourgeois et habitants d'illec,
« pour certaines causes tendantes aux fins qu'ils
« fussent ci-après gouvernés à perpétuité, en pré-
« vôté en notre nom, par un prévôt que nous y
« établirons désormais, sans qu'ils aient maire ni
« jurés en la commune, nous, à la supplication
« desdits habitants, la commune avec les juridic-
« tions, droitures et émoluments, avons reçu et
« recevons dès maintenant par la teneur de ces
« présentes lettres, et gouvernerons en notre nom
« dorénavant par un prévôt que nous y députerons;
« et voulons que le prévôt qui de par nous sera
« député en ladite ville, pour la gouverner en notre
« nom, gouverne en prévôté les habitants, aux lois
« et coutumes, avec les libertés et franchises qu'ils
« avaient au temps qu'ils étaient gouvernés en com-
« mune, excepté que dorénavant majeurs ni jurés
« n'y seront mis ni établis[1]. »

Ce passage de l'état de commune à un régime analogue en beaucoup de points à l'administration actuelle des villes de France[2] n'eut pas lieu sans regret du passé, sans que les bourgeois de Soissons jetassent un regard en arrière sur le temps où ils avaient une existence par eux-mêmes, une bannière, un trésor, un sceau, un beffroi, des élections et des assemblées publiques. Déchargés du poids

---

[1] Recueil des Ordonnances des rois de France, t. XI, p. 500.
[2] Écrit en 1828.

de leur dette, ils ne sentirent plus que l'humiliation d'avoir perdu leurs vieilles lois et leurs libertés héréditaires. Aussi, moins de dix ans après leur abdication entre les mains de Charles-le-Bel, ils entamèrent avec son successeur, Philippe de Valois, de nouvelles négociations pour obtenir qu'on leur rendît tout ce qu'ils avaient aliéné. Leurs députés remontrèrent « que, n'y ayant point de corps de « ville à Soissons, personne n'y prenait soin des « affaires publiques, et que, toutes choses étant « négligées, on devait s'attendre à une perte totale « des édifices et du revenu; que d'ailleurs il était « pitoyable qu'une si noble et antique cité fût non- « seulement inférieure aux autres en droits et en « priviléges, mais encore privée de tout ce qu'elle « avait conservé de son ancien état[1]. » Le roi écouta ces doléances, mais ne consentit point au rétablissement de la commune telle qu'elle avait été fondée au XIIe siècle, dans l'âge d'or des libertés bourgeoises. Il maintint dans la ville de Soissons le gouvernement en son nom et l'office de prévôt royal; seulement il permit aux bourgeois d'élire chaque année quatre personnes qui, sous le titre d'échevins, assisteraient le prévôt dans sa justice et prendraient soin des affaires municipales[2].

La commune d'Amiens eut de plus longs jours; elle ne perdit que lentement et une à une ses anciennes prérogatives. Suspendue par ordonnance

---

[1] Hist. de Soissons, par Dormay, t. II, p. 316.
[2] Ibid., p. 310.

de Philippe IV, elle fut rétablie par le même roi en l'année 1307, et, selon toute probabilité, ce fut sa grande richesse qui la sauva. Dès lors, elle parcourut en paix le cercle entier de la destinée des vieilles constitutions municipales. L'élection du majeur et des vingt-quatre échevins subsista jusqu'en l'année 1597, où un édit du roi Henri IV réduisit à la fois le nombre et les priviléges de ces magistrats populaires. Les anciens droits des comtes, dont la commune avait hérité, lui furent enlevés avec la plus grande partie de ses revenus; et la juridiction de l'échevinage fut bornée au *petit criminel*, aux disputes entre bourgeois, aux procès concernant la police des rues, les métiers, le service du guet et le logement des gens de guerre [1].

Toutefois, dans les cérémonies publiques, les insignes de la haute justice, du droit de vie et de mort continuèrent d'accompagner, comme dans l'ancien temps, le maire et les échevins d'Amiens. Ces attributs d'une puissance qui n'était plus consistaient en deux glaives d'une forme antique, portés à la main par deux officiers de ville, qu'on désignait, à cause de leur emploi, par le terme provincial d'*espadrons* [2]. Une coutume semblable régnait dans presque toutes les grandes communes. On montre aujourd'hui à Toulouse, dans la salle gothique où délibéraient les capitouls, le large sabre

---

[1] Hist. d'Amiens, par le père Daire, t. I, p. 60 et suiv.
[2] Ibidem.

qui jadis fut, pour ces magistrats, l'équivalent des haches consulaires. C'est un cimeterre échancré vers la pointe, à poignée d'acier, sans garde, et d'un aspect vraiment imposant. La croyance populaire veut que cet instrument ait été fabriqué exprès pour le supplice du maréchal de Montmorency, en l'année 1632; mais quiconque l'examine avec un peu d'attention reconnaît que c'est une arme de parade, incapable d'avoir jamais tranché une tête, à cause d'un cordon en saillie qui garnit et décore le dos de la lame. Ainsi les traditions s'interrompent et succèdent l'une à l'autre. Une nouvelle célébrité, de nouveaux noms s'attachent faussement aux mêmes objets; et il faut que l'historien, démêlant cette confusion, se prononce contre la voix publique et lui fasse avouer l'erreur.

LETTRE XX.

Histoire de la commune de Reims.

La ville de Reims, célèbre dès les temps les plus reculés par sa grandeur et son importance, fut, parmi les cités du nord de la Gaule, celle qui conserva le mieux, après la conquête franke, l'organisation municipale qu'elle avait reçue des Romains. C'était, durant le moyen âge, une tradition populaire à Reims que le privilége d'être jugé par des magistrats de leur choix remontait, pour les habitants de cette ville, jusqu'à une époque antérieure à saint Remi, qui convertit et baptisa l'armée des Franks. Cette vieille institution n'avait pu, sans s'affaiblir, traverser un si long espace de temps : les magistrats municipaux, réduits quant au nombre, avaient perdu l'une après l'autre leurs attributions politiques. De tous les droits que les lois romaines accordaient aux *curies* ou corps de ville, il ne leur était resté que celui de rendre la justice dans les causes qui n'entraînaient point de condamnation capitale. Ils avaient aussi changé de nom et pris le titre de *skepene*, mot de langue franke, qui, altéré par la prononciation romane, a produit celui d'échevins.

Le pouvoir, dont les empiétements successifs diminuèrent ainsi, à Reims, les prérogatives des magistrats civils élus par les citoyens, fut celui des archevêques. D'abord magistrats eux-mêmes et *défenseurs* de la cité [1], ils transformèrent, à la longue, cet office de patronage légal en une seigneurie absolue, comme celle des barons féodaux. A mesure que ce changement se prononça, la justice municipale ou l'*échevinage*, seule garantie des citoyens contre la puissance des archevêques, entra en lutte avec eux et avec leurs sergents ou officiers de police administrative et judiciaire. Cette longue querelle est obscure et de peu d'importance jusqu'à l'époque où le mouvement imprimé par la révolution communale se fit sentir dans le voisinage de Reims, à Noyon, à Beauvais, à Laon, à Amiens et à Soissons. L'exemple de ces villes inspira aux citoyens de Reims de nouvelles idées politiques et un nouveau degré d'énergie. Ils résolurent de reconstituer, par un effort commun, et de rendre, à l'avenir, inattaquables les garanties de liberté dont les débris s'étaient conservés chez eux pendant plusieurs siècles [2].

---

[1] Voyez, sur l'office de défenseur (defensor) dans les villes romaines, et sur les pouvoirs municipaux attribués aux évêques, les Essais de M. Guizot sur l'Histoire de France; premier Essai.

[2] Marloti Metropolis Remensis Hist., t. II, p. 327.

Ce fut vers l'année 1138, dix ans après la promulgation de la charte de Laon, qu'une association politique se forma, pour la première fois, parmi la bourgeoisie de Reims. Cette association prit le nom de *compagnie*, alors synonyme de celui de commune. La vacance du siége épiscopal, causée par la mort de l'archevêque Renaud, avait facilité ce mouvement, sur lequel il reste trop peu de détails. Tout ce qu'apprennent les courtes notes éparses dans les anciens registres des églises, c'est que les bourgeois se conjurèrent pour établir une république. Par ce mot, l'on n'entendait point désigner une tentative différente de celle qu'avaient faite, avec plus ou moins de succès, les habitants des villes voisines. A Reims, on ne connaissait pas mieux qu'ailleurs et l'on ne regrettait pas davantage les formes de gouvernement de l'antiquité ; mais sans rapporter ce qu'ils voulaient établir à aucune théorie politique, les conjurés aspiraient à s'organiser en société indépendante, hors de la seigneurie épiscopale, qui deviendrait ainsi pour eux une sorte de puissance étrangère.

Durant la vacance du siége de Reims, l'église métropolitaine était sous le patronage du roi, qui en percevait les revenus temporels et en exerçait la seigneurie. Louis VII, qui régnait alors depuis près d'un an, était en querelle avec le pape Innocent II, qui avait mis ses terres en interdit. Pour se venger des hostilités de la puissance ecclésiastique, il retardait à dessein l'élection d'un nouvel archevêque; et cette circonstance diminua les obstacles que les bourgeois de Reims devaient rencontrer dans l'établissement de leur commune. Le roi n'avait aucun intérêt personnel à faire la dépense d'un armement pour dissoudre leur association et les ramener sous l'obéissance de l'église; et tout l'espoir du clergé métropolitain, pour le rétablissement de ses droits seigneuriaux, était dans une prompte élection qu'il sollicitait de la manière la plus pressante. Bernard, fondateur et premier abbé du monastère de Clairvaux, près de Bar-sur-Aube, homme que l'église vénère aujourd'hui comme saint, et qui, de son temps, jouissait du plus grand crédit, à cause de son zèle religieux, de son éloquence et de son habileté diplomatique, s'entremit dans cette affaire, et écrivit soit au roi, soit au pape, un grand nombre de lettres, dont la suivante mérite d'être citée comme échantillon de son style :

« A son très-aimé père et seigneur Innocent,
« souverain pontife, le frère Bernard de Clairvaux,
« appelé abbé, ce qui est peu de chose.

« L'église de Reims tombe à sa perte; une cité
« glorieuse est livrée aux opprobres : elle crie à
« ceux qui passent par le chemin qu'il n'y a pas
« de douleur semblable à sa douleur, car au de-
« hors est la guerre, au dedans la crainte, et de
« plus, au dedans la guerre, car ses fils combat-
« tent contre elle, et elle n'a pas de père qui puisse
« la délivrer. Son unique espérance est dans Inno-

« cent, qui essuiera les larmes de ses joues. Mais
« jusqu'à quand, Seigneur, tarderez-vous à éten-
« dre sur elle le bouclier de votre protection? Jus-
« qu'à quand sera-t-elle foulée aux pieds et ne
« trouvera-t-elle personne qui la relève? Voici que
« le roi s'est humilié, et que sa colère contre vous
« s'est apaisée : que reste-t-il donc, sinon que la
« main apostolique vienne soutenir l'affligée, ap-
« portant des soins et un appareil pour ses bles-
« sures? La première chose à faire, c'est de presser
« l'élection, de crainte que l'insolence du peuple
« rémois ne ruine le peu qui subsiste encore, à
« moins qu'on ne résiste, le bras levé, à sa fureur.
« Si l'élection était solennisée avec les cérémonies
« d'usage, nous avons confiance que, dans tout
« le reste, le Seigneur nous donnerait faveur et
« succès [1]. »

La cour de Rome commençait à prendre l'alarme sur les progrès de cette révolution communale, qui, gagnant l'une après l'autre les villes métropolitaines, tendait à ruiner partout la puissance temporelle des évêques. Aussi le pape mit-il en oubli sa rancune contre le roi de France, pour ne plus songer qu'à l'église de Reims et au péril dont elle était menacée [2]. Afin d'engager Louis-le-Jeune à détruire tout ce qu'avaient fait les bourgeois,

---

[1] Epist. S. Bernardi, apud script. rer. gallic. et francic., t. XV, p. 394, in nota c, ad calc. pag.

[2] Epist. Innocentii II papæ, apud script. rer. gallic. et francic., t. XV, p. 394.

et à les châtier de leur rébellion, il lui adressa une lettre pleine de paroles affectueuses et qui se terminait de la manière suivante : « Puisque Dieu a « voulu que tu fusses élu et sacré roi pour dé- « fendre son épouse, c'est-à-dire la sainte église « rachetée de son propre sang, et maintenir ses « libertés sans atteinte, nous te mandons par cette « lettre apostolique et t'enjoignons, pour la rémis- « sion de tes péchés, de dissiper par ta puissance « royale les coupables associations des Rémois, « qu'ils nomment *compagnies*, et de ramener tant « l'église que la ville en l'état et liberté où elles « étaient au temps de ton père d'excellente mé- « moire [1]. »

Selon toute probabilité, cette lettre arriva trop tard, et on trouva la commune de Reims déjà légalisée, en quelque sorte, par le consentement du roi. Ce fut en l'année 1139 que Louis VII fit sceller de son grand sceau une charte par laquelle il accordait aux habitants de Reims la constitution municipale de Laon : « Acquiesçant à votre humble « requête et à vos supplications, nous vous avons « octroyé une commune sur le modèle de la com- « mune de Laon, sauf le droit et les coutumes de « l'archevêché et des autres églises [2]..... » Ces ré-

---

[1] Epist. Innocentii papæ, apud script. rer. gallic. et francic., t. XV, p. 394.

[2] Epist. Ludovic VII ad majorem et communiam remensem, apud script. rer. gallic. et francic., t. XVI, p. 5. Cette phrase est extraite d'une lettre écrite par Louis VII, postérieurement à la rédaction de la charte de commune, qui ne s'est point conservée jusqu'à nous.

serves, énoncées en termes vagues et qui ne fixaient point d'une manière précise les bornes où devait s'arrêter la puissance bourgeoise, ne pouvaient manquer de produire bientôt de nouvelles disputes et de nouveaux troubles. L'enthousiasme politique qui animait les habitants de la cité de Reims, c'est-à-dire de la partie de la ville renfermée dans l'enceinte des murs, avait gagné naturellement ceux des quartiers extérieurs et de quelques paroisses rurales. Ces gens, vassaux ou serfs de corps, soit du chapitre métropolitain, soit de l'abbaye de Saint-Remy, soit des autres églises, désiraient entrer dans la commune, c'est-à-dire obtenir pour eux-mêmes les franchises garanties par la charte royale. Mais le chapitre et les églises soutenaient que la concession du roi n'avait de valeur que pour les habitants de la cité; et ces derniers, pensant que leur commune gagnerait en force si elle devenait plus nombreuse, travaillaient, de tout leur pouvoir, à étendre sa juridiction hors des murs. De là naquirent beaucoup de débats et une seconde guerre civile entre les partisans des libertés bourgeoises et ceux de la seigneurie épiscopale.

Les chefs du parti populaire se nommaient Aubri et Simon; malheureusement les documents originaux ne fournissent aucun détail sur leur compte, si ce n'est qu'ils avaient avec eux un prêtre condamné par les tribunaux ecclésiastiques, auquel ils firent célébrer la messe, un jour de la Toussaint, dans l'église de Saint-Symphorien[1]. Cette messe, qui fut regardée par le clergé comme un acte de sacrilége, et à cause de laquelle l'église fut de nouveau dédiée et consacrée, eut lieu, probablement, à l'ouverture d'une assemblée générale de tous les membres de la commune. La cloche de Saint-Symphorien servait à Reims de beffroi communal; et cette circonstance semble prouver que le grand conseil des bourgeois tenait ses séances dans l'église même. D'autres villes offraient, à la même époque, l'exemple de cet usage introduit par nécessité, faute de locaux assez vastes pour mettre à couvert une assemblée nombreuse. Aussi, l'un des moyens que la puissance ecclésiastique employait pour gêner l'exercice du droit de commune était de faire défense de se réunir dans les églises pour un autre motif que la prière, et de sonner les cloches à une autre heure que celle des offices[2].

Les différents corps du clergé de Reims, alarmés des progrès rapides que l'esprit d'insurrection faisait hors des murs de la ville, adressèrent de grandes plaintes à cet égard aux évêques suffragants du diocèse, aux légats du saint-siége et au roi. La commune n'avait encore qu'une seule année d'exis-

---

[1] Necrolog. S. Symphoriani, apud script. rer. gallic. et franc. t. XVI, p. 5, in nota a ad calc. pag.

[2] Confirmation par Louis VI des règlements faits pour la commune de Saint-Riquier; Recueil des Ordonnances des rois de France, t. XI, p. 184.

tence; mais l'ardeur et l'opiniâtreté de ses membres en rendaient la destruction impossible sans beaucoup de violence et une grande effusion de sang. Louis VII n'essaya point de revenir sur ce qu'il avait accordé; mais il adressa au maire et à toute la commune de Reims une lettre où il se plaignait qu'on eût excédé les bornes prescrites par la charte de Laon : « Prétendant, disait-il, que le droit des « églises n'est point un droit, et que les coutumes « établies en leur faveur, dès les temps anciens, ne « sont pas des coutumes, vous envahissez par vio- « lence les prérogatives et les possessions des « églises. » Le roi enjoignait aux magistrats et aux bourgeois de laisser en paix toutes les églises, et spécialement celles de la Bienheureuse Marie et de Saint-Remi, les avertissant que si, à l'avenir, ces églises lui criaient merci, il ne voudrait ni ne pourrait leur dénier justice[1]. Cette lettre, conçue en termes vagues et assez doux, ne fut suivie d'aucun effet. Menacée par la ligue de tous les petits seigneurs ecclésiastiques qui l'entouraient, la commune avait besoin d'envahir sur eux pour n'être point écrasée; les bourgeois le sentaient, et ce sentiment les poussait à l'obstination et à l'audace, quelque péril qu'il y eût pour eux. Les plaintes réitérées du clergé contraignirent donc bientôt le roi d'adresser aux

---

[1] « Alioquin illi ecclesiæ, et aliis post nos miserabiliter clamantibus, a « justitia deesse nec volumus, nec debemus, nec etiam possumus. » (Epist. Ludovici VII ad majorem et communiam remensem, apud script. rer. gallic. et francic., t. XVI, p. 5.)

habitants de Reims un avertissement plus sévère:

« Au maire et à la commune de Reims, Louis,
« par la grâce de Dieu, roi des Français et duc des
« Aquitains, salut et faveur.

« Il nous est très-pénible de voir que vous faites
« ce qu'aucune autre commune n'a osé faire. Vous
« excédez en tout point les bornes de la commune
« de Laon qui vous a été donnée pour modèle, et
« ce que nommément nous vous avons défendu,
« savoir, de faire entrer dans votre commune les
« quartiers et les villages du dehors, vous le faites,
« avec audace et assurance. Les revenus coutumiers
« des églises, possédés par elles depuis plusieurs
« siècles, ou vous les leur enlevez vous-mêmes, ou
« vous défendez aux sujets de les payer par l'auto-
« rité de votre commune. Vous détruisez entière-
« ment ou vous diminuez les libertés, coutumes et
« justices appartenant aux églises de Reims, et spé-
« cialement celles des chanoines de l'église de Sainte-
« Marie, qui maintenant est en notre main, et n'a
« d'autre défenseur que nous. En outre, vous avez
« contraint à rançon les sergents des chanoines qui
« sont sous la même liberté que leurs maîtres; vous
« en avez emprisonné plusieurs, et quelques-uns
« même n'osent sortir de l'église, par la peur qu'ils
« ont de vous. Pour tous ces excès, nous vous
« avons déjà mandé, et maintenant vous mandons
« et ordonnons de les laisser aller en paix, de leur
« restituer ce que vous leur avez pris, et de con-
« server entièrement aux églises et aux chanoines

« leurs justices, coutumes et franchises. Adieu[1]. »

En l'année 1140, le siége vacant fut rempli par la consécration d'un nouvel archevêque, nommé Sanson de Malvoisin. Ni cet événement, ni les menaces du roi n'arrêtèrent la fermentation des esprits, et, sept ans après, une insurrection éclata hors des murs de la ville, dans le quartier populeux qu'on appelait le *ban de Saint-Remi.* Le mot ban, qui, dans la langue du moyen âge, signifiait proclamation ou ordonnance, s'appliquait aussi à l'étendue respective de chaque juridiction seigneuriale. C'est dans ce sens qu'on donnait à la cité de Reims le nom de *ban* de l'archevêque, tandis que le faubourg, sur lequel l'abbé de Saint-Remi exerçait le droit de justice, se nommait ban de Saint-Remi. Ce faubourg, réuni depuis à la ville par une même enceinte de murs, en était séparé, au xiie siècle, par des prairies et des jardins. Les habitants, trop peu nombreux pour espérer de former une commune capable de se défendre, souhaitaient vivement de se réunir en un seul corps avec ceux du ban de l'archevêque. Ils commencèrent par chasser de leur quartier les officiers et les partisans de la juridiction abbatiale, et descendirent tumultueusement dans la cité, où tous ceux qui désiraient la réunion s'armèrent et se joignirent à leur troupe. Tous ensemble marchèrent vers le palais épiscopal, pour

---

[1] Epist. Ludovici VII ad majorem et communiam remensem, apud script. rer. gallic. et francic., t. XVI, p. 5.

présenter leur requête à l'archevêque et le contraindre d'y faire droit. Sanson les harangua d'une fenêtre, et tâcha de leur persuader de renoncer à ce qu'ils demandaient; mais, loin de céder, ils devinrent plus audacieux, maltraitèrent les officiers de l'archevêque, pillèrent leurs meubles et démolirent leurs maisons. Obligé de se renfermer dans son palais et d'y rester comme en prison, par crainte des ressentiments populaires, l'archevêque Sanson écrivit à Suger, abbé de Saint-Denis, alors régent du royaume à cause du départ du roi pour la Terre-Sainte, le priant de lui envoyer du secours. En effet, des troupes furent dirigées sur Reims; et en même temps Joscelin, évêque de Soissons, accompagné du célèbre saint Bernard, partit pour être médiateur entre les bourgeois et l'archevêque. A l'approche des troupes l'émeute cessa, et le ban de Saint-Remi demeura séparé de la commune, mais toujours prêt à se soulever pour la réunion, quand un nouvel incident causait du trouble dans la ville[1].

Durant les treize années qui s'écoulèrent entre cette révolte et la mort de Sanson, cet archevêque ne cessa de lutter contre la commune de Reims, et de travailler, quoique sans succès, à sa ruine. Dans les petits combats auxquels ces disputes donnaient lieu, soit dans les rues, soit hors des murs, les bourgeois eurent toujours l'avantage. Mais en l'année 1160 les événements changèrent de face. Sanson de Mal-

---

[1] Anquetil, Hist. de Reims, t. I, p. 291 et suiv.

voisin eut pour successeur le propre frère du roi, Henri de France, ci-devant évêque de Beauvais, qui avait déjà signalé dans cette ville sa haine contre les communes. Attaquant dans leur essence même les droits de celle de Beauvais, il avait voulu faire rentrer tous les habitants sous sa juridiction immédiate, et restreindre celle des pairs et des échevins au seul cas de déni de justice. Pour mieux réussir dans son entreprise et imposer silence aux bourgeois, il avait invité son frère à se rendre dans la ville, et, durant son séjour, il avait obtenu de lui le décret suivant :

« Louis, par la grâce de Dieu, roi des Français et
« duc d'Aquitaine, à tous nos fidèles à perpétuité.

« Il convient à l'excellence de notre sceptre de
« protéger les droits de tous ceux qui sont sous
« notre sujétion, et spécialement des églises qui de-
« viendront la proie de la violence des méchants,
« si le glaive matériel et royal ne se porte à leur se-
« cours. Sachent tous nos fidèles, présents et à venir,
« que Henri, notre frère, nous a porté plainte contre
« les citoyens de Beauvais, ses hommes, qui, à l'oc-
« casion de leur commune, prenant une audace
« nouvelle et illicite, ont usurpé les droits de l'é-
« vêque et de l'église de Beauvais, ainsi que la jus-
« tice possédée par l'évêque sur chacun et sur tous.
« Pour cette cause ledit évêque nous a fait venir à
« Beauvais, et, en notre présence, la plainte ayant
« été débattue, et la charte de la commune lue en
« public, les citoyens ont reconnu enfin que la jus-

« tice sur toute la ville appartenait à l'évêque seul ;
« qu'en cas d'excès ou de forfaiture, c'est à l'évêque
« ou à son official que la réclamation doit être por-
« tée. Nous statuons donc, d'après l'excellence de
« notre autorité, que les plaintes seront toujours
« adressées à l'évêque, et ordonnons que nul ne soit
« assez présomptueux pour s'entremettre à Beauvais
« dans le droit de faire justice, qui appartient à l'é-
« vêque et à l'église, tant que ce droit sera en effet
« exercé par l'évêque. Mais si, ce qu'à Dieu ne plaise,
« il reste en demeure à cet égard, alors les habitants
« auront licence de rendre la justice à leurs conci-
« toyens, parce qu'il vaut mieux que justice soit faite
« par eux, que de ne pas l'être du tout [1]. »

Le nouvel archevêque entreprit d'arracher aux bourgeois de Reims un pareil aveu de ses droits absolus de justice et de seigneurie; mais cela devait être beaucoup plus difficile qu'à Beauvais, à cause des traditions populaires sur l'antiquité de l'échevinage. Les Rémois adressèrent d'abord au prélat des remontrances respectueuses, le suppliant de les traiter avec justice, et de les laisser vivre sous la loi par laquelle la ville avait été régie depuis le temps de saint Remi, apôtre des Franks [2]. Ils négocièrent même avec lui, et offrirent de payer une somme de deux mille livres, s'il voulait renoncer à ses projets.

---

[1] Recueil des Ordonnances des rois de France, t. XI, p 198.

[2] Legibus vivere pateretur, quibus civitas continue usa est, a tempore sancti Remigii Francorum apostoli. (Epist. Joannis Sarisberiensis, apud Marloti, Hist. Metropol. Remensis, t. II, p. 392 et seq.)

L'archevêque refusa tout, et mit dans son obstination tant de mauvaise grâce, qu'une partie du clergé métropolitain et plusieurs des chevaliers qui habitaient la ville ne purent s'empêcher de le condamner et de prendre parti pour les bourgeois. On disait qu'il voulait imposer à la ville une servitude nouvelle, indue et insupportable; et il se forma, pour lui résister, une association sous le serment, dans laquelle entrèrent des clercs et des nobles [1].

Les membres de cette ligue prirent les armes, et, s'emparant des maisons fortes et des tours des églises, ils contraignirent les partisans de l'évêque à sortir de la ville. Dans le péril où il se trouvait, Henri de France eut recours à son frère; il le supplia de venir en grande hâte dissiper la conjuration formée contre lui et tirer vengeance des coupables. Le roi vint en effet à Reims avec des troupes. Une députation des citoyens se présenta devant lui pour lui exposer le véritable état des choses. Il paraît qu'au fond du cœur Louis VII donnait tort à son frère; mais comme celui-ci, emporté par la passion, ne voulut consentir à aucun arrangement, disant qu'il fallait écraser la ville [2], le roi prononça, quoiqu'à regret, la condamnation du parti populaire. La plupart des bourgeois s'enfuirent à cette nouvelle,

---

[1] Conspiraverant... cives de clericorum concilio et auxilio militum... Novas quasdam incebitas et intolerabiles servitutes volebat imponere. (Epist. Joann. Sarisb., apud Marloti Hist. Metropol. Remensis, t. II, p. 391.)

[2] Ut in brachio ejus contereret civitatem. (Ibid., p. 392.)

et ceux qui ne purent trouver d'asile au dehors se cachèrent dans les bois, sur la montagne entre Reims et Épernay. Le roi fit démolir cinquante maisons appartenant aux plus opiniâtres, et après cette exécution il se retira. Quand les bourgeois rentrèrent et qu'ils virent leurs maisons abattues en signe de châtiment et de mépris pour eux, leur haine et leur emportement redoublèrent. Ils démolirent par représailles les hôtels des chevaliers qui tenaient pour l'archevêque, et le contraignirent lui-même à se renfermer dans une forteresse voisine de son palais.

Menacé pour la seconde fois d'être assiégé par les révoltés, Henri de France ne s'adressa pas à son frère qu'il trouvait trop tiède, mais à un souverain étranger, le comte de Flandre. Il l'invita à venir à Reims avec une troupe de mille chevaliers, ce qui, en comptant les sergents d'armes dont chaque chevalier était accompagné, devait faire environ six mille hommes. Les membres de la commune n'ayant point de forces suffisantes pour résister à cette armée, prirent le parti de sortir de la ville, et d'emporter ou de détruire toutes les provisions de bouche afin d'affamer l'ennemi. Cette précaution produisit tout l'effet qu'ils en attendaient; et, après un jour et une nuit, les Flamands se retirèrent, craignant de manquer de vivres. L'archevêque fit tout ce qu'il put pour les retenir plus longtemps, et ne pouvant y réussir, il entama des négociations avec les bourgeois, par l'entremise de son frère Robert de Dreux. Après avoir fait serment de passer les mutins au fil de l'épée, d'en châtier une partie par des supplices exemplaires et de rançonner le reste à merci[1], il fut contraint de faire sa paix avec la commune, et de promettre qu'il respecterait les anciennes lois de la ville, se contentant d'une somme de quatre cent cinquante livres pour tous dommages et intérêts[2].

Le mauvais succès des tentatives de l'archevêque Henri contre la liberté des bourgeois de Reims ne fut pas sans influence sur la conduite de son successeur Guillaume de Champagne. Cet homme, d'un naturel pacifique, semble avoir craint par-dessus tout les troubles occasionnés par la lutte du pouvoir municipal contre la seigneurie de l'église. Il essaya de concilier ces deux puissances rivales par une charte destinée à fixer les limites de leurs droits respectifs. Mais cet acte, inspiré, il faut le reconnaître,

---

[1] Ut cives perirent in ore gladii, aut redimendi et torquendi conjicerentur in vincula. (Epist. Joann. Sarisb., apud Marloti Hist. Metropol. Remensis, t. II, p. 392.)

[2] Pour concilier le récit contemporain avec certaines expressions d'une charte postérieure, des historiens modernes ont écrit qu'en vertu du traité conclu alors avec les bourgeois de Reims, la commune fut maintenue et l'échevinage aboli. Mais d'abord l'archevêque n'y aurait gagné que la suppression d'un vain titre, car l'existence de la commune impliquait celle d'une justice municipale sous un nom ou sous un autre; ensuite il faut se garder de prendre à la lettre le protocole usité dans les actes officiels du moyen âge, où les mots *octroyer* et *restituer* n'ont souvent d'autre valeur que celle de garantir et de confirmer. Cet abus de langage provenait de l'envie de faire une plus large part au bon plaisir des seigneurs ou des rois. Dans les chartes relatives aux communes, les rois disent : *J'ai octroyé*, lorsqu'il s'agit de choses antérieurement établies, et ils le disent même en ratifiant des actes où plusieurs de leurs prédécesseurs ont successivement employé la même formule.

par un sentiment généreux, fut loin de produire tous les fruits que son auteur en attendait. La principale cause de ce mécompte fut une omission importante, celle du mot *commune*, due probablement à un simple hasard, mais qui, dans la suite, servit de prétexte à de nouvelles tentatives d'envahissement de la part des archevêques. En effet, les ennemis de la commune de Reims s'en autorisèrent bientôt pour soutenir qu'elle n'avait point d'existence légale, et que la charte de Guillaume de Champagne avait abrogé implicitement toutes les concessions antérieures. Voici le préambule de cette charte :

« De même que les seigneurs terriens, en respec-
« tant les droits et la liberté de leurs sujets, peuvent
« acquérir l'amour de Dieu et du prochain, de
« même aussi, en violant ou altérant des priviléges
« obtenus depuis longues années, ils peuvent encou-
« rir l'indignation du Très-Haut, perdre la faveur
« du peuple, et charger leurs âmes d'un fardeau
« éternel. Nous donc, déterminé par ces motifs, et
« considérant la soumission et le dévouement que
« vous, nos chers fils et nos fidèles bourgeois, vous
« nous avez témoignés jusqu'à ce jour, nous avons
« jugé à propos de restituer et de confirmer pour
« toujours, par la garantie de notre autorité, à vous
« et à vos descendants, les coutumes octroyées il y a
« longtemps, mais mal gardées, à cause des fré-
« quents changements de seigneurs.

« Nous voulons que les échevins soient restitués
« à la ville, qu'ils soient élus au nombre de douze,

« entre les habitants de notre *ban*, par votre con-
« sentement commun, qu'ils nous soient ensuite pré-
« sentés, et soient renouvelés chaque année, le jour
« du vendredi-saint: enfin qu'ils prêtent serment de
« vous juger selon la justice, et de garder fidèlement
« nos droits en tant qu'il leur appartiendra [....] »

Cette charte, comprenant un grand nombre d'articles relatifs à la police municipale, fut signée en l'an 1182 par l'archevêque Guillaume qui prononça l'anathème contre tout homme qui irait à l'encontre. Toutefois, malgré ses intentions bienveillantes, il

---

[1] Marloti Hist. Metropol. Remensis, t. II, p. 417. — Les chartes de commune offrent en général trop peu de détails sur la manière dont on procédait à l'élection des magistrats municipaux. A Péronne, les douze mairies des métiers, réunies séparément chaque année, élisaient vingt-quatre personnes, savoir, deux par corps de métiers; ces vingt-quatre élus, après avoir prêté serment, choisissaient dix jurés parmi tous les habitants, à l'exception des vingt-quatre électeurs. Les dix jurés, ainsi élus, en choisissaient dix autres, qui, réunis aux dix premiers, en choisissaient encore dix, ce qui complétait le corps des jurés. Les trente jurés, après avoir prêté serment, élisaient un maire et sept échevins. Entre les trente jurés, il ne pouvait pas y en avoir plus de deux qui fussent parents. A Douay, tous les bourgeois s'assemblaient par paroisses dans les églises, et choisissaient onze personnes pour six paroisses, celle de Saint-Amet n'en élisant qu'une. Ces onze prêtaient serment d'élire, sans brigue et sans corruption, douze échevins pour *gouverner la loi de la ville* pendant l'année, et six personnes pour *prendre garde sur les mises et dépenses*. A Tournay, les chefs d'*ostel* s'assemblaient à son de cloche en la halle, et, après avoir prêté serment, ils élisaient parmi toutes les paroisses de la ville, selon leur population respective, trente *prud'hommes* appelés *esgardeurs*, qui, à leur tour, élisaient vingt jurés, et parmi ces jurés, deux prévôts qui ne devaient pas être parents, ni appartenir au même métier. Les trente esgardeurs choisissaient en outre quatorze échevins parmi les *prud'hommes bourgeois hérités et nés de la ville*. (Recueil des Ordonnances, t. V, p. 130 et suiv., 372 et suiv., 158 et suiv.)

éprouva, sur la fin de sa vie, des dégoûts qui lui furent suscitées par les querelles de parti qu'aucune charte ne pouvait éteindre : car, si l'archevêque de Reims était le premier dans son église, il en partageait l'administration avec un chapitre dont les vues n'étaient pas toujours d'accord avec les siennes. Ce chapitre se montrait singulièrement jaloux de ses droits de juridiction dans la ville, et ne négligeait aucune occasion de les faire valoir au détriment de la juridiction communale. Les moyens de chicane ne manquaient pas sur ce point; non-seulement l'état de la personne accusée, mais la nature de sa faute et le lieu où elle avait été commise, décidaient devant quelle justice la cause devait être plaidée. Il y avait conflit perpétuel entre les échevins et les juges ecclésiastiques, et souvent même entre ces derniers, selon qu'ils appartenaient au ressort de l'archevêque ou à celui des chanoines[1]. De son côté, la commune, aigrie par des provocations obscures, mais journalières, s'agitait sourdement, et paraissait toujours prête à se soulever contre l'église. Affligé de voir ses bonnes intentions produire si peu de bien, Guillaume de Champagne s'en plaignait vivement dans les lettres qu'il écrivait à ses amis. L'un d'entre eux, Étienne, évêque de Tournay, essayait, en lui répondant, de l'égayer par des plaisanteries : « Il y a « en ce monde, lui disait-il, trois troupes criardes « et une quatrième qu'on ne fait pas taire aisément:

---

[1] Anquetil, Hist. de Reims, t. II, p. 16 et suiv.

« c'est une commune qui veut dominer, des femmes
« qui se querellent, un troupeau de porcs, et un
« chapitre divisé d'opinions. Nous nous moquons
« de la seconde, nous méprisons la troisième ; mais,
« Seigneur, délivrez-nous de la première et de la
« dernière [1]. »

C'était un singulier état de choses que la coexistence de ces deux gouvernements ennemis, dont chacun tendait sans relâche à subjuguer et à ruiner l'autre. On ne savait, à proprement parler, à qui appartenait la ville; car tantôt la commune y paraissait maîtresse, nommait les commandants du guet et de la garde, et avait en son pouvoir les clefs des portes; tantôt l'archevêque reprenait la garde des clefs et l'exercice de l'autorité militaire. Il s'élevait à ce sujet de violents débats, où chacune des deux parties, avant de recourir à la force, tâchait de faire valoir ses raisons. Les archevêques s'appuyaient sur l'ancienneté de leur seigneurie, et les bourgeois disaient que la garde de la ville appartenait naturellement à ceux qui y avaient le plus d'intérêt [2]. En l'année 1211, dans une contestation de ce genre, les échevins s'obstinèrent à soutenir leurs droits contre l'archevêque Aubry de Haut-Villiers. L'archevêque, ne se sentant pas assez fort pour user de contrainte, adressa ses réclamations au roi Philippe-Auguste,

---

[1] E primo et quarto libera nos, Domine ! (Anquetil, Hist. de Reims, t. I, p. 334.)

[2] Dictitantes urbium custodiam penes esse eos debere, quorum maxime interesset. (Marloti Hist. Metropol. Remensis, t. II, p. 478.)

qui se prononça contre les bourgeois, comme on le voit par la lettre suivante :

« Philippe, par la grâce de Dieu, roi des Français,
« à ses amés les échevins et citoyens de Reims, salut
« et amitié.

« Nous vous mandons et ordonnons strictement
« de rendre, sans contradiction ni retard, à notre
« amé et féal l'archevêque Aubry, les clefs des portes
« de la ville de Reims qu'il tient de nous, d'obéir
« à ses bans de la même manière qu'ils ont été obser-
« vés au temps de ses prédécesseurs; enfin de ne
« point recevoir dans la ville, sans sa permission,
« les personnes qu'il aura bannies, mais de vous
« conduire, envers l'archevêque votre seigneur, de
« telle sorte qu'il n'ait plus lieu de nous adresser des
« plaintes sur votre compte; car nous ne pouvons
« lui manquer et ne pas lui garantir la possession
« de ce qu'il tient de nous [1]. »

L'année suivante, de nouvelles doléances furent adressées au roi par l'archevêque de Reims. Il se plaignait de ce que les bourgeois refusaient d'obéir à ses ordonnances, à moins qu'il ne les eût rendues d'après l'avis et le consentement des magistrats municipaux. Aubry de Haut-Villiers s'irrita de ce refus et des prétentions de la commune, qui, selon lui, faisaient autant de tort au roi qu'à lui-même, puisqu'elles tendaient à diminuer les priviléges d'un des grands fiefs de la couronne. Philippe-Auguste jugea

---

[1] Marloti Hist. Metropol. Remensis, t. II, p. 478.

dans le même sens, et adressa aux bourgeois de Reims des injonctions plus impératives : « Nous vous
« ordonnons, leur disait-il, d'observer avec humilité
« les bans de l'archevêque ; que si vous les trouvez
« déraisonnables, remontrez-le-lui paisiblement,
« comme à votre seigneur, et requérez-le d'amender
« ce qui devra être amendé, ne vous mettant point
« en contradiction avec ses ordres, mais l'avertissant
« et le requérant comme un seigneur, afin qu'il
« pourvoie comme il le doit au péril qui pourrait
« advenir ; que si, en ayant été requis, il refuse de
« le faire, et que vous nous adressiez, sur ce point,
« vos remontrances, nous ferons avec plaisir, à cet
« égard, tout ce qui est de notre devoir [1]. »

Cette promesse vague d'une protection qui jusqu'alors ne s'était guère étendue que sur leurs ennemis ne pouvait décider les bourgeois de Reims à s'abandonner à la merci du pouvoir épiscopal. Ce qui se passait journellement entre eux et les agents de ce pouvoir était bien autrement grave que ne le ferait croire le style doucereux des dépêches officielles. Les archevêques de Reims possédaient, à l'extrémité septentrionale de la ville, une forteresse bâtie, à ce que l'on croit, par Henri de France. Ils y entretenaient une garnison nombreuse de chevaliers et d'archers. Du côté de la campagne, les fortifications consistaient en quelques tours élevées sur le fossé même de la ville et communiquant avec le

---

[1] Marloti Hist. Metropol. Remensis, t. II, p. 478.

dehors par un pont-levis; mais le côté opposé présentait des défenses plus formidables. Les murailles étaient plus épaisses, les fossés plus larges et plus profonds, et les remparts, bien terrassés, étaient garnis de machines; tout indiquait que cette citadelle avait pour destination, non de protéger la ville contre des attaques extérieures, mais de contenir et d'effrayer les habitants. On l'appelait le château de Porte-Mars, parce qu'un ancien arc de triomphe consacré au dieu Mars, et qui autrefois servait de porte à la ville, se trouvait enclavé dans cette nouvelle construction. Au pied des murs, dans la campagne, les archevêques avaient un petit palais orné de jardins : ils l'occupaient dans les temps de calme; mais, au moindre signe d'émeute, ils le quittaient pour rentrer dans le fort.

C'était au château de Porte-Mars que siégeait la cour épiscopale. On tremblait d'être cité devant elle; car, une fois entré dans la forteresse, personne n'était sûr d'en sortir, à moins d'avoir payé rançon. Dès qu'un bourgeois était accusé du moindre délit contre l'archevêque, comme d'avoir mal parlé de son autorité ou appelé d'un jugement de sa cour, les sergents d'armes, baissant leur pont-levis, sortaient en bon ordre du château, et faisaient à travers la ville une espèce de promenade militaire, pour chercher et saisir le coupable. S'ils ne le trouvaient pas après avoir parcouru les rues et fouillé les maisons, ils arrêtaient le premier qui leur tombait sous la main, et, l'emmenant de force avec eux, le retenaient prisonnier dans le château jusqu'à ce qu'on leur rendît en échange celui qu'ils demandaient. Les malheureux détenus dans les prisons de l'archevêque, sous quelque prétexte que ce fût, étaient traités avec d'autant plus de rigueur que l'on comptait, en les faisant souffrir, obliger leur famille à les racheter plus chèrement. Ils étaient chargés de fers d'un poids énorme et enfermés dans des cachots malsains, sans autre nourriture que du pain et de l'eau, dont on les privait quelquefois. Si la famille, qu'on avait soin d'instruire de l'état du prisonnier, ne se tenait pas pour avertie, alors on avait recours aux tortures, et souvent la rançon venait trop tard [1].

De pareils faits suffisent pour expliquer l'existence orageuse des communes et l'ardeur avec laquelle une population de marchands et d'artisans se jetait dans la guerre civile. Accoutumés par les habitudes paisibles de notre civilisation à voir dans le nom de bourgeois l'opposé de celui de soldat, nous avons peine à comprendre ces héros de l'industrie renaissante, qui maniaient les armes presque aussi souvent que les outils de leurs métiers, et faisaient trembler jusque dans leurs donjons les fils des nobles et des preux, quand le son du beffroi annonçait au loin que la commune allait se lever pour la défense de ses franchises.

[1] Anquetil, Hist. de Reims, t. II, p. 22 et suiv.

LETTRE XXI.

Fin de l'histoire de la commune de Reims.

En l'année 1232, durant la minorité de Louis IX, le corps des bourgeois de Beauvais s'assembla selon la coutume de la ville, dans la halle ou salle de la commune, pour procéder à l'élection annuelle des magistrats municipaux. La nomination des douze pairs et des échevins eut lieu sans aucun trouble; mais lorsqu'il s'agit de désigner le majeur ou maire, les opinions furent partagées, et une grande dispute s'éleva, à ce sujet, entre la classe des riches marchands, qu'on appelait changeurs[1], et celle des gens de métier. Ces divisions intestines étaient toujours funestes aux communes, parce qu'elles fournissaient aux puissances du temps un prétexte pour s'immiscer dans leurs affaires et envahir leurs droits politiques. D'un côté, l'évêque de Beauvais préten-

---

[1] Ce mot s'appliquait proprement aux marchands qui faisaient la banque; mais il était souvent pris dans une acception plus étendue, et servait à désigner ce que nous appelons le haut commerce. Dans presque toutes les anciennes villes, la principale rue se nommait *le Change*.

dait que c'était à lui de nommer le maire, sur la
présentation de deux candidats; de l'autre, le conseil de régence, qui gouvernait au nom du roi, élevait déjà, contre les libertés des villes, les prétentions absolues qui, plus tard, se sont réalisées.

Le roi, ou ceux qui gouvernaient en son nom,
créèrent de leur chef un maire, et envoyèrent à
Beauvais, pour remplir cet office, un nommé Robert de Moret, étranger à la ville, ce qui était contraire aux usages de toutes les communes. Néanmoins
la haute bourgeoisie, entraînée par l'esprit de parti,
accepta sans répugnance l'élu du roi; mais il n'en
fut pas de même des bourgeois de la classe inférieure : ceux-ci protestèrent, en disant que cette in-
trusion d'un homme né hors de la ville était une
violation de leur droit de commune; et, après avoir
souffert quelque temps Robert de Moret, ils s'insurgèrent pour faire élire un autre maire. Les pairs et
échevins, et en général les principaux de la ville,
résistèrent aux demandes des séditieux; mais leur
opposition ne servit qu'à augmenter l'effervescence
populaire. La révolte éclata contre toutes les autorités communales; le maire et les autres magistrats,
chassés de leur salle de conseil, furent contraints
de se réfugier dans la maison d'un armurier, où le
peuple les assiégea, et dont il les contraignit de
sortir en mettant le feu à la maison voisine. Les insurgés se saisirent de Robert de Moret, et lui déchirèrent sur le dos la longue robe fourrée d'hermine,
qui était l'insigne de son office. Ils le promenèrent,

en cet état, à travers les rues, le maltraitant et lui criant : « *Voilà que nous te faisons maire*[1]. »

Le parti contraire à l'insurrection envoya aussitôt avertir le conseil du roi de ce qui s'était passé ; et en même temps le bailli de l'évêché dépêcha un exprès à l'évêque Milon de Nanteuil, qui était absent. A son arrivée, les révoltés, loin de rien faire contre sa personne, lui témoignèrent beaucoup de respect, et, pour le gagner à leur cause, ils dirent qu'ils avaient soutenu son droit en même temps que le droit de la commune. Quatre-vingts des plus compromis vinrent le requérir de les prendre sous sa sauvegarde ; mais l'évêque, attentif par-dessus tout à faire valoir ses priviléges comme seigneur haut justicier, leur signifia qu'ils eussent à se remettre entre les mains de ses officiaux pour répondre sur leur conduite. Ils se retirèrent fort mécontents et faisant grand bruit. Mais, malgré leur victoire apparente, ils ne réussirent à rien, parce qu'ils ne pouvaient procéder à aucune élection régulière. Le parti de la haute bourgeoisie commença même à reprendre le dessus ; et plusieurs des complices de l'émeute furent arrêtés et enfermés dans les prisons de l'évêque. Celui-ci, en attendant l'arrivée du jeune roi, qui s'avançait avec un corps de troupes, tâchait de profiter des circonstances pour jouer le rôle d'arbitre dans la dispute des bourgeois ; et dès que le roi fut entré dans la ville, après l'avoir salué :

---

[1] Hist. de Beauvais, par Levasseur, t. II, p. 366 et suiv.

« Très-redouté sire, lui dit-il, je vous demande con-
« seil, comme à mon seigneur, sur ce qu'il me con-
« vient de faire en cette fâcheuse occurrence. » Le
roi dit qu'il prenait sur lui le soin de faire prompte
et bonne justice. — « Mais, très-cher sire, reprit
« l'évêque, c'est moi qui ai dans la ville toute jus-
« tice haute, moyenne et basse; » et, comme le roi
ne répondait rien, il répéta jusqu'à trois fois la même
remontrance [1].

Le lendemain le roi se rendit à la halle, où les pairs
et les échevins étaient réunis en conseil, et dit au
peuple assemblé qu'il voulait connaître de l'affaire.
Les échevins, moins hardis que l'évêque, n'objec-
tèrent rien relativement à leur droit de juridiction
municipale; et aussitôt les parents de ceux qui avaient
été tués ou blessés dans l'émeute se mirent à genoux
devant le roi, en criant : « Sire, faites-nous jus-
« tice. » Sur l'ordre du roi, ses officiers ouvrirent
les prisons de l'évêque, où plusieurs des accusés
étaient détenus; ils en arrêtèrent ensuite un grand
nombre dans leurs maisons et les amenèrent avec
les autres à la halle, où ils furent enfermés jusqu'à
ce qu'on eût statué sur leur sort. Tous furent bannis, au nombre de quinze cents, et quinze maisons
appartenant aux plus coupables furent démolies.
Le maire frappait un premier coup de marteau, et
ensuite les gens de son parti et des ouvriers payés
faisaient le reste. L'évêque Milon ne manqua pas

---

[1] Hist. de Beauvais, par Levasseur, t. II, p. 306.

de protester contre cette sentence, au nom du privilége de juridiction appartenant à son église. Il demanda que les officiers du roi lui rendissent les bannis comme jugés illégalement; mais le roi n'eut aucun égard à sa requête, et n'y répondit qu'en faisant à l'évêque la demande de quatre-vingts livres pour son droit de gîte[1] : l'évêque dit qu'il en délibérerait. Sur cette réponse, le roi mit garnison dans le palais épiscopal, et en fit saisir le mobilier, qui fut vendu à l'enchère.

La nouvelle de cette violence exercée contre un de leurs collègues irrita les évêques suffragants du diocèse de Reims, alors assemblés en concile provincial sous la présidence de leur chef, l'archevêque Henri de Braine. Ce prélat, dont les bourgeois de Reims et jusqu'aux membres de son chapitre craignaient le caractère ambitieux et l'activité politique, fit décréter par le concile que trois évêques seraient envoyés au roi pour lui enjoindre de restituer à celui de Beauvais l'exercice de la justice criminelle, de l'indemniser des dégâts faits dans son palais, et de lui remettre les bourgeois bannis. Cette injonction n'ayant eu aucune suite, les suffragants du siége de Reims s'assemblèrent de nouveau, et décidèrent

---

[1] On a vu dans la charte de la commune de Laon une explication de ce mot. L'ancien droit qu'avaient les rois franks d'être logés et nourris dans toutes les villes où ils passaient s'était transformé en une redevance pécuniaire. Cette redevance fut d'abord payée par les évêques ou les seigneurs des villes, qui s'indemnisaient en levant une taxe sur les bourgeois; mais, dans presque tous les lieux où il s'établit des communes, le droit de gîte tomba d'une manière immédiate à la charge des habitants.

qu'on enverrait des députés à Rome, et que, si le roi ne donnait point satisfaction, on lancerait, après un délai fixé, l'interdit sur toute la province. Plusieurs évêques, et notamment ceux de Noyon et de Châlons, reculèrent lorsqu'il fallut en venir à cet acte d'hostilité contre la puissance royale. Mais le fougueux archevêque de Reims n'en persista pas moins dans ses résolutions; et, au mois de novembre 1233, il décréta, pour tout son diocèse, l'interdiction des sacrements de l'église [1].

Ce grand débat occupait toutes les conversations et remuait fortement les esprits. Il n'y avait guère que les membres du clergé qui fussent du parti des évêques. Quoiqu'il y eût eu de la part de la cour une violation flagrante du droit de commune, les villes, instruites par expérience à redouter principalement la puissance ecclésiastique, et ne regardant l'affaire de Beauvais que comme un cas particulier, sans application ailleurs, se rangèrent du côté du roi. Les corps de magistrature élective, dont la tendance constante était d'anéantir les droits seigneuriaux des évêques, des chapitres et des abbayes, espérèrent que la lutte des deux puissances leur faciliterait les moyens de parvenir à leur but, et ils reprirent presque partout l'offensive [2]. A Noyon, de fréquentes émeutes avaient lieu contre les chanoines, aux

---

[1] Gallia christiana, t. IX, p. 109.

[2] Magistratus populares nacti occasionem penitus excutiendi jugum ecclesiasticæ jurisdictionis in tantam per aliquot urbes... prorupere audaciam. (Marloti Hist. Metropol. Remensis, t. II, p. 518.)

cris de *commune! commune!* A Soissons, pour la moindre dispute survenue entre les bourgeois et des membres du clergé, on criait: *Haro as clercs!* et la commune prenait les armes [1]. Mais à Reims, qui était la plus grande ville du diocèse, l'effervescence fut au comble. Les alarmes qu'inspirait d'ailleurs le caractère de l'archevêque contribuèrent à rendre l'agitation encore plus grande. Les habitants du ban de Saint-Remi, qui n'avaient pour toute fortification, autour de leur quartier, que des chaînes tendues la nuit au bout des rues, demandèrent au roi, par l'entremise de leur abbé, la permission de s'enclore de murs, afin de mettre leur liberté à couvert contre les entreprises de Henri de Braine. Dans la cité les jurés et les échevins étaient sans cesse en alerte, et, s'autorisant du nom du roi, ils arrêtaient et jugeaient comme coupables de sédition tous ceux qui agissaient ou parlaient en faveur du parti épiscopal. Sans tenir aucun compte des priviléges ecclésiastiques, ils citèrent à leur tribunal et condamnèrent au bannissement un certain Thomas de Beaumetz, chanoine et prévôt de l'archevêque. Cette sentence exécutée malgré les réclamations du chapitre, devint l'un des principaux griefs des évêques ligués, comme ils le disaient eux-mêmes, pour maintenir l'honneur de Dieu et les libertés de son église [2].

Au commencement de l'année 1235, pendant que

---

[1] Annales de Noyon, t. II, p. 932.—Hist. de Soissons, par Claude Dormay, t. II, p. 299.

[2] Marloti Hist. Metropol. Remensis, t. II, p. 518.

la plus grande fermentation régnait de part et d'autre, les magistrats de la commune de Reims statuèrent qu'il serait fait un emprunt pour couvrir certaines dépenses municipales, et affectèrent au paiement des intérêts une portion du revenu fourni par la levée des impôts. Les historiens ne disent pas si l'argent de cet emprunt était avancé par les changeurs de la ville; on peut néanmoins le penser, car dans la même année, trois bourgeois de Reims, Hélisand d'Écry, Etienne son fils, et Guichard, fils de Jean le-Nain, souscrivirent un prêt considérable fait à la commune d'Auxerre moyennant des rentes viagères[1]. Quoi qu'il en soit, l'archevêque prétendit qu'on lui devait une part de l'emprunt, comme de toute taxe levée par les bourgeois de son ban, et il en réclama le dixième. Les échevins ne répondant point à sa demande, il la fit publier au prône, dans toutes les paroisses de la ville; et comme cette lecture ne fut suivie d'aucun effet, Henri de Braine, pour montrer qu'il allait recourir à d'autres voies, ajouta de nouveaux ouvrages de défense au formidable château de Porte-Mars. Mais le commencement des travaux fut le signal d'une insurrection générale. Tous les bourgeois réunis en armes, au son de la cloche, attaquèrent les ouvriers qui creusaient des fossés ou plantaient des palissades, et transportèrent ailleurs les matériaux destinés aux fortifications. La garnison du château, composée des vassaux nobles de l'arche-

---

[1] Hist. d'Auxerre, par l'abbé Lebœuf, t. II, p. 162.

vêque et d'archers bien disciplinés, fit une sortie contre les insurgés, qui se pressaient sans ordre autour des murs; mais, malgré l'avantage des armes et de la tactique, elle fut repoussée presque aussitôt. Le maréchal ou lieutenant militaire de l'archevêque reçut, dans la retraite, un coup de flèche qui le blessa mortellement; la troupe se mit en sûreté en levant derrière elle le pont de la forteresse [1].

C'était alors l'usage de garder dans les églises les grosses machines de guerre qu'on appelait pierriers et mangonneaux. Les insurgés y coururent; et, s'emparant des machines, ils les traînèrent jusqu'à la citadelle, dont ils commencèrent à battre les murailles. La maison des frères mineurs, située de manière à dominer quelques ouvrages du château, fut crénelée par eux afin d'y loger des arbalétriers qui tirèrent jour et nuit sur les soldats de la garnison. Mais, malgré l'impétuosité des attaques, la place résista, grâce à la force de ses murs et au courage des assiégés. Les bourgeois, renonçant à l'emporter d'assaut, tournèrent le siége en blocus. Pour resserrer le plus possible la garnison, et l'empêcher de tenter aucune sortie, ils élevèrent sur le rebord extérieur du fossé une ligne de redoutes revêtues en pierres. Afin de se procurer des matériaux en quantité suffisante, ils dépavaient toutes les rues et enlevaient jusqu'aux tombes des cimetières. Ils s'emparèrent aussi des pierres de taille de

---

[1] Anquetil, Hist de Reims, t. II, p. 41.

toute grandeur destinées à la construction de la cathédrale, qui n'était pas encore achevée[1].

Pendant ce temps, l'archevêque Henri de Braine, toujours en voyage, redoublait d'activité auprès de ses suffragants pour les engager à ne point faiblir dans la défense des priviléges ecclésiastiques. Le chapitre de Reims, resté sans chef au milieu des troubles, n'osait se déclarer ouvertement pour le parti qu'il soutenait en secret, et, ménageant dans ses discours les membres de la commune, il tâchait d'énerver leur opposition, en leur inspirant des doutes sur la validité de leurs droits. Les chanoines se répandaient dans les groupes formés, à toute heure, sur les places et dans les rues. Comme ils avaient en général de la facilité à s'exprimer, ils se faisaient écouter volontiers, et, lorsque quelque orateur populaire avait terminé ses invectives : « Prenez garde, disaient-ils aux assistants, vos pri-
« viléges ne sont pas aussi clairs que vous le pensez ;
« peut-être vous abusez-vous sur vos intérêts, et au-
« riez-vous dû réfléchir mûrement avant d'entre-
« prendre ce que vous faites [2]. » Ces paroles ne restaient pas sans réplique. Mais bientôt l'aigreur s'en mêlait de part et d'autre, et les chanoines, perdant toute mesure, affirmaient que la ville n'avait pas le droit de commune, et citaient à l'appui de leur opi-

---

[1] Assumpserunt pro munitione... publicarum pavimenta viarum, tumbas cœmeteriorum et lapides ad fabricam majoris ecclesiæ deputatos. (Marloti Hist. Metropol. Remensis, t. II, p. 519.)

[2] Anquetil, Hist. de Reims, t. II, p. 44.

nion la charte de l'archevêque Guillaume. De semblables aveux fermèrent toutes les voies de conciliation entre les bourgeois et le chapitre, et les hostilités commencèrent. Le doyen et les chanoines en corps s'adressèrent au pape Grégoire IX, l'un des plus zélés défenseurs de la suprématie ecclésiastique, lui demandant conseil et appui. Le pape n'hésita pas à déclarer que la soi-disant commune de Reims était nulle de plein droit, et il envoya aux chanoines une commission qui les autorisait à prononcer comme arbitres sur ce point, et à faire comparaître devant eux les magistrats municipaux [1].

Ceux-ci n'eurent garde d'obéir à la sommation qui leur était faite; et aussitôt une sentence d'excommunication fut lancée contre eux par l'official au nom de l'archevêque. Usant de représailles, ils firent proclamer que tout membre de la commune de Reims était tenu de ne rien vendre, à quelque prix que ce fût, ni aux chanoines, ni à leurs sergents, ni à leurs domestiques; et cette invitation, observée à la rigueur, comme il arrive toujours dans les temps d'effervescence politique, obligea les chanoines à quitter la ville, de crainte d'y mourir de faim. La plupart s'évadèrent secrètement, et, dès qu'ils furent partis, le peuple pilla leurs maisons et dévasta leurs propriétés. Ceux qui firent moins de diligence coururent risque d'être massacrés, tant la fureur des

---

[1] Capitulum, obtenta a sancta sede apostolica commissione, quæ scabinorum judicia rescinderet, diem illis denunciat. (Marloti Hist. Metropol. Remensis, t. II, p. 518.)

bourgeois était grande. Ils s'en allèrent de différents côtés; mais, s'étant réunis ensuite dans la petite ville de Cormicy, à quatre lieues au nord de Reims, ils prirent les uns envers les autres l'engagement de ne point rentrer dans la ville avant qu'on eût fait au chapitre une satisfaction convenable. Lorsque les derniers liens d'amitié entre la commune et le clergé de Reims eurent été ainsi rompus, une sentence d'excommunication, fulminée par le souverain pontife contre les bourgeois en masse, fut publiée dans toutes les églises du diocèse. Voici quelques passages de la bulle destinée à notifier cette sentence.

« Une plainte grave, et de nature à nous sur-
« prendre, nous est parvenue. Notre frère l'arche-
« vêque de Reims étant seigneur temporel, et ses
« bourgeois devant être ses fidèles sujets en même
« temps que ses fils spirituels, ce que nous ne pou-
« vons rapporter sans amertume de cœur, ils ont
« dégénéré, et, cessant d'être fils, ils n'ont point
« rougi de s'insurger en ennemis contre leurs pa-
« rents, travaillant méchamment à la perte de leur
« père, à la ruine de leur mère, et au détriment
« de leur propre salut, foulant aux pieds d'une
« manière damnable l'église de Reims leur mère,
« et après avoir chassé leur père, s'appropriant son
« héritage, en quoi ils ont outrepassé la férocité
« des vipères... De peur que l'exemple d'une telle
« perversité ne soit imité par d'autres, et pour que
« les auteurs de ces excès ne se réjouissent point
« dans leurs œuvres, mais que la vue du châti-

« ment retienne ceux qui seraient tentés de faire
« comme eux, nous mandons et enjoignons à votre
« discrétion, par cette lettre apostolique, de pu-
« blier solennellement, les jours de dimanche et
« de fête, cloches sonnantes et flambeaux allumés,
« la sentence d'excommunication déjà prononcée,
« et de la faire proclamer dans l'église de Reims,
« les diocèses voisins, et les autres lieux où vous le
« jugerez convenable. Que si, de la sorte, ils ne
« songent pas à revenir loyalement sous la sujétion
« de l'archevêque, faites retenir, tant qu'ils per-
« sisteront à demeurer sous l'excommunication,
« leurs revenus, créances et autres biens, dans les
« foires et partout où ils seront trouvés, nonob-
« stant toute foi donnée et tout engagement pris
« sous serment par leurs débiteurs. S'il est besoin,
« vous requerrez, pour réprimer leur obstination,
« le secours du bras séculier [1]. »

Conformément à cette bulle du pape, l'anathème contre les bourgeois de Reims fut prononcé dans toutes les églises cathédrales de la province rémoise, avec les cérémonies graves et sombres qui s'observaient en pareil cas. Pendant que toutes les cloches sonnaient en branle, comme aux plus grandes solennités, l'évêque, revêtu de ses ornements

---

[1] Faciatis reditus ac debita et alia bona ipsorum in nundinis et ubicumque reperta fuerint, quamdiu in excommunicatione perstiterint, detineri, juramento de interpositione fidei, si qua forte debitores pro debitis solvendis tenentur, aliquatenus non obstante... (Marloti Hist. Metropol. Remensis, t. II, p. 519.)

pontificaux, debout et ayant autour de lui douze prêtres dont chacun tenait à la main une torche de cire allumée, récitait en latin les paroles suivantes : « D'après l'autorité des lois canoniques et l'exemple
« des saints pères, au nom du Père et du Fils, et
« par la vertu du Saint-Esprit, nous les séparons
« du giron de la sainte mère église, comme persé-
« cuteurs des églises de Dieu, ravisseurs et homi-
« cides, et nous les condamnons par l'anathème
« d'une malédiction perpétuelle. Qu'ils soient mau-
« dits à la ville, maudits à la campagne. Que leurs
« biens soient maudits, et que leurs corps soient
« maudits. Que les fruits de leurs entrailles et les
« fruits de leurs terres soient maudits. Que sur eux
« tombent toutes les malédictions que le Seigneur a
« lancées par la bouche de Moïse contre le peuple
« violateur de sa loi. Qu'ils soient anathèmes, *Ma-*
« *ranatha*, c'est-à-dire qu'ils périssent à la seconde
« venue de Jésus-Christ. Que nul chrétien ne leur
« dise salut. Que nul prêtre ne célèbre pour eux la
« messe, et ne leur donne la sainte communion.
« Qu'ils soient ensevelis dans la sépulture de l'âne,
« et qu'ils soient comme un fumier sur la face de
« la terre. Et à moins qu'ils ne viennent à résipi-
« scence, et ne donnent satisfaction, par amende
« ou pénitence, à l'église de Dieu qu'ils ont lésée,
« que leur lumière s'éteigne comme vont s'éteindre
« les flambeaux que nous tenons dans nos mains...»
Alors tous les prêtres jetaient leurs torches par

terre, et les éteignaient en marchant dessus[1]. Ensuite l'évêque donnait au peuple, en langue française, l'explication de la cérémonie : « Sachez tous,
« disait-il, que dorénavant vous devez les traiter,
« non en chrétiens, mais en païens. Quiconque
« aura communiqué avec l'un d'entre eux, aura
« bu, mangé, conversé ou prié avec lui, ou l'aura
« reçu dans sa maison, à moins que ce ne soit pour
« l'engager à se repentir et à faire réparation, sera
« excommunié comme lui. » Il ajoutait que, par
l'autorité du souverain pontife, leurs débiteurs
étaient déchargés de toute dette envers eux, et que
les contrats passés à leur profit étaient nuls et de
nulle valeur.

Les évêques suffragants du diocèse de Reims, réunis pour la troisième fois en concile provincial, siégeaient alors à Saint-Quentin. Cette assemblée, délibérant sous la présidence de Henri de Braine, prit un grand nombre de résolutions dont voici les plus importantes : « Si le seigneur archevêque de
« Reims requiert le roi de lui prêter secours pour
« avoir satisfaction des excès commis par les bour-
« geois, le roi sera tenu de venir à son aide, sans
« faire sur ce aucune enquête. Quant aux sentences
« prononcées contre les bourgeois par l'autorité
« apostolique, le roi devra pareillement s'en rap-
« porter au seigneur de Reims, et ne faire aucune

---

[1] Script. rer. gallic. et francic., t. IV, p. 612.

« enquête sur les faits qui ont donné lieu à l'ex-
« communication. En outre le seigneur de Reims
« ne sera tenu de répondre à aucune accusation
« d'homicide ou autre intentée contre lui par les
« bourgeois ses justiciables, ni de plaider avec eux
« devant la cour du roi, attendu qu'ils sont excom-
« muniés[1]. »

L'archevêque de Reims, accompagné de six de ses suffragants et de plusieurs députés des chapitres métropolitains, vint à Melun présenter au jeune roi la requête, ou pour mieux dire la sommation du concile. « Seigneur, dirent les évêques, nous « vous supplions de prêter secours à l'église de « Reims contre ses bourgeois qui l'oppriment. » Le roi répondit qu'il en délibérerait mûrement avec les gens de son conseil, et fixa le délai d'un mois pour faire connaître ses intentions. Mais les plaignants, peu satisfaits de cette réponse, se réunirent en concile à Compiègne, et décidèrent qu'on ferait au roi des injonctions plus pressantes. Ce fut à Saint-Denis qu'eut lieu la seconde entrevue de Louis IX avec les évêques de la province rémoise ; mais comme il ne fit aucune réponse définitive, le concile, transféré à Senlis, prit la résolution suivante : « Attendu que le seigneur roi n'a pas obéi « aux monitions qui lui ont été faites, nous met- « tons l'interdit sur toutes les terres de son domaine

---

[1] Decretum concilii provincialis apud Sanctum Quintinum pro multiplici lesione Remensis ecclesiæ. (Marloti Hist. Metropol. Remensis, t. II, p. 520.)

« situées dans la province, permettant toutefois
« qu'on y administre le baptême et le viatique.
« Nous excommunions en outre tous les évêques
« qui n'observeront pas le présent interdit et man-
« queront à le faire publier et observer dans leurs
« diocèses [1]. »

Le roi Louis IX entrait alors dans sa majorité ;
devenu maître de sa conduite, il se montra beaucoup plus disposé à céder aux demandes des évêques. Pour s'entendre avec eux et conclure la paix,
il n'attendit point de nouveaux messages ou des
visites de leur part, et lui-même, à plusieurs reprises, se rendit dans la province qui venait d'être
mise en interdit. Le bon accord fut bientôt rétabli
entre le pouvoir royal et le pouvoir ecclésiastique ;
mais les suites de cette réconciliation ne furent rien
moins que favorables à la liberté des bourgeois de
Reims. Tout ce qu'ils avaient gagné en fait, durant
leur insurrection, leur fut enlevé. Tous les dommages causés par la guerre civile retombèrent sur
eux, et même leurs anciens droits de commune
furent restreints, en beaucoup de cas, par les décisions de la cour du roi, qui résolut au profit de
l'archevêque la plupart des questions en litige.
D'après une ordonnance royale signifiée aux échevins de Reims, Henri de Braine devait être remis
en possession paisible de son château de Porte-

---

[1] Cùm dominus rex non paruerit monitionibus sibi factis, nos interdicimus totum dominium ejus situm in provincia Remensi. (Marloti Hist. Metropol. Remensis, t. II, p. 522.)

Mars; les brèches faites aux murailles et aux ouvrages extérieurs devaient être réparées aux dépens de la ville, les bourgeois devaient faire rebâtir toutes les maisons démolies ou endommagées pendant les troubles, raser les fortifications élevées par eux, et replacer, avec des cérémonies expiatoires, les tombes et les pierres sépulcrales. A l'avenir, quiconque aurait un procès était contraint de venir plaider dans le château épiscopal. Il n'était plus permis d'engager, sans le consentement de l'archevêque, aucune partie des revenus de la ville, ni d'asseoir de nouvelles taxes sans son aveu; enfin les bourgeois étaient condamnés à lui payer, en dédommagement de ses pertes de tout genre, une indemnité de dix mille livres parisis [1].

Saint Louis, si renommé dans son temps pour son équité, ne mettait point sur la même ligne les priviléges des communes et ceux des seigneurs, surtout des seigneurs ecclésiastiques. Il agit donc selon sa conscience en plaçant les bourgeois de Reims dans une condition pire que celle où ils se trouvaient au moment où la discorde avait éclaté entre la cour et les évêques. Mais comme il était doux pour les personnes, en même temps qu'inflexible dans ses idées d'ordre et de légitimité, il voulut que l'archevêque s'engageât par écrit à traiter humainement les bourgeois, et à ne point prendre à la rigueur les termes de l'ordonnance qui le rétablissait dans ses

---

[1] Marloti Hist. Metropol. Remensis, t. II, p. 523 et seq.

droits. Cet écrit fut envoyé aux échevins pour être conservé, comme pièce authentique, dans les archives de la commune; mais l'archevêque montra presque aussitôt le peu de compte qu'il faisait d'une promesse vague et sans garantie. Deux commissaires royaux s'étaient rendus à Reims pour terminer, par sentence arbitrale, tous les petits différends nés de la querelle qu'on cherchait à éteindre Avant toute autre discussion, l'archevêque commença par contester devant eux aux bourgeois de Reims le droit d'avoir un sceau, ce qui revenait à leur refuser tout droit de juridiction et toute existence légale comme association politique. Les commissaires craignirent de renouveler les troubles si de pareilles questions étaient débattues, et, pour éluder la difficulté, ils insérèrent ces mots dans le jugement : « Quant au « sceau, nous en connaîtrons, en faisant appeler les « parties dès qu'il nous sera loisible de le faire [1]. » Ils repartirent après quelques jours, et l'affaire resta indécise, c'est-à-dire abandonnée, comme autrefois, aux chances de l'énergie populaire et de l'ambition seigneuriale.

L'excommunication portée contre les habitants de Reims fut levée avec les cérémonies d'usage. On rouvrit les cimetières, et l'on y transporta les corps des personnes mortes sous l'anathème, qui, avant d'expirer, avaient donné quelques signes de repentir

---

[1] De sigillo autem, cùm vacare potuerimus, vocatis partibus cognoscemus. (Marloti Hist. Metropol. Remensis, t. II, p. 525.)

et de soumission à l'église. Une absolution générale fut prononcée pour ceux qui, étrangers à la ville, avaient aidé les bourgeois dans leur révolte, travaillé à leurs gages, commercé avec eux ou acquitté à leur profit des engagements et des créances[1]. La ville, si agitée durant trois ans, rentra dans le calme, mais dans ce calme triste qui suit les révolutions dont l'issue n'a pas été heureuse. Les marchands et les artisans travaillaient à réparer les pertes que leur avaient causées les distractions de la vie politique, l'interruption du commerce, et en dernier lieu la sentence qui mettait à leur charge tous les frais de la guerre civile. L'indemnité de dix mille livres devait être payée en plusieurs termes. Les premiers furent acquittés sans contradiction et sans violence ; mais, en l'année 1238, l'archevêque Henri, se sentant pressé d'argent, voulut avoir en un seul coup le reste de la somme. Il mit sur toute la ville un impôt équivalent, et institua des commissaires chargés d'en faire, dans chaque quartier, la répartition et la levée.

Ces officiers se conduisirent avec une rigueur excessive, refusant d'accorder aucun délai et faisant des menaces d'emprisonnement. Leur dureté occasionna une émeute parmi les bourgeois de la classe inférieure, qui maltraitèrent les collecteurs et le bailli de l'archevêque. Celui-ci somma les échevins, par un message impérieux, de lui faire prompte-

---

[1] Marloti Hist. Metropol. Remensis, t. II, p. 524.

ment justice. Mais les magistrats de la commune ayant répondu à cette sommation par des remontrances, l'archevêque assembla au château de Porte-Mars tous les chevaliers qui tenaient des fiefs relevant du comté de Reims et entra à leur tête dans la ville. Après avoir posé des gardes à chaque porte, il fit arrêter, dans leurs maisons, les échevins et un certain nombre des bourgeois les plus considérés. On les conduisit devant la cour épiscopale, qui, sans information et sans enquête, emprisonna les uns, bannit les autres, et fit démolir de fond en comble les maisons des plus opiniâtres[1]. Un arrêt d'excommunication fut de nouveau lancé contre la ville, et toutes les églises furent mises en interdit. Les bourgeois de Reims demeurèrent sous le poids de cette sentence et des désordres qu'elle entraînait, jusqu'à la mort de Henri de Braine, arrivée en 1240. Alors il y eut une vacance de quatre années, durant laquelle la commune reprit le dessus, comme il arrivait toujours, et obtint du chapitre métropolitain non-seulement la révocation des sentences ecclésiastiques, mais la remise des indemnités qui restaient à payer[2].

Dans cette lutte perpétuelle de deux puissances rivales, au sein de la même ville, la moindre conces-

---

[1] Multorum nobilium et militum stipatus cohorte, urbem ingreditur... In scabinos urbisque primores manus injicere, quorum nonnulli in exilium missi, alii in vincula conjecti, quorumdam domus eversæ. (Marloti Hist. Metropol. Remensis, t. II, p. 526.)

[2] Anquetil, Hist. de Reims, t. II, p. 67.

sion faite de gré ou de force par l'une d'elles amenait toujours une réaction en faveur de l'autre. Ainsi, à chaque instant, les grandes questions, résolues dans un sens, pouvaient se débattre de nouveau et se résoudre en sens contraire. Reprenant par degrés son ancienne énergie, la commune de Reims ne tarda pas à inquiéter le successeur de Henri de Braine. La principale source de ces inquiétudes était l'organisation des compagnies de milice bourgeoise que les magistrats municipaux s'occupaient à régulariser. Ces compagnies, commandées par des officiers appelés connétables, faisaient la garde de jour et de nuit aux portes de la ville et dans les différents quartiers, s'exerçaient fréquemment au maniement des armes, et quelquefois en venaient aux mains, par une sorte de bravade militaire, avec les soldats de l'archevêque, lorsque la bannière seigneuriale passait devant celle de la commune. Sous le prétexte d'établir, d'une manière plus complète, la sûreté et la tranquillité dans la ville, les bourgeois plaçaient à l'extrémité de chaque rue des chaînes de fer et des barricades, dont l'objet réel était d'empêcher la garnison du château épiscopal de se répandre dans la cité sans la permission des échevins. Ces nouvelles tentatives de la commune pour se fortifier et préparer une complète restauration de ses priviléges donnèrent lieu, en 1257, à une seconde intervention du roi Louis IX [1].

---

[1] Anquetil, Hist. de Reims, t. II, p. 90.

Le siége épiscopal était occupé alors par ce même Thomas de Beaumetz dont il a été fait mention plus haut, homme moins audacieux que Henri de Braine, mais aussi peu favorable aux libertés de la bourgeoisie. Encouragé par la conduite du roi dans la grande querelle de 1235, il le supplia de venir à son secours, et de se rendre à Reims pour écouter ses griefs contre la commune. Le roi, cédant aux prières de l'archevêque, alla à Reims, et, après avoir écouté les plaintes des deux parties, il prononça, comme arbitre, un jugement analogue à celui qu'il avait rendu vingt-deux ans auparavant. Les échevins eurent beau représenter que la ville de Reims était ville de loi et de commune, que les bourgeois y étaient associés en corps et en collége, qu'à ce titre ils avaient le droit de lever des compagnies, de leur donner des capitaines, d'avoir en garde les clefs et les fortifications de la ville, le roi donna sur tous ces points gain de cause à l'archevêque. Les compagnies de milice furent placées sous son autorité, les clefs des portes lui furent remises, et l'on ordonna la destruction des barricades [1].

L'histoire de la commune de Reims, durant la dernière moitié du XIIIe siècle et la plus grande partie du XIVe, offre la répétition des mêmes querelles, mais avec des scènes moins variées, parce que l'autorité royale y intervient, d'une manière uniforme, par les appels au parlement. Cette lutte du

---

[1] Anquetil, Hist de Reims, t. II, p. 94.

privilége seigneurial contre les libertés bourgeoises, si énergique dans son origine et si pleine de mouvement, paraît ainsi transformée en un procès entre parties, où les rôles de demandeur et de défendeur sont remplis tour à tour par l'archevêque et par les magistrats de la commune. Plaideurs inconciliables et toujours en instance, ils portaient dans cette guerre d'un nouveau genre un acharnement qui rappelait, sous d'autres formes, le temps des hostilités à main armée. L'archevêque ou ses fondés de pouvoir qualifiaient leurs adversaires de *chétives gens*, de *gens de néant*; et lorsque ceux-ci présentaient leur requête scellée du sceau de la commune : « c'est une pièce fausse, disaient les premiers, et de « nulle valeur en justice; car les échevins de Reims « n'ont pas le droit d'avoir un sceau [1]. »

En l'année 1362, les avocats de l'église métropolitaine prirent les conclusions suivantes : « Que « l'échevinage soit déclaré aboli, et que toute juri- « diction civile et criminelle soit remise en la main « de l'archevêque; que le roi détruise la commune, « comme une association illicite, dangereuse et non « autorisée par ses prédécesseurs; que l'archevêque « puisse régler à sa volonté le gouvernement de la « ville, armer ou désarmer les habitants, lever des « compagnies, nommer des connétables et des com-

---

[1] Missi ab archiepiscopo scabinorum procurationem ac sigillum impugnant, dicuntque nec jus communiæ habere nec sigillum. (Marloti Hist. Metropol. Remensis, t. II, p. 572.) — Anquetil, Hist. de Reims, t. II, p. 255.

« mandants, sans rendre compte à qui que ce soit. »
L'arrêt du parlement ne fit droit ni à ces demandes
ni aux plaintes de la commune sur les tyrannies et
les usurpations du clergé; mais il consacra les prétentions d'une troisième puissance qui s'élevait alors
au détriment des deux autres. « La garde et le gou-
« vernement de la ville, disait la sentence, appar-
« tiennent au roi seul, et à ceux qu'il lui plaira d'y
« commettre [1]. »

Au XIVᵉ siècle, la commune de Reims cesse entièrement de jouer un rôle politique. Elle ne fut
point abolie, mais s'éteignit, sans violence et sans
éclat, sous la pression de l'autorité royale. L'échevinage subsista, jusqu'à une époque récente, comme
un simulacre de l'ancienne existence républicaine et
le signe d'une liberté qui n'était plus. Durant les
siècles de subordination paisible, qui succédèrent
aux tumultes du moyen âge, l'oubli éleva comme
une sorte de barrière entre la bourgeoisie des temps
modernes et l'antique bourgeoisie, si fière et si indépendante. Le seul grand événement local, pour
un habitant de Reims, fut la cérémonie du sacre;
et les enfants jouèrent au pied du vieux château des
archevêques, sans se douter que jamais ces murs
en ruines eussent été maudits par leurs aïeux. Toutes
les villes de France sont tombées, depuis quatre
siècles, dans la même nullité politique; mais on se
figure trop aisément qu'il en a toujours été ainsi.

[1] Anquetil, Hist. de Reims, t. II, p. 257.

Pour chercher des exemples de courage civique, nous remontons jusqu'à l'antiquité, tandis que nous n'aurions besoin que d'étudier à fond notre histoire; parmi nos villes les plus obscures, il n'en est peut-être pas une qui n'ait eu ses jours d'énergie. Vézelay, dans le département de l'Yonne, n'est pas même un chef-lieu de sous-préfecture, et cette simple bourgade eut, il y a près de sept cents ans, l'audace de faire une révolution pour son compte.

LETTRE XXII.

Histoire de la commune de Vézelay.

A huit lieues au sud d'Auxerre, et à vingt-trois au nord-est de Nevers, se trouve la ville de Vézelay, qui, au moyen âge, n'avait que le titre de bourg, mais était, selon toute apparence, plus grande et plus peuplée qu'aujourd'hui. La principale cause de sa prospérité était une église bâtie en l'honneur de sainte Marie-Madeleine, et vers laquelle on se rendait de fort loin, pour acquitter des vœux ou faire des pèlerinages. Cette église dépendait d'une abbaye fondée, au ixe siècle, par le comte Gherard, si célèbre dans les romans de chevalerie sous le nom de Gérard de Roussillon. En transportant à l'abbaye de Vézelay tous ses droits de propriété et de seigneurie sur le bourg et sur les habitants, le comte Gherard avait voulu qu'elle en jouît en toute franchise et liberté, c'est-à-dire qu'elle fût à jamais exempte de toute juridiction temporelle ou ecclésiastique, excepté celle de l'église de Rome. Il obtint, à cet égard, un diplôme de l'empereur Karle-le-Chauve, affranchissant l'église de Vézelay et ses hommes, tant libres que serfs, de la juridiction de tout empereur, roi, comte, vicomte, ou évêque présent et à venir. En outre, le pape régnant prononça solennellement l'anathème contre tout seigneur ecclésiastique ou laïc qui oserait enfreindre les libertés d'une église fille de celle de Rome, et faisant partie des domaines du bienheureux apôtre Pierre.

Malgré la charte impériale et la menace d'excommunication contenues dans la bulle du souverain pontife, les héritiers des droits du comte Gherard, dans l'Auxerrois et le Nivernais, essayèrent, à plusieurs reprises, de faire rentrer le bourg de Vézelay sous leur autorité seigneuriale. Les richesses des habitants et la célébrité du lieu excitaient leur ambition et la rendaient plus active. Ils ne pouvaient voir sans envie les grands profits que l'abbé de Vézelay tirait de l'affluence des étrangers de tout rang et de tout état, ainsi que des foires qui se tenaient dans le bourg, particulièrement à l'époque de la fête de sainte Marie-Madeleine. Cette foire attirait, durant plusieurs jours, un concours nombreux de marchands, venus soit du royaume de France, soit des communes du Midi, et donnait à un bourg de quelques milliers d'âmes une importance presque égale à celle des grandes villes du temps. Tout serfs qu'ils étaient de l'abbaye de Sainte-Marie, les habitants de Vézelay avaient graduellement acquis la propriété de plusieurs domaines situés dans le voisinage; et leur servitude, diminuant par le cours naturel des choses, s'était peu à peu réduite au paiement des tailles et des aides, et à l'obligation de porter leur pain, leur blé et leur vendange au four, au moulin et au pressoir publics, tenus ou affermés par l'abbaye. Une longue querelle souvent apaisée par l'intervention des papes, mais toujours renouvelée sous différents prétextes, s'éleva ainsi entre les comtes de Nevers et les abbés de Sainte-Marie de Vézelay. Cette querelle devint extrêmement vive dans les premières années du xiie siècle. Le comte Guillaume, plusieurs fois sommé par l'autorité pontificale de renoncer à ses prétentions, les fit valoir avec plus d'acharnement que jamais, et légua en mourant à son fils, du même nom que lui, toute son inimitié contre l'abbaye.

La dignité d'abbé et de seigneur de Vézelay appartenait alors à Pons de Montboissier, originaire de l'Auvergne, homme d'un caractère décidé, mais aussi calme que celui du jeune comte de Nevers était fougueux et violent. La guerre entre ces deux antagonistes, d'une humeur si différente, ne fut suspendue que par le départ du comte pour la croisade. Son séjour à la Terre-Sainte ne changea rien à ses dispositions; mais au retour, durant la traversée, surpris par une tempête violente, et se croyant en péril de mort, il promit à Dieu et à sainte Marie-Madeleine de ne plus inquiéter l'abbé de Vézelay, s'il revenait chez lui sain et sauf. Ce vœu, prononcé dans un moment de crainte, ne fut pas longtemps gardé, et sa rupture fut accompagnée de circonstances toutes nouvelles.

Il y avait à Vézelay un étranger, selon toute apparence, originaire du Midi, et nommé Hugues-de-Saint-Pierre. Cet homme avait apporté dans le bourg peu de richesses, mais une grande industrie, à l'aide de laquelle il avait fait promptement fortune[1]. L'étendue de son commerce le mettait en relation d'affaires avec les barons de la contrée, et même avec le comte de Nevers, qui l'accueillait toujours bien et recevait de lui des présents. Obligé de vivre dans un pays de servitude, Hugues-de-Saint-Pierre supportait impatiemment sa nouvelle condition, et il aspirait à établir dans la bourgade de Vézelay un gouvernement républicain sur le modèle de ces grandes communes qui jetaient alors tant d'éclat en Provence, dans le comté de Toulouse et sur toute la côte de la Méditerranée. Cette pensée généreuse n'était pas exempte d'ambition personnelle; et peut-être, dans ses rêves politiques, l'artisan de Vézelay se voyait-il d'avance revêtu de la robe rouge, qui était, dans les communes du Midi, la marque de la haute dignité de magistrat municipal. Quoi qu'il en soit, Hugues-de-Saint-Pierre était habile à saisir toutes les occasions capables de seconder ses projets. Témoin des démêlés

---

[1] Erat autem Vixeliaco quidam qui dicebatur Hugo de S. Petro advena... quem natura inopem protulerat, sed manus arte docta mechanica locupletem effecerat. (Hugonis Pictaviensis hist. Vezeliac. monasterii, lib. III, apud d'Achery Spicilegium, t. II, p. 526.

du comte de Nevers avec l'abbé de Sainte-Marie, il croyait cette lutte favorable à ses desseins, et faisait de son mieux pour engager le comte à reprendre l'offensive. Il lui conseillait de s'emparer du droit de juridiction sur les habitants de Vézelay, soit en jugeant les procès pendants devant la Cour abbatiale, soit en faisant saisir par ses officiers quelques criminels justiciables de l'abbaye, et il lui assurait que les habitants, si leur choix était libre, n'hésiteraient pas un seul instant entre les deux juridictions. En même temps il cherchait à inspirer à ses concitoyens le désir et l'espérance d'être libres comme l'étaient les bourgeois des communes. Il réunissait les plus éclairés et les plus courageux dans des assemblées secrètes, où l'on s'entretenait de l'état présent des choses, des différents partis à prendre pour l'avantage commun, et peut-être de considérations politiques d'un ordre plus élevé, comme l'état de la classe bourgeoise, ses relations avec les seigneurs, les droits dont elle jouissait dans un lieu, et qu'on lui refusait dans un autre. Ces assemblées, tenues mystérieusement, sous prétexte d'exercices de piété, causèrent une violente fermentation dans les esprits; l'ancien respect pour la puissance de l'abbé et des moines de Sainte-Marie fut ébranlé, et même il y eut, pour la première fois, plusieurs actes de rébellion contre leur autorité seigneuriale.

L'un des religieux, passant à cheval près d'une forêt de l'abbaye, trouva un homme occupé à couper du bois, quoique cela fût défendu; il courut sur lui et voulut lui enlever sa cognée; mais cet homme l'en frappa si rudement qu'il le renversa de cheval. Le coupable fut saisi et eut les yeux crevés, par sentence de la cour abbatiale. A la nouvelle de cet arrêt, le comte de Nevers éprouva, ou feignit d'éprouver beaucoup d'indignation; il s'emporta avec violence contre les moines, les accusant à la fois de cruauté, d'iniquité et d'usurpation de ses propres droits comme seigneur haut justicier. Ne se bornant point aux invectives, il somma judiciairement l'abbé Pons de comparaître devant sa Cour, pour y répondre sur diverses interpellations qui lui seraient faites; mais celui-ci n'obéit point, et adressa au comte des remontrances sur la nouveauté de ses prétentions. Alors toute trêve fut rompue; le comte entra en hostilité ouverte avec l'abbaye et en fit dévaster les domaines. Il mit en état de blocus le bourg de Vézelay, et, après avoir fait publier par un héraut d'armes la défense d'y entrer ou d'en sortir, il envoya des cavaliers et des archers pour garder les routes. Par suite de ces mesures, les marchands et les artisans de Vézelay, retenus de force dans leurs maisons et ne pouvant plus rien vendre ni rien acheter au dehors, furent réduits à une grande gêne. Ils éclatèrent en plaintes contre l'abbé qu'ils accusaient d'avoir causé tout le mal par son obstination; ils allaient même jusqu'à dire qu'ils ne le voulaient plus pour seigneur, et tenaient publiquement ce propos et d'autres du même genre [1].

Lorsque le comte de Nevers apprit dans quel état de fermentation les esprits étaient à Vézelay, il en eut beaucoup de joie, et en conçut de grandes espérances pour la réussite de ses projets. Il y avait entre lui et les habitants une sorte de communauté d'intérêts dans leur haine contre l'abbaye, quoique leurs vues fussent bien différentes; car les uns tendaient à faire du bourg de Vézelay une ville entièrement libre, et l'autre à remplacer comme seigneur l'abbé de Sainte-Marie-Madeleine. Une alliance pouvait donc se conclure entre les ennemis de l'abbaye, quoiqu'il y eût peu de chances pour sa durée. Le comte se rendit à Vézelay afin de parler lui-même aux bourgeois et de traiter avec eux; mais, à son arrivée, les moines, adroits politiques, l'accueillirent si respectueusement, et lui promirent tant de déférence à l'avenir, qu'ils le gagnèrent et l'obligèrent, malgré lui, de leur accorder une trêve. Pour le mieux lier encore, l'abbé, qui devait se rendre à Rome, lui remit tous ses droits seigneuriaux et le soin de ses intérêts durant son absence. Il s'engagea même envers lui à demander au pape que les hommes de l'église de Vézelay fussent dorénavant soumis à la juridiction des comtes de Nevers; mais il savait

---

[1] Dicentes auctorem simul et causam malorum omnium esse abbatem... felices demum se ac beatos fore... si, rejecto ecclesiæ jugo, sese manciparent comitis arbitrio. (Hug. Pictav. hist. Vezeliac. monast., lib. III, apud d'Achery Spicilegium, t. II, p. 527.)

bien que le pape n'accorderait jamais une pareille demande.

En effet, l'abbé Pons de Montboissier rapporta de Rome un monitoire apostolique qui lui faisait un devoir sacré de la défense de ses droits seigneuriaux. Cette nouvelle excita plus violemment que jamais la colère du comte de Nevers, qui voyait qu'on s'était joué de lui. N'osant cependant attaquer en personne les moines sans provocation de leur part, il engagea les petits seigneurs des environs, qui étaient ses vassaux, à faire des incursions armées sur les terres de l'abbaye. Plusieurs barons du Nivernais et de l'Auxerrois profitèrent de cette occasion pour s'emparer impunément des biens de l'église. Ils rançonnèrent les moines, dévastèrent les métairies, et enlevèrent partout les provisions, les serfs et le bétail. N'ayant point de troupes à opposer aux hommes d'armes de ses ennemis, l'abbé de Vézelay supporta quelque temps le mal qu'ils lui faisaient, avec cette patience qui était alors la vertu des gens d'église. Puis, voyant qu'il ne gagnait rien, il résolut de tenter d'autres voies et sollicita la protection du roi de France. Ce fut environ dans la quinzième année de son règne, c'est-à-dire en 1152, que le roi Louis-le-Jeune reçut à Paris une requête où l'abbé de Vézelay lui exposait, dans le style mystique du temps, les afflictions de son église. Il y fit droit, en citant à comparaître, devant la cour des barons de France, le plaignant et son adversaire le comte de Nevers. Tous deux firent valoir leurs prétentions ; mais ce débat n'eut aucune suite, parce que l'abbé déclina le jugement de la cour, craignant que la décision du procès ne lui fût pas entièrement favorable [1].

Au retour du voyage qu'il avait fait pour se rendre à la cour du roi, le comte, enhardi par l'hésitation de son adversaire, renoua ses intelligences avec les mécontents de Vézelay. Il leur donna rendez-vous, pour une conférence politique, dans une plaine voisine du bourg; et, quand ils y furent réunis, il leur parla en ces termes :

« Hommes très-illustres, renommés au loin pour
« votre prudence, forts de votre courage et riches
« du bien que vous avez acquis par votre mérite, je
« suis affligé au fond du cœur de la misérable con-
« dition où vous vous trouvez réduits; car, posses-
« seurs en apparence de beaucoup de choses, réel-
« lement vous n'êtes maîtres de rien [2]. En songeant
« à l'état où vous êtes et à ce que vous pourriez de-
« venir avec un peu de résolution, je me demande
« où est cette énergie avec laquelle autrefois vous
« mîtes à mort votre seigneur l'abbé Artaud. C'était
« un homme qui ne manquait ni de sagesse, ni
« d'autres bonnes qualités, et tout le mal qu'il vou-

---

[1] Perpendens..... abbas infensam sibi curiam partibus favere adversis, timuit sese committere dubio judicio. (Hug. Pictav. hist. Vezeliac. monast., lib. III, apud d'Achery Spicilegium, t. II, p. 528.)

[2] « O viri illustrissimi multaque prudentia famosissimi ac fortitudine stre-
« nuissimi, sed et propria virtute acquisitis opibus locupletissimi, doleo
« satis admodum miserrimam conditionem status vestri, quoniam multarum
« rerum possessores quidem specie, revera autem nullarum domini effecti
« estis... » (Ibid., p. 529.)

« lait vous faire consistait en une nouvelle taille im-
« posée à deux maisons. Aujourd'hui vous souffrez
« sans mot dire l'excessive dureté de cet étranger,
« de cet Auvergnat si arrogant dans ses propos, et
« si bas dans sa conduite, qui se permet non-seule-
« ment des exactions sur vos biens, mais encore des
« violences contre vous. Séparez-vous de cet homme
« et liez-vous à moi par un pacte réciproque; si
« vous y consentez, je prends l'engagement de vous
« affranchir désormais de toute exaction et même
« de toute redevance. »

Il y a, dans les grandes réunions d'hommes, un instinct de prudence qui les fait toujours hésiter à prendre des résolutions hasardeuses. Les habitants de Vézelay, d'abord disposés à la révolte, parurent un moment reculer, et, prenant une attitude plus calme que le comte ne s'y attendait, ils lui dirent que trahir sa foi envers son seigneur était une chose très-grave et qui demandait réflexion, qu'ils tiendraient conseil là-dessus et lui répondraient sous peu de jours. Quand l'assemblée se fut séparée, plusieurs des habitants les plus considérables par leur âge, et les plus modérés en fait d'opinions politiques, se rendirent auprès de l'abbé, pour essayer, s'il était encore possible, de prévenir une rupture ouverte : « Nous vous rapportons fidèlement, dirent-
« ils, les paroles du comte de Nevers, vous priant
« de nous donner aide et conseil en cette ren-
« contre, comme notre seigneur et notre père spi-
« rituel. »

L'abbé ne montra aucune émotion à cette confidence peu rassurante ; et soit qu'il eût naturellement, soit qu'il affectât alors une grande impassibilité : « Mes fidèles et amis, répondit-il, votre prudence ne « peut manquer de voir que si le comte est devenu « mon ennemi, c'est afin de vous circonvenir et de « vous faire tomber, par ses ruses, dans une com- « plète servitude, après qu'il vous aura soustraits à « une sujétion sous laquelle vous vivez en hommes « libres. J'ai combattu jusqu'ici avec persévérance « pour vos franchises ; mais si, en retour, vous me « payez d'ingratitude, si vous devenez traîtres envers « moi et envers l'église, quelque affligé que j'en « puisse être, je saurai m'y résigner, tandis que la « peine de votre trahison retombera sur vous et sur « vos enfants. Que si, vous rendant à de meilleurs « conseils, vous résistez avec fermeté, si vous demeu- « rez inébranlables dans la foi jurée à votre seigneur « et à l'église qui vous a nourris de son lait, je me « sacrifierai volontiers pour votre liberté, ne dou- « tant pas que de meilleurs jours ne succèdent bien- « tôt à ces tristes circonstances [1]. — Nous le croyons « et l'espérons, reprirent les gens de Vézelay ; mais « il nous semble qu'il serait prudent de renoncer au « procès avec le comte, de céder à votre adversaire « et de conclure la paix avec lui [2]. — Moi, dit l'abbé,

---

[1] Minime, inquit, fideles mei, vestram latet prudentiam quod..... prospera secundis succedent casibus. (Hug. Pictav. hist. Vezeliac. monast., lib. III, apud d'Achery Spicilegium, t. II, p. 529.)

[2] At illi dixerunt.., credimus et speramus... (Ibid.)

« je n'ai de procès avec personne ; mais je suis prêt
« à défendre mes droits contre quiconque les at-
« taque. Céder à des prétentions injustes, serait un
« acte d'insigne lâcheté. J'ai souvent demandé la
« paix, tant par prières qu'à prix d'argent, et jamais
« je n'ai pu l'obtenir de cet enfant de discorde [1]. »
Ce furent les derniers mots de l'abbé : et les députés
des bourgeois retournèrent sans qu'il leur eût fait
aucune espèce de concession.

Dès ce jour, les partisans des mesures concilia-
toires perdirent toute influence sur l'esprit de leurs
concitoyens. L'obstination de l'abbé devint la cause
ou le prétexte d'un soulèvement populaire, à la tête
duquel on vit, comme dans des révolutions plus récentes, figurer la plupart des jeunes gens [2]. Alors se
passèrent, dans le bourg de Vézelay, toutes les scènes
de tumulte et d'enthousiasme qui signalaient, au
moyen âge, l'établissement d'une commune contre
la volonté du seigneur. Les habitants s'assemblèrent, et, renonçant à leur foi envers l'abbé et l'église
de Sainte-Marie, ils jurèrent tous de se défendre
l'un l'autre, et de n'avoir qu'une seule volonté. On
ignore quels articles de lois formèrent les bases du
nouveau pacte social, et comment furent organisés
les différents pouvoirs municipaux. Tout ce qu'ap-

---

[1] Lis equidem nulla mihi est penitus... a filio discordiæ non potui pacem impetrare. (Hug. Pictav. hist. Vezeliac. monast., lib. III, apud d'Achery Spicilegium, p. 529.)

[2] Et ecce affluxerunt viri nequam... aggregataque sibi... juvenum multitudine... (Ibid.)

prend le seul historien de cette curieuse révolution, c'est que les magistrats, choisis parmi les plus âgés, reçurent le titre de *consuls*, comme ceux des communes du Midi [1]. C'est un fait d'autant plus remarquable que, dans les plus grandes villes de la Bourgogne, comme dans celles du nord de la France, on ne connaissait que les noms de jurés et d'échevins. Cette influence particulière des idées méridionales sur la petite ville de Vézelay ne peut guère s'expliquer que par la présence de Hugues de Saint-Pierre; cet étranger qui était venu s'y établir avec une industrie et des lumières supérieures à celles de ses nouveaux concitoyens.

Le comte de Nevers entra dans la commune, c'est-à-dire qu'il jura solennellement fidélité aux bourgeois, et promit de n'avoir d'amis ou d'ennemis que les leurs, de ne conclure ni paix ni trêve avec qui que ce fût sans les y comprendre; eux, en retour, lui firent serment de foi et de service de leurs corps et de leurs biens, à la vie et à la mort. Ainsi élevés de la triste condition de sujets taillables d'une abbaye au rang d'alliés politiques d'un des plus puissants seigneurs, les habitants de Vézelay cherchèrent à s'entourer des signes extérieurs qui annonçaient ce changement d'état. Ils élevèrent autour de leurs maisons, chacun selon sa richesse, des murailles crénelées, ce qui était la marque et la garantie du

---

[1] ... Principes vel judices quos et *consules* appellari censuerunt. (Hug. Pictav. hist. Vezeliac. monast., lib. III, apud d'Achery Spicilegium, t. II, p. 529.)

privilége de liberté. L'un des plus considérables
parmi eux, nommé Simon, jeta les fondements d'une
grosse tour carrée, comme celles dont les restes se
voient à Toulouse, à Arles et dans plusieurs villes
d'Italie[1]. Ces tours, auxquelles la tradition joint encore le nom de leur premier possesseur, donnent
une grande idée de l'importance individuelle des
riches bourgeois du moyen âge, importance bien
autre que la petite considération dont ils jouirent
plus tard, sous le régime purement monarchique.
Cet appareil seigneurial n'était pas, dans les grandes
villes de commune, le privilége exclusif d'un petit
nombre d'hommes, seuls puissants au milieu d'une
multitude pauvre : Avignon, au commencement du
xiiie siècle, ne comptait pas moins de trois cents
maisons garnies de tours[2]. Sans doute les bourgeois
de Vézelay, après leur insurrection, n'en élevèrent
pas un pareil nombre : et cependant, si l'un des témoins du mouvement politique qui anima cette petite ville, au milieu du xiie siècle, pouvait la revoir
aujourd'hui, ne serait-il pas bien étonné? Ne se demanderait-il pas où est la vie, où sont les hommes
du vieux temps?

---

[1] Hug. Pictav. hist. Vezeliac. monast., lib. iii, apud d'Achery Spicilegium., t. II, p. 533 et 535.

[2] Trecentas domus turrales quæ in villa erant. (Mathæi Parisiensis historia Angliæ major.)

LETTRE XXIII.

Suite de l'histoire de la commune de Vézelay.

Lorsque la commune de Vézelay eut été définitivement constituée par le serment de tous les bourgeois, l'élection des consuls et la formation du grand conseil, les magistrats municipaux s'occupèrent de traiter avec l'abbé, leur ci-devant seigneur, pour la reconnaissance du nouvel ordre de choses. Les principaux d'entre eux se rendirent en députation auprès de lui, pour le prier d'entrer dans la commune et de renoncer volontairement à tout ce qu'il y avait d'arbitraire et de tyrannique dans ses priviléges seigneuriaux[1]. On ne sait précisément quelle réduction ils proposaient pour le cens et les tailles, s'ils voulaient une abolition complète ou simplement une diminution des redevances. Mais l'abbé fut inébranlable dans son refus de rien accorder tant que subsisterait la commune. Il répondit que, si les sujets

---

[1] Postulabant remitti sibi quasdam consuetudines quas novitatis et tyrannidis esse dicebant..... (Hug. Pictav. hist. Vezeliac. monast., lib III, apud d'Achery Spicilegium, t. II, p. 529.)

de son église voulaient renoncer à leur mauvaise association, il leur ferait une remise entière de toutes rentes, et donnerait, de plus, un pardon général ; mais que, dans le cas où ils persisteraient dans leur trahison, toute voie d'accommodement était fermée entre eux et leur légitime seigneur. Ces paroles déplurent fort aux députés, qui, élevant la voix beaucoup plus haut qu'ils n'avaient coutume de le faire en présence de l'abbé de Sainte-Marie, déclarèrent qu'ils ne rentreraient point sous la servitude de l'église [1]. A leur retour auprès de leurs concitoyens, il y eut une grande agitation dans la ville; les plus exaltés d'entre les bourgeois disaient qu'il était temps d'en finir, de vider le différend par la force; et plusieurs, en effet, se conjurèrent pour tuer l'abbé [2].

Pendant que ces choses se passaient, le bruit du renouvellement de la querelle entre le comte de Nevers et l'abbé de Vézelay avait mis en mouvement les nombreux agents de la diplomatie papale. Un cardinal vint tout exprès de Rome, en mission extraordinaire, pour mettre fin à ces démêlés, qui inquiétaient beaucoup le saint-siége ; et peu de jours après son arrivée, un autre cardinal, nommé Jordan, légat du pape dans les Gaules, se rendit aussi à Vézelay pour la' fête de Sainte-Marie-Madeleine.

[1] At illi conclamantes, non ita se facturos dixerunt, sed potius rebellionem ecclesiæ illaturos se dixerunt. (Hug. Pictav. hist. Vezeliac. monast., lib. III, apud d'Achery Spicilegium, t. II, p. 530.)

[2] ... Mortem illius devoverant. (Ibid.)

Tous deux conseillèrent à l'abbé de sortir de la ville, et se tinrent à ses côtés durant la route pour lui servir de sauvegarde [1]. Ils allèrent ensemble à Châblis, auprès du comte de Nevers, qui reproduisit ses anciens griefs et refusa toute espèce d'arrangement, malgré les menaces d'excommunication que lui faisaient les cardinaux. A l'issue de cette conférence inutile, l'abbé Pons ne retourna point à Vézelay; mais l'évêque de Nevers lui ayant procuré les moyens de voyager sûrement, il se rendit au monastère de Cluny, où il reçut l'hospitalité, à la recommandation des cardinaux. Dans cette retraite, il continua de travailler avec activité contre la commune de Vézelay. Il écrivit au roi de France, aux archevêques et aux principaux évêques, pour solliciter leur appui en faveur de son église. Il invita le pape lui-même à écrire sur ce sujet au roi de France, et n'eut point de repos que le cardinal-légat n'eût prononcé l'excommunication contre les bourgeois de Vézelay.

L'arrêt d'excommunication fut apporté dans la ville par une personne dévouée, qui, trompant la vigilance des autorités municipales, trouva moyen de le faire lire, en place publique, par un prêtre. Selon la teneur de cette sentence, la plus rigoureuse qu'il fût possible de prononcer, la ville entière et sa banlieue étaient mises sous l'interdit. Il était défendu d'y célébrer aucun office et d'y administrer aucun sacrement de l'église, excepté le baptême des

---

[1] Medium abbatem deducentes. (Hug. Pictav. hist. Vezeliac. monast., lib. III, apud d'Achery Spicilegium, t. II, p. 530.)

enfants nouveau-nés et la confession des mourants. Il paraît que le prêtre prit, pour faire sa lecture, un moment où la place publique était déserte. Mais les premiers bourgeois qui arrivèrent et l'entendirent, lui donnant à peine le temps d'achever, coururent sur lui pour le battre. Un nommé Eudes du Marais, quittant son manteau, ramassa des pierres, afin de les lui jeter à la tête. Deux autres habitants se joignirent à lui; mais des personnes plus calmes étant survenues, le prêtre s'échappa et chercha un refuge dans la grande église, au pied de l'autel [1]. Le lendemain, de grand matin, tout menacé qu'il était, il eut le courage, aidé de quelques-uns des moines, d'enlever les deux battants des portes de l'église et d'obstruer le passage avec des ronces, ce qui était alors un signe d'interdiction des offices. Mais Hugues de Saint-Pierre et d'autres bourgeois, probablement consuls de la commune, firent ôter les ronces et rétablir les portes [2].

Ce jour-là il s'éleva dans la ville de grandes clameurs contre les moines de Sainte-Marie-Madeleine, restés, en l'absence de leur abbé, sous le gouvernement d'un prieur. Plusieurs bourgeois pénétrèrent, malgré la règle, dans l'intérieur du monastère, et, entrant avec bruit dans l'appartement du prieur, ils l'accablèrent d'invectives, s'en prenant à lui de leur excommunication et le sommant de leur ac-

---

[1] ... Qui fugiens ad altare vix evasit manus impiorum..... (Hug. Pictav. hist. Vezeliac. monast., lib. III, apud d'Archery Spicilegium, t. II, p. 531.)

[2] Abstulerunt spinas et valvas restituerunt. (Ibid.)

corder une trêve. Le prieur répondit qu'il n'avait pas qualité pour les absoudre d'une condamnation portée par le légat du siége apostolique, et que d'ailleurs il lui était impossible de rien conclure avec eux sans l'ordre exprès de l'abbé Pons, son légitime supérieur. Les bourgeois devinrent furieux et s'écrièrent : « Puisque vous nous excommuniez « contre toute justice, nous agirons en excommu- « niés, et dorénavant nous ne vous paierons plus ni « cens ni dîmes[1]. »

Malgré l'énergie de leurs sentiments politiques, les habitants de Vézelay n'étaient point inaccessibles aux scrupules et aux craintes religieuses. Profondément affectés de se voir sous le poids de la plus grave des sentences ecclésiastiques, et d'être privés, sans aucun recours, des sacrements et des grâces de l'église, ils envoyèrent au comte de Nevers pour se plaindre, et lui demander s'il ne pourrait pas les faire relever de l'arrêt d'excommunication. Mais le comte, qui commençait à être lui-même inquiété par les menaces et les messages des évêques et des cardinaux, répondit avec brusquerie : « Je n'y puis « absolument rien, et s'il leur plaît, ils en feront « tout autant contre moi[2]. » Les bourgeois, décon-

---

[1] Quia, inquiunt, nos excommunicatis immeritos, faciemus ut excommunicati videamur : decimas itaque, et censum seu alios reditus consuetos jam amplius vobis non persolvemus. (Hug. Pictav. hist. Vezeliac. monast., lib. III, apud d'Achery Spicilegium, t. II, p. 531.)

[2] Quibus ille : Non possum, inquit, aliud; ita etiam de me facient, si voluerint. (Ibid.)

certés par cette réponse, gardèrent un moment le silence ; puis reprenant la parole : « Où donc mou-
« drons-nous notre grain, dirent-ils, où donc ferons-
« nous cuire notre pain, si les meuniers et les four-
« niers de l'abbaye ne veulent plus communiquer
« avec des excommuniés ? — Eh bien ! reprit vive-
« ment le comte, allez au four banal, chauffez-le
« avec votre bois, et si quelqu'un veut s'y opposer,
« jetez-le tout vivant dans le four. Quant au meu-
« nier, s'il fait résistance, écrasez-le vif sous sa
« meule[1]. »

En effet, les membres de la nouvelle commune, tout affranchis qu'ils étaient par leur constitution républicaine, se trouvaient encore sous la dépendance de l'ancien manoir seigneurial, à cause de leur longue habitude de n'avoir ni moulins, ni fours, ni pressoirs particuliers. Toutes ces différentes industries avaient été jusque-là exercées au profit de l'abbaye, par ses serviteurs, clercs ou laïcs ; et, comme il fallait du temps pour qu'un changement total eût lieu à cet égard, les bourgeois furent obligés d'entrer en guerres journalières avec les moines et leurs gens. Dans ces disputes où ils ne pouvaient manquer d'avoir l'avantage, ils s'exaspérèrent de plus en plus contre les religieux leurs anciens maîtres, et jurèrent « de leur faire mener si rude vie, et

---

[1] Si quis obstiterit, vivum incendito, sed et si molinarius obstat, vivum similiter mola comminuite. (Hug. Pictav. hist. Vezeliac. monast., lib. III, apud d'Achery Spicilegium, t. II, p. 531.)

« d'en faire tant, que tout leur corps, jusqu'à la plante
« des pieds, aurait besoin de recevoir l'absolution[1]. »

Après avoir maltraité les serviteurs laïcs et en avoir chassé plusieurs de leurs maisons et de leurs fermes, ils s'attaquèrent aux moines eux-mêmes, qu'ils arrêtaient et rançonnaient. Le prieur alarmé envoya quelques-uns des frères, sous escorte, au comte de Nevers, pour lui demander de s'interposer entre la commune et l'abbaye, et d'engager les bourgeois à user de modération. Mais la réponse que le comte donna aux envoyés fut loin de leur être agréable : « Je voudrais, leur dit-il, que vous
« fussiez tous partis et qu'il n'y eût plus de monastère
« à Vézelay! Pourquoi votre abbé les a-t-il fait
« excommunier? » Puis, arrachant un poil de la fourrure qui doublait son justaucorps, il continua en ces termes : « Quand toute la montagne de Véze-
« lay devrait être abîmée dans un gouffre, je ne don-
« nerais pas cela pour l'empêcher[2]. »

Dans le même temps, un des bourgeois étant mort sous le poids de l'anathème prononcé contre toute la ville, ses concitoyens l'enterrèrent sans l'assistance d'aucun prêtre, et suivirent le corps jusqu'au cimetière, portant eux-mêmes la croix et

---

[1] Cum magna jactantia se adeo afflicturos monachos devoverent quod absolutionem ipsorum pedes requirerent. (Hug. Pictav. hist. Vezeliac. monast., lib. III, apud d'Achery Spicilegium, t. II, p. 531.)

[2] Et abstracto pilo vestis qua operiebatur, addidit : Si mons Vezeliaci in abyssum totus foret præcipitatus, pilum istum non darem. (Ibid.)

chantant l'office des trépassés[1]. Familiarisés avec cette excommunication qui leur avait d'abord paru si redoutable, ils s'emparèrent de l'église de Sainte-Marie, et en firent leur citadelle et leur arsenal, plaçant dans les deux tours tout ce qu'ils avaient d'armes et de provisions, et y mettant une garde suffisante[2]. De ce poste, ils surveillaient les moines et les tenaient comme assiégés dans les bâtiments de l'abbaye, d'où personne ne pouvait sortir sans leur permission et sans être accompagné. Ils ne se contentèrent bientôt plus de ces simples précautions; et pour empêcher, disaient-ils, les moines de se fortifier contre eux dans le monastère, ils en rasèrent les clôtures et les murailles extérieures[3]. Tous ces faits, extrêmement graves dans un temps où le respect pour les choses religieuses était poussé si loin, s'aggravaient encore par les récits inexacts et exagérés qu'on en faisait dans les villes voisines et à la cour du roi de France. On disait que les moines, attaqués à main armée par les bourgeois, avaient soutenu un siége en forme dans les tours de leur église; que, durant ce long siége, le pain leur ayant manqué, ils avaient été contraints de manger de la viande, et de violer ainsi la règle de leur ordre[4].

[1] ... Ipsi absque sacerdote, signa pulsantes, sepelirent. (Hug. Pictav. hist. Vezeliac. monast., lib. III, apud d'Achery Spicilegium, . II, p. 531.)

[2] Sacrosancto violato templo, occupaverunt turres ejus, ponentes in eis custodes, et escas et arma. (Ibid., p. 550.)

[3] Mœnia vel clausuras monasterii solo tenus confregerunt. (Ibid.)

[4] Ut carentes panis edulo, tantummodo carnibus vitam suam sustentarent. (Hist. Ludov. VII, apud script. rer. gallic. et francic., t. XII, p. 132.)

Ces nouvelles faisaient grand bruit, et l'on en parlait dans différents sens. Chacun, selon son état ou ses affections personnelles, prenait parti soit pour l'abbé Pons, soit pour le comte de Nevers et la commune de Vézelay. Le comte avait pour amis et pour soutiens de sa cause plusieurs évêques, qui n'aimaient pas les établissements religieux affranchis de leur juridiction et soumis immédiatement au saint-siége; il était même favorisé en secret par l'abbé de Cluny, jaloux, à ce qu'il paraît, pour son couvent, de la célébrité de celui de Vézelay. Cette circonstance détermina l'abbé Pons à quitter Cluny pour se rendre à la cour du roi Louis VII, qui alors résidait à Corbeil. L'abbé se présenta devant le roi et lui parla des injustes tourments que lui suscitait la commune de Vézelay, avec la même confiance dans sa cause qu'il avait montrée jusque-là. « C'est « un devoir, dit-il, pour la majesté royale, de « défendre les églises de Dieu contre tous ceux qui « les persécutent. » Déjà sollicité par les cardinaux à prendre parti dans cette affaire, le roi envoya l'évêque de Langres au comte de Nevers le sommer par sa foi, comme vassal, de conclure aussitôt la paix avec l'église de Vézelay, d'abandonner les bourgeois et de dissoudre leur commune[1]. Le comte ne fit à cette sommation que des réponses évasives. Il ne changea rien à sa conduite, comptant sur le crédit de ses amis auprès des conseillers du roi; et

---

[1] ... Et communiam dissipari faceret. (Hist. Ludov. VII, apud script. rer. gallic. et francic., t. XII, p. 132.)

peut-être eût-il réussi à traîner les choses en longueur et à sauver la commune, sans l'arrivée d'une lettre apostolique adressée au roi par le pape Adrien IV, et conçue en ces termes :

« Adrien, évêque, serviteur des serviteurs de
« Dieu, à son très-cher fils en Jésus-Christ, Louis,
« illustre roi des Français, salut et bénédiction
« apostolique.

« Il serait superflu de t'entretenir longuement du
« respect et de l'appui que les hommes religieux
« doivent aux lieux saints. En effet, tu n'as pas be-
« soin de conseils, toi, dont le cœur est embrasé
« de ce feu divin que le Seigneur est venu répandre
« sur la terre ; toi qui, parmi tous les princes
« de l'univers, es le plus recommandable aux yeux
« de l'église. Bien que tu étendes, ainsi que tu le
« dois, l'appui de ton pouvoir royal sur toutes les
« églises établies dans ton royaume, nous désirons
« cependant que tu te montres d'autant plus zélé
« pour celle de Vézelay, qu'elle appartient plus
« spécialement au bienheureux Pierre, et que la
« perfidie de ses bourgeois lui fait souffrir de plus
« grands maux. Ta prudence n'ignore pas com-
« ment, il y a quelques années, ces bourgeois,
« avec l'aide du comte de Nevers, ont conspiré
« contre notre très-cher fils Pons, abbé de Vézelay ;
« comment ils ont osé piller les biens de l'église, et
« chasser l'abbé lui-même : par quoi, ils ont mé-
« rité d'être séparés du corps de Jésus-Christ, c'est-
« à-dire de la communion de l'église. Récemment

« encore, se jetant sur l'église même, ils en ont
« forcé les portes, ainsi que celles du monastère,
« enlevé les habits des moines, répandu leurs vins
« et pillé les ornements du sanctuaire; enfin, par
« un dernier excès d'audace, ils ont porté la main
« sur les moines eux-mêmes et les serviteurs du
« monastère. Puisque leur coupable entreprise n'a
« point été arrêtée par la sévérité du jugement de
« l'église, la répression en est réservée à tes mains,
« et c'est à ta force royale qu'il appartiendra de cor-
« riger ce que la justice des censures canoniques
« n'a pu amender jusqu'à ce jour. Nous prions donc
« ta magnificence, nous t'exhortons et t'avertissons,
« au nom du Seigneur, nous t'enjoignons, pour
« l'absolution de tes péchés, que, te laissant gagner
« par nos prières et les malheurs du monastère sus-
« nommé, et animé du saint zèle de la justice, tu
« t'avances avec une forte armée vers Vézelay, et
« contraignes les bourgeois d'abjurer la commune
« qu'ils ont établie, de rentrer sous la sujétion de
« notre cher fils l'abbé Pons, leur légitime seigneur,
« de restituer pleinement tout ce qu'ils ont pris, et
« de réparer les dommages qu'ils ont causés. Nous
« t'enjoignons, enfin, d'exercer sur les auteurs de
« ces troubles une telle vindicte, que leur postérité
« n'ose plus dorénavant lever la tête contre son
« seigneur, ni commettre un semblable attentat
« contre le sanctuaire de Dieu[1]. »

[1] Epist. Adriani IV papæ, apud script. rer. gallic. et francic., t. XV, p. 670.

Les conseillers du roi Louis VII, qui probablement n'eussent pas été fâchés de voir le débat se prolonger, afin que leur médiation fût plus chèrement achetée par le comte, par l'abbé, et même par les bourgeois de Vézelay, craignirent de résister à une demande expresse faite par le chef de l'église. On rassembla donc une armée à la tête de laquelle se mit le roi en personne, accompagné de l'archevêque de Reims et de plusieurs autres prélats. Les troupes sortirent de Paris en l'année 1155 et se dirigèrent sur le comté de Nevers par la route de Fontainebleau [1]. Le comte, qui ne se croyait point assez fort pour soutenir la guerre contre le roi, envoya en grande hâte l'évêque d'Auxerre dire qu'il était prêt à exécuter tout ce que son seigneur déciderait au sujet de la commune de Vézelay, après l'avoir entendu, lui et les principaux de cette commune. Le roi reçut ce message dans le bourg de Moret, à deux lieues de Fontainebleau, et il s'y arrêta pour attendre le comte de Nevers, qui ne tarda pas à venir. Plusieurs des bourgeois de Vézelay, autorisés par leurs concitoyens, se rendirent aussi au même lieu. Quand les débats furent ouverts devant le roi et sa cour, composée des barons et des évêques du royaume, l'abbé de Vézelay parla le premier. Il fit un long récit de tous les mauvais traitements que les bourgeois avaient fait subir à

---

[1] Exercitum congregant, quo adunato, adversus prædictum comitem equitabat. (Hist. Ludov. VII, apud script. rer. gallic. et francic., t. XII, p. 132.)

lui, à ses moines et à ses serviteurs, et peignit la désolation et la captivité de son église, avec beaucoup de figures empruntées aux livres saints. Le comte de Nevers s'exprima ainsi :

« Le bourg de Vézelay est peuplé de plusieurs
« milliers d'hommes ne menant pas le même genre
« de vie, n'ayant point les mêmes habitudes, et
« dont un grand nombre sont des étrangers venus
« de différents pays : il serait donc injuste d'imputer
« aux bourgeois, établis de père en fils dans la ville,
« tous les excès auxquels la multitude a pu se por-
« ter dans sa révolte[1]. » Ces paroles, qui indiquaient, dans l'esprit du comte, comme allié des bourgeois, un dernier combat entre sa conscience et son intérêt personnel, furent aisément réfutées par les avocats de la partie adverse. « Ces gens do-
« miciliés, dirent-ils, sont aussi coupables que les
« autres, car leur devoir était de prendre en main
« la défense de leur seigneur; ils sont complices
« de la rébellion, puisqu'ils n'ont rien fait ni pour
« l'empêcher ni pour la combattre. » Cette opinion prévalut, et la cour rendit son arrêt dans les termes suivants :

« Tout habitant du bourg de Vézelay, de quel-
« que état et condition qu'il soit, qui, au départ
« de son seigneur l'abbé Pons de Montboissier, n'est
« point sorti avec lui, ou ne s'est point réuni loya-

---

[1] Cùm constet Vezeliaci oppidum multorum millium promiscui vulgus esse refertum, nec.... (Hug. Pictav. hist. Vezeliac. monast., lib. III, apud d'Achery Spicilegium, t. II, p. 532.)

« lement aux frères renfermés dans le monastère,
« et ne leur a point prêté secours selon son pou-
« voir, demeure convaincu de trahison, de par-
« jure, de sacrilége et d'homicide; en conséquence,
« il sera passible de toutes les peines prononcées
« contre ces attentats par les lois divines et hu-
« maines [1]. »

Après ce jugement, qui était une sorte de mise hors la loi pour toute la ville de Vézelay, la cause fut ajournée à une prochaine audience, pour entendre l'estimation que l'abbé devait présenter de ses pertes et dommages pécuniaires. Mais les députés de la commune n'attendirent pas ce jour, et, frappés de terreur à la vue du sort qui menaçait leur ville, livrés sans appui à toutes les rigueurs de la vengeance royale, ils partirent de nuit, à l'insu du roi, et allèrent jeter l'alarme parmi leurs concitoyens. Malgré leur absence, et l'impossibilité où l'abbé se trouvait de fournir des preuves juridiques, on admit dans toute son étendue sa demande de dommages-intérêts, montant à 160,000 sous, non compris les dégâts causés dans les forêts et les cours d'eau, et les amendes exigibles pour chaque meurtre qui aurait été commis. Ces différentes condamnations ayant été portées contre les habitants de Vézelay, le comte reçut sa sentence dans les termes suivants, de la bouche de l'archevêque de Reims,

---

[1] Omnes pariter qui cum abbate non exierunt, vel... (Hug. Pietav. hist. Vezeliac. monast., lib. III, apud d'Achery Spicilegium, t. II, p. 532.)

parlant au nom du roi : « Nous ordonnons que le
« comte de Nevers, ici présent, comme fidèle ser-
« viteur du roi notre seigneur, ait à se saisir, de
« vive force, des traîtres et des profanateurs, soi-
« disant bourgeois de la commune de Vézelay, et à
« les amener par-devant le roi, au lieu qui lui sera
« assigné, pour qu'ils y soient punis comme il con-
« vient pour l'énormité de leurs crimes. En outre,
« ledit comte de Nevers livrera à l'abbé Pons de
« Montboissier tous les biens des coupables sans ex-
« ception, tant meubles qu'immeubles, en indemnité
« de ses pertes [1]. » L'archevêque demanda au comte
s'il acceptait cette sentence ; celui-ci répondit : « Je
« l'accepte ; » puis il pria la cour de lui octroyer les
délais nécessaires pour l'exécution des ordres du roi,
et on lui accorda une semaine.

---

[1] Res... eorum tam mobiles quam immobiles ex integro pro restitutione illati damni abbati tradat. (Hug. Pictav. hist. Vezeliac. monast., lib. III, apud d'Achery Spicilegium, t. II, p. 533.)

LETTRE XXIV.

Fin de l'histoire de la commune de Vézelay.

Dans la route qu'il fit, en grande compagnie, pour retourner de Moret à Auxerre, le comte de Nevers se montra fort troublé de sa nouvelle situation et des engagements qu'il venait de prendre. D'un côté, il ne voyait aucun moyen de résister aux ordres du roi, surtout après l'adhésion que lui-même avait donnée au jugement prononcé par la cour; de l'autre, il se rappelait les serments qu'il avait prêtés à la commune, les grandes sommes d'argent qu'il avait reçues des bourgeois, et son espérance d'obtenir la seigneurie de Vézelay, lorsque l'enthousiasme de la liberté se serait un peu calmé par la difficulté des circonstances[1]. Il prit un parti moyen, celui de traîner les choses en longueur et d'éluder la commission dont il s'était chargé contre les auteurs et

---

[1] Quos ad facinus provocarat, quorum juratus erat, quorum opes ob fiduciam sui exhauserat, quorum etiam auxilio dominium monasterii vezeliacensis sese obtinere sperabat. (Hug. Pictav. hist. Vezeliac. monast., lib. III, apud d'Achery Spicilegium, t. II, p. 523.)

les complices de la révolte. Plusieurs de ses affidés se rendirent à Vézelay, et firent publier dans les rues, à son de trompe, que le jour qui suivrait le changement de lune, en exécution des ordres du roi, le seigneur comte de Nevers devait faire saisir par ses gens d'armes tous les hommes qu'on trouverait dans le bourg, et les faire conduire, bien malgré lui, à Paris; qu'il invitait, en conséquence, les bourgeois à quitter la ville, et à chercher refuge partout où ils pourraient[1].

Cette proclamation causa parmi les habitants de Vézelay une sorte de terreur panique. Comptant, pour leur défense, sur les forces militaires du comte, ils n'avaient rien préparé pour se protéger eux-mêmes si cet appui venait à leur manquer; et d'ailleurs ils ne pouvaient se voir sans effroi en butte à l'hostilité de tous les pouvoirs civils et ecclésiastiques du temps. Tout ce qu'il y avait d'hommes dans la ville se mirent en devoir de sortir, abandonnant leurs marchandises et leurs propriétés; de sorte que le lendemain il ne restait plus à Vézelay que des femmes et des enfants[2]. Le comte de Nevers avait donné l'ordre de recevoir les émigrés dans ses villes et dans les châteaux de ses hommes liges,

---

[1] Jussit clamare ut omnes pariter quaqua possent confugerent. (Hug. Pictav. hist. Vezeliac. monast., lib. III, apud d'Achery Spicilegium, t. II, p. 523.)

[2] Et fugerunt quotquot erant de adversariis omnes a minimo usque ad maximum; domos, uxores, liberos, possessiones et mercimonia sua relinquentes, ita ut penitus nemo ex tot millibus summo mane appareret. (Ibid.)

pourvu toutefois qu'ils ne vinssent pas au lieu de sa résidence. Ils se distribuèrent ainsi dans quelques forteresses ; et, comme ils étaient trop nombreux pour y être tous admis, plusieurs s'établirent dans des positions fortes, et y campèrent, entourés de palissades ; d'autres se réunirent en bandes dans les forêts des environs [1].

Le comte de Nevers s'imaginait que l'abbé Pons, qui n'avait ni chevaliers ni arbalétriers à son service, n'oserait faire sa rentrée dans la ville, si lui-même ne l'accompagnait ; et, pour lui susciter un nouvel embarras et retarder la conclusion des affaires, il fit semblant d'être malade. Mais l'abbé, intrépide jusqu'au bout, rentra seul, un dimanche, sur le soir. Cette hardiesse obligea le comte à ne pas rester en arrière, et à prouver, du moins en apparence, qu'il obéissait au jugement de la cour du roi. Il envoya quelques hommes armés à Vézelay, avec ordre d'arrêter tous les auteurs de la révolte. Ces gens se présentèrent devant l'abbé, et, avec une feinte courtoisie, lui exprimèrent leur étonnement de le voir ainsi revenu à l'improviste, malgré le danger qu'il y avait pour lui ; puis ils lui dirent : « Nous avons « commission pour exécuter le jugement prononcé « contre vos ennemis. — Si le comte vous a donné « des ordres, répondit l'abbé, c'est votre affaire de « les exécuter ou non ; pour moi, je n'ai rien à vous

---

[1] Inopes et vagi contiguam sylvam occupaverunt. (Hug. Pictav. hist. Vezeliac. monast., lib. III, apud d'Achery Spicilegium, t. II, p. 533 et 534.)

« dire, si ce n'est que j'attendrai patiemment l'issue
« de tout ce que vous ferez.—La besogne serait
« déjà faite, reprirent les envoyés du comte, si nous
« avions trouvé dans le bourg autre chose que des
« femmes et des enfants. — Oui, répliqua l'abbé
« avec ironie, vous êtes venus ici quatre personnes
« pour en arrêter plusieurs milliers[1]. » Ils ne répondirent rien ; mais l'un des clercs qui étaient présents dit qu'il leur indiquerait, s'ils le voulaient, un lieu où se tenaient cachés quatre-vingts des fugitifs. Les gens du comte de Nevers n'eurent garde d'accepter cette proposition. « Nous avons un autre
« chemin à suivre, dirent-ils; nous ne pouvons aller
« de ce côté[2]. »

Les moines de Sainte-Marie, réduits par la mauvaise volonté du comte à la nécessité de se faire justice eux-mêmes, voyant qu'ils étaient maîtres du bourg par la fuite de tous les pères de famille, prirent avec eux quelques jeunes gens, fils des serfs qui habitaient les domaines ruraux de l'abbaye, et se répandirent en armes dans les rues, proclamant, avec grand bruit, la fin de la rébellion et le rétablissement du pouvoir légitime[3]. En passant devant la maison neuve que Simon, l'un des chefs de la commune, faisait bâtir, et qui n'était pas encore

---

[1] Siccine quatuor homines tot millia comprehendere venistis? (Hug. Pictav. hist. Vezeliac. monast., lib. III, apud d'Achery Spicilegium, t. II, p. 533.)

[2] Aliud, inquiunt, iter nobis confecturis. (Ibid.)

[3] Ibid.

achevée, ils trouvèrent une proclamation politique affichée contre le mur, et la déchirèrent. S'animant par degrés, ils démolirent le mur contre lequel cette affiche avait été mise et une partie de la maison, bâtie, à ce qu'ils disaient, contre tout droit et pour faire injure à l'abbaye[1]. Ensuite ils entrèrent dans les maisons de deux autres bourgeois, Hugues de Saint-Paul et Hugues Gratte-Pain, et y détruisirent des pressoirs nouvellement établis dans les caves, au détriment du pressoir banal, qui était l'un des droits du monastère[2].

Pendant ce temps, les bourgeois émigrés, et surtout ceux qui n'avaient point trouvé d'asile dans quelque bourg ou château du comte de Nevers, menaient une assez triste vie. Beaucoup d'entre eux campaient en plein air, sous des cabanes de branchages, en danger continuel d'être arrêtés ou pillés. En outre, on les accusait de brigandage sur les routes, ce qui leur faisait des ennemis parmi les personnes indifférentes à leur querelle avec l'abbaye. Ils étaient tourmentés d'une inquiétude journalière sur ce qui se passait dans la ville, où ils avaient laissé leurs familles dans l'abandon, et leurs biens exposés au pillage. Ils envoyaient fréquemment des espions déguisés en pèlerins, pour apprendre

---

[1] Et fregerunt tabulam impii Simonis et vestibulum domus ipsius quæ contra jus ob contumeliam contradicentium fratrum ædificaverat. (Hug. Pictav. hist. Vezeliac. monast., lib. III, apud. d'Achery Spicilegium, t. II, p. 523.)

[2] Ibid.

ce qu'il y avait de nouveau. Mais cette situation pénible ne pouvait longtemps se soutenir; ils résolurent d'en sortir par un effort décisif, et de tenter un coup de main contre la ville, qui n'était gardée que par des paysans de l'abbaye, mal commandés et mal armés. Le rendez-vous des émigrés devait être au village de Corbigny, à cinq lieues au sud de Vézelay[1]; mais l'abbé, averti de ces préparatifs, prit à sa solde, dit un narrateur contemporain, un grand nombre d'étrangers experts dans le maniement de la lance et de l'arbalète[2].

Il est probable que, sous cette désignation vague, l'historien du XIIe siècle voulait parler de ces troupes mercenaires de cavaliers et de fantassins qui portaient alors le nom de *routiers*. C'étaient des bandes d'aventuriers, bien disciplinées, sous des chefs qui les louaient et se louaient eux-mêmes aux princes et aux seigneurs qui leur offraient la meilleure paie. Dans les temps où ces événements se passèrent, les rois de France et d'Angleterre se disputaient à main armée la possession de plusieurs villes de la Touraine et du Berry; et leurs querelles attiraient de ce côté les capitaines de bandes et leurs soldats. Ceux qui venaient du midi, par la route de Lyon, devaient passer près de Vézelay. Il fut donc facile à

---

[1] Congregati sunt profugi apud Corbiniacum et cogitaverunt irruptionem facere. (Hug. Pictav. hist. Vezeliac. monast., lib. III, apud d'Achery Spicilegium, t. II, p. 534.)

[2] Tunc collegit abbas... exercitum, manum fortissimam et homines doctos arcu et balista. (Ibid.)

l'abbé Pons d'en engager pour quelque temps un certain nombre à son service. Il cantonna les chevaliers, c'est-à-dire les gens complétement armés, dans l'intérieur de la ville, et distribua les gens de trait, avec ses paysans et ses serviteurs, dans les différentes fortifications que les bourgeois avaient élevées durant l'existence de la commune[1]. La ville se trouva ainsi gardée contre toute attaque, et de nombreuses patrouilles circulèrent de jour et de nuit autour des murs et des propriétés rurales du monastère. Il y eut, à ce qu'il paraît, de petits engagements entre les soldats et les bourgeois émigrés; plusieurs de ces derniers furent pris et mis aux fers ou livrés à différents genres de supplices[2].

Hugues de Saint-Pierre, cet étranger qui, selon toute apparence, avait dressé le plan de la constitution communale de Vézelay, étant regardé comme le principal instigateur de la révolte, fut le premier contre lequel procéda la cour abbatiale. Sommé de comparaître en jugement, il n'eut garde de se présenter, et après les délais d'usage, on sévit contre ses biens, à défaut de sa personne. « Sa maison « construite avec grand luxe, dit l'historien con- « temporain, et des moulins qu'il venait d'établir « furent renversés de fond en comble; » on détruisit

---

[1] Et militibus infra castrum retentis, cæteros divisit cum pueris suis, et posuit in munitionibus pessimorum. (Hug. Pictav. hist. Vezeliac. monast., lib. III, apud d'Achery Spicilegium, t. II, p. 534.)

[2] Quicumque... de fugitivis comprehendebantur aut captivitatis miseria aut membrorum mulcta puniebantur. (Ibid.)

jusqu'à des étangs qu'il avait fait creuser sur sa propriété pour des améliorations agricoles[1]. D'autres bourgeois, les plus riches et les plus considérables, jugés aussi par contumace, furent punis de même par la dévastation de leurs biens. Leurs maisons et leurs métairies furent pillées, et l'on enleva les provisions, les meubles, et surtout les armes qui s'y trouvaient. L'historien auquel nous devons ces détails cite le nom des bourgeois qui eurent le plus à souffrir de ces mesures violentes, et qui, selon toute probabilité, étaient membres du gouvernement électif de la commune de Vézelay. Voici ces noms, qu'aucune tradition populaire n'a sauvés de l'oubli : Aimon de Saint-Christophe, Pierre de Saint-Pierre, Aimon de Phalèse, Robert du Four, Renaud Daudet, Gautier le Normand, Gautier du Champ-Pierreux, Durand le Goulu, Allard Claude, Pierre Galimar, Eustache, Durand, Aubourne, David et Félix[2].

Cependant le comte de Nevers ne voyait pas sans chagrin l'issue de la révolution que lui-même avait provoquée. Son intérêt et sa conscience l'excitaient également à tout faire pour sauver les bourgeois de la violence d'une réaction dont les ministres étaient des soldats mercenaires, espèce d'hommes alors célèbre pour sa cruauté, et plusieurs fois excom-

---

[1] Et subverterentur omnia ædificia ipsius domus et molendina, stagnaque aquarum, quæ multo fastu extruxerat. (Hug. Pictav. hist. Vezeliac. monast., lib. III, apud d'Achery Spicilegium, t. II, p. 534.)

[2] Ibid.

muniée par des arrêts des conciles et des papes. La grande puissance de l'abbé, depuis qu'elle était soutenue par de semblables auxiliaires, ne permettait plus aucun recours contre lui, si ce n'est dans une nouvelle intervention de l'autorité royale en faveur de la clémence et de la paix. Le comte résolut d'aller lui-même à Paris pour la solliciter; mais comme il craignait que son voyage ne devînt inutile si le but en était divulgué, il feignit d'avoir un vœu à acquitter au tombeau de Saint-Denis, et partit en habit de pèlerin avec le bourdon et l'escarcelle[1]. Arrivé à Paris, il quitta ce vêtement, reprit ses habits de cour, et fut admis à l'hôtel du roi, auquel il représenta la misérable situation des exilés de Vézelay, le suppliant d'avoir merci d'eux, et promettant d'amener sans retard, en sa présence, les principaux bourgeois, pour leur faire conclure, avec l'abbé de Sainte-Marie, un traité de paix perpétuelle. Le roi, déterminé par ces discours et peut-être par les offres d'argent que le comte avait faites en son nom et au nom des émigrés, dit qu'il se transporterait à Auxerre, et donna rendez-vous dans cette ville au comte, à l'abbé et à ceux des bourgeois qui seraient chargés de traiter comme représentants de toute la ville. Quand vint le jour indiqué, et que les parties eurent pris place, l'abbé et le comte sur des siéges, les bourgeois debout et la tête nue, le roi, de sa

[1] Assumpto baculo et pera quasi beati Dionysii petiturus oracula, profectus est ad regem. (Hug. Pictav. hist. Vezeliac. monast., lib. III, apud d'Achery Spicilegium, t. II, p. 534.)

propre bouche, demanda à ces derniers ce qu'il leur convenait de proposer et ce qu'ils avaient résolu de faire. Fatigués de tant de traverses, n'espérant plus rien du comte de Nevers et désirant une paix quelconque, afin de retourner dans leurs foyers, les bourgeois répondirent humblement qu'ils se remettaient de leurs personnes et de leurs biens en la merci du roi leur sire, et feraient toutes choses selon son bon plaisir. Après avoir délibéré avec son conseil, le roi prononça la sentence suivante :

« Premièrement, les habitants du bourg et de la
« banlieue de Vézelay abjureront solennellement la
« conjuration et la confédération formées entre eux
« et avec le comte de Nevers. Ils livreront, selon
« leur pouvoir, tous les coupables de meurtres sur
« la personne des frères ou des serviteurs de l'ab-
« baye.

« Secondement, ils jureront sur l'autel et les re-
« liques des saints de demeurer à tout jamais fidèles
« à l'abbé Pons et à ses successeurs; ils paieront
« loyalement à l'église de Sainte-Marie-Madeleine, à
« titre d'indemnité, une somme de 40,000 sous,
« et détruiront, dans un délai fixé à la fête de saint
« André (30 novembre), les tours, murailles et en-
« ceintes dont ils ont fortifié leurs maisons.

« Troisièmement, ils s'engageront, par le même
« serment, à exécuter les présentes conditions, en-
« tièrement et de bonne foi, sans aucune fraude ni
« réserve [1]. »

[1] Munitiones et antemuralia domorum dato termino ad festum usque

Cet arrêt fut rendu en l'année 1155, la dix-huitième du règne de Louis-le-Jeune. Tous les fondés de pouvoir des émigrés de Vézelay, au nombre de plus de quarante, prêtèrent le serment exigé. Ils partirent d'Auxerre avec l'abbé Pons, leur ancien ennemi, dans une concorde apparente. Tout entiers au désir de revoir leur famille et de reprendre leurs occupations habituelles, oubliant cette liberté qu'ils n'avaient pu acquérir au prix de tant d'efforts et de souffrances, ils éprouvèrent, en rentrant dans le bourg, la même joie qu'à un retour d'exil. Ils s'embrassaient les uns les autres, et plusieurs d'entre eux, dans une sorte d'ivresse, chantaient et dansaient comme des fous[1]. Ce jour-là et les jours suivants, on vit arriver par toutes les routes de nombreuses bandes d'émigrés qui venaient jouir de la pacification, et prêter entre les mains de l'abbé le serment de fidélité perpétuelle. La ville de Vézelay présentait ce spectacle de gaieté qui accompagne toujours les premiers moments d'une restauration, lorsque les esprits s'abandonnent au besoin du repos après de longs troubles.

Le premier soin de l'abbé de Vézelay, rétabli dans la plénitude de son pouvoir seigneurial, fut de s'indemniser largement par des contributions extraordinaires, de toutes les pertes qu'il avait ou croyait

---

S. Andreæ diruerunt; et hæc omnia bona fide, etc. (Hug. Pictav. hist. Vezeliac. monast., lib. III, apud d'Achery Spicilegium, t. II, p. 534.)

[1] Audita pacis conditione gavisi sunt, et revertentes confluebant quotidie catervatim ad jusjurandum et ditionem (Ibid.)

avoir éprouvées. Ne se contentant pas de la somme de 40,000 sous, qui lui avait été allouée par le jugement, il fit dresser un nouvel état de tous les dommages, et fit payer à chaque habitant le dixième de ses biens, d'après l'estimation qui en fut faite. « Parmi tant d'hommes, dit le narrateur contempo-« rain, il n'y en eut pas un seul qui fît la moindre « résistance ni en action, ni en parole[1]. » Mais il y eut un point sur lequel les bourgeois de Vézelay se montrèrent moins dociles; et quand l'ordre fut publié dans les rues que chacun eût à démolir l'enceinte fortifiée de sa maison, nul ne se mit en devoir d'obéir. Ces signes de liberté leur étaient plus chers que leur argent; et peut-être n'avaient-ils pas entièrement abandonné l'espoir de rétablir la commune[2].

L'abbé, qui avait déjà congédié ses soldats auxiliaires, se trouvait dépourvu de moyens efficaces pour contraindre les habitants à exécuter ses derniers ordres. Il convoqua plusieurs fois les principaux d'entre eux, les somma à plusieurs reprises, leur assigna des termes de rigueur; mais le temps venait, et personne n'obéissait. La destruction de quelques murs crénelés, bâtis par des marchands et des artisans, dans une ville de quelques milliers d'âmes, devint une affaire en quelque sorte euro-

---

[1] Nec fuit in his omnibus qui resisteret vel aperiret os contradicendo. (Hug. Pictav. hist. Vezeliac. monast., lib. III, apud d'Achery Spicilegium, t. II, p. 535.)

[2] Ibid.

péenne. Les légats du saint-siége s'en occupèrent avec autant d'activité qu'ils s'étaient occupés de la commune; et le pape lui-même écrivit au roi de France, sur cet important objet, une lettre conçue en ces termes :

« Nous félicitons ta Magnificence de son empres-
« sement à accomplir les œuvres saintes, et nous
« sommes pénétrés de gratitude envers toi, de ce
« que, selon le devoir imposé à ta dignité, par
« amour du Seigneur et par respect pour nos pré-
« cédentes lettres, tu as prêté secours à notre très-
« cher fils l'abbé Pons, et l'as soutenu de ton aide
« et de tes conseils, contre ses persécuteurs et ceux
« de son monastère. Mais, attendu que la fréquence
« des avertissements entretient d'une manière plus
« efficace la disposition aux bonnes œuvres, nous
« prenons l'occasion de prier ta grandeur et de t'en-
« joindre, pour la rémission de tes péchés, de ché-
« rir et d'honorer le susdit abbé, de défendre son
« monastère contre les tentatives, soit de notre cher
« fils le comte de Nevers, soit de tous autres, afin
« que les frères qui l'habitent puissent intercéder
« auprès du Seigneur pour ton salut et celui de ton
« royaume; et que nous aussi, nous ayons à rendre
« grâces à ta royale noblesse. Attendu aussi que les
« bourgeois de Vézelay, se confiant dans les fortifi-
« cations de pierre qu'ils ont élevées au devant de
« leurs maisons, sont devenus tellement insolents
« envers le susdit abbé et l'église de Vézelay, qu'il
« est désormais impossible à ce même abbé de res-

« ter dans son monastère, à cause de leurs persécu-
« tions, nous prions ta Magnificence de faire dé-
« truire ces maisons fortifiées, de rabaisser ainsi
« l'orgueil de ces bourgeois, et de délivrer l'église
« de Vézelay des souffrances qu'elle endure [1]. »

Lorsque cette lettre apostolique arriva en France, l'abbé Pons en était venu aux menaces avec les habitants de Vézelay; il parlait de leur faire sentir à tous le poids de sa colère. Mais ce langage n'avait encore produit aucun effet. Loin de démanteler leurs maisons fortes, quelques bourgeois s'occupaient même à en continuer les travaux. Simon, déjà nommé plus haut, faisait achever la grosse tour dont avait jeté les fondements le jour de l'établissement de la commune. Il entretenait des liaisons d'amitié avec plusieurs barons de la province, dont le crédit le rendait plus fier devant le pouvoir abbatial, et qui avertissaient l'abbé, par lettres et par messages, de ménager un homme si digne de considération. La perspective d'une nouvelle intervention du roi de France, qui ne pouvait manquer d'être tout à fait défavorable aux bourgeois de Vézelay, les découragea, en même temps qu'elle enhardit l'abbé à tenter un coup décisif. Il fit venir, des domaines de son église, une troupe nombreuse de jeunes paysans serfs, qu'il arma aussi bien qu'il put, et auxquels il donna pour commandants les plus déterminés de

[1] Epist. Adriani IV papæ, apud script. rer. gallic. et francic., t. XV, p. 671.

ses moines. Cette troupe marcha droit à la maison de Simon, et, ne trouvant aucune résistance, se mit à démolir la tour et les murailles crénelées, tandis que le maître de la maison, calme et fier comme un Romain du temps de la république, était assis au coin du feu avec sa femme et ses enfants[1]. Ce succès, obtenu sans combat, décida la victoire en faveur de la puissance seigneuriale, et ceux d'entre les bourgeois qui avaient des maisons fortifiées donnèrent à l'abbé des otages, pour garantie de la destruction de tous leurs ouvrages de défense. « Alors, « dit le narrateur ecclésiastique, toute querelle fut « terminée, et l'abbaye de Vézelay recouvra le libre « exercice de son droit de juridiction sur ses vassaux « rebelles[2]. »

Il est douteux que ce droit seigneurial ait pu s'exercer, dans la suite, avec la même plénitude qu'avant l'insurrection des bourgeois et l'établissement de la commune. Un désir de liberté, assez énergique pour soulever deux ou trois milliers d'hommes contre ce qu'il y avait, dans leur temps, de plus fort et de plus redouté, ne pouvait passer dans le cœur de ces hommes sans y laisser au moins quelque trace. Les habitants de Vézelay redevinrent serfs de

---

[1] Præcipitaveruntque funditus antemuralia ipsius, propugnacula et turrim, sedente ipso Simone ad ignem in ipsa domo, cum uxore et liberis suis. (Hug. Pictav. hist. Vezeliac. monast., lib. III, apud d'Achery Spicilegium, t. II, p. 535.)

[2] Data est requies vezeliacensi ecclesiæ... et obtinuit... integerrimam atque liberrimam libertatem suam, tam in privato, quam in forensi negotio. (Ibid.)

l'église de Sainte-Marie, mais non pas, sans doute, avec la même rigueur qu'auparavant; car, alors, comme toujours, la servitude avait ses limites dans la volonté et le courage de ceux qui devaient la subir[1]. Si leurs jours d'indépendance pleine et entière furent de courte durée, ne nous hâtons pas de les accuser de peu de constance, et ne portons pas sur eux l'arrêt prononcé contre de grandes nations qui n'ont su vouloir qu'un moment. Qu'était-ce qu'une poignée de marchands, en présence de l'autorité royale et papale au XIIe siècle? Qu'étaient-ce que ces petites sociétés bourgeoises jetées çà et là,

---

[1] Ce qui n'était de ma part qu'une conjecture lorsque j'ai écrit ces lignes, se trouve pleinement confirmé par la découverte récente d'une charte de transaction entre l'abbaye et les bourgeois de Vézelay. Cet accord est reproduit textuellement dans une charte de libertés donnée, en 1222, par Guillaume, seigneur de Mont-Saint-Jean, aux habitants de ce lieu. En voici les principaux articles :

« Ego... quittavi et dimisi omnibus hominibus meis... cam consuetudinem « que vocatur manus mortua vel caducum ; et pro hac consuetudine dimissa, « sicut poteram taillare dictos burgenses ad voluntatem meam, taillabo eos « usque ad quindecim solidos.

« De captis hominibus conventum et concordatum fuit quod ego non de-« beo capere eos, neque res eorum dum habeant rem hereditatis in illa ut « possim meum forefactum levare, exceptis hominibus qui in maouria, vel « in adulterio, vel in homicidio, vel in latrocinio deprehensi fuerint, hi ca-« pientur quousque dent fidejussores tenendæ justitie.

« De servis et de liberis dictum est et concordatum fuit quod in eis nul-« lam habeo insecutionem, sed quocumque voluerint, de rebus suis libere « possunt vendere et libere discedere.

« De eis qui nummulariorum tabulas conducunt, nulla est controversia, « de his qui non conducunt concordatum est quod cambient ut debent et ut « cambierunt in tempore Alberici et Poncii abbatum virziliacensium. » (Archives départementales de l'Yonne, titres de l'abbaye de Vézelay; copie envoyée au ministre de l'instruction publique par M. Quantin.)

comme les oasis du désert, au milieu d'une population de paysans, trop ignorante encore pour sympathiser avec ceux qui reniaient l'esclavage? Plutôt que de blâmer légèrement ceux qui nous ont devancés dans le grand travail que nous poursuivons avec plus de fruit que nos ancêtres, et que cependant nous n'achèverons point, regardons avec admiration à travers quels obstacles la pensée de la liberté s'est fait jour pour arriver jusqu'à nous; reconnaissons qu'elle n'a jamais cessé de faire naître, comme de nos jours, de grandes joies et de profonds regrets; et que cette conviction nous aide à supporter en hommes de cœur les épreuves qui nous sont réservées.

LETTRE XXV.

Sur l'histoire des assemblées nationales.

L'on s'est trop exagéré le tort qu'a fait à l'histoire de France la réserve politique des écrivains. Ce qui, dans tous les temps et dans tous les pays, nuit le plus à la vérité historique, c'est l'influence exercée par le spectacle des choses présentes et par les opinions contemporaines sur l'imagination de celui qui veut décrire les scènes du passé. Que ces opinions soient vraies ou fausses, serviles ou généreuses, l'altération qu'elles font subir aux faits a toujours le même résultat, celui de transformer l'histoire en un véritable roman, roman monarchique dans un siècle, philosophique ou républicain dans l'autre. Les erreurs et les inconséquences reprochées à nos historiens du xviie et du xviiie siècle dérivent, pour la plupart, de l'empire qu'avaient sur eux les habitudes sociales et la politique de leur temps. Prémunis par nos mœurs modernes contre les prestiges de la royauté absolue, il en est d'autres dont nous devons nous garder, ceux de l'ordre légal et du régime constitutionnel. Il est impossible que le plaisir de voir nos idées libérales consacrées, en quelque sorte, par la prescription de l'ancienneté, n'égare pas des esprits, justes d'ailleurs, hors des véritables voies de l'histoire. Ces erreurs seront d'autant plus difficiles à relever que la source en sera plus pure, et qu'en blâmant l'écrit, au nom de la science, il faudra rendre hommage au patriotisme de l'auteur.

Un point de notre histoire vers lequel l'attention publique se porte aujourd'hui avec préférence, c'est la question de l'origine et de la succession des assemblées nationales. Cette prédilection dont nous devons nous applaudir, parce qu'elle est un signe de faveur pour les principes constitutionnels, a peu servi jusqu'à présent le progrès des études historiques; elle n'a guère enfanté que des rêves honnêtes, des rêves qui montrent réalisées au temps de Charlemagne et même sous Clovis, toutes les espérances de la génération actuelle. Malgré l'autorité de Montesquieu et le célèbre passage de Tacite[1], l'histoire de France ne commence pas plus par la monarchie représentative de nos jours que par la monarchie absolue du temps de Louis XV. La première de ces hypothèses, plus libérale que l'autre, si l'on veut, est aussi dénuée de fondement. Des deux côtés, même absence de véritable critique, même confusion entre des races d'hommes profon-

---

[1] Voyez l'Esprit des Lois, liv. xi, chap. vi.

dément distinctes, même défaut d'intelligence du véritable état de la Gaule après la conquête. S'il est absurde de transformer en cour galante et chevaleresque les *leudes* et les *ghesels*[1] des rois franks, il ne l'est pas moins de reporter au temps de l'invasion germanique les besoins et les passions qui ont soulevé le tiers-état sur la fin du XVIIIe siècle. De ce que cette nombreuse partie de la population, désignée aujourd'hui par le nom de classe moyenne, attache un très-haut prix au droit d'intervenir dans le gouvernement de l'état par la représentation nationale, il ne faut pas conclure qu'elle a toujours pensé, voulu et senti de même. Il pouvait y avoir, et il y a eu réellement pour elle, dans les siècles passés, une tout autre manière d'exercer des droits et d'obtenir des garanties politiques. Il a fallu que toutes les constitutions particulières des villes de France eussent été successivement détruites ou énervées par l'invasion de l'autorité centrale, pour que le besoin d'une constitution générale, d'une constitution du pays, se fît sentir et ralliât tous les esprits vers un objet commun.

Si l'on voit, dès le XIVe siècle, des députés des principales villes convoqués aux états-généraux, il faut se garder de croire, sur les seules apparences, que la bourgeoisie d'alors eût le même goût que ses descendants actuels pour les chambres législatives. En Angleterre même, dans ce pays qui passe

---

[1] Ce mot signifie *compagnon*; c'est probablement de là que dérive celui de *vassal*.

pour la terre classique du gouvernement représentatif, ce ne fut pas toujours une joyeuse nouvelle que l'annonce des élections pour le parlement dans les villes et dans les bourgs. On y était même si peu jaloux, au xive et au xve siècle, d'exercer le droit électoral, que, si par hasard le shérif s'avisait de conférer ce droit à quelque ville qui n'en jouissait pas anciennement, les habitants s'en plaignaient comme d'une vexation. Ils demandaient au roi justice contre le magistrat qui *malicieusement*, c'est l'expression de ces sortes de requêtes, prétendait les contraindre à envoyer des hommes au parlement[1]. A la même époque, plusieurs villes du midi de la France, invitées à nommer des députés aux états-généraux, sollicitaient le roi d'Angleterre, maître de la Guyenne, de leur prêter un secours suffisant pour résister à cette sommation que le roi de France, disaient-elles, leur avait faite *à mauvais dessein*[2]. A la vérité, toutes les villes de France, et surtout celles qui anciennement avaient fait partie du royaume, ne montraient pas une répugnance aussi prononcée lorsqu'il s'agissait d'envoyer des députés aux états-généraux ; mais rien ne prouve que, de leur part, cet envoi ait été autre chose qu'un acte de pure obéissance. Elles nommaient des députés, quand, selon le langage de l'époque,

---

[1] Malitiose constrictos ad mittendum homines ad parliamenta. (Charta Edwardi III, apud Rymer.)

[2] Collection des actes publics d'Angleterre, par Rymer.

elles y étaient *semonces*; puis, quand on ne leur en demandait plus, elles ne se plaignaient point de cette interruption comme de la violation d'un droit; au contraire, les bourgeois se félicitaient de ne point voir revenir le temps de l'assemblée des trois états, qui était celui des *grandes tailles* et des *maltôtes*.

Deux opinions également fausses servent de base à la théorie la plus accréditée touchant l'histoire des assemblées qu'on appelle nationales. D'abord on suppose qu'avant l'invasion des peuples germaniques, personne, dans les provinces romaines, ne pouvait avoir l'idée de ces sortes d'institutions, ou qu'une pareille idée devait être odieuse au pouvoir impérial. En second lieu, on s'imagine que du moment où les Barbares, soit Goths, soit Franks, eurent établi en Gaule, suivant leurs coutumes nationales, des *Mâls* et des Champs de mars ou de mai, les habitants indigènes prirent part à ces réunions et s'en applaudirent. La première hypothèse est formellement démentie par un rescrit des empereurs Honorius et Théodose-le-Jeune, adressé, en l'année 418, au préfet des Gaules, siégeant dans la ville d'Arles. En voici la traduction :

« Honorius et Théodose, Augustes, à Agricola,
« préfet des Gaules.

« Sur le très-salutaire exposé que nous a fait ta
« magnificence, entre autres informations évidem-
« ment avantageuses à la république, nous décré-
« tons, pour qu'elles aient force de loi à perpétuité,

« les dispositions suivantes, auxquelles devront
« obéir les habitants de nos sept provinces [1], et qui
« sont telles qu'eux-mêmes auraient pu les souhaiter
« et les demander. Attendu que, pour des motifs
« d'utilité publique ou privée, non-seulement de
« chacune des provinces, mais encore de chaque
« ville, se rendent fréquemment auprès de ta Ma-
« gnificence les personnes en charge, ou des dé-
« putés spéciaux, soit pour rendre des comptes,
« soit pour traiter de choses relatives à l'intérêt des
« propriétaires, nous avons jugé que ce serait chose
« opportune et grandement profitable, qu'à dater
« de la présente année il y eût, tous les ans, à une
« époque fixe, pour les habitants des sept pro-
« vinces, une assemblée tenue dans la métropole,
« c'est-à-dire dans la ville d'Arles. Par cette institu-
« tion, nous avons en vue de pourvoir également
« aux intérêts généraux et particuliers. D'abord,
« par la réunion des habitants les plus notables en
« la présence illustre du préfet, si toutefois des mo-
« tifs d'ordre public ne l'ont pas appelé ailleurs, on
« pourra obtenir sur chaque sujet en délibération
« les meilleurs avis possibles. Rien de ce qui aura
« été traité et arrêté après une mûre discussion ne
« pourra échapper à la connaissance d'aucune des
« provinces; et ceux qui n'auront point assisté à
« l'assemblée seront tenus de suivre les mêmes règles

---

[1] La Viennoise, la première Aquitaine, la seconde Aquitaine, la Novempopulanie, la première Narbonnaise, la seconde Narbonnaise, et la province des Alpes-Maritimes.

« de justice et d'équité. De plus, en ordonnant qu'il
« se tienne tous les ans une assemblée dans la cité
« Constantine [1], nous croyons faire une chose non-
« seulement avantageuse au bien public, mais en-
« core propre à multiplier les relations sociales. En
« effet, la ville est si avantageusement située, les
« étrangers y viennent en si grand nombre, elle
« jouit d'un commerce si étendu, qu'on y voit ar-
« river tout ce qui naît ou se fabrique ailleurs. Tout
« ce que le riche Orient, l'Arabie parfumée, la
« délicate Assyrie, la fertile Afrique, la belle Es-
« pagne et la Gaule courageuse, produisent de re-
« nommé, abonde en ces lieux avec une telle pro-
« fusion, que toutes les choses admirées comme
« magnifiques dans les diverses parties du monde y
« semblent des produits du sol. D'ailleurs la réunion
« du Rhône à la mer de Toscane rapproche et rend
« presque voisins les pays que le premier traverse
« et que la seconde baigne dans ses sinuosités. Ainsi
« lorsque la terre entière met au service de cette
« ville tout ce qu'elle a de plus estimé, lorsque les
« productions particulières de toutes les contrées y
« sont transportées par terre, par mer, par le cours
« des fleuves, à l'aide des voiles, des rames et des
« charrois, comment notre Gaule ne verrait-elle
« pas un bienfait dans l'ordre que nous donnons de
« convoquer une assemblée publique au sein de

---

[1] Constantin-le-Grand aimait singulièrement la ville d'Arles; ce fut lui qui y établit le siège de la préfecture des Gaules. Il voulut aussi qu'elle portât son nom; mais l'usage prévalut contre sa volonté.

« cette ville, où se trouvent réunis en quelque
« sorte, par un don de Dieu, toutes les jouissances
« de la vie et toutes les facilités du commerce?

« Déjà l'illustre préfet Pétronius, par un dessein
« louable et plein de raison, avait ordonné qu'on
« observât cette coutume [1] ; mais comme la pratique
« en fut interrompue par l'incurie des temps et le
« règne des usurpateurs, nous avons résolu de la
« remettre en vigueur par l'autorité de notre pru-
« dence. Ainsi donc, cher et bien-aimé parent, Agri-
« cola, ton illustre magnificence, se conformant à
« notre présente ordonnance et à la coutume éta-
« blie par tes prédécesseurs, fera observer dans les
« sept provinces les dispositions suivantes :

« On fera savoir à toutes les personnes honorées
« de fonctions publiques, ou propriétaires de do-
« maines, et à tous les juges des provinces, qu'ils
« doivent se réunir en conseil, chaque année, dans
« la ville d'Arles, dans l'intervalle des ides d'août à
« celles de septembre, les jours de convocation et
« de session pouvant être fixés à volonté.

« La Novempopulanie et la seconde Aquitaine,
« comme les provinces les plus éloignées, pourront,
« si leurs juges sont retenus par des occupations in-
« dispensables, envoyer à leur place des députés,
« selon la coutume.

« Ceux qui auront négligé de se rendre au lieu
« désigné, dans un temps prescrit, paieront une

---

[1] Pétronius fut préfet des Gaules entre les années 402 et 408.

« amende, qui sera pour les juges de cinq livres d'or,
« et de trois livres pour les membres des curies et
« les autres dignitaires [1].

« Nous croyons, par cette mesure, accorder de
« grands avantages et une grande faveur aux habi-
« tants de nos provinces; nous avons aussi la certi-
« tude d'ajouter à l'ornement de la ville d'Arles, à
« la fidélité de laquelle nous devons beaucoup, selon
« l'opinion et le témoignage de notre père et pa-
« trice [2]. Donné le xv des kalendes de mai, reçu à
« Arles, le x des kalendes de juin. »

Certes cette ordonnance impériale, où les intérêts
publics et ceux de la civilisation et du commerce
jouent un si grand rôle, offre plus de conformité
avec nos mœurs constitutionnelles que les *banns* [3],
ou proclamations par lesquelles les rois et les comtes
franks convoquaient à leurs *mâls* tous les leudes du
royaume ou de la province. Cependant l'institution
de l'assemblée d'Arles fut loin d'être aussi agréable
aux Gaulois méridionaux que nous le supposerions

---

[1] Ab idibus augusti, quibuscumque mediis diebus, in idus septembris, in Arelatensi urbe noverint honorati, vel possessores, judices singularum provinciarum, annis singulis, concilium esse servandum... Quinis auri libris judicem esse multandum, ternis honoratos vel curiales, qui ad constitutum locum intra definitum tempus venire distulerint. (Codex Theodos., apud script. rer. gallic. et francic., t. I, p. 767.) — On appelait *Curiæ* les corps municipaux des villes romaines, et *Curiales* les membres de ces corps qui étaient très-nombreux.

[2] Constantin, second mari de Placidie, qu'Honorius avait pris pour collègue en 421.

[3] Ce mot, dans la langue des Franks, signifiait à la fois *publication*, *édit*, *sentence* et *interdiction*.

aujourd'hui, en jugeant leur esprit d'après le nôtre. Profondément dégoûtés d'un empire dont plusieurs fois, mais vainement, ils avaient essayé de se détacher, les habitants des cités gauloises tendaient alors de toutes leurs forces à l'isolement municipal ; toute espèce d'institution, même libérale, qui avait pour but de les rallier à l'administration des grands officiers impériaux ne pouvait manquer de leur déplaire ou d'être reçue froidement par eux. Ce sentiment général de désaffection est exprimé avec énergie par le poëte Sidonius Apollinaris, déjà cité plusieurs fois. « Sur la parole de nos pères, dit-il, nous
« respectons des lois sans vigueur ; nous regardons
« comme un devoir de suivre de chute en chute une
« fortune décrépite ; nous soutenons comme un
« fardeau l'ombre de l'empire, supportant par
« habitude plutôt que par conscience les vices
« d'une race vieillie, de la race qui s'habille de
« pourpre [1]. »

Les empereurs romains n'étaient donc point aussi déterminés qu'on le pense à priver les habitants des provinces de toute part à l'administration publique. Ils songeaient même à employer les institutions repré-

---

[1] . . . . . Sed dum, per verba parentum,
Ignavas colimus leges, sanctumque putamus
Rem veterem per damna sequi, portavimus umbram
Imperii, generis contenti ferre vetusti
Et vitia, et solitam vestiri murice gentem
More magis quam jure pati...
(Sidonii Apollinaris Panegyric. Aviti imp., apud script. rer. gallic. et francic., t. I, p. 810.)

sentatives comme un moyen pour arrêter le grand mouvement de dissolution qui entraînait en même temps toutes les provinces, et jusqu'aux villes, dont les citoyens voulaient s'en tenir à leurs affaires intérieures, et n'avoir plus rien à démêler avec celles de l'empire. Si l'autorité centrale était impopulaire, ce n'était pas parce qu'elle refusait obstinément ce que nous appelons aujourd'hui des garanties politiques. L'offre même de ces garanties augmentait son impopularité, dont la cause était un besoin profond d'indépendance nationale. L'ordonnance qui instituait l'assemblée d'Arles accordait à ceux qui devaient y être convoqués les droits les plus étendus de discussion et de délibération; et cependant la forte amende prononcée contre les personnes qui négligeraient de s'y rendre, l'emphase même avec laquelle le rescrit développe les agréments de toute espèce qu'offrait alors le séjour d'Arles, décèlent la crainte d'une grande répugnance de la part des propriétaires et des corps municipaux. C'était pourtant un privilége tout nouveau, octroyé à une classe nombreuse de citoyens; mais les membres des cités gauloises mettaient au-dessus de tous les priviléges politiques celui d'être séparés d'un empire qui les fatiguait depuis si longtemps. A la vérité, l'invasion des Barbares le leur procura de gré ou de force; mais les guerriers habillés de peaux de mouton [1],

---

[1] Pellitæ turmæ, satellites pelliti. (Sidon. Apollinar. Carmina, apud script. rer. gallic. et francic., t. I, p. 807.)

qui émigraient de la Germanie, n'apportaient aux provinciaux chez lesquels ils venaient camper aucune espèce d'institution. Dans les différents états qu'ils fondèrent, ils maintinrent, mais pour eux seuls, leur gouvernement national ; et cette forme de gouvernement par assemblées, en dehors de laquelle demeuraient les anciens sujets de l'empire, ne fut regardée par cette immense majorité de la population ni comme un bien ni comme un mal.

Dès leur premier établissement sur le territoire gaulois, les Goths, les Burgondes et les Franks tinrent des assemblées politiques où ils délibéraient dans leur langue, sans le concours des indigènes, qui regardaient tout au plus comme un spectacle curieux ces réunions militaires, où les rois et les guerriers de race germanique assistaient en armes. Sidonius Apollinaris nous a transmis quelques détails sur l'une de ces assemblées tenue à Toulouse par Theodorik, roi des Visigoths. Ce poëte décrit d'une manière assez pittoresque la figure et l'accoutrement des Barbares qui se rendaient à ce qu'il appelle le *conseil des anciens*[1]. Il nous représente ces conquérants du Midi siégeant dans leur conseil souverain, ceints de leurs épées, vêtus d'habits de toile, pour la plupart sales et gras, et chaussés de mau-

---

[1]   Postquam in concilium seniorum venit honora
    Pauperies...
            (Sidonii Apollinaris Panegyric. Aviti imp., apud
            script. rer. gallic. et francic., t. I, p. 809.)

vaises guêtres de peau de cheval[1]. Cette description et les paroles mêmes de l'auteur prouvent qu'alors le titre d'ancien, *senior*, était pris à la lettre, et ne signifiait point, comme cela est arrivé dans la suite, un homme riche et puissant, un seigneur.

Selon toute probabilité, il en fut de même des premières assemblées tenues par les rois des Franks au nord de la Loire. S'il s'agissait d'objets difficiles à débattre, les chefs et les hommes d'un certain âge étaient convoqués à part; mais les affaires de guerre se discutaient en présence de toute l'armée. Quand Chlodowig I eut résolu d'envahir le territoire des Goths, il assembla sous les murs de Paris tous les Franks en état de porter les armes, pour leur soumettre son projet. Le discours du roi barbare, prononcé en langue germanique, fut bref et significatif : « Je supporte avec peine que ces Ariens occupent « une partie des Gaules; allons avec l'aide de Dieu, « et les ayant vaincus, réduisons leurs terres en « notre pouvoir[2]. » L'assemblée manifesta son adhésion par des acclamations bruyantes, et l'on se mit en marche vers l'Aquitaine.

Les assemblées tenues par les successeurs de Clovis eurent à peu près le même caractère. C'était tou-

---

[1] . . . . . Squalent vestes, ac sordida macro
Lintea pinguescunt tergo, nec tangere possunt
Altatæ suram pelles, ac poplite nudo
Peronem pauper nodus suspendit equinum.
(Sidonii Apollinaris Panegyric. Aviti imp., apud script. rer. gallic. et francic., t. I, p. 809.)

[2] Greg. Turon., apud script. rer. gallic. et francic., t. II, p. 181.

jours le conseil de la race conquérante et de la population militaire. Les habitants des villes et tout ce qui conservait la civilisation et les mœurs romaines formaient un peuple à part. Ce peuple, dont les Barbares ne s'occupaient guère, pourvu qu'il demeurât en repos, avait, à côté de leur gouvernement, des institutions qui lui étaient propres, des corps municipaux ou curies, des magistratures électives et des assemblées de notables, ancien privilége des cités romaines, que l'anéantissement de l'autorité impériale avait même accru dans certains lieux[1]. C'était dans le maintien de leur régime municipal que les fils des vaincus cherchaient quelque garantie contre l'oppression et la violence des temps. Car, si les chefs germains ne mettaient aucun prix à ce que la constitution politique des villes gauloises prît une autre forme, ils n'épargnaient point les habitants, soit dans la levée des tributs, soit dans les guerres où ils se disputaient les uns aux autres la possession du territoire. Aucun habitant des villes n'avait de relation directe avec le gouvernement central, si ce n'est l'évêque, qui se rendait quelquefois à la cour des rois franks, afin d'intercéder pour ses concitoyens, remplissant dans ce cas, d'une manière bénévole, l'office du magistrat que les Romains appelaient *défenseur*[2]. Ses doléances sur l'énormité

---

[1] Par exemple, dans la partie méridionale des Gaules. On en trouve la preuve dans le *Breviarium Aniani*, espèce de code compilé par l'ordre des rois goths. (Voyez l'Hist. du Droit romain, par M. de Savigny, t. II.)

[2] La mission primitive de ce magistrat était de défendre le peuple des

des taxes et la rigueur des officiers du fisc étaient souvent écoutées ; et alors l'évêque s'en retournait avec une *préception* royale que les habitants de la cité recevaient avec joie, mais dont les collecteurs d'impôts et les commandants militaires tenaient ordinairement peu de compte.

Les évêques demeurèrent dans cet état de solliciteurs officieux auprès des rois jusqu'au temps où un grand nombre d'hommes d'origine barbare ayant été promus à l'épiscopat, l'ordre entier fut admis à siéger, d'une manière constante et régulière, dans les assemblées politiques : c'est ce qui arriva sous la seconde race. Mais alors les évêques perdirent leur premier rôle de défenseurs des villes, et figurèrent seulement comme représentants de l'ordre ecclésiastique à côté des chefs et des seigneurs représentant la population militaire. Les habitants des cités ne comprenant point la langue parlée à la cour des rois et dans les *champs de mai*, où l'on discutait soit en langue tudesque les affaires militaires, soit en latin littéraire les affaires ecclésiastiques, n'avaient aucune connexion directe ou indirecte avec ces assemblées, et ne souffraient ni ne se plaignaient de n'en pas avoir.

Ainsi, sous les deux premières races, qui marquent, à proprement parler, la durée de la période franke, la partie laïque des assemblées, que nos historiens appellent nationales, ne fut guère composée que

villes contre l'oppression et les injustices des officiers impériaux et de leurs employés.

d'hommes franks d'origine, et dont l'idiome teutonique était la langue maternelle. Jusqu'à la fin du IXe siècle, les documents originaux ne présentent que deux occasions où les rois, dans leurs allocutions publiques, aient employé une autre langue. C'est d'abord en 842, à l'assemblée de Strasbourg [1], où Charles-le-Chauve et Louis-le-Germanique se jurèrent amitié et alliance contre Lother; puis en 860, dans une conférence qui eut lieu à Coblentz pour le maintien de la paix entre les trois frères. Dans ces deux assemblées, Louis-le-Germanique et Charles-le-Chauve prirent la parole en langue romane. Mais cette langue romane, comme je l'ai déjà remarqué, n'était point celle dont s'est formé le français actuel : c'était le dialecte méridional. Le texte même des serments s'accorde pour le prouver avec les motifs qui donnèrent lieu à l'assemblée de Coblentz. En effet il s'agissait de prononcer une amnistie définitive pour les seigneurs de Provence qui, peu de temps auparavant, s'étaient révoltés contre Charles-le-Chauve :
« Le seigneur Karle prononça ces articles en langue
« romane, et puis les récapitula en langue tudesque.
« Ensuite le seigneur Lodewig dit, en langue ro-
« mane, au seigneur Karle son frère : « Or, s'il vous
« plaît, je veux avoir votre parole touchant les
« hommes qui ont passé sous ma foi. » Et le sei-
« gneur Karle, élevant la voix, dit en la même
« langue : « Les hommes qui ont agi contre moi,

---

[1] Nithardi Hist., lib. III, apud script. rer. gallic. et francic., t. VII, p. 26. — Voyez plus haut, Lettre XI.

« ainsi que vous le savez, et ont passé à mon frère,
« je leur pardonne tout ce qu'ils ont méfait contre
« moi, pour Dieu, pour son amour et pour sa
« grâce... » Et le seigneur Lother dit en langue tu-
« desque, « qu'il consentait aux susdits articles, et
« promit de les observer[1]. » Il n'y avait alors que la
partie méridionale de la France actuelle où l'idiome
des indigènes eût entièrement prévalu sur celui des
anciens conquérants. Cela n'arriva, pour les provinces du nord, qu'après la déposition de Charles-
le-Gros et la formation d'un nouveau royaume de
France, borné par la Meuse et la Loire. C'est de
cette révolution qui, après un siècle de flux et de
reflux, se termina par l'avénement de la troisième
race, que date l'existence du français, c'est-à-dire
du dialecte roman de la Gaule septentrionale, non
comme langage rustique ou bourgeois, mais comme
langue de la cour et des assemblées délibérantes.

Sous la troisième race, qui est véritablement la
première dynastie française, il n'y a plus qu'un seul
langage pour les rois, les nobles et les serfs; et à
l'ancienne division des races succède celle des rangs,
des classes et des états. Par un reste de la distinction
primitive entre les familles d'origine barbare et la
masse des habitants indigènes, on conserva le nom
de *franc* comme une sorte de titre honorifique pour
les hommes qui unissaient la richesse à la liberté
entière de leur personne et de leurs biens. On les ap-

---

[1] Nithardi Hist., lib. III, apud script. rer. gallic. et francic., t. VII, p. 27.

pelait aussi *bers* ou *barons*, mot qui dans l'idiome tudesque signifiait simplement un homme[1]. Le conseil des barons de France fut assemblé par tous les rois de la troisième race d'une manière constante, mais sans régularité quant aux époques de la convocation et au nombre des personnes convoquées. Ce conseil prit dans la langue d'alors le nom de *cour* ou de *parlement*. Il n'y eut entre ceux qui y siégeaient d'autres distinctions que celles de leurs différents titres féodaux, jusqu'au règne de Louis-le-Jeune, qui, pour donner à sa cour quelque chose de l'éclat que les romanciers du temps prêtaient à celle de Charlemagne, fit prendre à ses douze plus grands vassaux le nom de pairs de France. Dès lors on s'habitua à regarder ceux qui portaient ce titre comme les conseillers naturels, et, en quelque sorte, les lieutenants des rois. Quoique placés dans une classe supérieure, les pairs n'en continuèrent pas moins à siéger en parlement avec le reste des barons et tous les évêques de France. Toujours composé de militaires et d'ecclésiastiques, le grand conseil des rois conserva son ancienne forme jusqu'à la fin du XIIIe siècle, où des gens de loi y entrèrent en grand nombre, en même temps que les évêques en sortirent, à l'exception de ceux qui étaient pairs de

---

[1] Le mot teutonique *bar* n'avait originairement d'autre signification que celle du mot latin *vir*. On trouve dans les lois des Franks : « Tam baronem « quam fœminam, » et dans celles des Lombards : « Si quis homicidium « perpetraverit in barone libero vel servo... Si quelqu'un a commis un homi- « cide sur un baron, soit libre, soit serf... (Lib. I, tit. IX.)

France par le droit de leur siége métropolitain. De là date la révolution qui transforma par degrés le parlement en une simple cour de justice, ayant le privilége d'enregistrer les édits et les ordonnances. De là vint enfin que, dans les circonstances difficiles, le concours du parlement ne suffit plus, et que les rois, pour s'entourer d'une autorité plus imposante, imaginèrent de convoquer à leur cour des représentants des trois principales classes de la nation, la noblesse, le clergé et les membres des communes, qui plus tard furent appelés tiers état.

Au commencement du xive siècle, lorsque les députés de la bourgeoisie furent pour la première fois convoqués aux états-généraux du royaume, ce ne fut point, comme on l'a écrit, une restauration d'anciens droits politiques, éteints depuis l'avénement de la troisième race. Ce n'était point non plus pour la classe bourgeoise le signe d'une émancipation récente; car il y avait plus de deux siècles que cette classe nombreuse avait reconquis sa liberté et qu'elle en jouissait pleinement. Elle avait le droit de tenir des assemblées publiques, d'élire ses magistrats, d'être jugée par ses pairs. C'était un axiome du temps, que, dans les villes d'échevinage, c'est-à-dire de commune, il n'y avait point de tailles à lever[1]; et voilà pourquoi les rois qui voulaient imposer des tailles aux villes furent obligés de traiter avec des

---

[1] Præsertim cùm scabinatus censu careat. (Remontrances des habitants de Reims à Philippe de Valois; Marloti Hist. Metropol. Remensis, t. II, p. 619.)

mandataires spéciaux de ces petites sociétés libres.

La convocation des députés du tiers état ne fut donc point une faveur politique, mais la simple reconnaissance du vieux privilége communal, reconnaissance qui malheureusement coïncide avec les premières violations de ce privilége et le projet de ravir aux communes leur organisation indépendante, de les admettre *en la main* du roi, comme s'expriment les actes du temps. Au sortir d'une longue période de monarchie absolue sans liberté municipale, lorsque l'on commença en France à désirer des garanties contre une autorité sans limites, les yeux se reportèrent avec intérêt, dans le passé, sur ces états-généraux qui semblaient répondre au nouveau besoin qu'on éprouvait. Par un entraînement involontaire, les écrivains prêtèrent à cette époque de notre histoire des couleurs trop brillantes, à côté desquelles pâlit l'époque des communes, véritable époque des libertés bourgeoises, mais dont l'austère et rude indépendance avait perdu son ancien attrait. La vérité sur ce point a été mieux connue et mieux respectée par les historiens du xvie et du xviie siècles, à qui leur temps ne faisait point illusion sur ce qui s'était passé sous le règne de Philippe-le-Bel. Voici de quelle manière Étienne Pasquier, dans ses *Recherches*, parle des états-généraux.

« Le premier qui mit cette innovation en avant
« fut Philippe-le-Bel. Il avait innové certain tribut
« qui était pour la première fois le centième, pour

« la seconde le cinquantième de tout notre bien. Cet
« impôt fut cause que les manants et habitants de
« Paris, Rouen, Orléans, se révoltèrent et mirent
« à mort tous ceux qui furent députés pour la levée
« de ces deniers. Et lui encore, à son retour d'une
« expédition contre les Flamands, voulut imposer
« une autre charge de six deniers pour livre de
« chaque denrée vendue; toutefois on ne lui voulut
« obéir. Au moyen de quoi, par l'avis d'Enguerrand
« de Marigny, grand superintendant de ses finances,
« pour obvier à ces émeutes, il pourpensa d'obtenir
« cela de son peuple avec plus de douceur. Voulant
« faire un autre nouvel impôt, il fit ériger un grand
« échafaud dedans la ville de Paris; et là, par l'or-
« gane d'Enguerrand, après avoir haut loué la ville,
« l'appelant Chambre royale, en laquelle les rois
« anciennement prenaient leur première nourriture,
« il remontra aux syndics des trois états les urgentes
« affaires qui tenaient le roi assiégé pour subvenir
« aux guerres de Flandre, les exhortant de le vou-
« loir secourir en cette nécessité publique où il allait
« du fait de tous. Auquel lieu on lui présenta corps
« et biens; levant, par le moyen des offres libé-
« rales qui lui furent faites, une imposition fort
« griève par tout le royaume. L'heureux succès de
« ce premier coup d'essai se tourna depuis en cou-
« tume, non tant sous Louis-Hutin, Philippe-le-
« Long et Charles-le-Bel, que sous la lignée des
« Valois. »

Mézerai qui, du point de vue de son siècle, juge

les choses avec un grand sens et une indépendance remarquable, n'est guère plus qu'Étienne Pasquier enthousiaste de ces assemblées d'états. On trouve dans son histoire les phrases suivantes, au règne de Henri II : « Il ne manquait plus que de l'ar-« gent au roi : il assembla pour cela les états à « Paris, le 6 janvier de l'année 1558. Depuis le roi « Jean, ils n'ont guère servi qu'à augmenter les « subsides... »

Si les XIVe et XVe siècles n'ont rien ajouté aux franchises dont jouissaient les habitants des villes ; si, au contraire, durant ces siècles d'agrandissement pour l'autorité royale, les communes ont perdu leur existence républicaine, et sont tombées, pour la plupart, sous le gouvernement des prévôts, le mouvement qui poussait la masse de la nation vers l'anéantissement de toute servitude ne s'arrêta pas pour cela. Une classe nombreuse demeurée jusqu'alors en arrière, celle des serfs de la glèbe ou *hommes de corps*, entra en action, au moment même où parut s'affaiblir l'énergie de la classe bourgeoise. Cette révolution, dont il est plus aisé d'apercevoir les résultats que de suivre la marche et les progrès, n'a point encore eu d'historien. Ce serait un beau travail que de la décrire et d'en retrouver les véritables traits sous le récit vague et incomplet des narrateurs du temps. On rétablirait ainsi, dans l'histoire de la société, en France, le point intermédiaire entre la révolution communale du XIIe siècle et la révolution nationale du dix-huitième.

La société civilisée, vivant de travail et de liberté, à laquelle se rallie aujourd'hui tout ami du bien et des hommes, eut pour berceau dans notre pays les municipalités romaines. Retranchée dans ces asiles fortifiés, elle résista au choc de la conquête et à l'invasion de la barbarie. Elle fut la force vivante qui mina par degrés le pouvoir des conquérants et fit disparaître du sol gaulois la domination germanique. D'abord éparse sur un vaste territoire, environnée de gens de guerre turbulents et de laboureurs esclaves, elle ouvrit dans son sein un refuge au noble qui souhaitait de jouir en paix et au serf qui ne voulait plus avoir de maître. Alors le nom de bourgeois n'était pas seulement un signe de liberté, mais un titre d'honneur; car il exprimait à la fois les idées de franchises personnelles et de participation active à la souveraineté municipale[1]. Lorsque ce vieux titre eut perdu ses priviléges et son prestige, l'esclavage, par une sorte de compensation, fut aboli pour les campagnes; et ainsi se trouva formée cette immense réunion d'hommes civilement libres, mais sans droits politiques, qui en 1789 entreprit, pour la France entière, ce qu'avaient exécuté, dans de simples villes, ses ancêtres du moyen âge.

[1] On trouve fréquemment dans les actes du moyen âge les mots *miles burgensis*, chevalier bourgeois; mots qui, dans la langue actuelle, semblent s'exclure l'un l'autre.

Nous qui la voyons encore, cette société des temps modernes, en lutte avec les débris du passé, débris de conquête, de seigneurie féodale et de royauté absolue, soyons sans inquiétude sur elle; son histoire nous répond de l'avenir : elle a vaincu l'une après l'autre toutes les puissances dont on évoque en vain les ombres.

FIN.

APPENDICE.

I.

Noms des rois des deux races frankes, rectifiés d'après l'ancienne orthographe et le son de la langue tudesque.

RACE DE MEROWIG OU MEROVINGS.

Années
de
l'avénement.

428. Hlodio ou Chlodio.
448. Merowig.
458. Hilderik Ier.
481. Hlodowig ou Chlodowig Ier.
511. Theoderic Ier, roi à Metz.
     Hlodomir ou Chlodomir, roi à Orléans
     Hildebert Ier, roi à Paris.
     Hlother ou Chlother Ier, roi à Soissons.
534. Theodebert Ier, roi a Metz.
548. Theodebald, *ib.*
562. Haribert, roi à Paris.
     Gonthramn, roi à Orléans.
     Hilperik Ier, roi à Soissons.
562. Sighebert Ier, roi en Austrasie ou *Oster-rike*.
575. Hildebert II, *ib.*
584. Hlother ou Chlother II, roi en Neustrie ou *Neoster-rike*.
596. Theoderik II, roi en *Burgundie* ou Bourgogne.
     Theodebert II, roi en Austrie.

Années
de
l'avènement.

628. Dagobert Ier.
632. Sighebert II, roi en Austrie.
638. Hlodowig ou Chlodowig II, roi en Austrie.
656. Hlother ou Chlother III, *ib.*
670. Hilderik II.
673. Dagobert II, roi en Austrie.
673. Theoderik III, roi en Neustrie.
691. Hlodowig ou Chlodowig III.
695. Hildebert III.
711. Dagobert III.
715. Hilperik II.
720. Theoderik IV.
742. Hilderik III.

MAJEURS OU MAIRES DE LA MAISON ROYALE.

Landrik, en Neustrie.
Berthoald, en Bourgogne.
Protadius, Romain ou Gaulois, *ib.*
Clodius, de même origine, *ib.*
Warnaher, *ib.*
Ega, en Neustrie.
Pepin, en Austrie.
Grimoald, *ib.*
Erkinoald, en Neustrie.
Ebroïn, *ib.*
Wert, *ib.*
Pepin de Heristall, en Austrie.
Theodoald, en Neustrie.
Raghenfred, *ib.*
Karle, surnommé Martel.

ROIS FRANKS DE LA RACE DE KARLE OU KAROLINGS.

Années de l'avénement.

- 752. Pepin.
- 768. Karloman Ier.
-      Karle Ier.
- 800. Karle, surnommé le Grand, empereur.
- 814. Hlodowig IV ou Lodewig Ier, empereur [1].
- 840. Hlother IV ou Lother Ier, empereur et roi en Italie.
-      Karle, surnommé le Chauve, roi en Gaule.
-      Lodewig, roi en Germanie.
- 877. Lodewig II, surnommé le Bègue.
- 879. Lodewig III.
-      Karloman II.
- 884. Karle, surnommé le Gros, empereur et roi en Gaule.

ROIS DE FRANCE [2].

- 888. Ode ou Eudes, roi par élection.
- 898. Karle III, surnommé le Simple.
- 922. Rodbert ou Robert, roi par élection.
- 923. Radulf ou Raoul, *ib.*
- 936. Lodewig IV, surnommé d'Outre-Mer.
- 954. Lother II.
- 986. Lodewig V.
- 987. Hug ou Hugues-Capet, roi par élection.
-      Karle, fils de Lodewig IV, prétendant, mort en prison.
-      Karle et Lodewig, ses fils, bannis du royaume.

---

[1] En appliquant à ce nom le changement d'orthographe qui a lieu sous la seconde race, on peut conserver la série des rois du nom de Louis telle que l'usage l'a établie.

[2] Voyez, au sujet de cette distinction, les Lettres XI et XII.

II.

Explication des noms franks d'après les racines de l'ancien idiome tudesque [1].

Hlodio, Hlod, signifie célèbre ; les deux dernières lettres marquent une terminaison diminutive.

Mero-wig, éminent guerrier.

Hilde-rik, fort ou brave au combat.

Hlodo-wig, célèbre guerrier.

Theode-rik, brave ou puissant parmi le peuple.

Hlodo-mir, chef célèbre. (Mir ou mer, éminent, illustre, se prenait quelquefois substantivement.)

Hilde-bert, brillant dans le combat.

Hlot-her, célèbre et éminent. (Dialecte haut allemand.)

Theode-bert, brillant parmi le peuple.

Theode-bald, hardi entre tout le peuple.

Hari-bert, brillant dans l'armée.

Gont-hramn, fort au combat. (Dialecte haut allemand.)

Hilpe-rik, brave ou puissant à secourir.

Sighe-bert, brillant par la victoire.

Dago-bert, brillant comme le jour.

Land-rik, puissant dans le pays.

Berto-ald, brillamment ferme ou fidèle.

Warna-her, éminent pour la protection.

Ega, subtil.

Pepin, ce nom est le diminutif familier d'un autre qu'on ne saurait désigner que d'une manière arbitraire.

---

[1] Je me suis conformé, pour cette explication, à l'opinion du savant Grimm, dans son excellente Grammaire de toutes les langues germaniques. (Deutsche Grammatik, Goettingen, 1822.)

Grimo-ald, ferme dans la férocité. Ce dernier mot est pris dans un sens analogue à celui du latin *ferocia*.

Erkino-ald, ferme dans la sincérité.

Ebroïn, par adoucissement pour Ebro-win, vainqueur en rapidité.

Wert, digne.

Theodo-ald, ferme ou fidèle entre tout le peuple.

Raghen-fred, puissant protecteur.

Karle, robuste.

Karlo-man, homme robuste.

Ode, riche ou heureux.

Rod-bert, brillant par la parole.

Rad-ulf, prompt au secours.

Hug, intelligent.

FIN DE L'APPENDICE.

TABLE.

	Pages.
AVERTISSEMENT.	1
NOTE pour la seconde édition.	7
LETTRE I. — Sur le besoin d'une Histoire de France, et le principal défaut de celles qui existent.	13
LETTRE II. — Sur la fausse couleur donnée aux premiers temps de l'histoire de France, et la fausseté de la méthode suivie par les historiens modernes.	30
LETTRE III. — Sur l'Histoire de France de Velly.	41
LETTRE IV. — Sur les Histoires de France de Mézeray, Daniel et Anquetil.	51
LETTRE V. — Sur les différentes manières d'écrire l'histoire, en usage depuis le XVe siècle.	61
LETTRE VI. — Sur le caractère des Franks, des Burgondes et des Visigoths.	81
LETTRE VII. — Sur l'état des Gaulois après la conquête.	111
LETTRE VIII. — Suite de la précédente. — Mission d'Arcadius. — Aventures d'Attale. (533-534.)	127
LETTRE IX. — Sur la véritable époque de l'établissement de la monarchie.	142
LETTRE X. — Sur les prétendus partages de la monarchie.	158
LETTRE XI. — Sur le démembrement de l'empire de Karle-le-Grand.	176
LETTRE XII. — Sur l'expulsion de la seconde dynastie franke.	201
LETTRE XIII. — Sur l'affranchissement des communes.	226
LETTRE XIV. — Sur la marche de la révolution communale. — Communes du Mans et de Cambrai.	243

	Pages.
LETTRE XV. — Sur les communes de Noyon, de Beauvais et de Saint-Quentin.	267
LETTRE XVI. — Histoire de la commune de Laon.	279
LETTRE XVII. — Suite de l'histoire de la commune de Laon.	299
LETTRE XVIII. — Fin de 'histoire de la commune de Laon.	310
LETTRE XIX. — Sur les communes d'Amiens, de Soissons et de Sens.	327
LETTRE XX. — Histoire de la commune de Reims.	349
LETTRE XXI. — Fin de l'histoire de la commune de Reims.	374
LETTRE XXII. — Histoire de la commune de Vézelay.	400
LETTRE XXIII. — Suite de l'histoire de la commune de Vézelay.	414
LETTRE XXIV. — Fin de l'histoire de la commune de Vézelay.	429
LETTRE XXV. — Sur l'histoire des assemblées nationales.	446
APPENDICE I. — Noms des rois des deux races frankes, rectifiés d'après l'ancienne orthographe et le son de la langue tudesque.	471
II. — Explication des noms franks d'après les racines de l'ancien idiome tudesque.	474

FIN DE LA TABLE.

ERRATA.

Page 126, à la note, *au lieu de :* Vita S. Fidoli, apud script. rer. gallic. et francic.; *lisez :* Vita S. Fidoli (Saint Fale), apud script., etc.

Page 133, ligne 25, *au lieu de :* partit en diligence pour le lieu qu'on lui avait indiqué; *lisez :* partit en grande hâte pour, etc.